QICHE GAIZHUANG
JISHU YU SHILI

汽车改装

技术与实例

The Second Edition
第二版

安永东　张德生　刘发军　编

化学工业出版社
·北京·

图书在版编目（CIP）数据

汽车改装技术与实例/安永东，张德生，刘发军编．2 版．—北京：化学工业出版社，2013．10（2018．2）

ISBN 978-7-122-18134-3

Ⅰ．①汽… Ⅱ．①安…②张…③刘… Ⅲ．①汽车改造 Ⅳ．①U472

中国版本图书馆 CIP 数据核字（2013）第 179493 号

责任编辑：周　红　　文字编辑：项　溦

责任校对：边　涛　　装帧设计：王晓宇

出版发行：化学工业出版社（北京市东城区青年湖南街 13 号　邮政编码 100011）

印　　装：大厂聚鑫印刷有限责任公司

850mm×1168mm　1/32　印张 13　字数 362 千字

2018年2月北京第2版第9次印刷

购书咨询：010-64518888（传真：010-64519686）　售后服务：010-64518899

网　　址：http：//www.cip.com.cn

凡购买本书，如有缺损质量问题，本社销售中心负责调换。

定　　价：36.00 元

第二版前言

《汽车改装技术与实例》第一版于2010年发行以来，得到了广大读者的认可与好评，此次再版发行，是在第一版的基础上，结合近几年汽车技术的发展现状，增加了一些新车型的改装实例，供广大读者参考。

随着汽车工业的不断发展及人们生活水平的不断提高，很多人已经拥有了自己的汽车，如何能使自己的爱车具有适合自己的个性和特定的需求，越来越受到人们的关注，在这种情况下，汽车改装应运而生。汽车改装能使车主拥有一辆独一无二的适合自己个性的车辆，汽车改装也已逐渐发展成了一种令所有追求个性、速度和性能的车迷热血沸腾的汽车文化。

汽车改装文化起源于赛车运动。最早的汽车改装只针对于提高赛车的性能，以便在比赛中取得好成绩。但随着汽车工业的发展、汽车的普及和赛车运动的深入发展，汽车改装已揭开以往的神秘面纱，走入普通车迷的汽车生活，并渐渐成为一种时尚。

虽然汽车改装越来越受到诸多车主的认识，但目前适合自己改装操作或想从事汽车改装技术的人员参考用书较少，编者在查阅了汽车改装资料和一些专业汽车改装网站，结合一些汽车改装车厂实例的基础上，编写了本书，对于学习和实践汽车改装相关技术，具有一定的技术指导意义和实践参考价值。

本书第二版的编写结合了广大读者对第一版的反馈意见，修正了第一版的部分内容，并增加了第7章典型汽车改装实例分析。具体由黑龙江工程学院安永东、张德生及宁波技师学院刘发军编写，张德生编写第1、2章，刘发军编写第3章，安永东编写第4～7章。

本书第二版的编写工作得到了国内汽车行业有关人士的大力支持，在此一并表示感谢。

由于时间仓促，加之编者水平有限，书中难免有不妥之处，敬请各位读者批评指正，编者不甚感谢。

编者

第一版前言

随着汽车工业的不断发展及人们生活水平的不断提高，很多人已经拥有了自己的汽车，如何能使自己的爱车具有适合自己的个性和特定的需求，越来越受到人们的关注，在这种情况下，汽车改装应运而生。汽车改装能使车主拥有一辆独一无二的适合自己个性的车辆，汽车改装也已逐渐发展成了一种令所有追求个性、速度和性能的车迷热血沸腾的汽车文化。

汽车改装文化起源于赛车运动。最早的汽车改装只针对于提高赛车的性能，以便在比赛中取得好成绩。但随着汽车工业的发展、汽车的普及和赛车运动的深入发展，汽车改装已揭开以往的神秘面纱，走入普通车迷的汽车生活，并渐渐成为一种时尚。

虽然汽车改装越来越受到诸多车主的认识，但目前适合自己改装操作或想从事汽车改装技术的人员参考用书较少，我们是在查阅了汽车改装资料，并查阅了一些专业汽车改装网站，结合一些汽车改装车厂实例的基础上，编写了本书，对于学习和实践汽车改装相关技术，具有一定的技术指导意义和实践参考价值。

本书由安永东和张德生主编，张忠莹、张秀杰及宁波技师学院刘发军参加编写。本书在编写过程中，得到了国内汽车行业有关人士的大力支持，在此一并表示感谢。由于时间仓促，加之编者水平有限，在书中难免有不妥之处，敬请各位读者批评指正。编者不甚感谢。

编者

2010 年 3 月

目录
CONTENTS

第1章 汽车改装技术基础知识

1.1 汽车改装概述

1.1.1 汽车改装的定义

从广义上讲，只要是与原汽车厂设定不同的改动，就叫做汽车改装。对原汽车任何一个部位的改动都属于汽车改装。更换一颗非原汽车厂的任何零部件，如一支螺钉、一只铝圈、一只轮胎、一条导线等，都可以称为改装。

目前我国汽车改装一般有两种情况。

第一种是传统的汽车改装，即生产专用汽车。也就是用国家鉴定合格的发动机、底盘或总成，重新设计、改装、生产与原车型不同的具有专门用途的汽车，即专用汽车。我国专用汽车大多是通过这种改装方式生产的，因此，我国许多专用汽车生产厂都被叫做汽车改装厂，也有人称此为改装汽车。如：哈尔滨汽车改装厂、长春汽车改装有限责任公司、天津扫地王专用汽车有限公司等。

第二种是指为了某种使用目的，在汽车制造厂生产出的原型汽车的基础上，在已领有牌照的汽车上，为了达到某种使用目的作一些技术改造，即“改变”了汽车出厂时的原型“装备”，改装出来的汽车，统称为改装车。或者说这种汽车改装是在汽车制造厂大批量生产的原型车的基础上，结合造型设计理念、运用先进的工艺及成熟的配件与技术，对汽车的实用性、功能性、欣赏性进行改进、提升和美化，并使之符合汽车全面技术标准，最终满足人们对汽车这种特殊商品的多元化、多用途、多角度的需求。此种汽车改装主要包括：加装、换装、选装、强化、升级、装饰美容等。一般意义上的改装和本书中所讨论的汽车改装即是指第二种。

1.1.2 改装汽车的理由与吸引力

汽车改装文化最早源于赛车运动，只要提到改装，很多人都会认为这是赛车手的专利。实际上，汽车改装在国外早已发展多年，随着汽车的普及和赛车运动的深入人心，拥有大批的拥护者，车主们往往通过改装自己的爱车，来体现自我独特的个性，通过改装打造属于自己的特有车型，汽车改装已揭开以往的神秘面纱，成为普通车迷汽车生活中的组成部分，并渐渐成为一种时尚。在欧洲各国、美国、日本，汽车改装早已蔚然成风。汽车改装，不仅体现了车主的个性及品味，而且体现了车主对“驾驶”的看法。因此，改装汽车的吸引力不仅仅在于简单地改变了汽车的某些部件，而是代表了车主的品位以及对汽车文化的理解。

真正意义上的改装不外乎两个目的，一是为提高汽车的各项技术性能，二是为体现车主与众不同的个性及用车理念。围绕这两个目的而进行的改装涉及车身外形、灯光、音响、悬挂系统、点火系统、进排气系统、刹车系统、轮圈、轮胎等诸多方面。一辆注入车主个性的改装车，才是真正改装车迷的目标。过去有一种观点，认为汽车改装就是把汽车的外观变得更漂亮，更有个性，这是对汽车改装很肤浅的认识。由于不同车辆之间存在的性能方面的差异，车主对改装的理解和目标不一样，所以改装的内容、方法也是不同的，项目可简可繁，花费可多可少，每个人应根据车辆的具体情况和个人的经济实力、兴趣爱好等制订适合自己的改装方案。

1.1.3 汽车改装的分类

根据改装目的的不同，可以将汽车改装分为赛车改装、汽车非法改装和汽车技术改装三类。这三种改装各有其特有的目标指向性，效

果、目的各有不同。

根据改装用途的不同，汽车改装可以分为三大类别：赛车改装、民间重度改装和民用性能提升改装。

根据改装的内容，汽车改装又可分为外观改装、内部机械改装、影音改装等几方面，当人类生活进入了数字时代后，汽车改装又增加了一项新内容，即智能改装。

（1）赛车改装

赛车改装是主要针对参赛车辆进行的改装。为了将车辆动力性能提升到最高，除了对汽车本体进行改装外，还要改装或更换发动机、轮胎、制动和悬架系统等动力相关部件。由于汽车比赛要求强度很高，改装时要确保汽车的安全性、动力性及防撞性等，为此，这类改装多在专业改装厂进行。经改装后，汽车输出功率很大、速度极快，但只适合各类赛车比赛使用。赛车改装目的如下。

① 增加车辆安全性，如能应对撞击、翻滚、失火等。

② 提高比赛能力，如加速性、转弯稳定性、制动性、通过性、操纵性等。

③ 减少自重及风阻系数。

（2）汽车非法改装

汽车非法改装是将民用车辆性能提升到与专业赛车相近的程度。经过这种改装，汽车动力超强、速度非常快，但是由于它并不考虑正常的路面情况和安全隐患，比较容易发生较为严重的交通事故。

（3）汽车技术改装

汽车技术改装是指通过外加或换装更高性能的产品，激发汽车原有的潜能，使之有效升级，以满足驾车者的实用性需求，一般项目有加装保险杆、尾翼、车贴，或者换装音响、高压线、火花塞等，对于汽车的转向、制动等系统不会轻易去改变。如给汽车加装尾翼，其作用就是使空气对汽车产生作用力，它能抵消部分升力，控制汽车上浮，减小风阻影响，使汽车能紧贴着道路行驶，从而提高行驶的稳定性。本书中将汽车技术改装简称为汽车改装。

通过以上对汽车改装的分类比较，可以清晰地看出汽车技术改装与赛车改装、汽车非法改装有着严格的区别。这些改装类别各有其特定的目标和用途，如果混淆起来，则很容易对汽车改装产生错误的认识。

1.1.4 汽车改装的特征

汽车技术改装是以汽车品牌文化为特征，以特性偏好为取向，在量产车型的基础上，结合造型设计理念，运用先进的工艺及成熟的配件与技术，对汽车的实用性、功能性、欣赏性进行改进、提升和美化，并使之符合汽车技术标准，最终满足人们对汽车这种特殊商品多元化、多用途化、多角度需求的一种市场形态。从广义上来讲，即“改变”了汽车出厂时的“装备”，可以说，哪怕只是更换了一个车门锁，也可称为改装。汽车技术改装主要包括：加装与配装、换装与调校、强化与升级三个方面。

1.1.5 汽车改装的项目及内容

对一辆汽车的改装内容，包括车辆外形改装、动力系统改装、操控性能改装、越野性能改装、灯光改装、音响改装、轮胎改装以及汽车内饰的改变等。而对于家用车的改装而言，并不需要像专业赛车那样追求高水准的动力、操控等性能，而应根据实际使用的需求和自己的喜好，在适当的范围内进行改装。

（1）民用汽车改装的项目

民用汽车改装的项目如表1-1所示。

（2）国际汽车改装博览会的汽车改装项目

在2006年上海国际汽车改装博览会参展须知上，规定了参展改装车的改装项目范围，其中还包括汽车美容的内容。

① 改装样车　世界各国专业汽车改装厂家设计、改装的各种乘用车辆。国内外专业级汽车爱好者设计、改装的乘用车辆。包括：越野车、旅行车、竞技用车、个性改装民用车辆等。

② 改装涉及范围　主要有动力系统、操控系统、电器及电子系统、照明及信号系统、车身覆盖件、影音设备、越野车专业改装、汽车节能环保产品、美饰护理用品等。

表 1-1 民用汽车改装的项目

改装种类	民用车改装项目
发动机改装	进气系统、排气系统、供油系统、点火系统、气门、涡轮增压器、节油器、点火线
汽车底盘改装	排挡锁、方向盘锁、车轮锁、自排锁、安全带、安全气囊、底盘装甲、轮毂盖(车轮饰罩)、备胎罩、轮眉、悬架弹簧、减振器、防倾杆(平衡杆)、制动系统、ABS、铝合金轮毂、轮胎、绞盘
汽车电器改装	前灯罩、后灯罩、雾灯罩、边灯框、装饰灯、内动窗帘、倒车雷达、越野车灯、氙气灯、中控锁、汽车音响、电子防盗器、GPS 定位系统、车载免提电话、黑匣子、巡航控制系统
车身改装	大包围、定风翼、车身贴纸、封釉、太阳膜、隔声工程、汽车天窗、车顶行李架、尾梯、护杠(防撞杠)、手动窗帘、防撞条及门边胶、车身饰条、后护板(后门踏板)、门脚踏板、前饰条、后饰条、装饰标志(立标、贴标等)、扶手箱、门拉手、后视镜罩、车牌架、后视遮雨板、中柱、桃木内饰、椅套、真皮座椅、跑车座椅、电动座椅、儿童座椅、坐垫、地毯、地胶(脚踏垫)

a. 动力系统

· 发动机本体：排量、压缩比、燃油追加电脑、燃油增压器。

· 发动机外围件：进气系统、排气系统、点火线圈、火花塞。

· 涡轮增压系统：机械增压、涡轮增压器、中冷器、泄压阀。

· 发动机电脑控制单元。

b. 操控系统

· 悬挂系统：减振器、拉杆组、防倾杆、悬挂牵引装置。

· 安全系统：制动系统及制动检测系统、胎压监测系统、安全带、安全座椅、儿童座椅、儿童车内保护及看护装置、安全气囊和侧气囊、车身稳固装置、气帘、行人保护装置、安全防盗系统、中控锁、排挡锁、方向盘锁、车轮锁、雷达测速器、后视系统、汽车缓冲器。

· 传动系统：轻飞轮、轻带轮、竞技离合器、主减速器、变速箱齿轮套件。

· 轮胎及轮毂：高性能轮胎、轮毂。

c. 电器及电子系统：应急灯、节油器、行驶记录仪、电容、车辆电子摄像系统、各种警示标志、喇叭、雨刮器、汽车半导体、电子元器件、汽车传感器、智能式传感器、模拟器件、汽车行驶记录仪、汽车后视防水摄像枪、电控制动助力、电控防滑、电控悬架、GPS

汽车巡航定位系统、车载冰箱、逆变电源、车用吸尘器、车载洗车机、车载剃须刀、蓄电池、风扇、空调系统、车载蓝牙。

d. 照明及信号系统：卤素灯、LED、HID（高强度气体、氙气放电灯）、射灯、装饰灯、车顶灯、防雾灯、仪表灯、刹车灯、转向灯。

e. 车身覆盖件：大包围（前后保险杠、左右裙边、中网）、平衡尾翼、天窗、不锈钢饰条、防滚架、踏杠、反光装置、后视镜、挡泥板、空气扰流辅件。

f. 影音设备：汽车音响、车载电视、车载DVD、车载CD、车载MP3、车载卡带机、汽车低音炮、汽车功放、显示器、解码器、均衡器、扬声器、接收器。

g. 越野车专业改装：平衡拉杆、防护板、涉水器、绞盘、差速锁、车顶行李架、车尾行李架、预热系统、延时熄火装置、临时补胎装置、电源逆变器。

h. 野外用品：帐篷、遮阳伞、汽车顶箱、汽车顶架、轮胎打气泵、车用工具箱、急救包、折叠桌、折叠床、折叠椅、睡袋、指南针、旅行设备。

i. 汽车节能环保产品：氧吧、空气净化器、除臭剂、空气净化剂、三元催化剂、香水、熏香器、熏香油、防眩镜、节油清洁剂、中间轴节能离合器、节能排气尾管、节油设备等其他节能产品。

j. 美饰护理用品：车蜡、车釉、清洁剂、玻璃防雾剂、玻璃修补剂、汽车漆、漆面保护膜、积炭清洗剂、冷介质、润滑剂、防锈剂、抗磨剂、防腐剂、增效剂、改进剂、防冻液、制动液、水箱补漏剂、低温启动剂、黏合剂、密封胶、原子灰、擦布鹿皮、车衣、汽车地毯、金属或木饰件、方向盘套、防爆膜、纸巾盒、手机架、眼镜架、保温壶、钥匙扣、点烟器、温度计、遮阳挡、气压表、靠垫、靠枕、座套、窗帘、脚垫。

1.1.6 汽车改装方案

现在广泛流行的改装都更为注重车辆的安全性和整体配合性能

的提升，兼顾所有正常行驶的要素指标，更关注驾车者的普遍需求，更强调整车的实用性。对于大多数驾车者而言，一辆油耗低、整车性能好、安全系数高、可操控性强的汽车无疑是最理想的座驾。驾车者普遍关注的是汽车的行车经济性、安全性、环保性等因素，而这也正是汽车改装的最终目的。通过外加或换装更高性能的产品，激发汽车原有的潜能，使之有效升级，以满足驾车者的实用性需求。性能提升不需大幅改动汽车，只需在原有基础上进行技术改装，因此也避免了对原车改动后的负面影响，且价格方面也更为广大驾车者所接受。

汽车改装方案主要有以下内容。

① 发动机室内工程：发动机减振工程和发动机隔声工程。

② 底盘工程：护板内空洞填充、振动喷涂程序、隔声工程和防水工程。

③ 车厢仪表：静音填充、减振工程和隔声工程。

④ 车底板：静音填充、减振工程和隔声工程。

⑤ 后座：空洞静音填充、减振工程和隔声工程。

⑥ 轮胎外声音：防水工程、减振工程和隔声工程。

⑦ 行李舱翼子板：静音填充、减振工程和隔声工程。

1.1.7 汽车改装与改装汽车及拼装汽车的主要区别

汽车改装位于汽车后市场，属于消费范畴，是对生活资料的优化行为，改装后的产品属于消费品。对已领牌照汽车进行改装，应向登记车管所申报，其改装技术报告经车管所审查同意后，方可进行改装。改装完毕，经车管所检验（必要时进行试验）合格，办理改装变更手续。机动车变更必须在交管部门规定的范围内进行，即可以对车身颜色、发动机、燃料种类、车驾号码等进行改装，但在提交申请后，必须要经过交管部门批准，才可进行改装。例如，在车身颜色方面，有三种颜色不能被批准：红色，消防专用；黄色，工程抢险专用；上白下蓝，国家行政执法专用。同时，对车身、车架、发动机的变更，要在已经损坏无法修复或者存在质量问题的情况下才能够进行。

改装汽车（即生产专用车辆）位于产业前端，属于制造范畴，改装后的产品属于工业品，是批量改装的汽车，根据规定需要经过定型鉴定，按《全国汽车、民用改装车和摩托车生产企业及产品目录管理暂行规定》申报上“目录”后，可办理申领汽车牌照手续。按照与世界接轨的要求，今后如果取消“目录”管理和定型鉴定程序，必须经过产品认证。

拼装汽车是指使用报废汽车发动机、万向传动装置、变速器、前后桥、车架以及其他零配件组装的机动车，是指违反国家关于生产汽车方面的有关规定，私自拼凑零部件装配的汽车。早在20世纪50年代，我国汽车工业诞生之前，由于国民经济发展的需要，当时的政策是允许“拼装”汽车的。1950年公布的《汽车管理暂行办法实施细则》中规定：“凡发动机、底盘或外壳任何一种不属同一厂牌者，均称拼装车。”进入20世纪60年代，随着我国汽车工业的发展，政府有关部门发布了严禁拼装汽车的有关规定。1972年公安部、交通部颁发的《城市和公路交通管理规则（试行）》中规定：“严禁拼装汽车”。1976年国家计委、一机部、交通部、公安部联合发布了《关于不得用维修配件拼装汽车的联合通知》，1985年国家经委、国家计委发布的《关于进一步做好老旧汽车更新改造工作的通知》和1985年中国汽车工业公司、公安部、交通部、全国控办发布的《关于加强汽车年度生产计划和车辆使用管理的通知》都规定：“严禁拼装汽车”。后来，有关部门又对拼装汽车的认定标准进行了较为明确的表述，大致内容如下。

① 列入国家年度汽车生产企业目录及产品目录内的汽车生产厂，另外又生产未经有关主管部门鉴定批准生产的基本车型，或在已鉴定的汽车产品基础上，未经国务院有关部门或省、自治区、直辖市汽车工业主管部门鉴定批准，并报国家有关部门备案所生产的变型车和专用车。

② 国家年度汽车生产企业目录及产品目录以外生产的，未经主管部门质量监督检验中心（所）检验合格并开具证明的各种汽车。

③ 无论目录内外，以各种不同类型零部件擅自组装的汽车均属于“拼装汽车”，擅自组装的一、二、三类底盘也按“拼装汽车”对待。

因此，汽车改装与拼装汽车既没有内在渊源，也不存在外在联系。拼装汽车和汽车改装是两个完全不同的概念。拼装汽车一般都存在质量差、成本高、大多不符合安全检验及运行技术标准的问题，有的还因装配技术问题造成事故。因此，拼装汽车是国家禁止的一种非法生产汽车的行为。拼装汽车大多数是载重车和特种车，一般是用于营运，有时公安、交通运输管理部门会上路稽查超载车和拼装车，一旦发现要按照相关的规定处理，但不会查扣私家轿车的改装车。

1.1.8 汽车改装与民用改装的区别

这里所谈的汽车改装不同于民用改装的概念，国家发改委的公告中提出的民用改装车，就是特指专用汽车、商用汽车及特种车辆，其实质上是将固定的装置装配在车轮上的改装车，大致分为运输型和工程型两大类。民用改装汽车属于制造业的范畴，被纳入汽车的产品类别加以管理。生产企业需经过审批才能从事生产，产品也需通过公告才能进行销售。这就是通常所说的“改装汽车”。

结合两个行业的特点，汽车改装与民用改装的差别表现在下述几个方面。

① 用途不同　汽车改装是一种消费行为，就像房屋装修样，属于对个性偏好的满足；而民用改装（如专用车和商务车）主要用于市场经营与公共服务，是一种工具性质的产品。

② 属性不同　汽车改装属于消费品范畴，是对生活资料的优化行为；民用改装是一种生产资料，属于工业品、制造业的范畴。

③ 理念不同　汽车改装适用的是创新理念，是在量产汽车的基础上进行局部优化与调整；民用改装适用的是制造业的理念，是制造专门用途的汽车。

④ 产业链位置不同　汽车改装位于汽车售后环节，是一种特殊的服务需求；民用改装位于产业前端，实行的是公告管理，有着法定的准入标准。

⑤ 技术方法不同　汽车改装以调整、换装、技术升级为主要技术手段；民用改装是以加装特殊车身、专用装备为主要手段。

综上可以看出，汽车改装是一个从 1 到 2 的继发性概念，而民用改装是一个从 0 到 1 的原发性概念，两者在行业方向上有着本质上的不同。但是毕竟民用改装车领域较窄，二者在应用上不易混淆。

1.1.9 汽车改装的误区

汽车改装近几年来在国内才起步，正处于发展阶段。许多车主为了追求个性准备改装爱车，但由于缺乏相关知识，容易走入以下误区。

（1）配件越贵越好

一些人在进行汽车改装时一味求贵，认为“便宜无好货”。其实，配件应根据车辆自身的实际情况来选择。

（2）换上多功能音响

一些人认为汽车音响的辅助设施，如无线遥控、多碟转换器等越多越好。其实不然，音响的主机才是决定音效质量的核心，而喇叭、分音扩大器、音箱等是音效好的重要条件，其他的辅助设施对改善实际音效并无多大帮助。

（3）一味追求视觉效果

有的车主为了外观好看，而加装大口径排气管、安装尾翼等。这样对于小排量的车来说没有太大的意义。有的车主拆掉保险杠，换上装饰用的组件。而如果一旦发生碰撞事件，缺少保险杠的保护，人和车都有可能受到严重伤害。

（4）一味强调隔声效果

一些车主要求将隔声做到极致，甚至不希望听到发动机的声音。但如果驾驶者听不到来自道路和动力系统的声音，就无法获取路况和车况的相关信息，影响行车安全。

因此，选择适合自己实际使用需求和车身状况的改装项目很重要，切忌盲目模仿攀比，应根据需要和财力进行理性改装，不要进入改装的误区。

1.2 汽车改装的历史沿革与发展状况

1.2.1 汽车改装的起源

20 世纪 60～70 年代改装车开始登上了历史舞台，随着汽车时代的到来，“汽车文化”已渐渐为人们所了解，各种各样的汽车娱乐、汽车旅行、驾车探险以及赛车等文化形式已成为广大车迷津津乐道的生活方式。与此同时，一种全新的汽车文化也正在悄然兴起，它就是令所有追求个性、追求速度的车迷着迷的汽车改装。

汽车改装源于赛车运动。参加各种竞技及赛事的车辆必须经过标准严格的改装后才能进入赛场，其目的是：增加车辆安全性，如在撞击、翻滚、失火等事故中保护车手不受伤害；提高比赛能力，如加速性能、转弯稳定性能、刹车性能、通过性能、操控精准性能等；减少自重及风阻系数。

可以说，汽车改装在汽车赛事中是必不可少而且十分重要的环节，在某种程度上，汽车赛事也是一场汽车改装技术水平的较量。

赛车改装最大可能地强化并提升了车辆性能的极限空间，并作为一种汽车文化得到广泛延伸，随着汽车工业的发展以及赛车运动的深入人心，汽车改装也成为普通消费者汽车生活中的组成部分，并渐渐成为一种时尚。

1.2.2 国外汽车改装现状及趋势

汽车改装在国外一直很流行。汽车改装往往能体现一个国家、一个地区的汽车文化精髓。地域不同，汽车改装的特点和目标指向也各不相同。聚集目前全球6大车厂的欧洲、美国、日本三地，在汽车改装上也体现出了各自的特色。个性化改装已形成了独特的汽车文化，汽车改装也形成了产业化，并成为汽车相关产业链中的一个重要组成部分。

伴随着汽车改装文化的蓬勃崛起，各地的改装车展也纷纷亮相。地域背景的不同、汽车文化的差异，使得这些改装车展散发着各自独特的魅力。改装车展最大的亮点，是在注重改装产品及设备技术的同时，还结合了时下流行的众多时尚因素。来自世界各地的改装店将自己不同风格的改装成品在改装车展上展示，无不体现出了良好的改装技术及设计理念。前卫时尚的改装车再搭配上世界超级汽车名模，引来了一股狂热的改装汽车文化潮流。

(1) 美国汽车改装的现状及特点

世界上改装车最多的是美国，改装车市场最火的也是美国，汽车改装在美国早已成熟，并拥有稳定市场，在美国私家车的改装率更是超过50%。美国有独特的汽车文化、法律规范以及交通状况，美国人多数是对汽车外观和部件的改装，追求夸张的外观造型和有冲击力的视觉效果，美国的汽车改装多数是“玩车族”的爱好，过于追求夸张的外观和豪华的视觉冲击，而将车辆实用性标准降至最低甚至忽略不计，例如车身加长、大马力发动机换装等。这种改装只适用于“玩车一族”的刺激性娱乐运动，而并无实用性可言。美国甚至有完全依照顾客要求定制个性化汽车的汽车定制工厂，可以为顾客专门制造汽车，完全依照顾客的要求定制。美国的汽车改装风格有些西部牛仔的思想根源，不仅外形奇形怪状、五花八门，而且可以改出许多匪夷所思的用途。汽车的独有性、个性化达到极致，而其价格费用更可以用天文数字来形容。同时，美国相关法律对汽车改装的“容忍程度”也只能让我国的汽车改装发烧友“望洋兴叹”。

2012年美国拥有汽车改装配件厂家及改装服务机构一万多家，改装市场从业人员达200万人，美国的汽车改装已在商品车销售市场之外又开拓出了一片新天地，每年营业额达到400亿美元的新兴行业。

在美国，可以进行外形的改装，如加装大包围、加装尾翼、换装异型灯具等；也可以进行内部的豪华装饰，如更换专门生产的高档桃木内饰和真皮座椅；还可以进行性能提升甚至赛车的改装，如提高发动机的动力和转矩，更换制动和减振系统等。可以说，能把车上所有的东西都改掉。另外，有的厂还同时大批量地生产专门的改装配件，提供给世界各地的消费者。

美国是全球最大的汽车消费市场，全世界规模最大、名气最响的改装车展——在拉斯维加斯举办的 SEMASHOW（Speed Equipment Manufacturers Association）首创于 1969 年，到 2012 年为止共举办 44 届。字面意思为“制造极速机器的厂商联合会”，SEMASHOW 起初是各大汽车零配件制造商为早期的汽车改装爱好者举办的一个小型展览，后来经过几十年的发展和完善，使得汽车改装不仅在美国取得了合法地位，现在由美国汽车维修服务业协会（ASIA）、汽车及设备制造商协会（MEMA）和汽车零部件协会（APP）等主办。与德国 Essen Motor Show、日本 Tokyo Auto Saloon 并列全球三大改装车展，经过 44 年的发展，该改装车展已成为全球最具影响力的改装车展览会，每年都会吸引来自全球的优秀企业前来参展，数以万计的专业采购商、批发商、公司高层决策人员、技术人员和进出口商等相关人士前来观摩洽谈。拉斯维加斯改装车展是迄今为止世界上首屈一指的专业汽车产品贸易盛会，汇集了业内最先进的技术和最热销的产品。还举办了研讨会和产品展示会，给广大汽车改装爱好者提供了一个良好的学习交流平台，创造商机的同时还为全球汽车工业的发展做出积极贡献。在汽车博览会上最先进的改装思想得到传播，最先进的技术得到推广，最别致的车型得到大家共同的称赞。美国汽车用品改装协会（The Specialty Equipment Market Association）成立于 1963 年，到 2012 年底，加入 SEMA 的成员单位也逐渐增多，现拥有 6400 多家成员单位，有 2200 个参展商参加，全场展位 6000 多个，至少 100000 名行业领导者和 50000 名专业买家到场参与展会，展地有 20 万平方米，值得一提的是新品区展示了 1400 多种零部件和工具。2012 年 SEMASHOW 共分为十一个主题展示区，分别是皮卡、SUV

及越野产品展示区（Trucks，SUVs & Off-Road），竞赛及性能展示区（Racing & Performance），性能轮胎和轮毂展示区（Performance Tires & Wheels），汽车养护及产品展示区（Car Care & Accessories），翻新市场展示区（Restoration Marketplace），个性改装及产品展示区（Restyling & Accessories），老爷车展示区（Hot Rod Alley），工具和设备展示区（Tools & Equipment），原厂商展示区（OEM），汽车电子及技术展示区（Mobile Electronics & Technology），商务服务区（Business Services）。

① 皮卡、SUV 及越野产品展示区　美国是全球最大的皮卡、SUV 和越野车销售市场，而且对于一般的家庭来说，它的实用性更强。因此对于皮卡的改装，大多数客户希望的是进一步增强它的实用性，所以一些如车厢盖、行李厢、行李架、拖钩、车厢踏板等产品在这里极其常见，观众关注的也最多。

在这个展示区的展示车中，皮卡以雪佛兰、福特、GMC、道奇等为主，越野车则更多的是悍马 H2、H3 和吉普牧马人，而日本的一些品牌也有，但欧洲的品牌却几乎一辆也没有，也许这与美国的自由文化、宽松的改装环境以及较低的油价有一定关系，这个展区几乎占了整整一个场馆，可见美国皮卡、SUV 及越野市场足以与一般的轿车市场平分秋色，而目前我国还处在轿车普及的发展中。由 Keldermann 改装的福特 F-250 皮卡展示如图 1-1 所示，全车采用银灰色涂装并配以荧光绿色拉花，底盘采用 8～10in[1] 气动悬架套件，并经过电镀处理，散发着幽幽绿光。

② 竞赛及性能展示区　在这个展示区，从高性能的紧凑型轿车、运动型赛车到一些其他屡获殊荣的车辆，都让人感觉到了眼花缭乱的地步。虽然这些车辆的外观和内饰改得花里胡哨，但真正的还是在展现提高竞赛水平的部件上，氮气加速系统、涡轮增压、机械增压、革命性的排气系统和先进的悬挂系统，这些才是最具特色的部件。竞赛及性能产品展示区如图 1-2 所示。

---

[1] 1in=0.0254m。

图 1-1　改装的福特 F-250 皮卡

图 1-2　竞赛及性能产品展示区

图 1-3　汽车养护及产品展示区

③ 汽车养护及产品展示区　这个展示区主要是一些车辆日常的养护相关产品，如车蜡、吸尘器、冷却剂、润滑油、防锈保护产品、抛光产品、润滑油添加剂、燃料添加剂等，如图 1-3 所示。

④ 性能轮胎和轮毂展示区　没有一个人可以彻底颠覆轮胎和轮毂的造型，但每年 SEMASHOW 的性能轮胎和轮毂展示区展示的却总是全新产品，占用了整整一个场馆。源于美学和艺术的性能轮胎和轮毂也是整个展会中最为时尚的部分，如图 1-4 所示。普利司通、米奇林、固特异、百路驰等相继推出了他们最新设计、最新款式的产品。此外，这里也展示了许多在轮毂盖、电镀及其他相关部件的革新技术，而专为一般轿车、皮卡、SUV 及赛车设计的高性能越野轮胎更是让人有一种无所适从的感觉。

⑤ 翻新市场展示区　近年来，翻新市场在美国已经受到了更多的关注，美国一些收藏家对经典车型翻新的投入也大大刺激了整个翻新市场的持续增长。SEMASHOW 的翻新市场展示区包括了让车辆恢复到原始状态的翻新产品和服务，产品有翻新的原部件和重新生产的部件，而服务更是按照原来标准和样式进行。例如，翻新座椅坐垫，都是在原有的针孔上穿线。并且有这方面厂商居然把工作车间搬到了展会现场，从而让更多的客户及观众可以近距离观摩整个翻新过程，如图 1-5 所示。

⑥ 个性改装及产品展示区　对于大多数的消费者和专业改装也没有太大关系，他们追求的是一种时尚外形和某些功能的实现，而这些改装产品恰恰成为了他们的需要。这些产品可用于任何车型外观和

内饰的改装，主要包括：喷漆、装饰条、车身绘图、内饰装饰件、反光镜、大灯、门内侧面板、脚垫、座椅套、真皮、天窗、行李架、保险杠等，如图 1-6 所示。

图 1-4　性能轮胎和轮毂展示区

图 1-5　翻新市场展示区

图 1-6　个性改装及产品展示区

⑦ 老爷车展示区　虽然作为一个汽车市场的小分支，但悠久的汽车发展历史，让老爷车在美国汽车界和一般的消费者中仍保持着很高的出镜率，数百万狂热者一直热衷于此类车的改装和翻新，他们也希望有更多人来分享这种改装所带来的激情。这些老爷车也许是 SEMASHOW 上最具创造性和艺术的车型了。相关部件主要有传统和专业化部件，包括：轮胎、车身、底盘、仪表、铝制散热器、线束包等。这些在 20 世纪 20～40 年代生产的老爷车经过全面的改装翻新后，就可行驶在道路上，显示其极具竞争力的一面了。而这些老爷车的改装者也通过这种展示的方式，让早已熟悉现代车型的观众又回到了那个老爷车专有的年代。老爷车展示区如图 1-7 所示。

⑧ 工具和设备展示区　美国的汽车改装业已经进入一个多元化、个性化、高科技的时代，这也折射出了美国汽车市场的成熟、汽车文化的浓厚和汽车消费的宽松环境，如图 1-8 所示。

⑨ 原厂商展示区　现在越来越多的原厂商也开始更加注重 SEMASHOW 对其系列产品的影响力，所以每年在 SEMASHOW 上，他们都要推出最新的原厂改装车及将要上市的新车。2012 年的 SEMASHOW 有以下原厂商参展：本田、雪佛兰、福特、克莱斯勒、通用、现代、起亚、马自达、沃尔沃、日产、SCION、斯巴鲁、铃木、丰田和大众，如图 1-9 所示。

图 1-7 老爷车展示区

图 1-8 工具和设备展示区

图 1-9 原厂商展示区

⑩ 汽车电子及技术展示区　现在汽车工业的发展对汽车电子产品的依赖性越来愈强，这一点在国内汽车改装市场上也可见一斑，因此，这个展示区也已成为了 SEMASHOW 增长最为迅速的一部分。展示的电子产品主要有：导航系统、CD 播放机、卫星接收系统、可视系统、车内娱乐产品、辅助灯光系统、车载通信系统、安全系统及雷达探测器等。在这一方面，我们在技术上已经与美国没有太大的差距，展会上的产品国内基本也能够见到。

（2）欧洲汽车改装的现状及特点

提起欧洲的汽车改装，人们想到的往往是强劲的速度感和完美的操控性能，尤以德国汽车为首。欧洲的汽车改装更注重于改装的精致度和整车的协调性，更偏向于整体操控性能的提升，这种汽车改装对于改装后的整体效果极为重视。欧洲的汽车改装更注重"内在美"，外观上并不"显山露水"，但性能上一定可以"卓越超群"。它的最大特点就是在进行大幅改动后，还能维持原装式样和整体风格。但改装的费用也高得惊人，因而往往只是服务于一些高端用户，对于改装车型的要求也较高，通常是高档名车。

德国汽车工业起步较早，汽车改装的历史也非常悠久。德国埃森国际改装车展（Essen Motor Show）是欧洲最大的汽车改装盛会，一年一届，首届于 1968 年举行，2012 年为第 45 届，该展会由著名的德国埃森国际展览有限公司主办，展会地点在德国埃森贸易展览馆。由于处于汽车工业及专业改装盛行的德国，同时又占有地理优势，因此欧洲名车的专业厂家会蜂拥而至，在展会上推出自己的最新作品。该车展是欧式改装车风格的风向标，也是欧式风格潮流的代言人。

与美国和日本不同的是，埃森改装车展主要是通过车来展示车主的想象力，在车展上，曾展示过电影《蝙蝠侠和罗宾》中施瓦辛格扮演的冰人驾驶的冰车，还有可以飞行的车、全木制的车，外形为迪斯尼笔下的达菲鸭的卡通甲壳虫汽车等。德国的汽车改装业非常规范，大的改装厂一般都与汽车生产厂家有非常密切的关系，只改一个厂的一个或几个品牌。这样一来，因为针对性比较强，改装出来的车型也就更加成熟。现在德国几大汽车公司如大众、宝马、奔驰、欧宝等都有自己认证的改装公司。例如，专门改装奔驰车的 AMG 公司是欧洲汽车改装的一个代表，它通常在原车基础上进行高性能的改装，如适当加大汽缸容积，并通过高性能的涡轮增压器提升发动机功率，换上锻造的活塞连杆、高性能的电喷装置等。改装后外观上需仔细观察才能发现，如改变轮毂的尺寸，外观上变化不一定很大，但一定是更高级的。

德国百年改装名厂 Loder 的 1899 全新改装的阿斯顿·马丁 V8 Vantage Volante，20in 的轮毂，尾部加装碳纤维空气动力学组件，如图 1-10 所示。

保时捷专用改装厂 Ruf 素有“怪兽”制造商之称，其改装的强力 900hp 卡雷拉 GTT 如图 1-11 所示。

图 1-10 阿斯顿·马丁 V8

图 1-11 强力 900hp 卡雷拉 GTT

图 1-12 奔驰 GLK 级 SUV

外观相当严谨，具有 Lorinser 独特风格的奔驰 GLK 级 SUV 如图 1-12 所示。1050hp 的 1956 梅塞德斯奔驰鸥翼跑车如图 1-13 所示。

由奥迪 R8 改装来的，PPI Designyl 为它的 4.2L V8 发动机配备了一个机械增压系统，最大功率达到了 580hp，最大转矩 602N·m，百公里加速时间只需 3.7s，最高时速可达 330km/h。宽大的车身套件完全由碳纤维制成，可以将大量的空气输送给制动系统和冷却器，发动机盖也由超轻材料制成，推出铸造铝合金轮辋，如图 1-14 所示。

瑞士公司 Rinspeed 针对保时捷的各款车型进行专业改装，提供用树脂材料制作的全透明顶棚。采用矿石白的色调，这可是不惜工本使用了著名饰品品牌施华洛世奇的上百万个微小纯正的水晶颗粒打造而成，动力方面配备了一部 3.8L 排量的水平对置发动机，最大输出功率达到 355hp，最高速度为 293km/h，如图 1-15 所示。

图 1-13　梅塞德斯奔驰鸥翼跑车

图 1-14　奥迪 R8 铝合金轮辋

图 1-15　保时捷的矿石白色调

在 2011 年德国埃森国际改装汽车展上德国马牌轮胎展出了含众多创新技术的新品轮胎，如自修补轮胎“ContiSeal 技术”，以及最高时速的轮胎——ContiSport contact Vmax 轮胎等。德国马牌展示的创新产品 ContiSeal 技术使轮胎具有附加自密封层，对于螺钉、钉子或物体导致的刺破可立刻在刺破处周围形成密封修补，让驾驶者能继续驾驶而不需立刻换胎。

Lumma 是一家专业的宝马车型改装厂商，在经过精心而漫长的研发过程后，在车展上推出以宝马高性能运动车 M6 为基础打造的经典车型——CLR 600。Lumma 对这款车的前保险杠、侧裙以及排气尾管等空气动力学外观相关组件都进行了全新的设计，使原本就侵略性十足的 M6 更加凶猛，采用了改装车的标志性装备——全碳纤维发动机盖，输出功率提升到了 544hp，如图 1-16 所示。

图 1-16　CLR 600

（3）日本汽车改装的现状及特点

日本汽车改装综合了欧洲和美国的特点，不仅在外观上比较夸张，在性能上也追求突破极限。日本人改装汽车的疯狂在很大程度上受美国影响，并且创办有专门的改装车杂志。作为亚洲改装业的先锋，日本在改装的技术性、可靠性和实用性方面都达到了很高水平，在改装车方面也有很多经典作品，特别是他们的改装车厂，在技术力量和资金积累方面都有不俗的实力。日本的汽车改装在动力方面擅长于在原有的基础上进行改装，将引擎的动力发挥到极限。日本法律对汽车改装有一定范围的允许，但并不像欧洲国家和美国那样宽松，因此很多过激的汽车性能改装是法律制止的。而日本存在很多游走于法律边缘的地下汽车改装组织，改装的程度较接近于赛车性能的改装。日本汽车对于排气量有严格的限制，而日本汽车改装最擅长的就是在排气量不变的基础上最大限度地加大功率，2.0L 排量的发动机可以将功率加大至 1000hp。

东京改装车展 Tokyo Autosalon 起源于 1983 年，每年一届，最初是以“东京 Exciting 车辆展览”命名的。到 2012 年东京国际改装车展有 30 届盛会，是聚集改装产品、运动和经典汽车的世界盛会。日本东京改装车展（Tokyo Autosalon）每年都会有许多新颖的改装汽车。作为亚洲汽车改装技术发达的国家，日本拥有最先进的机械及电脑技术，其改装后的汽车具有相当高的实用性，某种意义上达到了汽车制造行业的水平。

与美国车展不同的是，日本的改装车展览看上去更加疯狂，在这里你会看到许多已经看不出原来车型的“狂改”车。由于日本拥有先进的机械技术和电子技术，加之汽车市场的完善，许多日本人将汽车看作一个崭新的平台，在这个平台上他们肆意而为，充分发挥自己的想象力。

2012 年的东京改装车展一如以往，在宽敞的展场内，有数以百计的改装商家和改装车登场，日产 GT-R、Mugen NSX RR Concept 和雨宫（RE amamiya）的作品等得到车迷的高度重视。GT-R 量身打造的涡轮增压套件，经精心设计后，铝制涡轮叶片可承受高达 0.22MPa 的压力，搭配着相对应的周边套件，使 GT-R 最大功率提升至 820hp，如图 1-17 所示；无限（Mugen）公司带来自己的最新力作，被充分注入

“街道赛道”概念的 Mugen NSX RR Concept 在该次车展上亮相，Mugen 把 NSX-R 的 3.2L V6 自然吸气发动机改为纵置形式，致使车身重量的前后分布更加均匀，它的车身还安装类似 Super GT 赛车的巨型空气动力学套件，车头盖上的导流孔，还有从车顶延伸至车尾的发动机冷却器、大型 GT 尾翼、车底导流板及后保险杠两侧的出风口，无一不是与空气动力学的完美组合，如图 1-18 所示；雨宫汽车 2009 年最新代表作幻气（Genki）7 号，它造型夸张，不但将车体向外拓宽了 20cm 以上，更使胎圈足以容纳 255/40 R19 以上的尺寸。

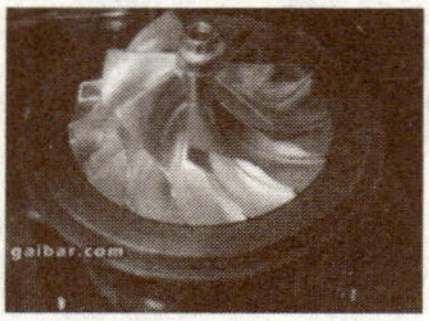

图 1-17 日产 GT-R 铝制涡轮叶片

图 1-18 Mugen NSX RR Concept

本田美国公司用原厂生产的高性能部件改装自己生产的 CIVIC（思域）轿车，他们打算建立一项每年有 10 亿美元营业额的改装业务，以满足年轻人的大功率、低车身等个性化的需求。通用汽车公司为了吸引年轻的亚裔美国青年，在与丰田联手开发的多用途 VIBE 的基础上推出自己的一系列改装配件，使客户可将 VIBE 的性能改装到高级跑车 CELICA 的水平，改装件包括增压器、MP3、新颖的发动机前面罩、前后扰流器和保险杠等。

（4）国外汽车改装的趋势

随着越来越多的人加入到改装的行列中，国外的改装车行业发展得如火如荼，改装车厂是改装车的摇篮，如今已遍布世界各地，并且已经呈现出越来越专业的发展态势，如专门为奔驰车改装的 AMG、D2、BRABUS 和 CARLSSON 等，为宝马车改装的 ACSCHNITZER，为大众公司旗下的大众汽车和奥迪汽车改装的 ABT，为本田汽车改装的 HRC（本田赛车公司）、MUGEN（无限），为丰田汽车改装的 TOM'S 和 TRD（丰田赛车运动发展部），为富士汽车改装的

STI（富士世界技术部）和 TEIN，日产汽车改装的 NISMO（尼桑汽车运动部）和三菱汽车改装的 RALLART（拉力艺）等，这些公司的存在使得世界车坛呈现出百花齐放的景象。

1.2.3 国内汽车改装现状

我国最初的汽车改装是广东自 1997 年从香港引进的。近些年来，我国的汽车改装行业已得到初步发展，全国几乎所有大中城市都出现了专业的汽车改装店，庞大的消费市场与迅速崛起的经济，蕴藏了一个极具发展潜力的汽车改装及相关产业市场。虽然与国际大展有差距，但是作为一个正在成长中的新兴展览种类，国内的改装车展还有着充分的发展空间。

目前汽车改装市场主要集中在以广州、深圳、珠海为代表的广东地区以及北京、四川等地，并逐渐向长三角及环渤海湾地区发展。起初的汽车改装主要效仿香港地区同行的模式，后来又不断接触到台湾地区的改装潮流，在融合两种改装风格后逐渐形成了现在广东的改装风格。从一开始仿制同类产品，到现在逐步根据国内消费者的审美观和驾驶特性以及地形地貌，自行研究、开发出具有中国特色的改装产品。如今，广东地区的汽车改装行业各具特色，正朝着百家争鸣的方向发展，市场商机越来越多，改装厂家、店家也不断增加，车主对汽车改装的认同和参与热情也与日俱增，改装技术正不断接近港台地区的水平。

世界三大汽车改装公司之一，德国的奔驰汽车改装厂 BRABUS（博速）也已经进入北京。但是由于各方面的条件限制，个性化改装还远没有广东地区发展得那么快。特别是动力提升方面，能够大刀阔斧地进行改装的店铺不是很多，而且所改动的范围也是有所保留的。北京曾于 2000 年举行过一次小规模的“汽车装饰、装潢竞赛”，收到了不错的效果，也使得更多的消费者了解了许多科学正确的改装方法。在改装市场发展较快的城市如上海等地，改装已形成了一个千万元的大市场。

在我国，虽然目前汽车改装的合法性还受到质疑，但市场已悄悄形成。在中国汽车改装行业比较影响力及规模的专业展会主要有上海国际汽车改装博览会和中国国际汽车改装博览会。到 2012 年为止，上海国际汽车改装博览会已成功举办了八届，每年一届在上海举办，首届2006年10月4日在上海世贸商城展览馆开幕，此次峰会由汽车品牌研究中心与上海世界贸易商城共同主办，参展车辆从2006年首届的36台整车发展至现在的150台整车。是中国唯一坚持高端定位并始终坚持“国际化、品牌化、专业化”的汽车改装行业专业展会。目前已经成为中国汽车改装行业最具影响力及最大规模的专业展会。中国国际汽车改装博览会由中国商务部举办，中国国际汽车零部件博览会组委会（CIAPE，china international auto parts expo）和美国汽车改装用品协会（SEMA），联合打造的中国唯一国家级国际性的汽车改装博览会。中国国际汽车改装博览会的首届从2007年11月29日开始已成功举办了六届，每年十月份在北京举办，到2012年第六届改装博览会共有600辆全球精品改装车集体亮相，参展品牌以国际化改装车展的阵容，为观众呈献耀眼夺目的改装作品和各式改装零部件。参展品牌有：来自欧美的KW、Koni、ALCON、AP Racing、Revo、Sebring、K&N、OHLINS等；来自日本的SPOON、MUGEN、JS Racing、CUSCO、Defi、Top Secret、TODA、HKS等；来自台湾地区的BC、Turbo-CN、ISC等；而大陆则有CIDEP、Wilson、Pesox、CDR等。各大品牌除展示当年推出的最新汽车改装产品外，还以最新锐的改装车作品作为产品乘载车来展示，当中不乏近来当红的诸多热门改装车型，GT-R、Civic Type-R、NSX、Porsche911、EVO、STi等热门改装车全面展出来，该次改装博览会来自欧洲、美国、日本、韩国、新加坡、中国等的130多个知名汽车改装制造商、代理商、采购商、改装俱乐部、车迷爱好者、新闻媒体、行业协会以及商务部、交通部、发改委、工信部等相关产业主管部门齐聚，共同见证了一场中国最大、最权威、全球顶级的汽车改装盛宴。

现将2012年第六届北京改装车展中几款成功的改装车型介绍如下。

① WDS在会展中心展出两部WDS飘移改装赛车分别是2012年WDS世界汽车飘移系列赛天津大奖赛冠军得主Vaughn Gittin Jr的参赛车辆福特野马改装车，如图1-19所示。以及同样是美国的顶尖汽车飘移高手Chris Forsberg（克里斯·福斯贝里）的座驾——Nissan 370z 改装车，如图 1-20 所示。

图 1-19　福特野马改装车

图 1-20　Nissan 370z 改装车

② 法拉利 458 Italia 是一款中后置 8 缸双门跑车，标志着法拉利在其原有中后置发动机跑车的基础上实现了重大飞跃。法拉利 458 指的是 4.5L、8 缸发动机，法拉利 458 Italia 的诞生不仅是法拉利的骄傲，更是所有意大利人的荣耀。法拉利 458 Italia 出自意大利著名的 Pininfarina 汽车设计工作室，但它的整体造型却完全颠覆了过去法拉利跑车给人的既有印象，充满了未来感。而这台法拉利 458 Italia 的排气系统通过更换 AK 全段，不仅在动力上更加强劲，排气声音也更接近赛车，充满了战斗气息。法拉利 458 Italia 在换装电镀玫瑰金后，配合亚光黑色轮毂，如图 1-21 所示，在外观上更显高贵独特，让人难以忘却。

③ 克莱斯勒 300C，可以说是一款改装得非常彻底的车型，从外观到内饰，从动力性到操控性都进行了改装和升级。在动力性能上，这台 300C 5.7L 车型通过改变汽缸容积使得排气量达到 7.0L，并且换装了提高操控性的悬架系统，大包围、大轮毂是美式改装车的必改项目，同时精美的车身，营造出完全不输于几百万车型的豪华感，全车外表 50 万颗 DAD 水钻完全依靠手工一颗颗镶嵌而成，配合 22in 电镀轮毂和气压升降减振，加上全白色的豪华 VIP 风格内饰，打造出这辆高级移动座舱，如图 1-22 所示。

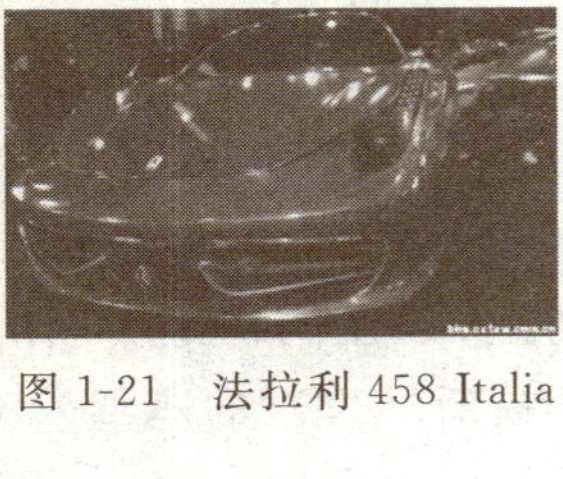

图 1-21　法拉利 458 Italia

图 1-22　克莱斯勒 300C

④ 电镀金 GTHAUS 宽体版宝马 E92 M3 GT2。宝马 E92 M3 车在外观上采用了 GT-HAUS GT2 宽体包围，定制美国 AF Design 20in 轮毂、Brembo 刹车 GTR 系列前后 380、KW-Clubsport 减振系统、H&R 防倾杆、德国 Techtec 定制程序、日本 Gruppe-M 碳纤维进气套件、OKD 高性能点火线圈、Meisterschaft 中尾段排气、Performance 多功能方向盘、加装出风口多功能显示屏、Tecnocraft 引擎室水壶盖罩、Tecnocraft 空调滤芯盖罩、定制碳纤维集气罩、Tecnocraft 大灯盖罩、定制碳纤维车顶、全车电镀金、碳纤维中网、红色天使眼都让这款车在视觉上有很强烈的冲击。由于原厂的 M3 车型在内饰上已经有很不错的表现，因此这台车并没有对其进行改进，只是增加了一些装饰，如图 1-23 所示。

⑤ 保时捷卡宴也是此次展会中比较有特色的改装车型，这车是在保时捷御用改装厂泰赫雅特 TechArt 改装后的保时捷 911 车型上改装外观和内饰而来的。车的漆面采用了白色，这辆保时捷 911 属于家族中的 GT3 版本，Novidem 的动力方案是安装上一套机械增压装置，由此带来功率的提升。套件的设定分为两阶，第一阶较为保守，只输出约 460hp，而第二阶则继续猛进，冲击到 540hp。前进气格栅和轮辋也进行了颜色的改变。另外在发动机舱盖上也进行了更换，两条突出的线条使得这款车有更加“凶猛”的视觉感受，如图 1-24 所示。

图 1-23　宝马 E92 M3

图 1-24　改装后的保时捷 911

目前我国的汽车改装主要是围绕外观改装和提高性能改装这两个方面而进行的。

外观改装深受年轻人的青睐，一般他们有一定的经济实力，喜欢彰显个性，追求自由自在的生活。目前国内的外观改装主要从大包围（空气扰流组件）、车身贴画、车灯光、轮胎、轮毂等方面进行，此外还有些内饰改装。外观改装主要是以跑车的特征来进行改造：加装车身大包围，使车辆从外观上显得更为饱满厚实，加装车辆尾翼，尽管目前大部分车辆的车速还达不到需要尾翼来调整稳定性的程度，但却能把车辆衬托得更加威风，也更符合跑车的特征。此外，有的车主在车顶加装了行李架，以负载更多的旅行用品等。汽车有如服饰，可以体现自我，同样一辆汽车，通过车主的改装和装饰，不仅能改变外形和内在性能，还能体现车主本人的喜好与个性。

在提高性能方面，并不单单以提升绝对速度为目标，而主要是在汽车已有条件下尽量将自身性能发挥得更好，如采用白金或铱金火花塞，更换高压导线，提高点火强度，使发动机汽缸内的混合气体燃烧得更彻底；加装燃油增压器，快速提升动力，在发动机进气管处安装负增压提速器，调整和改善进气效果，加装蓄电池脉冲配电器，延长电池寿命、优化点火效果等。一辆车出厂后一般只能体现出原车极限60%的性能，而经过改装，就能把它的性能提升到80%。

在我国，捷达、富康、桑塔纳改装的空间比较大。捷达和富康轿车更适合改装，捷达的动力性好，富康的底盘刚性好，这都是进行改装的良好基础。强化捷达车底盘的刚性，强化富康的动力性，使车架与底盘达到均衡，都可以改装出一辆优秀的赛车，另外，夏利、奥拓等车型也都可以进行改装。如果要进行简单的改装，一般花几千元人民币就差不多了，而要想把爱车改装成赛车，那可就需要十几万甚至几十万元人民币了。

1.2.4 汽车改装市场存在的主要问题

（1）汽车改装的市场效益与验车风险

汽车改装涉及车外改装和车内改装两大部分，涉及上百种改装件，2002 年我国汽车改装行业产值仅为 5 亿元，2008 年已经上升到 25 亿元，业内专家分析，中国汽车改装市场在今后五年内将会迎来爆发式增长，“十二五”期间，国内汽车改装市场规模预计可达到

1500亿元。经济专家发现，汽车改装在中国存在一个潜在的、巨大的市场。预计不论国家的法规何时针对汽车改装进行调整，都挡不住改装迷们对汽车改装的热情。一个韩国汽车改装企业专门来中国进行考察，考察结果出乎他们意料。他们发现中国改装市场发展速度很快，将来市场巨大，中国的汽车改装将在2～3年内繁荣起来。

到2011年年底，中国私人轿车保有量4322万辆，年销售高档轿车达20万辆以上，到2020年，中国私人轿车保有量将达到1亿辆。就算不考虑在用汽车的改装，就以当年销售的汽车的30%的改装比例计算，市场缺口也达6万辆，如果根据发达国家轿车的改装比例（50%以上），市场前景可想而知。现在的问题是，如何正确去推动这个行业发展，如何让改装车合法化和规范化。

由于政策不明晰，改装市场一直处于边缘状态，汽车改装店也不多，并不是改装市场没有发展空间，在有些国家汽车改装已经成为一项产业。关键还在于国家的政策引导，如果国家能早日出台汽车改装方面的法规和标准，这不仅可以避免现在鱼龙混杂的局面，还能让改装车行业在国家的引导下健康、良性发展。车主合理的改装也可以得到承认，不会像现在这样车年审一旦不合格，车主就白费了心血和金钱，还要面临一定金额的罚款。

与此同时，由于没有相关的改装车检验法规政策，私自改装的车辆也表现出了相当大的安全隐患，一些专家指出：为了增加车速，车迷通常的做法是增加排气量、减轻车身质量、重新调节发动机ECU、增加喷油量等，更有甚者更换发动机。但这些改动对于那些非专业的车迷来说都是非常危险的，甚至是致命的。

（2）机械动力改装要慎重

汽车主要机械结构可分成几个部位：车身、内装配备、引擎动力、变速箱传动、悬挂、刹车、电子控制系统。它们彼此间配合密切，如有任何一项做修改，马上会感受到汽车本身所受到影响与改变。对于想改装的车主来说，最好多了解一些有关汽车性能的知识，盲目地去改装，不仅没有乐趣可言，还会有危险存在。机械改装目前在国内尚未被允许，所以一般少见有这方面的改装公司。另外要提醒大家的是，汽车改装中加装的配置，要另外投保才有效；不管是外观还是机械的改装，都涉及行车安全，所以，改装的前提还是要保证安全。

(3) 我国的汽车改装市场存在的主要问题

我国的汽车改装还处于起步阶段，是一个新兴产业。由于汽车改装不同于普通的服务行业，它涉及工商管理、交通管理、车辆管理、标准管理、保险、环保、产品质量监督等许多问题，综合起来看，汽车改装市场虽然前景看好，但目前还有待规范，我国目前的汽车改装市场主要存在以下问题。

① 黑户经营难保障　由于国内相关政策法规对汽车改装有严格的限制，同时又缺乏细节性的标准，因此国内汽车改装行业的合法性受到质疑，很多实际上带有“半地下”的色彩。《道路交通安全法》明文规定车主不能改动车辆的结构，在此禁令下，众多改装商家的经营执照上都没有标明“汽车改装”，因为如果专门到工商局申请“汽车改装公司”是根本得不到批准的。因此，汽车改装这个原本应当在阳光下的交易逐渐步入“灰色地带”。正因为没有合法的“身份”，相关职能部门也无法对这些“黑经营户”进行有效管理，一旦出现任何问题，消费者的权利很难得到保障。

② 改装标准欠规范　在目前的国内汽车改装领域，不仅缺失针对行业的相关法律法规，同时对于改装的技术标准和鉴定也是空白。在国外大部分国家，汽车改装都有标准和法规。在欧洲不少国家及日本等，具有一定规模的改装厂，除了有专门的技术研发部门、测试部门外，更重要的是他们的发动机改装要通过认证与许可，其严谨态度不亚于整车厂。而在我国，汽车改装经营者资质难以认证，而汽车用户对于改装知识了解不多，改装后的质量和安全性也无从评定，其潜在的风险之大不言而喻，也不可不慎。

③ 改装企业从业人员的素质参差不齐　大部分人上岗之前没有进行岗前培训（实际上，我国目前还没有关于汽车改装技工的岗前培训），没有相应的执业资格，致使改装质量得不到保证。

④ 汽车改装企业所使用的改装配件及改装技术、设备大多来源

于国外　在国内并没有相关的改装操作规范、产品认证标准、匹配标准及服务标准。许多进口配件与国产汽车不相匹配，使得一些进口配件必须在改动之后才能安装到国产汽车上，严重影响了进口原装配件的性能，同时，配件的质量也良莠不齐，给改装车辆带来安全隐患。

⑤ 改装后的车辆没有相应的评价验收标准　在出现服务问题时，消费者与商家往往会陷入说不清楚的纠纷之中，难以确定责任，致使一些问题不能得到合理解决。

⑥ 改装安全有隐患　“新道路交通安全法”对改装管理虽然严格，但细节项目并不明确，并没有具体指出哪些项目能改、哪些不能改，而越来越多的爱车族又对改装充满了空前的热情，汽车改装的需求逐渐增大。在这种背景之下，许多“半路出家”的改装厂和改装件生产厂应运而生，就连不少“作坊式生产”的汽车维修厂也在悄悄进行着改装生意。而国外汽车改装厂家一般是和生产厂家结合在一起的，只有像这样改装技术、质量能够达到原厂要求，才能保证改装不会给车辆造成隐患。我国由于大部分改装厂家的水平和国外成熟的汽车改装业还有很大的差距，有的店就是拿着自己改装后的效果图让顾客挑，改装件只要能装上就装，是否真正适用则不予关心。此外，专业技术人员匮乏、改装件质量无法保证、潜在安全隐患多等问题也比比皆是。有些车主不了解道路交通安全法对车辆管理的规定，盲目对车辆外观、性能等方面进行改装，造成许多安全隐患，致使车辆不能通过年度检验。

⑦ 目前在国内厂商并没有提供相应的改装配件及指导　在国外，许多厂商在新车发布后，都会针对相应的车型提供相当多的改装配件，以及为车主提供比较明晰的改装指导，甚至还有专门改装自己汽车的改装公司。

⑧ 保险安检不成熟　车辆擅自改装后，一旦发生质量问题，难以区分是原车问题还是改装引起的问题。一旦出险，保险公司对其一般不予理赔。目前绝大多数的保险公司对于改装车出险后的赔偿，都仅限于原车部分，而对于改装配件则不予赔付。如果车主在投保时，已与保险公司就改装部分的投保事项进行了特别约定，那么车辆改装

部分也是在保险公司理赔范围之内的。车保理赔人员提醒车主：如果想对车辆进行改装，改装车的车主最好在车管部门进行备案，以免出现问题后，引起一些不必要的麻烦。

⑨ 一般都没有汽车改装许可证，不具备汽车改装的资质　由于汽车是技术含量非常高的产品，所以对汽车改装技术的要求很高，对从事汽车改装的企业的要求也很高，改装企业需要具有相应的资质。可是，在我国，目前除了服务于汽车赛事的专业改装机构得到汽车运动联合会的认证许可以外，其他许多从事民用汽车改装业务的厂家原来都是汽车装饰或维修企业。

1.2.5 汽车改装企业

(1) 改装汽车的主要场所

汽车改装爱好者在寻找改装店之前，可以上网了解一下当地汽车改装店的信息。如在搜索网站上搜索“汽车改装”，会发现很多关于汽车改装的内容，其中大部分是提供改装服务和零配件的商家名称、地址和联系方式。在一些大城市从事改装业务的店往往都比较集中，有的叫汽配城、汽配街或汽车街，在那里一般都有从事汽车改装业务的店铺。目前能够提供改装服务和提供改装配件商家的主要有以下几类。

① 汽车改装厂。

② 4S 店。

③ 汽车美容店。

④ 汽车超市。

⑤ 赛车俱乐部、越野俱乐部。

(2) 汽车改装店的选择

实际上，不同的店有不同的特点和优缺点，用户应根据自己想要改装的项目来进行选择。

① 改装汽车外观　汽车的外观改装是最基础的改装，就如同购置外衣，不同品位、身份的人会穿不同类型的衣服，汽车的改装也试图体现独特的个性。一般的外观改装包括前后包围、两裙边、高尾

翼、窗边晴雨挡、前大灯装饰板、贴纸、HID 氙气大灯等。正因为是基础改装，外观的改装有些自己动手就能实现，而要是不熟悉改装方法的话，就要到改装店操作了。每个大城市都有一些具备改装能力的美容店、改装店、4S 店等，到那里可以得到专业的服务。

② 改装发动机　大部分的改装迷改装汽车的主要目的是提高汽车的动力，可以说，动力系统改装是汽车改装的重中之重。但同时也应特别慎重。因为要提高汽车动力，就必须改装更换排气管、进排气歧管、三元催化器、空气滤清器、涡轮增压器、火花塞、高压线、点火线圈等近 20 种零部件。需要在专家指导下进行，不可盲目操作。而且改动后，汽车保险的问题也随之而来。因此应经过慎重考虑，并办理相关手续后才可进行此项改装。动力改装应选择比较专业的地方，4S 店相对比较理想，但因为政策的问题，4S 店一般不承接此项改装。一些不错的汽车俱乐部则可提供专业的改装服务。

③ 改装底盘系统　汽车改装往往是“牵一发而动全身”，动力加强了当然就要求刹车更灵敏。因此，底盘系统改装的主要目的是提供汽车的安全性和操控性，最后是舒适性。主要改装项目包括悬架系统、制动系统、轮辋、轮胎、前底架、后底架等。安全性在改装中是最重要的，应在专业的地方改装。

④ 改装汽车内饰　汽车内饰改装并不是广义的车内装饰，而是针对动力改装、底盘改装等一系列改装后的匹配改装。由于汽车经过上述改装后，动力等性能发生很大变化，蜕变成赛车。因此有必要安装桶式赛车座椅、赛车换挡杆头以及各式各样的仪表等。

⑤ 改装汽车音响　从某种意义上讲，汽车音响改装不属于“汽车改装”的范畴。这是因为音响改装项目可大可小，可以独立发展，已经完全“自立门户”了。一般来说，音响改装无非是主机、功放和喇叭的选购，当然，音响师傅的手艺以及理念是制造出色音质的重要保证。汽车音响改装是一门深奥的学问，对于大多数车主来说，装配什么样的音响应该根据车主的经济实力和汽车情况来定，没有必要相互攀比。

1.2.6 汽车改装费用

（1）外观改装的费用

对汽车进行外形改装的主要材料，常见的有玻璃钢和树脂等，价格从2000～7000元。购买时应注意货比三家，一般情况在2500元左右。此外，事前尽量和商家谈好包喷漆，又可以省下一大笔开销。当然，对于省钱族而言，大包围也许并不是最好的选择，其实选择一些小包围和裙边也能使车子的外形变得很酷，而且不但不改变车身结构还能省去一半以上的开销。平均人工费要占改装费用的1/3左右。

① 车身拉花（贴花） 车身拉花是最出彩的外形改装，一台没有任何改装的车，如果配一套漂亮的车身拉花，也能立刻成为马路上的焦点。雪佛兰贴花如图1-25所示。拉花的价格相差很大，如果资金充足，又图省事，可以从设计到制作全交给专门改装店，花费大约在千元以上。如果愿意花一些精力和心思，自己设计或者收集图标，再交给招牌店制作的话，价格就便宜多了。

图1-25 雪佛兰贴花

② 车身装饰件 在汽车精品店会有各种各样的汽车装饰件，可选择一些装在车上，如金属饰片、排气管罩、灯眉之类的，可以让汽车醒目很多。不过加装车外饰的原则是不能多和杂，画龙点睛就行了。

（2）性能改装的费用

汽车性能改装是一个很专业的领域，如果要做一番专业的改装，开销一般较大，如高性能的车胎都在数百上千元，换套刹车系统要上万元，增加涡轮增压也要（1.5～2）万元。

例如，要把一辆使用了2年的上海赛欧车改装成拉力赛车，某商家列出的价格是这样的（要动发动机的，发动机改装有小改和大改）。

如果是小改。小改把点火线换掉，500元就可以搞定；换掉火花塞400元；如果再花5000元换上一套排气管，那效果就更明显了。

这样的小改后，1.6L 排量、90hp 的赛欧在排量不增加的情况下，至少能增加 10～20hp；如果再加装一套 2 万元左右的涡轮增压系统，90hp 的赛欧可以达到 150hp。但这样一来，必须更换配套刹车片，还要加固车身焊点，一共 3 万元左右。更换一套排气管，同样适用本车型的排气管，要价 2000～5000 元。

如果是大改。大改的费用一般会超过车价，如某辆参加全国锦标赛的赛车，改装价格就超过了 100 万元。至于赛车的大改，价格就没底了。如可以花（7～8）万元更换发动机，更换赛车轮胎、赛车的制动系统，或者不更换发动机而把发动机壁打薄，1.6L 排量的车也能增大到 2.8L。配上增压系统功率能达到 300～400hp，价格至少几十万。

不过普通的改车也有省钱的办法，很多改装项目开销不多，但效果还是很明显的。例如下面这几项。

① 进气改装　最省钱的进气改装就是换原装为大流量空气滤清器，可以使车子进气更为顺畅，对动力性有所提升，开销还不高，最低费用 200 元，如图 1-26 所示。

② 点火系统　更换高性能火花塞是点火系统升级的最直接办法。更换铂金等贵金属火花塞点火会更加稳定，对于动力性有所提升，而且火花塞的寿命也比原厂高得多，最低费用在 300 元以内，如图 1-27 所示。

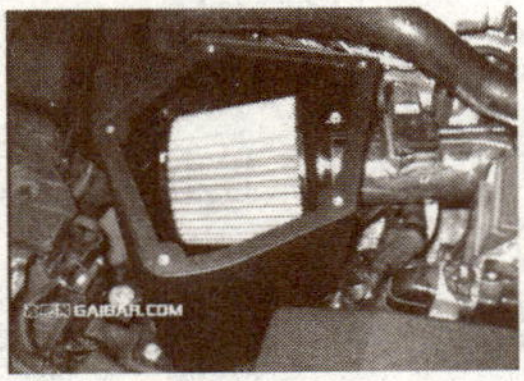

图 1-26　换大流量空气滤清器

图 1-27　更换高性能火花塞

③ 电子回路　对于电子回路的改装可以使车子点火更加稳定，也可以保障大灯、音响等电子设备的正常工作。电子回路的主要改装是加装地线和稳压器，这两种装置都可以自己改装，最低开销不到

200 元。也可以去买成品，有价格很实惠的，几百元就行，如图 1-28 所示。

④ 刹车系统　专业人士改车一般首要改的就是刹车。不过高档的刹车改装开销是很大的。一般的也要上万元。其实提升刹车性能也有省钱的办法，如更换质量更好的刹车片，开销在几百元左右，制动性能提升很明显。此外对于刹车太硬的情况，可以加装三段式刹车助力系统，一般在 300 元以下，如图 1-29 所示。

⑤ 操控性能　加装前防侧倾杆可以提高车架刚度，减少车身侧倾，开销也不大，视材料不同一般在 300 元以内。此外，现在流行一种加在悬挂弹簧上的缓冲垫胶，价格很便宜却能够对弹簧有所加强，可提高汽车的操控性能，如图 1-30 所示。

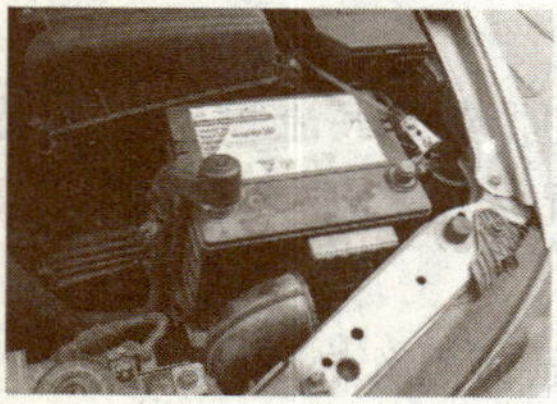

图 1-28　电子回路的改装

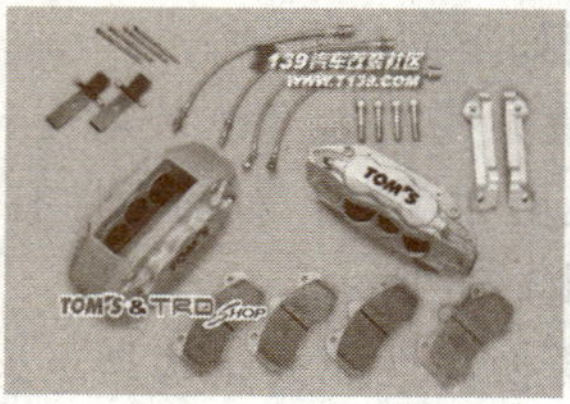

图 1-29　加装三段式刹力助力系统

图 1-30　缓冲垫胶

（3）进口配件的价格

进口的改装配件质量有保证，但是价格较高。以宝马的改装件为例可见一斑。德国宝马在 2006 年 7 月在欧洲限量上市 2000 套面向 Mini Coopers 的高性能改装套件，在德国售价为 3 万欧元。配备部分包括运动座椅和增压中冷器。还通过配备由铝合金制成的后车轴控制臂及去除隔声材料，使车重比普通车型大约减轻了 40kg。另外还追加了限滑差速器和防侧滑装置。发动机通过改进中冷器等措施，实现了 160kW 的最大输出功率，以及 245N·m 的最大转矩。该车配备了 John Coopel Works（简称 JCW，是 Mini 品牌的授权改装）的 GP Kit 升级套装中的制动盘及 18in 车轮。外装加了前后裙、后扰流板、侧栏以及下围板，从而增强了下压力。

（4）改装件的进货渠道

无论怎样改动都需要更换改装件。那么这些改装件是从哪里来的？

目前市场上的改装件主要来自于下面四个渠道。

① 汽车的 OEM（OEM 指原始设备制造商）配套厂家　如轮胎、刹车片的供应商等，他们在为厂家提供配件的同时，也把一部分配件提供给售后市场和改装市场。

② 专门提供改装件的厂家　他们一般只生产单项产品，如火花塞、排气管、高压点火线等，同时还会开发一些高性能的赛车用品，这些厂家在广东一带较多。

③ 专业赛车俱乐部　一些做改装业务的商家只需向其购买零部件就能直接安装。

④ 海外进口　进口的标准要看车型和客户的需要。进口件比较贵，但质量相对更高，如要换发动机，主要以进口的本田和三菱为主，国外一些赛车队开发的产品，也是改装件的重要进口来源。一些小的配件，如减振器、刹车片、仪表，主要从韩国等进口，天窗主要从日本、德国进口。

（5）鉴别假冒伪劣配件

汽车改装的配件基本上都是向从事改装业务的商家购买的，大多数是正品（俗称行货），如果改装的内容涉及汽车性能的升级，则配件价格会比较贵。如果在一些小的配件商店购买散件，价格会便宜不少，但配件的质量也良莠不齐。

要防止遇到水货（偷税漏税、进货渠道非法）及假冒伪劣产品。因此掌握一些鉴别优劣汽车配件产品的知识，对于打算改装汽车的人来说就十分必要。一般来说，以下几点鉴别方法比较实用。

① 看包装　原厂配件包装一般比较规范，均有统一标准规格，印字字迹清晰，而假冒产品包装印刷则比较粗劣。

② 看外表　原厂配件外表印字、铸字及标记清晰正规，而假冒产品则外观粗糙。

③ 看颜色　某些原厂配件表面往往会指定某种颜色，若出现其他颜色则为假冒伪劣零配件。

④ 看油漆　不法商人将废旧配件经简单加工，如拆、装、拼、凑、刷漆等处理，再冒充合格品出售。这样制作出来的配件，外表喷漆粗劣。

⑤ 看工艺　伪劣产品外观虽然不错，但由于制作工艺差，容易出现裂纹、砂孔、夹渣和毛刺。

⑥ 看质地　原厂配件的材料是按设计要求采用优质的材料，假冒产品则多是采用廉价低劣材料。

⑦ 看标识　有的正规零部件上标有某些记号，如正时齿轮、活塞顶部等处有装配标记，用来保证机件正确安装，没有的则不能购买。

⑧ 看缺漏　正规的总成部件必须齐全完好，才能保证顺利装车和正常运行。一些总成件上的个别小零件漏装，一般是“水货”，这会给装车造成困难，往往因个别小配件短缺，造成整个总成部件报废。

⑨ 看防护层　为了便于保管，防止零件磕碰，零件出厂之前都有防护层。例如大小轴瓦、活塞、气门等一般都用石蜡保护，以免其表面损坏。这些重要的配件，表面若无防护层，多为“水货”。

⑩ 看证件　一些重要部件，特别是总成类，如分电器、发电机、启动机、电动油泵等，出厂时一般带有说明书、合格证，以指导用户安装、使用和维护，若无这些为假冒伪劣产品。

▮ 看价格　原厂与副厂、行货(正规渠道)与水货(非法渠道)、正品与仿冒，在价格上有明显的差距。副厂一般指的是一些规模小的企业，它生产的产品质量一般比较低，工艺比较粗糙，但是价格也低。

▮ 看规格　选购汽车配件时，要查明主要技术参数，特殊技术要符合使用要求。有的假冒伪劣产品外观与真货相差无几，但装上去了就是不太合适，要么大点或小点，使用起来总是不太满意，并给行车安全带来隐患。

▮ 看注册　一些正规的电子产品在网上能够注册，输入产品上的条形码等信息，可得到生产厂家的认可。而假冒产品是不能网上注册的。

此外，汽车配件如果出现干裂、氧化、变色或老化等问题，可能是存放环境差、储存时间长、材料本身差等原因造成的。如果发生离合器片铆钉松脱、制动皮管脱胶、电器零件接头脱焊、纸质滤芯接缝处脱开等现象，则也不能购买。

(6) 商家出售假配件处理办法

车主如果遇到了假的汽车配件，要避免上当。如果遇到欺行霸市、强买强卖，可以报警。国家在《机动车维修管理规定》中都有明确的说法，对机动车维修过程中使用假冒伪劣配件、非法从事机动车维修经营和擅自改装机动车等各种不法行为，最高罚款可达5万元。

经交通部批准施行的新《机动车维修管理规定》明确规定，机动车维修经营者使用假冒伪劣配件维修机动车，承修已经报废的机动车或者擅自改装机动车的（如要改变机动车车身颜色、更换发动机、车身和车架，车主应按有关法律、法规办理手续，具备相关资质的商家查看后方可进行改装），由县级以上道路运输管理机构责令改正。并没收假冒伪劣配件及报废车辆，有违法所得的，没收违法所得，处违法所得2倍以上10倍以下的罚款；没有违法所得或者违法所得不足1万元的，处2万元以上5万元以下的罚款，没收假冒伪劣配件及报废车辆；情节严重的，由原许可机关吊销其经营许可；构成犯罪的，依法追究刑事责任。

1.3 国外的汽车改装品牌

1.3.1 德国的汽车改装品牌

(1) 梅塞德斯·奔驰的汽车改装品牌

① AMG（图1-31） AMG成立于1967年，称为“王者中的王者”，AMG名称来自两位德国人Hans Werner Aufrecht和Eberhard Melcher在德国一小镇Grosaspach上的一家小型赛车制作厂。他们

的成名作是 1971 年比利时 SPA 24 小时耐力赛上获得第二的 300SEL 6.9 AMG，之后就一直获得奔驰公司的青睐，直至 1985 年，以 Mercedes Benz W124 即当时的 E 系列为底盘 300E 5.6 AMG 横空出世时，AMG 公司就此登上了“暴力美学”的巅峰。这辆“蒙面黑客”拥有可以达到 300km/h 的惊人动力。而每款发动机上都有设计师的名字。2007 年 AMG 开始进军中国，来自德意志的精品预计也将在中国大地上蓬勃发展。

② CARLSSON（图 1-32） CARLSSON（卡尔森）于 1989 年由 Hartge 兄弟 Rolf 与 Andreas 创立。名称源自瑞典的著名拉力赛车手 Ingvar Carlsson，同时 Carlsson 也是奔驰的试车手。它地处德国西南部城市 Merzig，以高压的造型设计与强大的动力系统闻名。利用拉力赛和奔驰的双重优势，CARLSSON 开始了对于奔驰汽车的改装。同时，CARLSSON 对于奔驰汽车内饰的制作也在改装车领域享有盛名。CARLSSON 一直致力于奔驰车的改装，但是，它锁定的并不是普通的奔驰，而是大名鼎鼎的 AMG 的改装，为当时的 AMG 安装了增压器。现在的 Carlsson 还将目标锁定于新贵车型 Lexus。

图 1-31 AMG

图 1-32 CARLSSON

图 1-33 KLEEMANN

③ KLEEMANN（图 1-33） KLEEMANN 于 1985 年在丹麦首都哥本哈根附近的 Farum（法鲁姆）成立，以提供奔驰汽车的改装零件而闻名。KLEEMANN 最为擅长的机械增压改装，该厂的拿手好戏便是以奔驰 AMG 的车辆为基础，进一步加大动力，创造出极为狂爆的动力输出。KLEEMANN 是专注于奔驰改装的公司。早在 1997 年奔驰推出 AMG E50 之后，KLEEMANN 就已经为这台已经达 347hp 的

AMG 安装上 EATON 的机械增压器，达到了 500hp 以上的动力。

④ BRABUS（图 1-34） BRABUS（巴博斯）在 1977 年由 Bodo Buschmann 创立，已成为世界上最大及最有影响力的改装品牌公司之一，总部位于德国的 Bottrop。BRABUS 为客户的各类需求提供个性化的选择。BRABUS 产品基于现有的所有梅赛德斯-奔驰车型设计和生产，并通过“Kraftfahrtbundesamt”（德国联邦汽车局）认证。比 AMG 和 LORINSER 成立晚，但是 BRABUS 后来居上，一年改装的奔驰车有 80000 余辆。BRABUS 的改装不是简简单单在原车基础上的高性能改装，它的改装是不惜工本的。尽管不是奔驰的子公司，但 BRABUS 却是奔驰 Smart 的御用改装厂，全世界所有的 Smart 变形车都出自 BRABUS 之手。BRABUS 的目标是成为世界一流的汽车改装部件制造商。BRABUS 产品范围包括为梅赛德斯-奔驰系列汽车提供动力改造，优雅的外观改装包括空气动力，高品质合金轮圈，动态而舒适的减振系统，以及精巧的手工奢华内饰等。

图 1-34 BRABUS 高品质合金轮圈

图 1-35 LORINSER 改装的 SL500

⑤ LORINSER（图 1-35） LORINSER 于 1935 年在德国斯图加特成立，其对车身进行重新设计从而获得最完美的车身结构和美学感受而著称，而称为“时装设计师”，比“AMG”、“BRABUS”的创立时间早，这个名称并不是浪得虚名的，可以说是改装业的“老师傅”了。LORINSER 在展会上带来了全新 2013 梅赛德斯-奔驰 SL500 作品，包括宽体套件以及动力升级。通过升级 ECU，其搭载的 4.7L V8 发动机最大功率从 435hp 上升到了 530hp，峰值转矩从 700N·m 增加到了 800N·m。同时，LORINSER 可以将其电子限速

装置拆除，让 SL500 的极速达到 280km/h。外观方面，LORINSER 为其配备了 20in RSK8 轮圈以及 255/30 R20 以及 295/25 R20 轮胎。车身空气动力套件包括前后杠、尾箱扰流板、定制侧裙、后扩散器、四出排气等。另外，LORINSER 的 ABC（动态车身控制）套件可以使车主手动降低车辆重心，直接改变驾驶感受。

（2）BMW 的汽车改装品牌

① MTECH（图 1-36） BMW 中的 M 部门，表面上来说，和奔驰车厂的 AMG 有许多相似之处。它们的产品都出现于各个系列之中，如 3 系列中的 M3、5 系列的 M5 以及 M6 等。但是相比之下，M 部门的发展史和 AMG 却大有不同。M 部门自开始以来就是 BMW 集团内部的一个专门机构，目的单纯地在于“将 BMW 的产品更加 BMW”！用人的身份来形容就是：真正的出身名门。M 部门自始至终能够忠实地贯彻 BMW 对于操控快感的追求，使得驾驶 BMW 成为一种享受。

② ALPINA（图 1-37） 早年 MTech 还没有风行天下的时候，BMW 其实是依靠 ALPINA（阿尔宾娜）的存在才能够满足改装车迷的需求的。那时候的 BMW 的改装就是仰仗 ALPINA 的 Bi-Turbo，双涡轮增压器的 B3、B5 甚至是 B10 等。虽然现在从事 BMW 改装的品牌此起彼伏，但是 ALPINA 仍旧一贯于专注 BMW 改装。当时的每一台 ALPINA 出品的改装车都拥有自己独有的车架号码，这与奔驰的改装品牌 Brabus 有相似之处。这代表了 ALPINA 拥有自己制造汽车的能力。

图 1-36 MTECH

图 1-37 ALPINA

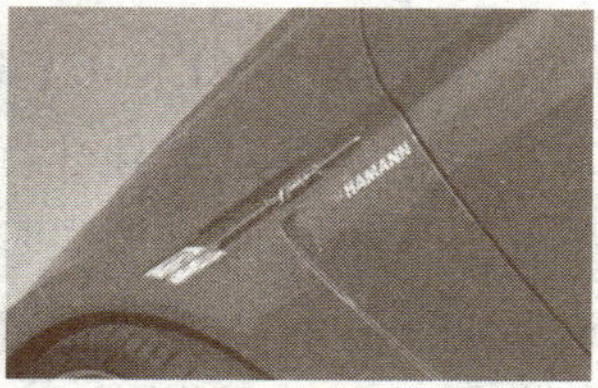

图 1-38 HAMANN

③ HAMANN（图 1-38） HAMANN 最初期的产品大都是围绕着 BMW 旗下车型所开发的，它的品质上乘，高科技的产品居多，外

观也很好。创始人理查德·哈曼在 BMW M1、DTM 以及 Formula 3 这些赛事上曾经 3 度获得冠军，1986 年，哈曼改装的 BMW M3 创造出了 348hp、273km/h 的最高时速，从此 HAMANN 品牌一夜成名并开始对海外市场进行开发。现在的 HAMANN 产品已经发展到了 Porsche、Ferrari 甚至是 Lamborghini，这些世界著名的超级跑车用户都爱用由 HARMANN 设计的空气动力套件、合金钢圈和排气系统。

④ AC Schnitzer（图 1-39） AC Schnitzer 于 1987 年才创建，AC Schnitzer 是全世界最大的 BMW 专业改装厂，虽然建厂较晚，但因为是世界最大的 BMW 的经销商 Kohl Automobile Gmbh 和 Schnitzer 赛车集团合作创立，在经验和销售两方面都具有优势（早在 1964 年，Schnitzer 就已经开始致力于改装 BMW 并参加各项赛事）。AC Schnitzer 改装宝马 X6M，2012 北京车展上 AC 展出了号称最快宝马 SUV 的 AC-M6-700。外形基本与 ACS6 相近，动力可输出 700hp 和 850N·m 的最大转矩，只需不到 4s 就可以从 0 加速至 100km/h，极速能够达到 300km/h。

图 1-39 AC Schnitzer

（3）保时捷的汽车改装品牌

① GEMBALLA GmbH（图 1-40） 关于 GEMBALLA 的改装，最初是希望 Porsche 能够具备更加完美豪华的内饰，因此专门为 Porsche 制作了专用的全皮内饰。结果这些真皮内饰受到了客户和 Porsche 厂方的一致好评和认可。紧接着的改装发展到了外观空气动力套件方面，这些年来，GEMBALLA 更是在 Porsche 水平对向发动机的涡轮增压方面独树一帜，形成了 GEMBALLA 特有的内饰、外观、增压器三位一体的改装风格。

② RUF（图 1-41） RUF——“黄鸟”，Ruf AutomobiIe GmbH Ruf 的创始人 Dr Ruf 就是 Porsche 车厂的工程师，从这一层面也能判定 RUF 改装的纯粹性。也许一部分 Porsche 车迷对于 RUF 的改装所知不多，事实上，长久以来 RUF 所开发的改装套件（Conversion Kit）都是

围绕着 Porsche Carrera 系列的。当然，最驰名的要算针对 964 Turbo 版本的 CTRYellow-bird（黄鸟）了。20 世纪 90 年代初 RUF 将 964 的涡轮增压实行了双涡轮化，动力达到 469hp，速度轻松地突破 250km/h。其次还有 BTR、RCT、RCT evo、BHR 等各种环绕 NA 发动机或Turbo 发动机的改装套件推出。

图 1-40　GEMBALLA GmbH

图 1-41　RUF 改装的 Porsche

图 1-42　Tech Art 改装的保时捷 993

③ Tech Art（图 1-42）　泰赫雅特 Tech Art 是保时捷御用改装厂，它的产品是技术和艺术的完美结合。泰赫雅特于 1987 年成立于斯图加特小镇 Feltbach，从 20 世纪 80 年代末期开始，Tech Art 把主要的精力投入保时捷的改装上面，并逐渐建立了自己的机械及外观的改装队伍。最为经典的就是对保时捷 993 卡雷拉以及超级 GT3 等车型的改装。对于动力改善最好的补充是 Tech Art 的排气套件，各个款式的轿车都能用。这个装置包括排气系统的椭圆 S 形尾管，一个可控节流阀以及带有多种高效催化剂和尾部消声器的高性能排气系统。

（4）大众的改装品牌

① ABT（图 1-43）　ABT 全称 ABT Sportsline，是创办于 1896 年的家族企业，ABT 则为这个家族的姓氏。ABT 创办之初不过是一间制造马车零件的小铁匠铺，随着汽车工业的蓬勃发展以及赛车的兴起，这家工厂的规模也日益扩大。1967 年开始，ABT 改装部正式成立，ABT 自 1975 年开始倾尽全力从事车辆改装的事业，为 VAG 的车款进行动力提升，并设计制造各种空气动力套件、跑车化悬挂、行走系统和进排气系统。ABT 已跃升为 Volkswagen 集团车系御用改装厂，总部位于坎普顿（Kempten），工厂占地 12000m^2，产品涵盖

Volkswagen 集团所有车种包括 Volkswagen、Audi、Seat、Skoda 及最新的 Volkswagen 孪生车种 Porsche Cayenne 改装套件，每年由 ABT 总部调校改装的车型超过 2000 部，改装车型主要有 AS4-R、TT-R、R8-GTR、GOLF7 等。迄今已经有 100 多年的历史，所有产品均通过苛刻的欧盟环保及改装法规，并以动力提升件的稳定性和安全性冠绝大众改装品牌。2003 年，ABT 开始了在中国的市场布局，目前在华北、华中、华南设立了代理公司。

② Oettinger（图 1-44） Oettinger 创立于 1946 年，位于德国法兰克福近郊 Friedrichsdorf（黑森州），1964 年之前，OKRASA 还只是涉及发动机方面的改造。从 1964 年之后着手于汽车其他方面的改装，Oettinger 与大众汽车制造厂的关系越走越近。大众首推 Golf 时，这是 OKRASA 与大众合作的一个里程碑，Oettinger 是最为全面的 VAG 系改装厂，从引擎调教、空气动力套件的开发、悬挂、车架强化甚至音响的改装，都有涉足。但最出色的还是对 ECU 的调教和对引擎动力提升方面的改装，Oettinger 几乎可以覆盖整部车的改装件。

图 1-43 ABT 改装动力

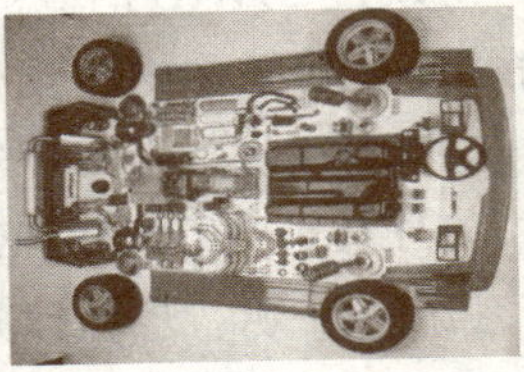

图 1-44 Oettinger 改装套件

图 1-45 CARACTERE 改装奥迪

③ CARACTERE（图 1-45） CARACTERE（卡拉蒂娜）在 1992 年成立于比利时，主要营业项目为汽车空气动力套件的设计与销售，创始人 Alain Hurard 担任主要设计师，由于 CARACTERE 的创新与完美设计，在近年来广受世界各地的 VAG 车迷的好评。CARACTERE 这个品牌一直是致力于奥迪、保时捷、大众的改装，CARACTERE 通过德国 ISO 9000、TUV 认证，CARACTERE 能快

速的开发生产各种空气动力套件，且能正确和原车结构保持一定的结合并维持车体的完整性。

1.3.2 欧洲的其他汽车改装品牌

（1）KOENIG（图 1-46）

德国人 Willy Koenig 在 1974 年开办了这家名为 KOENIG SPECIALS 的改装公司，公司位于德国的慕尼黑，成立之初就已经专精于改装法拉利，第一辆完成车也是当年赫赫有名的法拉利 365 BB，以改装的红色 Ferrari F40 和 Testarossa 这两台车是 Koenig 的巅峰之作，KOENIG 最近代的作品当属 Ferrari 的 F50，致力于“The Fastest Road Sports Car”——最快的公路跑车制作的 KOENIG 让 Ferrari 的 F50 获得了 625kW/800N·m 的惊人动力！此外，KOENIG 还开发了能够发生 1000hp 以上的 Twin-Turbo&Super-Charger（双涡轮增压和机械增压）发动机。

（2）HEICO/RINSPEED（图 1-47）

HEICO 和 RINSPEED 这些北欧改装公司所开发的改装件都是围绕着北欧的品牌 VOLVO 以及 SAAB 的。一般市面上对于北欧车的改装品牌是非常少见的，但是如果你知道现代汽车改装时经常用到的涡轮增压技术的创始人实际上就是 SAAB 的话，你就肯定不会怀疑北欧汽车的改装潜力了。HEICO 和 RINSPEED 关于北欧汽车的改装件非常广泛，涉及制动系统、外观、悬挂以及内饰。

图 1-46 KOENIG

图 1-47 HEICO/RINSPEED

图 1-48 PRODRIVE

（3）PRODRIVE（图 1-48）

PRODRIVE（Prodrive Auomotive Technology Limited），在英国古老的牛津是值得改装车迷们去朝圣的“殿堂”。英国是一个集中了当今世界高水准赛车公司的国家。1981 年的 WRC 冠军 David Richards 在 1984 年创建了这家小型赛车公司（现在发展成为了集赛车和改装为一体的工厂），利用他在赛车运动中积累的技术，从事发动机、变速箱甚至底盘的开发和改装。

（4）NOVITEC（图 1-49）

1989 年，沃尔夫冈·哈格多恩在斯图加特创办了 NOVITEC 汽车改装公司，并且从一开始就将改装的方案核心确立为增强发动机的性能和稳定性。特别是在 20 世纪 90 年代，NOVITEC 的机械增压技术得到了阿尔法罗密欧的青睐。

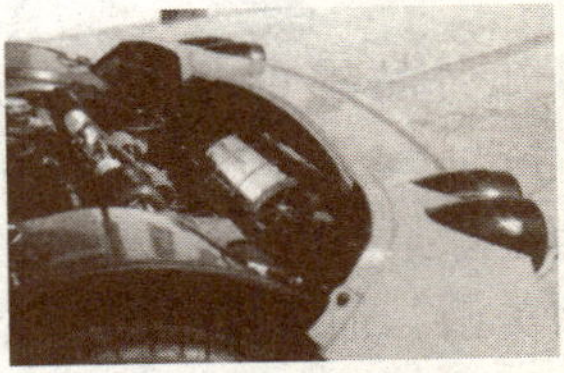

图 1-49　NOVITEC

意大利汽车的改装是非常少见的，从事 Alfa Romeo、Ferrari、Lamborghinni 这几种本来世界上就非常少有并且高价的跑车改装的公司不多。好在 NOVITEC 也是菲亚特集团很大的一个经销商。所以 NOVITEC 的改装对于拉丁车车主来说，非常珍贵。NOVITEC 的产品价格也是“物以稀为贵”。

（5）DSF（图 1-50）

DSF（Design Spirit Fashion）是一家法国国际集团有限公司，DSF 汽车改装系列为集团的核心主打系列，DSF 可谓是汽车改装界一匹新生的黑马。创新设计思路、深度的设计灵感，主张的创新原创精神，动感的设计风格，追求完美的个性，在个性与常规中取得一个平衡点。DSF 根据现代社会的汽车改装主流为客户带来了无可比拟的完美技术、激情绽放的超高性能，以及特立独行的设计艺术，大胆的创意灵感体现的更是 DSF 引领国际改装界的主流。DSF 汽车改装空气动力套件，主要范围：汽车前杠、汽车后杠、汽车侧裙、汽车内饰装饰件等。

图 1-50　DSF

(6) VIOGI（图 1-51）

VioGi 源自 British Virgin Island 著名的汽车配件销售公司，经过近 10 年的发展不断设计研发，开发出来 400 余款独具风格的金属中网（Billet Grille），产品覆盖福特、通用、克莱斯勒、本田、丰田、现代、起亚等汽车品牌，成为美国各大金属中网品牌首选供应商是 Putco，Grillecraft，Westin，TRex，Carriage Work，SesTrims 等国外知名品牌的指定供应商，也是美国 Ebay，Amazon，Car Parts Whole Sale 等知名汽车配件销售网站中最畅销产品及推荐产品。成为全球最专业的汽车金属中网全系列设计、生产、销售企业，产品畅销美国、加拿大及欧洲等主要国家。2007 年设计的 08 款 V8 福特野马（Mustang）金属中网产品在全球最大的汽车改装展——北美汽车改装展（SEMA）荣获最佳设计奖，并多次在北美汽车配件评选中荣获最受欢迎产品。2009 年正式引入中国这个大市场。

图 1-51　VIOGI

(7) ALPINE

ALPINE 早期是一家使用雷诺引擎的赛车和跑车厂，创始人 Jean 于 1969 年建立工厂，生产出许多传奇车型，成为当时出色的汽车制造商。1973 年被雷诺汽车收购，对雷诺稍有了解的车友都认准 Renaultsport 这个招牌，其实 Renaultsport 就是在 ALPINE 工厂打造的，销往世界各地。主要改装车型有 A110，A310，GTA-atmo-turbo-lemans，A610，Renault 5 Turbo and Renault Sport Spiders registered 等车型。ALPINE A110-50 如图 1-52 所示。

图 1-52　ALPINE A110-50

(8) Abarth

Abarth 中文全称为意大利阿巴斯股份有限公司。卡尔．阿巴斯（Karl Abarth）于 1950 年在意大利成立了自己的公司，刚开始时生产汽车的配件，诸如尾气管道、排气歧管、阀门弹簧、阀门以及变速器等。从 20 世纪 50 年代初期到中期，Abarth 汽车公司开始进行量产车型的改装，主要是菲亚特 Fiat 车型。这些价位相对较低的菲亚特车型经过 Abarth 汽车公司的性能调校与改装，往往能够爆发出不可战胜的动力，从而使其在参加的比赛中经常大获全胜。在 1955 年，菲亚特 Fiat 推出了 Fiat 600。而 Abarth 将其进行了最大潜能的开发，结果该车型的发动机排量增加到了 0.75L，从而大大提升了车子的整体性能。在 1971 年，菲亚特汽车公司将 Abarth 汽车公司收购。Fiat 600 以后就是 850 系列，此时菲亚特汽车公司将未配置完整的车子直接运往 Abarth 公司，进行配件的补充与性能的调校。这种合作一直持续到菲亚特的 Fiat 1000，再到 595 以及 695 都是菲亚特与阿巴斯合作的产物，菲亚特 Abarth 的 Fiat 1000 如图 1-53 所示。

图 1-53　Abarth 的 Fiat 1000

1.3.3　美国的汽车改装品牌

(1) KN

KN 位于美国加州里弗赛德（Riverside）的 KN Engineering 是提供可重复使用的汽车和机车棉纱过滤器技术的发明者和领先创新厂商。自 1969 年起，KN 即开始为那些对高性能提速表现有着极高追求的汽车和摩托车运动的狂热爱好者设计和制造高流量空气滤芯。自 KN 创办至今，KN 为大部分的主流车型设计制造了 2400 种空气滤芯，并设计了 500 种发烧级高流量进气系统。

KN 不仅比同类产品的生产厂家有更齐全的产品线，并且还是高流量进气类产品的发明者和维护者。除了民用产品以外，KN 还为专业赛车设计了上千种空气滤芯，并且是印第安纳波利斯赛事中使用的唯一空气滤芯。

KN 的特殊设计不但使空气流量达到一个更高的层次而且还保证

图 1-54 KN的空气滤芯

了空气过滤的水平，从而确保了引擎的寿命，同时，在原厂车更换了KN空气滤芯（图1-54）后功率一般都可明显增大1～4hp。除了在沙尘环境中杰出的过滤效果之外，KN空气滤芯还最大程度地提高了车的最大功率和提速性能。这是一种可以洗涤的、反复使用的、使进气流量明显提升并且保护引擎、使引擎寿命更长的空气滤芯。

（2）APR

美国APR总公司创立于1997年，位于美国阿拉巴马州。APR的全称是：Audi Performance Racing。APR公司专业从事于德国大众集团旗下车系：Audi，VW，Porsche的高性能提升改装，是现今世界上最大、最专一、最前瞻和最专业的VAG车系高性能改装品牌公司。经历了多年和大众车厂共同的研发合作，APR彻底吸收了VAG车系的精髓，创造出当今世界最顶尖的VAG车系电脑升级程式。APR的研发实力和产品效果更是得到了大众车厂的认可和推荐，成为了其极端性能改装的御用品牌。APR的电脑程式有别于目前世界上其他品牌，不光是只注重于单一区域的功率或扭力提升，而是全面均匀地提升整体动力性能。在美国总部，APR拥有世界上最大、最专业的电脑程式编程技术团队，每个程式的诞生必须通过软硬件研发工程师团队数百次严格的专业调试，务求在确保稳定可靠的前提下发挥其最尖峰的线性效果。APR拥有世界最尖端的硬件研发生产工具和检测仪器，其中包括价值过百万美元的CNC，CAD等大型专业设备。APR的所有硬件产品全部选用最好的原材料生产，例如，选用铬、镍、铁合金来铸造Intake Manifold等。APR公司所研发和生产的全部产品在正式推出市场销售之前，必须在其美国总部36000ft^{2}的测试厂房里由专业人员进行安装调试，并且要在他们设于澳大利亚的专业试车赛道中经过为期半年的严格实地测试，在数据加实践中不断地完善和提高，直至完美。不仅如此，APR的产品更活跃于世界各大赛车和赛事上，APR MotorSport的专业赛车团队拥有多台自主研发和调试的冠军赛车及多名签约专业车手，他们的完美配合总能让 APR 在众多的大赛中屡获殊荣。APR 2.0T FSI S3/Golf-R K04 转换系统如图 1-55 所示。

图 1-55　APR 2.0T FSI S3/Golf-R K04 转换系统

(3) Vorsteiner

美国汽车改装厂 Vorsteiner 是一个极具想象力和创造力的改装公司，一直致力于提供给客户最高品质的改装配件和服务，以能够满足最挑剔用户的最苛刻要求而享誉业内。Vorsteiner 是美国一家改装业务较广的高性能汽车改装商，梅赛德斯 CLS63AMG、法拉利 458 Italia、宝马 M3 等都是他们的拿手好戏，美国改装品牌 Vorsteiner 发表了旗下保时捷卡宴的外观套件，取名“V-CT”。套件包括全新的前包围、两侧裙边以及现在流行的后底扰流板，后包围的两边可以看见两个钛合金排气出口。尤其是后门顶端被重新设计的一支波浪小尾翼，让卡宴的尾部线条更加多变。每个 Vorsteiner 产品都经过严格测试，在离开 Vorsteiner 工厂之前，都必须通过非常详细的质量控制，并经过严格的测试。Vorsteiner 改装奔驰 CLS63 AMG 如图 1-56 所示。

图 1-56　Vorsteiner 改装奔驰 CLS63 AMG

(4) WR

WR 是美国十大改装车配件品牌之一。美国鼎盛集团有限公司总部在美国，旗下有 Weapon-R 竞技产品，WR 为 SEMA（美国汽车用品改装协会）15 年会员公司，生产各种改装配件已有 30 年，如进气系统、排气系统、过滤系统、赛车配件及各种汽车舒适配件。WR 适用于很多车型，都有出色的表现。与此同时 WR 还有专业的改装车队伍。WR 进气系统如图 1-57 所示。

(5) Neuspeed

Bill Neumann 于 1979 年使用 Neuspeed 这个品牌，Neuspeed 改

装了该公司第一部 VW 汽车 Rabbit（美规第一代 Golf 的车名）。这部车当年在美国知名汽车媒体 Road & Track 以及 Motor Trend 的测试之下，0～60km/h 跑出 7.2s 的成绩，成为当时美国国内最快的前驱车。由于拥有傲人的成绩，因此 Neuspeed 随后便以改装 Volkswagen 为名，成为美国当地的 Volkswagen Tuner。Neuspeed 主要专心于大众、奥迪、本田等系列汽车的改装。Neuspeed 旗下主要产品有进气、排气、轮毂、刹车盘、底盘操控、动力系统等。机械增压套件如图 1-58 所示。高流量进气系统 P-Flo 空气滤清器套件如图 1-59 所示。

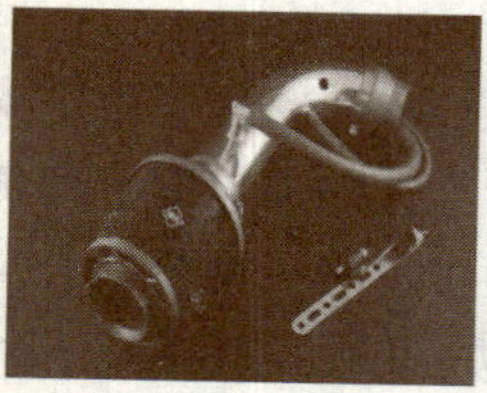

图 1-57　WR 进气系统

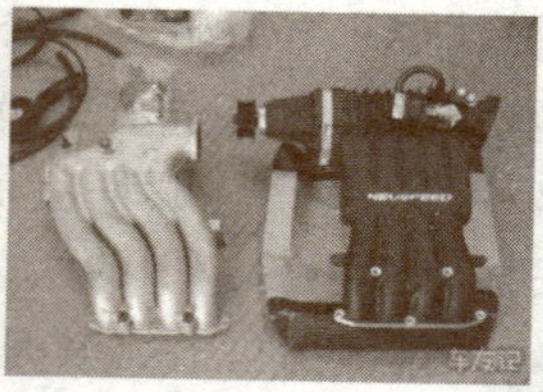

图 1-58　机械增压套件

图 1-59　高流量进气系统 P-Flo 空气滤清器套件

1.3.4　日本的汽车改装品牌

(1) TRD&TOM'S

TRD（图 1-60）的全名为 TOYOTA Racing Department，即负责 TOYOTA 汽车参加赛车的部门。它是由当时的 TOYOTA TECHNOCRAFT Co，Ltd 的一部分演变过来的。1984 年，TRD 正式成立，是丰田 100%独资的改装公司，出品种类繁多的改装件：包括高性能减振器、涡轮增压器和高强度轻量化轮辋等，负责对丰田、雷克萨斯、Scion 品牌汽车进行性能的改装提升。早期 TRD

图 1-60　TRD

不但负责改进丰田旗下街车的性能，而且更重要的是在世界各项高水平赛事上为丰田提供技术支持。但现在的 TRD 只是负责赛车的研发，开始了真正的赛车以及改装车的研发，改装件涉及 TOYOTA 旗下汽车的各个部分和车型。

TOM'S 是一间独立的公司，在 1974 年成立，由日本著名车手 Nobuhide Tachi 及他的朋友 Kiyoshi Oiwa 共同创建，由两人名字的第一个字母再加上 Motor Sport 的第一个字母组成的"TOM'S"简写，主要因改装赛车而出名。除了赛车外，TOM'S 也逐渐涉足一般民用车的改装，随着 TOM'S 在日本及全球各类赛事不断取得佳绩，TOM'S 的名气也逐渐深入人心，并得到了丰田更大的支持，成为丰田认可的专门化汽车改装公司。时至今日，TOM'S 一直活跃于日本的 JTCC（日本房车锦标赛，又名 JGTC 和 F3 赛事），民用车改装也日趋多元化发展。从 Vitz 到 Celsior 的全线丰田车系都有 TOM'S 的改装产品，可算是丰田以外最强的独立改装公司。

（2）NISMO

NISMO 是 NISSAN Motorsport International 的缩写，NISMO 诞生于 1984 年 9 月 17 日，NISMO 负责的是 NISSAN 赛车的改装和开发，NISMO 改装的 NISMO R34 GT-RZ-Tune 使 NISSAN 在赛车界得以扬名，R32 GTR 在本土获得连胜后，日本的年轻人都以拥有一台 R32 引为自豪。这台 2.6L 涡轮增压发动机配备 4WD 和四轮 HICAS 系统的日本产高性能跑车成为改装的最佳对象。NISSAN Z33 如图 1-61 所示。

图 1-61　NISSAN Z33

（3）IMPUL

IMPUL 则更加侧重于 NISSAN 旗下小型车的改装开发和研究。IMPUL 主要对 GT 车型进行改装。IMPUL 与 OHLINS 协作开发的减振系统 OHLINS 作为一款高价并且高性能著称的减振器受到许多人的推崇，如图 1-62 所示。

（4）MUGEN

MUGEN 于 1973 年 3 月成立，MUGEN 的第一个作品是基于第一代 Civic 搭载的 EB1 引擎开发出的代号为 MF318 的赛车引擎。MUGEN 是由 HONDA 的创始人本田宗一郎之子本田博俊开办的。2006 年推出了进化版本“D”。MUGEN 在 SPEC-D 的 VTEC 发动机上加装了机械增压器，使得动力达到了 145hp，同时对外观、悬拌、进排气都进行了一系列改装与强化。而另一款则是刚刚上市的 CIVIC 改装版本，被称为“CIVIC Dominate”。K20A 发动机加上机械增压器后发生的最大输出功率为 221 kW，连制动系统都经过了 MUGEN 的强化，使用 6 速变速箱，改装件都被印上了 MUGEN 的 Logo，如图 1-63 所示。

图 1-62　IMPUL

图 1-63　MUGEN

图 1-64　Impreza WRX

（5）STI

SUBARU TECHNICA INTERNATIONAL 是 STI 的全称，成立于 1988 年 4 月。STI 一直沿用“樱花红”作为其标志性颜色。STI 也是因为 SUBARU 制造的 Impreza WRX（图 1-64）在 WRC 上的赫赫战功而闻名。这台涡轮增压的水平对向 BOXER 发动机由当初的 2.0L 进化到了现在的 2.5L，扭力强劲是水平对向发动机共同的特点。

（6）MazdaSpeed

MazdaSpeed 隶属于日本马自达汽车公司，专门从事于赛车改装。1983 年，马自达的前身“东洋工业”与马自达汽车东京公司合资成立“Mazda Speed 有限公司”，由大桥孝至等主工程师领军营运，当时汽车设计一职则由 Mooncraft 的由良拓也（日本著名的赛车设计师）担任。之后，因慢慢获得马自达原厂技术人员的支援，以第四代Familia 4WD车型参加世界拉力锦标赛A组的比赛，也确立了Mazda Speed在马自达的竞速赛车部门的地位。1993～1997年，由于马自达营收困难，逐步缩减运动赛事的经费，至1999年，经整合后，Mazdaspeed成为马自达全车系专用的改装套件品牌名，使用于强调操驾性能或外观的限量车上。Mazda Speed RX-7 B-spec（FD）如图1-65所示。

（7）Ralliart

Ralliart国内称为拉力艺，是三菱汽车的高性能开发和赛车部门。一直专注越野赛事的拉力艺，自1984年4月成立之后，一直为公司开发改装零件以及作为赛车部门的技术支援。三菱拉力赛车手Andrew Cowan在1983年创办三菱在欧洲的赛车运动基地——Andrew Cowan Motorsports（ACMS），后来1984年演变为Ralliart Europe，在三菱高性能部门的技术支持下，日益壮大。1989年拉力艺第一次凭借Galant VR-4赛车参加世界拉力锦标赛，而至1993年则将赛车更换为更加灵活的LANCER EVOLUTION。而达喀尔拉力赛方面，三菱帕杰罗从1983年首次参赛夺冠到2007年再次夺冠，获得惊人的7连冠、总计12次冠军，帕杰罗绝对是达喀尔的传奇。改装的帕杰罗如图1-66所示。

图1-65　Mazda Speed RX-7 B-spec（FD）

图1-66　改装的帕杰罗

1.3.5 运动座椅及赛车用品品牌

当今世界具有代表性的车用座椅厂家RECARO诞生于1906

图 1-67　RECARO 座椅

年，创办当时是一家小型的马车厂。随后 RECARO 开始为当时的大众和 Porsche 的 Proto Type 提供 OEM 车用座椅，随后，RECARO 的业务发展至梅塞德斯-奔驰，甚至 Mybach 等大名鼎鼎的汽车品牌也开始采用 RECARO 座椅。自此 RECARO 开始专注于汽车座椅的制造与开发。RECARO 座椅如图 1-67 所示。

RECARO 拥有出色的人体工学设计，它的座椅不但活跃在民用车领域，随后的赛车界、民航业以及办公用品甚至婴儿轮椅车都出现了 RECARO 的制品。在波音 747 客机上翻开座椅上蒙着的椅套，也有 RECARO 的字样。作为改装车用途的 RECARO 主要以如下几个系列展开：赛车用的全桶形座椅 SP-G 系列；兼顾舒适和包裹性能的 SR 系列，具备一定的调节功能，比较适合街道版改装车使用；而普通汽车追求舒适感的可以选用 LX 系列。

1.3.6 制动系统和离合器改装品牌

（1）APRACING

英国的 APRACING 源自历史悠久的赛车历史。APRACING 制造的制动系统曾经帮助 F1 赛事上的各家车队总计获得过超过 600 场以上的分站赛冠军。由于它在 F1 赛场上的卓越表现，WRC、DTM、ETCC 等世界著名赛事的参赛车队都对 APRACING 制造的制动系统情有独钟。AP 制动系统也同样在民用改装车界受到青睐。基于民用和街道版本改装车的广大市场，AP RACING 在着力于开发赛车用制动系统的同时，也研发了一大批适合街道版本改装车甚至普通民用车使用的制动系统。现在的 APRACING 制动系统从当初的铸铁已经发展到了碳材料，大幅度的轻量化和高强度使得 APRACING 这家具有悠久历史和优秀成绩的赛车用品制造厂一直屹立在顶峰。作为街道版改装车上可以选用如 CP5555、CP6600 等兼顾高性能改装甚至赛道使用的犁号。APRACING7040/7625 制动系统如图 1-68 所示。APRACING 离合器组件如图 1-69 所示。

图 1-68 APRACING7040/7625 制动系统

图 1-69 APRACING 离合器组件

图 1-70 BREMBO F40 制动系统

（2）BREMBO

另一种代表性的制动系统 BREMBO，以民用车为开发对象，BREMBO 比较线性（就是说制动反应可以根据施加制动力的大小清晰地反映在速度上，踩多少刹车，车子就慢下来多少）的制动感受更加受到改装爱好者的青睐。

BREMBO 的产品主要分为四类：一些排气量小于 2.0L，动力也低于 200hp 的改装车可以使用 BREMBO 小型四活塞卡钳的 Lotus 系列并配以相应的大口径制动碟；中大型跑车或者改装车动力不大于 400hp 的，BREMBO 大型四活塞的 F50 系列就足够应付；500hp 以上的多以超级跑车为主，必须使用 BREMBO 大型六活塞卡钳制品；对于 800～1000hp 改装车或者是超级跑车，BREMBO 也有超大型的八活塞卡钳对付这些狂暴的 hp。BREMBO F40 制动系统如图 1-70 所示。

1.3.7 悬挂系统改装品牌

（1）KONI（图 1-71）

荷兰的 KONI 是一家拥有 150 年以上历史的世界级减振器生产厂家，1940 年汽车用进气歧管是第一次以 KONI 这个名称面世的，于 1945 年，KONI 就已经开发出世界上第一根可调试减振器。KONI 一直担当着世界级跑车的减振器 OEM 产品供给。

（2）BILSTEIN（图 1-72）

这家位于德国多塞尔多夫郊外小镇上的减振器公司在赛车界以及改装车界的名声是不可替代的。早在 1873 年，August Bilstein 就成立了一家从事家居业的公司——AUBI。在和儿子 Hans Bilstein 的共同努力下，Bilstein 家族开始进军汽车配件生产行业。由于具备了扎实的工业生产底子，BILSTEIN 生产的减振器很快受到了众多德国汽车厂商的认可，成为最大的汽车 OEM 供应商。

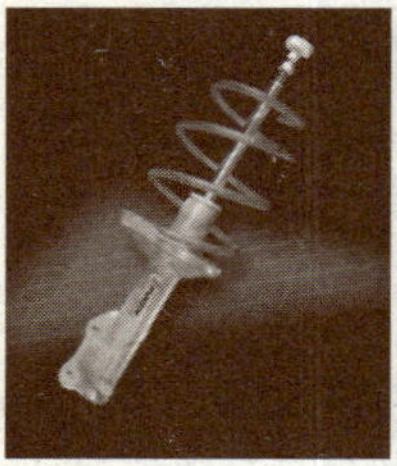

图 1-71　KONI 悬挂系统

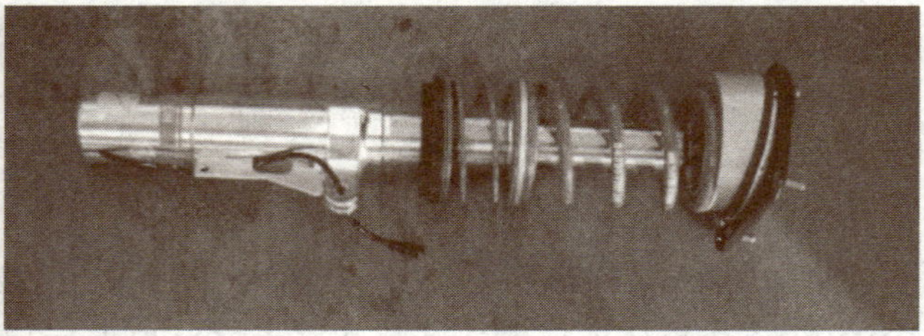

图 1-72　BILSTEIN 悬挂系统

1.3.8　著名钢圈改装品牌

（1）BBS

作为钢圈品牌的“王者”，BBS 的历史可以追溯到 20 世纪 70 年代。由两位德国赛车手所成立的这家小型赛车开发公司，在初期从事的是赛车整流套件的开发。大名鼎鼎的 BBS 钢圈（图 1-73）实际上是名为 BBS AEROKIT 空气整流套件中的一个单项，出现在当时欧

图 1-73　BBS 钢圈

洲盛行的 ETC（欧洲房车大赛）中。由于在 ETC 赛事中 BBS 表现出优异的综合性能，很快就在汽车改装爱好者中家喻户晓。至今 F1 Ferrari 车队的车轮钢圈仍旧是由 BBS 提供。

（2）OZ Racing（图 1-74）

图 1-74　OZ Racing 钢圈

OZ 是一家来自意大利的汽车零部件生产厂商，主营汽车钢圈，于 1971 年创办于意大利的维琴察。OZ 是英制计量单位之一，是盎司的英文，也是计量重量时所使用的单位。从它的名称我们就能够联想到 OZ 在铝合金钢圈制造时所寄托的希望。

在赛车界，OZ 积极参与了 WRC、F1 等世界著名的赛事，成为了历届世界冠军车队们获得胜利的必备品。F1 世界的 Renault 车队、WRC 的雪铁龙-标致车队，它们所使用的都是 OZ Racing 的制品。

1.4 汽车改装政策法规及规定

1.4.1 汽车改装是否合法

目前在我国，改装合法化的问题仍然没有得到解决。

我国现行的相关法律及部分省市的相关法规条款是这样规定的。

（1）《道路交通安全法》第十六条规定，任何单位或者个人不得有下列行为：①拼装机动车或者擅自改变机动车已登记的结构、构造或者特征；②改变机动车型号、发动机号、车架号或者车辆识别代号；

（2）已注册登记的机动车有下列情形之一的，机动车所有人应当向登记该机动车的公安机关交通管理部门申请变更登记：改变机动车车身颜色的、更换发动机的、更换车身或者车架的、因质量有问题制造厂更换整车的。

申请机动车变更登记，属于上述几项情形之一的，还应当交验机动车；如果更换发动机或更换车身或者车架的，还应当同时提交机动车安全技术检验合格证明。

1.4.2 改装车怎样通过年检

在大多数地区，年审（年检）还是成为制约家用轿车改装的最大难题。

其实，改装车也不是都不能通过年审。如果是已领牌照的汽车进行改装前，向车管所登记申报，其改装技术报告经车管所审查同意后，即可进行改装。改装完毕，还要到车管所办理改装变更手续，这样就可以顺利通过年审。

如果改装前没有到车管所登记申报，到年底车辆审验时能否过关，关键是看车辆是否与行驶证上的照片相符，与车辆出厂技术参数是否相符。不符合的，就不能通过年检。

据调查，目前绝大多数的改装行为都是在申领牌照之后进行的，而且极少有车主会先到车管所履行登记审批手续。因为很多刚买车的车主对此并不了解，认为车是自己的，自己花钱想怎么改就怎么改，与别人无关，于是花费大量金钱、时间和精力来改装汽车，有些车主花在改装上的费用甚至接近车本身价值的一半或更多，而等到验车的时候就会遇到大问题，因为改装车检车前都需要进行“还原”处理才能过关。

1.4.3 汽车改装政策法规

汽车改装多年来一直是半地下的状态，在2008年国庆节后这种状态有所改变。根据修订后的《机动车登记规定》第十条规定：已注册登记的机动车有下列情形之一的，机动车所有人应当向登记地车辆管理所申请变更登记：①改变车身颜色；②更换发动机（限同品牌、同型号)；③更换车身或者车架。这 3 个项目过去是明确规定不许更改的。第十一条规定，属于更换发动机、车身或者车架的，应当提交机动车安全技术检验合格证明；第十五条规定：改变机动车的品牌、型号和发动机型号的（经国务院机动车产品主管部门许可选装的发动机除外)，将不予办理变更登记，改变已登记的机动车外形和有关技术数据的（法律、法规和国家强制性标准另有规定的除外)，将不予办理变更登记。

新规定除了对于一些机动车的变动放宽了之外，改装变更手续也简单多了。根据原来的规定，改装前要填写《机动车变更登记申请表》，并向所在地车管所递交机动车所有人和代理人的身份证明及复印件、机动车登记证书、机动车行驶证等一系列证件，在审批通过后方可进行改装，改装后还需去车管所重新登记相关改动信息。新规定则简化了许多，机动车所有人在变更后 10 日内向车辆管理所申请变更登记。车辆管理所应自受理之日起一日内，确认机动车，审查提交的证明、凭证，在机动车登记证书上签注变更事项，收回旧行驶证，并重新核发行驶证。

Chapter 2

第2章 发动机改装与实例

2.1 发动机基本工作的改装与实例

发动机基本结构的改装一般包括对发动机压缩比、气门、活塞、活塞环、连杆和曲轴的改装。

2.1.1 发动机改装的理由

汽车动力性和燃油经济性的提升主要与发动机的技术改装有关。正如运动场或竞技场上的运动员要有健康的身体就要先有强健的心脏一样，汽车要有强劲的动力输出就要先有好的发动机，所以提升汽车动力性能不可或缺的一个环节就是发动机的改装。

2.1.2 发动机改装的技术要求

发动机内部组件的改装主要是利用由轻量化、高强度的材料制成的高精密度组件来减少内部动力的损耗，除了达到动力提升的目的外更要兼顾可靠度及平衡性的提升。要兼顾轻量化和高强度则有赖于材料技术的进步。高科技合金或复合材料的应用配合精密加工技术的发展，使得现代高性能的发动机在实现其单位容积动力大幅度提升的同时，可靠度及经济性也同时获得改善。但必须强调发动机内部组件的改装并不仅仅是为了提升动力，更重要的是为了发动机的可靠度及平衡性。

2.1.3 发动机改装的注意事项

在发动机内部组件改装时，除了必须特别注意材料的选择、制作精度及平衡度的要求外，更不能忽略各组件间的搭配。发动机的改装往往牵一发而动全身，单对某一部分进行改装通常会破坏发动机的平衡，而且效果不明显，因此在对发动机进行改装时，务必注意各配件的匹配，否则会因小失大，得不偿失。

发动机的改装对改装师技术水平的要求非常高。发动机是汽车的心脏，有一个非常复杂的工作环境——既有超高温的燃烧室（温度接近 1000℃），又有运转速度非常高的精密机械结构，因此要求改装师对相关仪器设备有丰富的使用经验，并且拥有较高的理论水平。除了技术复杂性的原因外，由于发动机内部更换了一些高性能部件，会使原厂设定的数据不能再用，而改装品制造商提供的数据并不一定能与其他部件配合，因此在装配过程中要求改装师能自行计算、设定一些数据，否则稍有不慎便会导致爆燃等不良后果，甚至会导致汽缸爆裂等严重损毁，因此一定要确定改装师的技术水平后才可以进行改装。安装时的工艺也是一个重要因素，对于同一个改装套件，有的改装厂安装后能正常使用，但有的改装师安装后却常常不能达到预期的效果，这其中的差异就在于安装时的工艺。例如，连杆在安装时必须特别注意螺钉的锁法及紧度，锁螺钉时应该先充分清洁并涂上一薄层机油，避免螺纹牙间产生异常的应力造成螺钉虽按照规定的力矩锁紧但却无法达到应有的预紧度，以致发动机运转后会由于预紧度的不足而造成轴承严重受损。

2.1.4 发动机压缩比的改装

（1）提高压缩比的改装

压缩比提高的方法主要有减小燃烧室的容积，包括磨削汽缸盖、在燃烧室内增加固定物、使用较薄的汽缸垫等。还有更换活塞的形式，使活塞头部与汽缸盖围成的燃烧室的容积减小，甚至可以增加连杆的长度或者增加曲轴的回转半径。压缩比的提高会对发动机的强度产生影响。适当提高压缩比，采用高辛烷值的燃料，可以提高发动机的性能；过多地改变压缩比，会产生爆燃现象，对发动机产生较大的伤害，发动机的寿命会急剧缩短。

① 磨削汽缸盖　适当地磨削汽缸盖，可以使原先可能不平整的汽缸盖得到修平，汽缸盖的平面度的极限值是 0.20～0.30mm，曲轴的回转半径的极限值是 0.30mm。因此，对于通过磨削汽缸盖来提高发动机的压缩比时，磨削的厚度不应超过两者的极限值 0.30 mm。

② 在燃烧室内增加固定物　这是提高压缩比比较简单的方法。通过在燃烧室内固定占有一定容积的物体，使得燃烧室内的气体占有的容积减少，达到使压缩比增大的目的。

③ 更换较薄的汽缸垫　汽缸垫压缩后在燃烧室占有一定的容积，通过减薄汽缸垫的厚度或者换用薄的钢制汽缸垫，可以使燃烧室的容积减少，相应可使压缩比增加。

④ 活塞改装与实例　更换活塞的主要目的是减小燃烧室的容积。更换制造质量更高的活塞也可以提高活塞的强度、减小活塞的质量以及活塞和汽缸间的摩擦力，可以使活塞抵御更大的燃烧压力，往复运动会更顺畅。在高负荷时间较长时，活塞的运行更可靠。

活塞的改装包括材料的改装（包括制造方法）和结构形式的改装。

活塞可以选择铝合金、铸铁和钢 3 种材料。活塞毛坯制造的方法主要有金属型铸造、锻造和液态模锻等。液态模锻制得的毛坯组织细密、无铸造缺陷，可以实现少切削或无切削加工，使金属的利用率大为提高。

活塞结构形式的改装主要是为了更好地承受燃烧的压力。富康 TU3JP 发动机更换全套进口高压缩比轻量化活塞，将压缩比由原先的 9.3 提升到 10.5。和原厂活塞比较，不难看出压缩比的变化：凸顶和凹顶的差别，新活塞的高度也要比旧活塞短很多，如图 2-1 所示，重量至少轻了 1/3，其惯性大小对引擎的功率和效率有重大影响。以汽油发动机来说，压缩比超过 12.5∶1 时燃烧效率就不容易再提升。对高压缩比活塞来说，由于必须保留气门做功所需的空间，因此会在活塞顶部切出气门边缘形状的凹槽，如果没有这个凹槽，当活塞到达上止点时可能就会打到气门，因此改装了高压缩比活塞后对气门动作精确度的要求就必须非常严格。这凹槽的大小也必须配合凸轮轴及气门摇臂的改装而改变。

⑤ 更换连杆　连杆的长度是固定的，由此来确定上、下止点之间的距离。若增加连杆小端与大端之间的长度，就会改变上、下止点间的距离，使得燃烧室的容积变小，也就会使得压缩比变大。富康TU3JP发动机更换全套进口高压缩比轻量化连杆，新连杆也比原厂连杆更细，加工工艺也明显更加细致，如图2-2所示，其目的也是减小运动部件的惯性。

图2-1　改装用活塞和原厂活塞

1—改装用活塞；2—原厂活塞

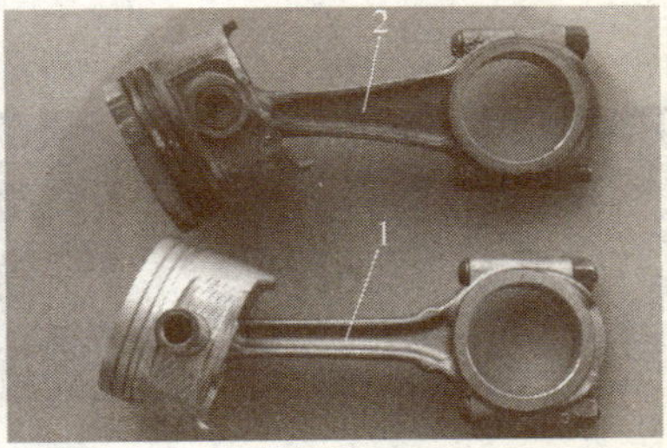

图2-2　改装用连杆和原厂连杆

1—改装用连杆；2—原厂连杆

（2）发动机压缩比改装注意事项

不论采取哪种方法，都应在小范围内变动。小范围变动的原因是发动机的设计都是经过核算的，压缩比提高得过大，会使得各部分承受的压力变化过大，燃料的燃烧也会有很大的变化，这种变化是由多种因素共同决定的，可能甚至会缩短发动机的寿命。

2.1.5　发动机改装实例

（1）实例一

以马自达6汽车2.3L发动机的改装为例，组装发动机时，要严格遵照日本马自达6维修手册的规定力矩锁紧螺钉，发动机主要部件如凸轮轴、曲轴带轮螺钉等，按照要求这些螺钉拆卸下来后就不能再使用，必须全部换新（这些小螺钉在国内买不到，只能按编号从日本定购）。工作步骤如图2-3～图2-9所示。

图2-3　激光扩缸

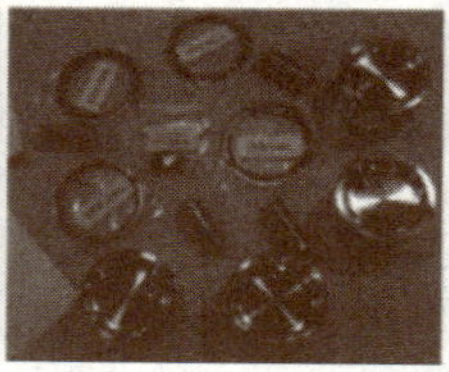

图2-4　准备美国CP锻造活塞与连杆

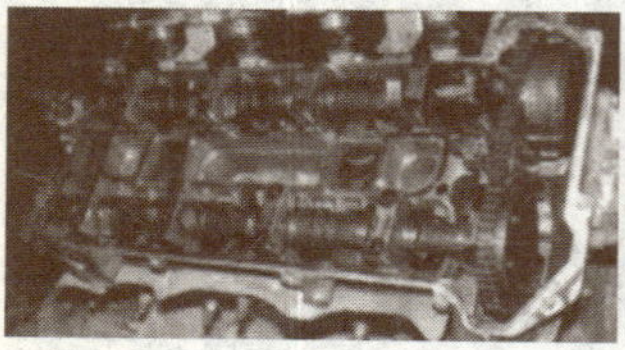

图2-5　四个550mL的喷油器与HKS 8°火花塞配套

图2-6　装入活塞、活塞环、连杆、大小轴瓦

图2-7　调整间隙套

图2-8　修改曲轴与凸轮轴

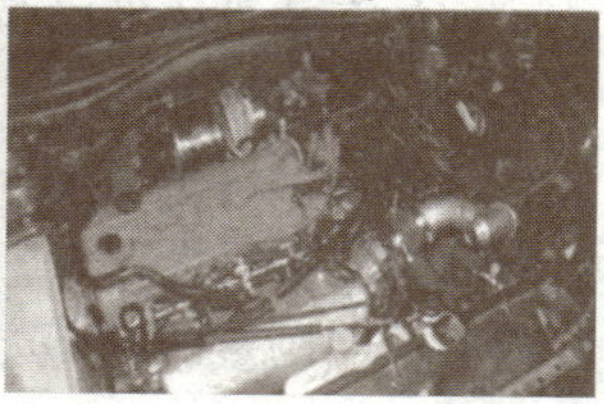

图2-9　改装的马自达6与换装手动离合器及5挡变速器

（2）实例二

以丰田锐志汽车的发动机改装为例。市面所售丰田锐志汽车的V6发动机以2.5L排量的居多，虽然其原装发动机的动力性能并不差，但是驱动较重的车身，若再进行一些改装（如更换18in轮辋，配合更宽的轮胎），原装发动机的动力输出就显得有些不够用了，此时就要对其进行改装。

综合考虑决定将原装发动机由5GR-FE升级至3GR-FE，2.5L排量升级至3.0L，改装后百公里加速时间约快2s，转矩输出也增大不少。

发动机改装步骤如下。

① 拆下发动机，更换大散热器、GREADY分体外置机油冷却器、CUSCO的机油滤清器。将发动机周围的配件拆去，抬出发动机。拆下的发动机如图2-10所示。

② 丰田GR系列的发动机均使用正时链条。打开汽缸盖可以看到两根进排气凸轮轴由独立的链条机构机械带动，如图2-11所示。进气凸轮轴前面这个齿轮盘，是拥有丰田专利技术的VVT-i可变气门，如图2-12所示。进气凸轮轴上的VVT-i装置和正时链条如图2-13所示。

图2-10 拆下的发动机

图2-11 发动机内部结构

图2-12 VVT-i可变气门

③ 拆下凸轮轴，可以看到气门顶端的滚轮，如图2-14所示，这样的设计可以延长凸轮轴的使用寿命。

④ 拆气门，如图2-15所示。

图 2-13　进气凸轮轴上的 VVT-i 装置和正时链条

图 2-14　气门顶端的滚轮

图 2-15　拆气门

⑤ 拆开中缸部分，如果很干燥，则说明发动机的燃烧状况较好；如果气门部分也很干燥，则说明发动机原本运作很好。必须更换掉如图 2-16 所示的 5GR 原装曲轴。

⑥ 取出活塞，可以清楚地看到活塞头部的油环和气环，如图 2-17 所示。

⑦ 清洗发动机中缸，准备安装新的配件，如图 2-18 所示。旧 5GR 曲轴和新 3GR 曲轴对比如图 2-19 所示。新旧连杆的对比如图 2-20 所示。

图 2-16　5GR 原装曲轴

图 2-17　活塞头部的油环和气环

图 2-18　清洗中缸

⑧ 更换全套的轴瓦，如图 2-21 所示。

⑨ 安装曲轴，如图 2-22 所示。曲轴安装完成后的效果如图 2-23 所示。

⑩ 安装新活塞，可以清晰地看到活塞上丰田的商标，如图 2-24 所示。对比新、旧活塞可以看出区别，如图 2-25 所示。

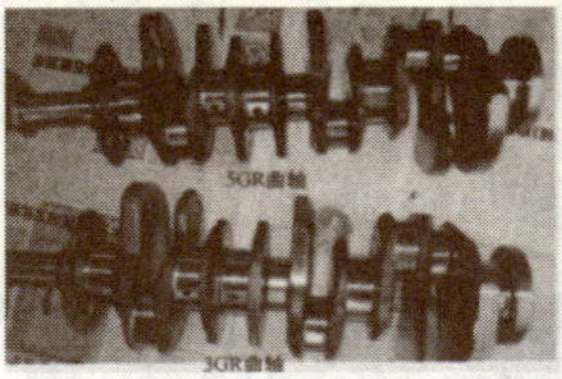

图 2-19　5GR 与 3GR 曲轴的对比

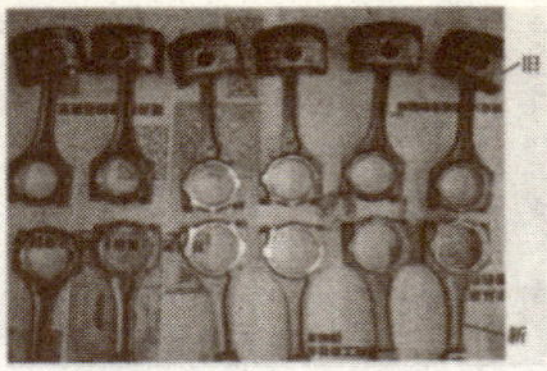

图 2-20　新旧连杆的对比

图 2-21　更换全套轴瓦

图 2-22　安装曲轴

图 2-23　曲轴安装完成后的效果

图 2-24　安装新活塞

⑪ 将原装全新的活塞环安装在发动机中缸，间隙如图 2-26 所示。一边已经安装好活塞的中缸如图 2-27 所示。

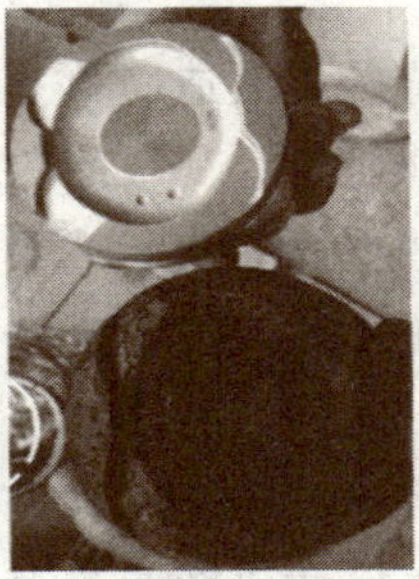

图 2-25　对比新旧活塞

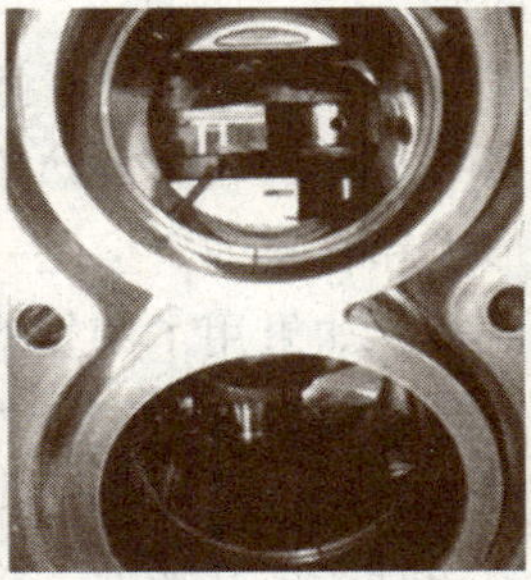

图 2-26　全新活塞环安装在发动机中缸时的间隙

图 2-27　一边已经安装好活塞的中缸

⑫ 把活塞环安装上活塞之后，用专用工具把活塞安装入中缸，如图 2-28 所示。

⑬ 活塞全部安装完毕后，装上全新的汽缸垫片，安装缸盖，如图 2-29 所示。

⑭ 将改装好的发动机装回车里，如图 2-30 所示。

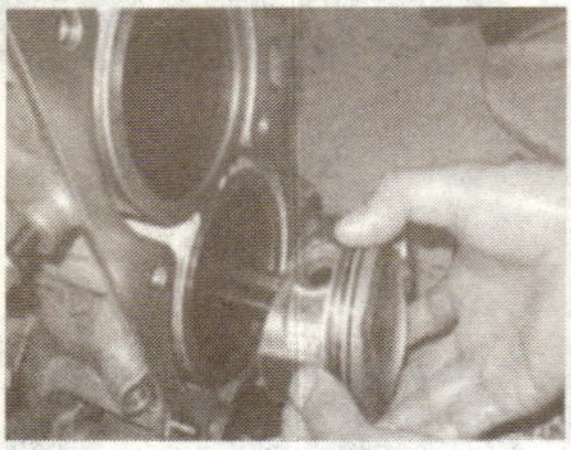

图 2-28　把活塞安装入中缸

图 2-29　装上全新汽缸垫片后安装缸盖

图 2-30　将改装好的发动机装回车里

2.2 曲柄连杆机构的改装与实例

2.2.1 活塞的改装与实例

通常改装厂在设计锻造活塞时，都会同时利用改变活塞顶部的形状来达到提高压缩比的目的。

现代的活塞设计主要有铸造和锻造两种，而铸造比锻造简单并且便宜，但却无法达到锻造活塞承受的较大的热度和压力。一般的改装是不需要改变活塞的结构形式和材料的。但是一些重度的改装就要用锻造活塞代替原装的铸造活塞。如果用了废气增压系统，发动机汽缸压力增加较多最好要用锻造活塞。

铝合金材料的活塞，其主要优点是质量小，但却有膨胀率较大的问题，所以在活塞的设计制造时考虑其特性，将它设计成椭圆及上下锥体的形状，以减缓受热膨胀后所造成的变形，并能减少活塞与汽缸的间隙，防止“冷敲热拉”。

铸造的铝合金活塞，材料的紧密度低，而且比较“脆”，遇到高负荷很容易裂，如果在高压缩比的发动机车上，伴随产生的爆震、敲缸现象，铸造品是无法承受此种负荷的。所以对于重度改装的提高动力的发动机，提高了压缩比、增加了涡轮增压（Turbo），或增加了氮气加速系统（NOS）等，锻造活塞也成为替代铸造活塞的必需改装件。思域引擎原装的压缩比 $\varepsilon=10.5$，改装凸顶活塞后，压缩比高达 11.5，锻造活塞采用整体的原始铝块，达到最高的金属强度，比铸造而成的铝合金件强度有大幅增强。直接用 CNC 车床加工的方法制作而成，数控机床确保活塞的高精度要求，减少高速时的多余振动。锻造活塞加工如图 2-31 所示。原装活塞 267.2g，锻造活塞 288.6g，如图 2-32 所示，因为 7075 铝合金的强度高于其他铝材，凸顶设计的体积更大，所以质量比原厂稍大。

图 2-31　锻造活塞加工

图 2-32　活塞质量对比

活塞对比如图 2-33 所示。

锻造活塞原型如图 2-34 所示。

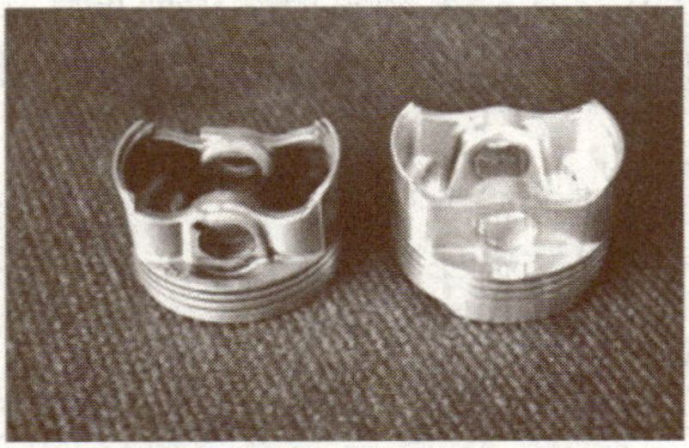

图 2-33　活塞对比

图 2-34　锻造活塞原型

2.2.2 活塞环的改装

普通发动机的每个活塞各有 1～2 个气环及油环。不锈钢及特殊合金的活塞环已广泛地应用在赛车及改装套件市场，这些特殊设计的合金活塞环可以在活塞往上行时释放压力，但在往下爆发行程时却能保持密闭的状态以维持压力，这种活塞环虽然价格较高但是却能有效地提高发动机效率。

由于活塞与活塞环都必须在高温、高压、高速及临界润滑的状态下工作，并且发动机的性能是所有机件整合的结果，因此选择活塞套件时必须考虑凸轮轴的正时角度、供油系统的配合才能找出最佳的搭配组合。

活塞环的厚度尺寸与其磨合性、寿命和密封性有直接关系。为求低摩擦因数、增加发动机输出功率及减少上下往复惯性的要求，新一代的发动机都使用厚度较薄的活塞环，即薄型活塞环。在改装中也有通过减薄活塞环进行升级的。不过，薄型的活塞环有低摩擦、高输出、气密性佳等优点，但其缺点是耐久度不如厚的好。

有一种美国生产的改装用的无开口活塞环，运用双重组合而找不到缺口，如此一来既可克服活塞必须预留大尺寸间隙的困扰，也能达到气密的功效。

2.2.3 活塞销的改装

活塞销的制造尺寸、公差、材质在设计上是非常严格的。原厂发动机设计的活塞销形式大都使用半浮式设计，也就是活塞销固定在连杆小端是不转动的，而在活塞两侧的销孔内，销子是可以转动的。半浮式连接活塞连杆组如图 2-35 所示。

如果活塞已经升级为锻造活塞，这时的活塞销几乎全都需要采用全浮式的设计，即销子相对于连杆小头、相对于活塞座孔都是可以转动的。全浮式连接活塞连杆组如图 2-36 所示。

全浮式和半浮式只是装配上的公差配合不同。因此在装配全浮式活塞销时，一定要仔细测量活塞销孔和连杆小端的尺寸与配合公差。

如果连杆小端的间隙比活塞孔间隙大，受负荷后，活塞部分因紧度的差别可能会停止转动，能转动的部分只剩下连杆小端，接着就会发生活塞销和连杆小端的异常磨损，甚至会有咬死的现象产生，对发动机将造成致命的损害。

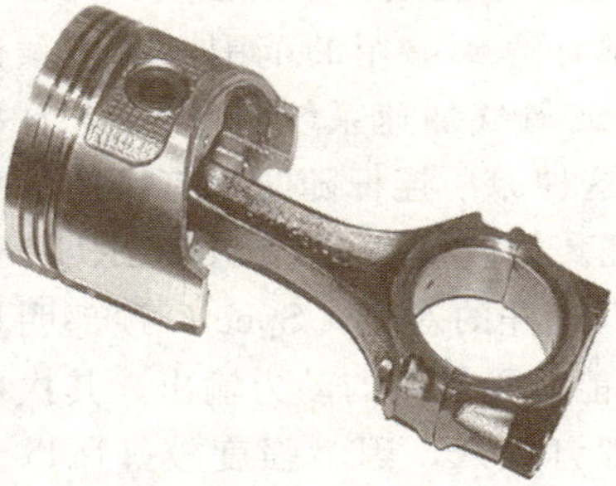

图 2-35　半浮式连接活塞连杆组

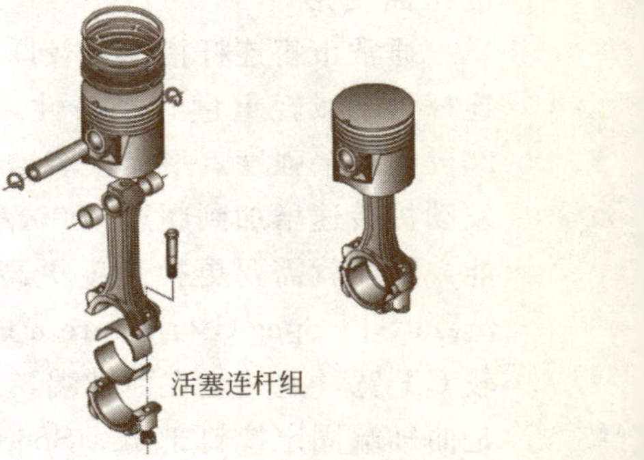

图 2-36　全浮式连接活塞连杆组

2.2.4 连杆的改装与实例

连杆承受混合气燃烧产生的爆发力，这个爆发力会使连杆有扭曲的趋势，连杆也是所有发动机组件中承受负荷最大的组件。由于连杆是把活塞的直线运动转换成曲轴的旋转运动，因此在活塞上下运动时连杆会不断地加速及减速，尤其在活塞抵达上止点时连杆的运动方向会由往上突然减速至停止，并立刻改变运动方向，这对连杆最容易造成损害。在爆发行程时，燃烧产生的高压气体可变成连杆运动的缓冲，连杆轴承、活塞销所承受的负荷也会减轻。但是在排气行程时，活塞、活塞环、活塞销及连杆本身的惯性力又都会加在活塞销及连杆轴承之上，这时连杆若出了问题发动机就需要进行大修。现在的赛车发动机大多使用锻造的钛合金连杆，改装斯巴鲁 SUBARU WRC 车厂的钛合金连杆与热锻连杆的对比如图 2-37 所示。两种连杆主要区别由于两者设计理念不同，“王”字形断面虽然强度不如 H 形断面高，但重量却比较轻（因为使用钛合金），利于提高转速反应，而热锻连杆则为提高动力而设计，因此必须使用强度较佳的H形断面设计。提供改装的锻造连杆截面基本采用“工”字形的。锻造连杆在制造时，采用极高档的4340钢材。此钢材强度高，又有相当的延展性，能承受高负荷又能抵抗扭曲变形。

通常市售连杆搭配着较厚的轴承盖，来达到所需的强度。而原厂连杆为了减轻重量和经济性，通常都计算到够用的范围，最多预留25%的剩余强度。一旦改装增压系统或氮气加速系统（NOS），且把发动机转速增加到超过7000r/min，这种原厂连杆随时都有弯曲的可能，因而就需要更换强度更高的连杆。如改装斯巴鲁SUBARU Impreza STI Spec C与Impreza GT原厂连杆的对比，Spec C颈部明显较GT宽，尤其是在曲轴端，如此便能承受较高的动力输出，其次就是曲轴端固定螺钉部分，Spec C以螺钉锁入，因为强度较好所以大部分锻造品都是此种设计，而GT则为螺母设计，相对抗拉的强度也较低，如图2-38所示。

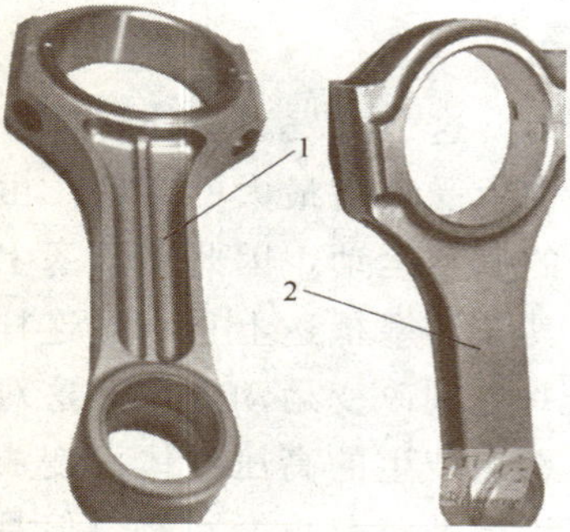

图2-37　钛合金连杆与普通锻造连杆对比

1—“王”字形断面钛合金锻造连杆；2—H形断面锻造连杆

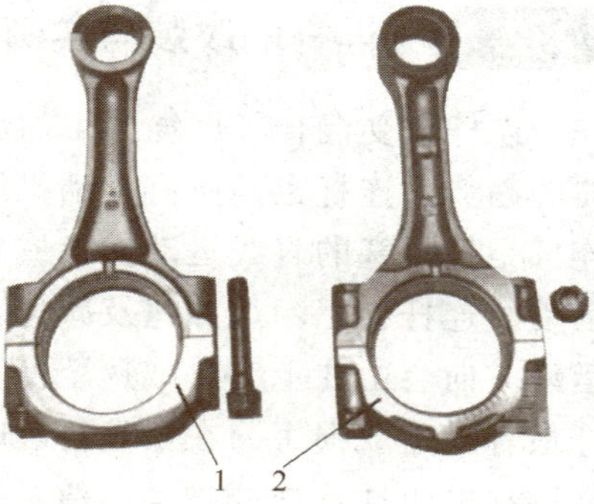

图2-38　STI Spec C与Impreza GT原厂连杆的对比

1—STI Spec C连杆；2—GT原厂连杆

在活塞连杆的组件中对尺寸要求最严格的是连杆轴承，这也是最可能导致连杆损害的组件。所以对赛车或高性能发动机来说，应该尽可能使用最高品质的轴承，以确保发动机的可靠度。改装斯巴鲁SUBARU Impreza汽车的连杆轴承，以强度而言GT原厂轴承2<STI轴承1<改装强化轴承3，如图2-39所示，如果预算不多通常都可以用STI轴承1以增加强度，不过STI轴承与GT原厂轴承相同，一般改装下通常是不容易损坏的，因此不需用改装强化轴承3，因改装强化轴承3价格是另外两种的2～3倍。

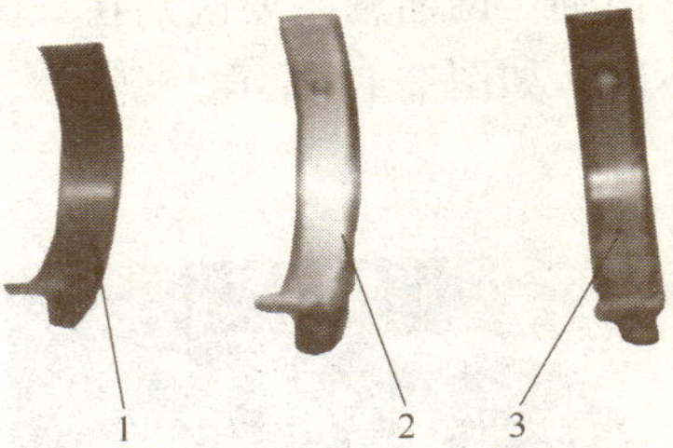

图2-39　改装斯巴鲁Impreza汽车的连杆轴承

1—STI轴承；2—GT原厂轴承；3—改装强化轴承

注意事项：连杆的改装不仅应该考虑材料品质和加工工艺的提高，还要考虑轻量化的需要。提高连杆及其轴承的强度和改善连杆轴承的润滑效果是连杆改装的重点。

2.2.5 曲轴的改装与实例

曲轴的各相对角度必须正确，否则点火正时和气门正时就无法精确有序地一个汽缸接着一个汽缸地运作。如果顺序有问题，会导致爆震。主轴承和连杆轴承都必须有适当的间隙以使机油能够流动产生润滑和冷却效果。如果间隙太小，汽缸壁、活塞、气门机构等就无法获得充分的润滑，会造成机件的磨损；如果间隙太大，抛出的机油量的增加会使活塞和活塞环的工作加重，造成燃烧室过多机油残留，导致积炭及相关后遗症。如改装斯巴鲁SUBARU Impreza汽车的主轴承参考连杆轴承的内容，主曲轴的平衡在发动机运转时是非常重要的，曲轴的平衡性在发动机设计的时候就已确定，实际的平衡度则会由于材质及制作精度的不同而有所差异，为了发动机的运转平稳，必须对曲轴平衡加以考虑。曲轴安装图如图2-40所示。

曲轴的改良目标是朝着高转平衡和轻量化方向发展。关键是曲轴的平衡，防止发生扭转振动。曲轴改换的目的就是在一个更高的转速范围内，获得平衡，减小振动。如改装斯巴鲁SUBARU Impreza汽车曲轴，两曲轴主要区别在于曲柄半径大小和曲轴后端的油沟槽位置不同，如图 2-41 所示。

图 2-40　曲轴安装图

图 2-41　改装曲轴

1—STI 曲轴；2—B25C 曲轴

曲轴平衡度和转速范围有一定的关联性。以一部四缸十六气门的发动机而言，最高的转速一般在 5000～6000r/min，因此作为跑车平衡点做到 6000r/min 即可。但是普通的汽车或一般意义上的动力改装，如果照顾高端转速下的运转平衡，其低速域的平衡值就可能变差。因此首先要确定发动机主要的转速范围和最高转速是多少。曲轴平衡的区域希望能尽可能保持在发动机最常使用的转速范围。

以往广告上宣称的万转平衡曲轴，如果使用者并未使用 9000～10000r/min 的转速，所做的平衡点也徒然无功，且曲轴平衡点如未在常用的转速范围，在正常或稍高的转速域工作时，将导致曲轴的振动，从而影响轴承的寿命。

2.3 配气机构的改装与实例

2.3.1 配气机构改装的目标

配气机构的改装目标是提高发动机的容积效率，尽量增加可燃混合气的进气量，减少废气的残留。

2.3.2 气门改装技术要点与实例

(1) 气门改装的技术要点

气门的改装主要在于材质性能的变化及加工精度的提高。进、排气的高效率以及环保法规对发动机排放的要求，均有赖于材质精良的气门。

气门改装的原则是：在不影响强度的情况下尽可能减轻气门的重量。动作精确的气门是高性能发动机的基本要件，对气门的改装通常会提供不同的气门组合以进行选择，发动机改装的项目越多，对气门机构精度的要求就越严格，所以改装气门时必须要同时考虑与凸轮轴及气门摇臂的配合。

增大进气门直径可以扩大气流通路截面积，提高容积效率。对于缸径较小的发动机，可以增加进气门的数量以获得更大的气门开启面积，从而大幅度增加进气的体积流量。相关资料显示，四气门发动机与同款二气门发动机相比，功率可提高 70%，转矩可提高 30%，所以适当增加气门数量是发动机高功率化的有效措施。

由于气门处流体的动力性能直接影响进气量，气门头部到杆身的过渡形状、气门和气门座的锐边等都会影响气流的进入，所以可以对气门进行打磨。气门的打磨可分为两个部分：一部分是进气门头部的打磨，另一部分是排气门头部背面的打磨。进气门头部的打磨使气门头部凹下去的弧度更大，这样进气门打开后空气进入汽缸，由于气门头部的弧度产生涡流，从而加快燃油与空气的混合。而排气门头部背面的适度打磨则可在排气门附近产生涡流，产生排气回压，如此即可再进一步加大排气管口的直径。

(2) 实例

原厂的气门通常都有适当的材质和大小，但是如果有需要的话可适度地改变气门的尺寸。气门的材质是很重要的，目前的改装气门通常用钛合金作为材料以求强度的提升及轻量化的要求，用钛合金制造发动机气门，要比钢制气门轻 15%～20%，但是一套钛合金的气门价格较高。美国通用汽车的进气门使用 Ti-6Al-4V 合金，排气门使用

Ti-6Al-2Sn-4Zr-2Mo 合金，而有的是将气门的背部切削或用中空的设计以达到轻量化的目的，有时又会把气门表面做成旋涡状，以利于在气门开启时气体的流动。如斯巴鲁 SUBARU Impreza 汽车的改装气门，如图 2-42 所示。STI 气门 2 与 GT 原厂气门外形略有不同，材质相同，而 WRC 气门 1 长度较长，是因为要配合高角度凸轮轴使气门开启的深度更大，以争取更快的进气速度。STI 气门与 GT 气门为平面设计，而 WRC 气门为微凹设计，主要是轻量化的考虑，另外，WRC 气门与 STI 气门柱内部是中空灌入金属钠，轻量化达到极致。

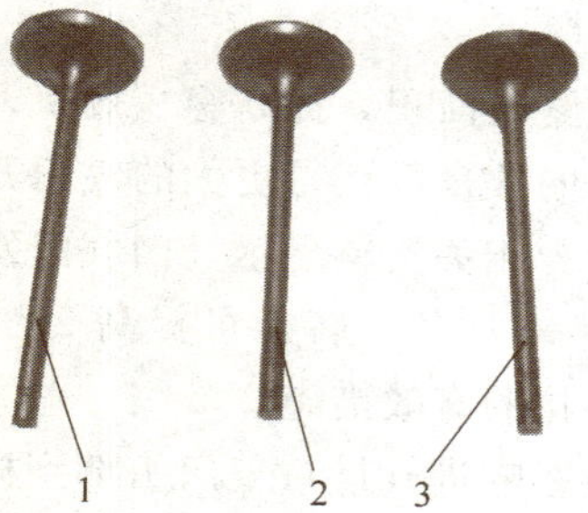

图 2-42　改装气门

1—WRC 气门；2—STI 气门；3—GT 原厂气门

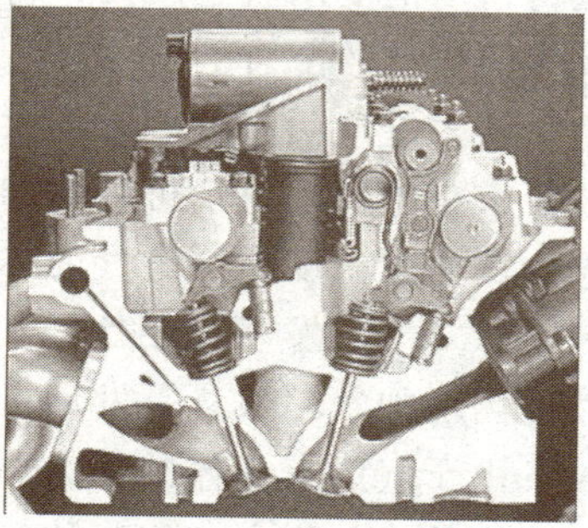

图 2-43　气门安装示意图

气门的热量主要通过与气门座接触时由气门座散去。因此，气门座的配置必须非常谨慎，假如太靠近气门的边缘或是气门边缘太薄，就可能造成密合不良。此外气门导管和气门间的精度及表面粗糙度，气门摇臂与气门固定座间的表面精度都必须严格要求，否则在高转速时会导致严重的损害，如图 2-43 所示。

2.3.3　凸轮轴的改装技术要点与实例

（1）改装技术要点

气门运行的性能，如启闭的正时角度、气门叠开、气门升程都是由凸轮轴所决定的，因此凸轮轴的改装就显得尤为重要。

凸轮形状以基圆为基础，再由气门的开启角度及关闭角度的1/2决定开启点及关闭点（凸轮的转速是发动机曲轴转速的1/2），加上已经确定好的气门升程，形成凸轮形状的基本雏形，最后再根据气门启闭加速曲线的需求修正凸轮的轮廓。

另一个关系气门工作特性的因素是气门启闭加速度曲线。虽然一般的凸轮轴制造厂并不会提供此类资料，但仍可以从凸轮的外形轮廓来作出粗略的判断。根据凸轮外形及性能特性大致上可分为下列几种情况。

① 基圆大、凸轮升程短的，其特性是低速运转时转矩输出良好、平顺，但高速运转时则性能表现得较差。这种凸轮轴适合需要平顺转矩输出的某些赛车。

② 基圆小、凸轮升程长的，其特性是高速运转时表现良好但低速运转时则“软弱无力”，动力输出衔接性不良，尤其在怠速时甚至可能产生严重抖动，直至高转速时动力输出才会剧增。一般来说，场地赛车，尤其是在大型跑道上比赛的赛车都会采用此种凸轮轴。

③ 基圆大、凸轮升程长和基圆小、凸轮升程短的，性能表现较为中庸，量产型汽车大多采用此种凸轮轴。

（2）实例

凸轮轴的改装主要包括改变凸轮轴上凸轮的结构尺寸、改变凸轮的夹角和顶高、改变凸轮的外形曲线。

凸轮的夹角决定着气门开启的时机和持续开启的时间长短，凸尖高决定气门开启的最大升程，凸轮的外形曲线决定气门开闭的运动规律。夹角和凸尖高这两个数值大，发动机的进气量就大，发动机的动力就大。但是也不能随便加大，这涉及气门的加速度、运动惯性、气门座寿命等非常专业的问题。更换了大角度凸轮轴会给日常使用带来许多麻烦，如容易熄火、怠速不稳、低转速扭力损失太多、重载爬坡无力以及油耗增高等问题，也会造成配气相位角不合适。

凸轮轴在改装时也要遵循协调与平衡。动力平衡关系到各缸的喷油量、进气量、火花塞点火提前角大小等；机件的重量平衡：在确保强度的前提下尽量减小质量，以减小往复运动的惯性力。把平衡做好，各缸间的动力一致，自然会有高输出及耐久的表现。四缸十六气门发动机的进排气门的凸轮轴如图 2-44 所示。如斯巴鲁 SUBARU Impreza 汽车的改装凸轮轴，如图 2-45 所示。角度大小顺序：WRC（300°）＞JUN（272°）＞GDBF（约 260°）＞GT（约 250°），GDBF 凸轮轴最特别之处就是中空轻量化设计，质量大小顺序：JUN＞WRC＞GT＞GDBF。

图 2-44　四缸十六气门发动机的进排气门凸轮轴

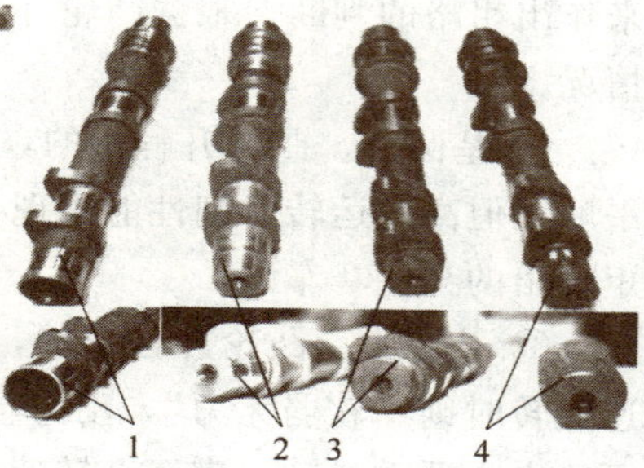

图 2-45　改装凸轮轴

1—GDBF 型；2—WRC；3—强化 JNN；4—GT 原厂

2.3.4　气门弹簧的改装

气门弹簧强度的设定必须恰到好处，要兼顾气门的密合度又不能造成开启时的困难，如果弹簧强度太高以致凸轮轴开启气门时负荷过重，对功率输出是非常不利的。气门的锁止装置是利用锁片和气门弹簧座把弹簧固定在气门上的，这在急加速及升程较大的发动机上可能

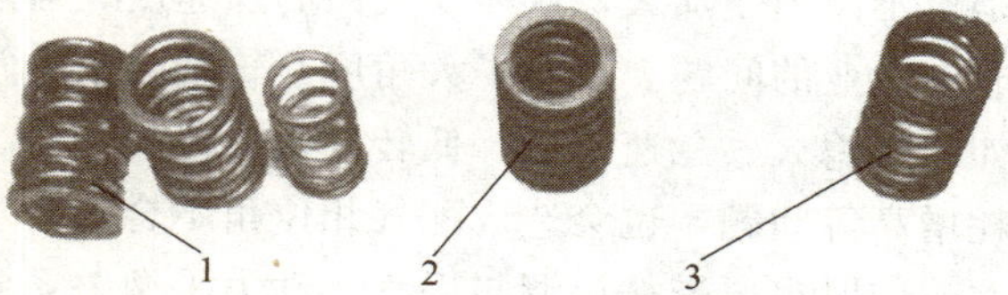

图 2-46　改装气门弹簧

1—改装强化气门弹簧；2—STI 气门弹簧；3—GT 原厂气门弹簧

会造成气门的扭曲或断裂，因此也必须配合进行改变。如斯巴鲁SUBARU Impreza汽车的改装气门弹簧，如图2-46所示。STI气门弹簧2与GT原厂气门弹簧3基本上相同，改装意义不大，由于原厂气门弹簧强度有限，转速升到7200r/min后就会造成气门无法立即回弹关闭的状况，所以改装强化气门弹簧对于高速有利。斯巴鲁SUBARU Impreza汽车的改装气门弹簧组件如图2-47所示。强化上气门弹簧座3采用钛合金材质，对应高转速时比原厂上气门弹簧座更不易脱落。

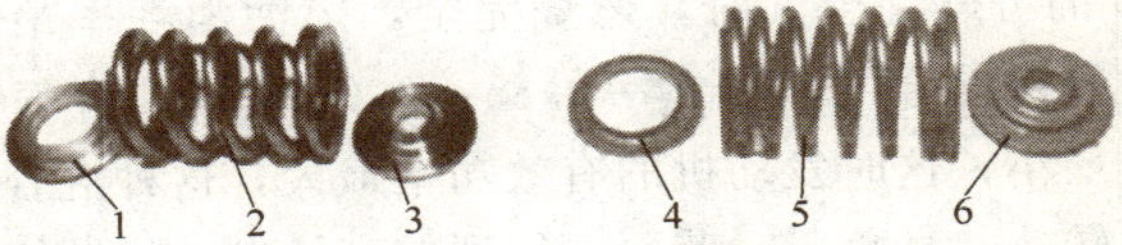

图2-47　改装气门弹簧组件

1—强化下气门弹簧座；2—强化气门弹簧；3—强化上气门弹簧座；4—原厂下气门弹簧座；5—原厂气门弹簧；6—原厂上气门弹簧座

2.4 燃油供给系统的改装与实例

2.4.1 燃油系统的改装目的及途径

（1）燃油系统的改装目的

发动机的最佳空燃比为14.7∶1，但若在高转速、高负荷时想获得较高的发动机动力输出，通常要将空燃比提高到12∶1～13∶1。而燃油供给系统的改装就是要“在适当时候（适时），适量地提高供油量”，让空燃比适度变大，这“适时”与“适量”也是判断燃油供给系统优劣的依据。

燃油系统的改装有两种目的和思路：一个是通过改装来省油，但是一般会对动力性有适当降低，主要目的在于节油；另一个是考虑增加动力，只要能增大功率，使车辆提速快、速度高，油耗即使增高也没关系。

(2) 燃油系统的改装途经

由于世界能源紧缺，因此经济型轿车很受市场的欢迎。各个汽车厂在研发上花费大量的精力去降低汽车的油耗率，因此以省油为目的的改装不会有大的效果。但是如果不考虑汽车的经济性，单纯追求动力性的提高，还是有很多的项目可以做的，而且会有明显的效果。

发动机的最佳空燃比（质量比）为 14.7∶1，$\alpha=14.7$ 时，称为理论混合气；当 $\alpha<14.7$ 时，称为浓混合气；当 $\alpha>14.7$ 时，称为稀混合气。把空燃比转化成过量空气系数（ϕ_α），则有，当燃用 $\phi_\alpha=1.05\sim1.15$ 的可燃混合气时，燃烧完全，燃油消耗率最低，故称这种混合气为经济混合气；当 $\phi_\alpha=0.85\sim0.95$ 时，混合气燃烧速度最快，热损失最小，这时发动机的有效功率最大，这种混合气为功率混合气。在高转速、高负荷时若要求得到较高的发动机转矩，通常使用功率混合气。

(3) 喷射供油系统的改装种类

喷射供油系统根据改装的项目可分为改硬件和改软件两大类。

改硬件的目的是提高单位时间的供油量。

改软件主要是改变供油系统的供油程序。由于原车的供油程序是考虑了废气控制、油耗经济性、运转性稳定、发动机材料耐用性所得的设定，所以在功率输出表现上，往往无法达到注重性能的使用者的需求，如改装车主需求高转速、高负荷时，往往会出现供油量不足的情况，这就需要改装软件来完成。

2.4.2 燃油系统的硬件改装与实例

硬件改装主要包括调压阀和更换喷油器两种。

(1) 调压阀的改装与实例

① 调压阀的改装　调压阀是在多点喷射油路系统中的压力调整器，负责对喷油嘴提供固定的压力，压力越大相同的喷射时间喷出的汽油量就越多，一般雾化效果更好，燃烧更充分，但不是每台车都很明显。调压阀装置在压力调整器之后的回油管上，经调整可将喷油嘴的喷油压力提高（一般约可提高 20%），进而达到在不变动供油模式

的情况下增加喷油量（可增加5%～10%）。加装调压阀可以说是供油系统的改装中花费最便宜的，其安装也相当容易，只不过在调整压力时，需借助汽油压力表才能量测调出的压力。事实上，对换排气管、改进气装置等这类小幅度改装的车，通常可采用加装调压阀来弥补其高转速时喷油量不足的缺点，效果不错而且经济。更换调压阀有个小常识，若车在静止起步油门踩下的瞬间出现短暂的爆震现象，则换个调压阀就可改善。

② 调压阀的改装实例　调压阀的改装主要步骤如图 2-48～图 2-51 所示，安装过程按相反顺序操作就行了。更换新调压阀，装卡子的时候要大力压燃油阀，直到卡子能卡进去，如图 2-52 所示。

图 2-48　调压阀的安装位置

图 2-49　用一字螺丝刀撬开卡子

图 2-50　直接取下卡子

图 2-51　取下燃油阀拔出管子

图 2-52　更换新调压阀

（2）喷油嘴的改装与实例

① 喷油嘴的改装　当发动机大幅改装后，如果高转速时所需的喷油时间比发动机运转一个行程的进气时间还长，就会造成喷油嘴持续地喷油也无法提供足够的油量，这时就应考虑加大喷油嘴了。

喷油嘴的大小决定了单位时间的喷油量，改用口径较大的喷油嘴是提高喷油量的最直接方法，要换多大孔径的喷油器，则需视发动机的改装程度而定。改装喷油嘴最大的困难是如何获得可兼容的喷油嘴，通常只有同车系或同系列发动机的喷油嘴才可兼容。改调喷油嘴所获得的喷油量的增加是全面性的，也就是说从低转速到高转速喷油量都会增加，这可能会造成中、低转速时的供油过浓，导致耗油量增加和运转不顺。通常改动很大的发动机才会需要大幅增加供油量，一般车主所需要的通常是高转速和重负荷时适度地增加喷油量，这需要改装软件才能达成。但发动机大幅改装后，在高转速时所需的喷油时间比发动机运转一个行程的进气时间还长，造成喷油嘴持续喷油都无法提供足够的油量，这时加大喷油嘴已是必然的选择。

② 喷油嘴的改装实例　斯巴鲁 SUBARU Impreza 汽车的改装喷油嘴，如图 2-53 所示。这种喷油嘴价格最高为 STI 改装用喷油嘴（820mL）约是其他喷油嘴的 3 倍，其他价格大约相等。STI 改装用喷油嘴（820mL）这种大油量的喷油嘴孔径都很大，采用的两大两小四个孔设计为的就是供给更多的油量以提高压榨引擎动力；GT 原厂喷油嘴（480mL）为汽油是从侧边进入的四孔斜注式，而 B25C 喷油嘴（550mL）的 12 孔形式与 GT 相同，价格相当合理，因此成为相当热门的主流产品。STI 喷油嘴（550mL）与 Spec C 喷油嘴（550mL）同为汽油经过油轨由喷油嘴上方注入的直注式，两者油孔

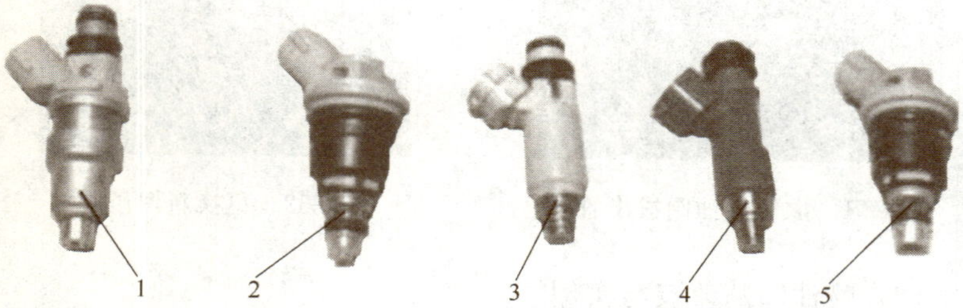

图 2-53　改装喷油嘴

1—STI 喷油嘴（820mL）；2—GT 喷油嘴（480mL）；3—STI 喷油嘴（550mL）；
4—Spec C 喷油嘴（550mL）；5—B25C 喷油嘴（550mL）

皆为 12 孔且喷油量相同，通常是不会特别再留用，而有些 GT 车主会更换 STI/Spec C 喷油嘴，不过必须连同油轨一起更换。

2.4.3 燃油供给系统的软件改装与实例

(1) 燃油供给系统的软件改装

软件的改装即改变供油程序。电控单元 ECU 会根据空气流量、发动机转速以及各个传感器所提供的补偿信号，利用原先在 ECU 中已经编制好的供油程序算出所需的供油时间。所以改变供油程序即是通过改变供油时间的长短，最终达到改变供油量的目的。

由于原车的供油程序是综合考虑了废气控制、油耗经济性、运转稳定性、发动机材料耐用性等所得的设定程序，所以在动力的输出表现上，往往无法达到车主的需求。对于一般的 ECU 改装，选择一款适合自己车型的编写好的套装程序绝对是最保险、最合乎成本效益、最事半功倍的方法。软件的改装包括更换 ECU 芯片和换装可变程序式 ECU 两种方式。

① 更换 ECU 芯片　通过换装芯片由通过专业工程师测试编写的对应某一车型的套餐程序，如 SuperChips、Chiptronic、REVO、DIGI-TEC 等。原车厂在设计发动机时便已将原先设定好的供油程序烧录在只读存储器 ROM 上，而 ROM 都直接焊在电路板上，构成 ECU 芯片。原供油程序是不可更改的，所以若想改变供油程序就必须换用新的 ECU 芯片。通常专业改装厂都会供应各种车型改装用的 ECU 芯片，改装时要先把原芯片取下，焊上一个 IC 座（可方便日后再更换），再插上改装用的芯片。当然，如此所得的供油程序仍是固定的，只是对原车的程序进行了修正，其中很重要的一项是可将补偿喷射程序中的停止喷油控制时间延后甚至取消，实现不再有停止喷油的限制。要注意的是，每种改装用芯片都有其设定的适用条件，改装时必须选用和汽车改装程度相近的芯片，才能得到最佳的效果，否则可能适得其反。可通过向经验丰富的改装厂咨询芯片的选用问题。

② 换装可变程序式 ECU　这是燃油供给系统改装中最贵也最有

效的一项。换装可变程序式 ECU 后，车主可依照爱车发动机的改装程度，配合空燃比计的测量，通过可变程序式 ECU 设定出最佳的供油程序，再利用外接笔记本电脑任意更改。它与改装 ECU 芯片最大的不同在于，以后再对发动机进行改装时，若出现原有供油程序不合用的情况，可经由程序的修正立刻获得解决，这也正是换装可变程序式 ECU 的最大优点。改装可变程序式 ECU 后，原车的 ECU 便可废弃不用，但较高等级的 ECU 能将原车的所有传感器功能悉数保留，也就是说各种供油补偿程序都可正常运作，也可更改，不会因获得高性能而使运转顺畅度与实用性丧失。改装可变程序式 ECU 的最大困难并不在于安装，而是供油程序的设定与最佳化修正。这往往需要借助改装师的经验和仪器，经过不断的测试才能完成。如 E-manage、F-Con、MOTEC 等。

（2）供油电脑 ECU 改装实例

① 实例一　以 Chiptronic 程序为实例，它主要针对德系车的 ECU 改装程序，不管是 NA、Turbo 还是 Supercharge 皆可改装，所有的改装程序均由国外母厂的专业工程师编写，由世界各地的产品代理利用专门设备写入 ECU 中即可。在改装 Chiptronic 程序时，对应不同种类的原车 ECU 硬件，原车资料的读写和新程序的传输、覆盖也有不同的方式。第一种方式就是拆下 ECU 上的芯片，利用设备读写新程序，再写入 ECU 中；第二种就是简便地直接以车内的 OBD 接口刷新程序；第三种便是以 BDM 探针接到 ECU 电路板上的金属点来传输程序。Chiptronic 总部在进行分析与改写后传回，最后代理商重新写入完成 ECU 改装。一般传回原程序到接收新程序，最慢一个工作日，最快则只要 20min。目前国内 ECU 改装的品牌有 MTM（德国）、Chiptronic（瑞士）、Superchips（英国）、REVO（美国）四大主流，其各有特色，如何挑选则依车型而定。来自德国的 MTM，是改装 Audi、VW、Porsche、Bentley、Lamborghini 的高手，品牌知名度及形象在欧洲是五星级的，车厂在设计某种型号的发动机时便已将原先设定好的供油程序烧录在只读存储器（ROM）上，程序通常是油耗、污染、运转平顺度等条件平衡下的产物，而且是不

可改动的，若想改变供油程序就必须换用另一种模式的 ROM。通常专业改装厂都会供应各种车型的改装用电脑芯片，改装时要先把原电脑的芯片取下（通常原厂供油电脑的 ROM 都直接焊在电路板上），焊上一个 IC 座（可方便日后再更换），再插上改装用的芯片。

② 实例二　用英国 ECUTEK 软件对油供给系统进行改装，ECUTEK 可以在不改变 ECU 电路的情况下，使用原厂 ECU 进行 ECU 程序调校，并且可以针对车辆不同的改装深度微调 ECU 程序。英国 ECUTEK 公司为斯巴鲁、EVO 设计的 ECU 程序升级软件如图 2-54～图 2-59 所示。

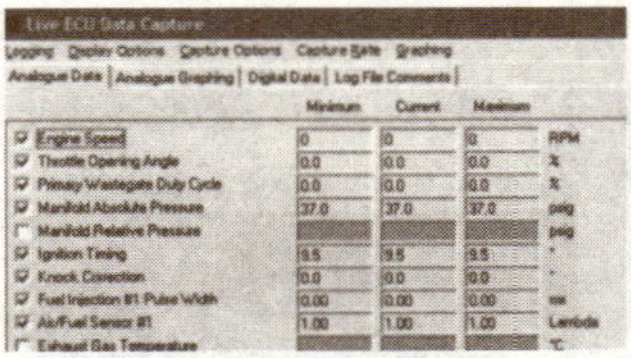

图 2-54　ECU 数据读取界面

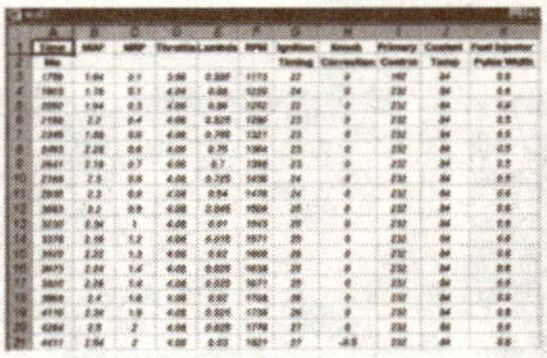

图 2-55　数据分析

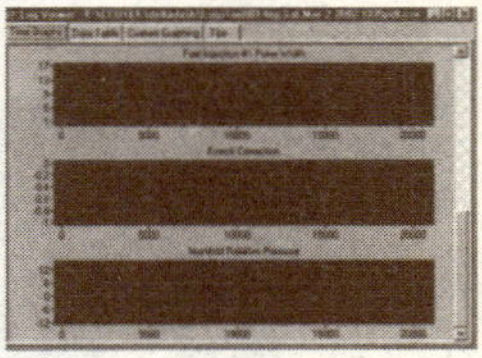

图 2-56　数据线性分析

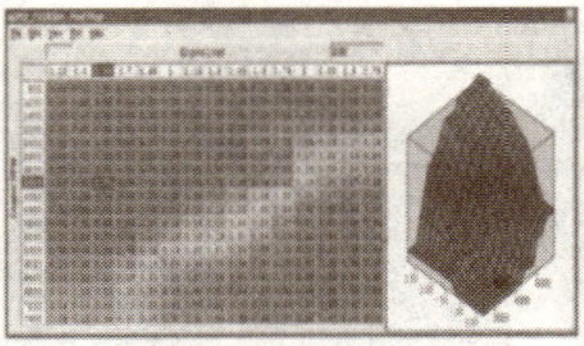

图 2-57　供油调校

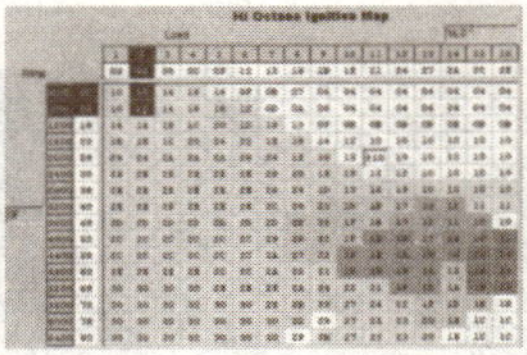

图 2-58　点火时间调校

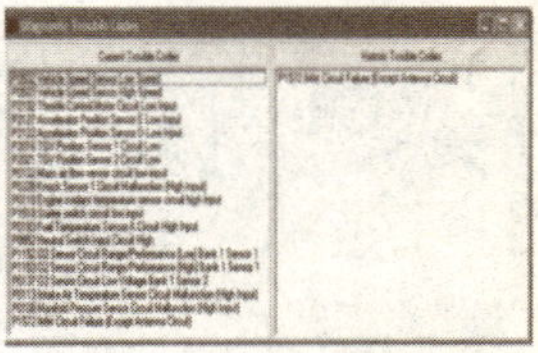

图 2-59　故障检测功能

③ 实例三　酷派 2.7AT 发动机 ECU 改装升级主要步骤：找到发动机控制单元的位置并正确拆卸，如图 2-60 所示；拆卸发动机控制单元后情况如图 2-61 所示；发动机控制单元 ECU，如图 2-62 所示，采用西门子 VDO 控制系统，发动机控制单元打开后的内部结构如图 2-63 所示；将发动机控制单元芯片取下来，如图 2-64 所示；采用读写设备开始发动机 ECU 升级过程，如图 2-65 所示；将升级的芯

片焊接到电脑板上 ECU，升级完毕，如图 2-66 所示；最后将 ECU 安装回原车，如图 2-67 所示。

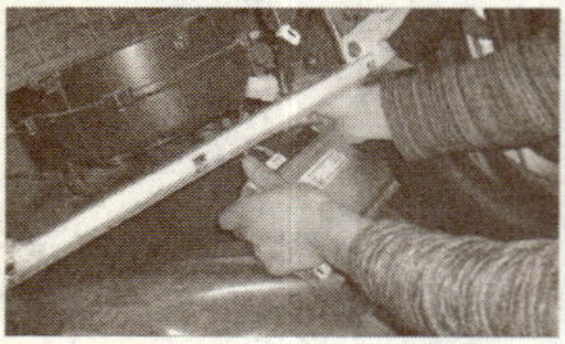

图 2-60　控制单元的位置

图 2-61　拆卸发动机控制单元后情况

图 2-62　发动机控制单元 ECU

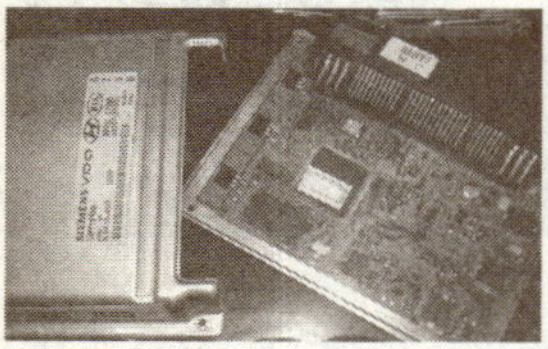

图 2-63　发动机控制单元的内部结构

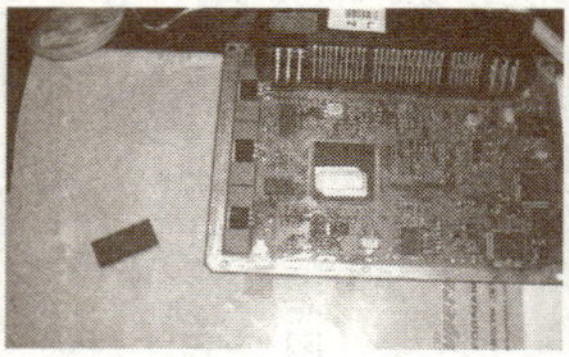

图 2-64　将发动机控制单元芯片取下来

图 2-65　发动机 ECU 升级过程图

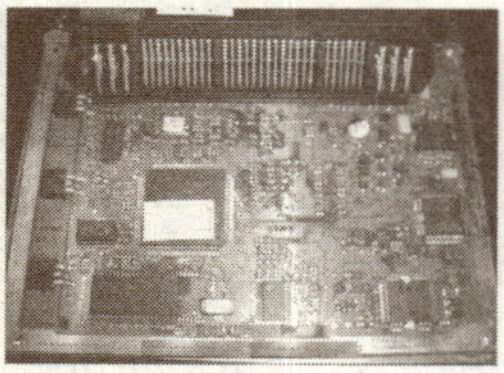

图 2-66　ECU 升级完毕

图 2-67　ECU 安装回原车

图 2-68　发动机控制单元的位置

④ 实例四　标致 307 发动机 ECU 改装升级主要步骤：找到发动机控制单元的位置并正确拆卸，如图 2-68 所示；先取下 ECU，此车的发动机 ECU 为蒙哥马利牌的，正在拆卸发动机控制单元情况如图 2-69 所示；无螺钉和卡扣等固定，断开插头，直接抽出 ECU，拆卸

发动机控制单元后情况如图 2-70 所示；ECU 和上面的金属架如图 2-71 所示；标致 307 发动机 1.6L 的 ECU 为 Bosch 的 me7 和标致 206 1.6，雪铁龙 C2 1.6 等都是同一个型号的电脑，如图 2-72 所示；打开发动机控制单元的外壳，如图 2-73 所示；通过专用设备，从 ECU 中提取数据，此数据为控制发动机工作的数据，如图 2-74 所示；看一下接线，要用电阻跨接在指定的电路板位置上，如图 2-75 所示；发动机控制单元选择相应的通道进行读取，开始发动机 ECU 升级过程，如图 2-76 所示；读取程序中如图 2-77 所示；等程序设定好之后，按照同样的方式写回 ECU，就好像用 U 盘拷文件一样，然后试车测试，测试的内容主要是数据测试，如空燃比（混合气浓度）爆震以及百公里油耗的模拟测试，另外就是 0→100 和 0→400 以及 100→200 的加速测试，测试基本完成；用密封胶密封好电脑外壳，防止水气进入损坏 ECU，如图 2-78 所示；安装支架，装回原车，匹配节气门，如图 2-79 所示。

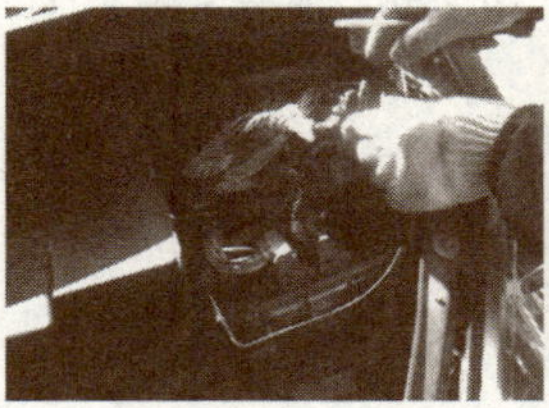

图 2-69 正在拆卸发动机控制单元情况

图 2-70 抽出 ECU

图 2-71 ECU 和上面的金属架

图 2-72 Bosch 的 me7

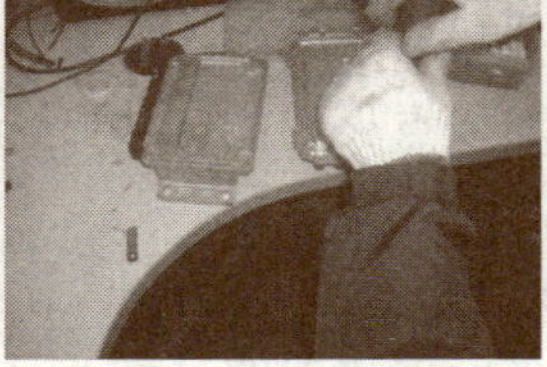

图 2-73 打开发动机控制单元的外壳

图 2-74 从 ECU 中提取数据

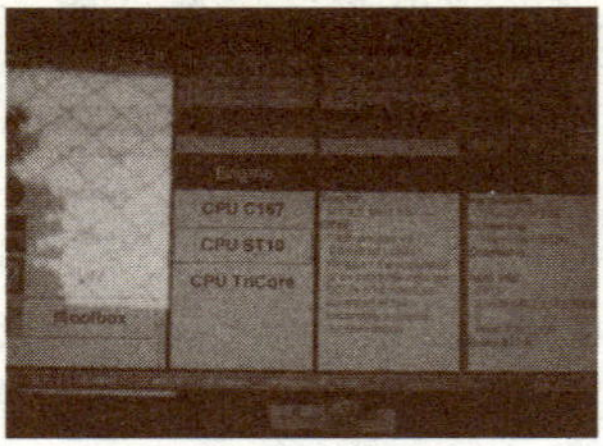

图 2-75　电阻跨接在指定的电路板位置　　图 2-76　发动机 ECU 升级过程

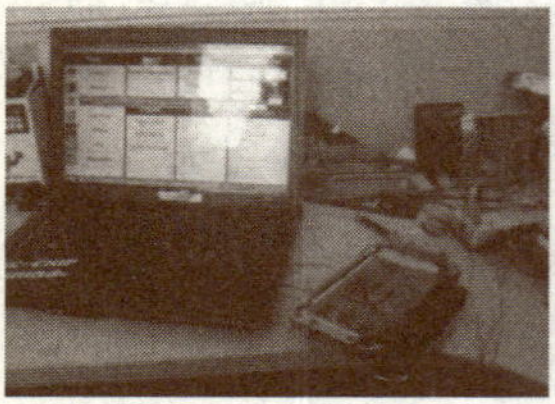

图 2-77　读取程序中　　图 2-78　封 ECU 壳　　图 2-79　安装支架 ECU 装回原车

2.4.4 汽车节油装置的改装

（1）汽车节油装置类型

汽车节油装置的产品和型号有很多，按其节油原理归纳起来可分为三类：第一类是通过改善油路来改变燃油特性，从而达到节油目的，如油箱节油器、复合节油器、核磁共振节油器、节油贴等；第二类是通过优化气路增加进入汽缸的空气中的含氧量，从而达到节油目的，如空气宝、富氧节油器、纳米活性增氧器等；第三类是通过改善电路来稳定供电电压，增强点火效能，从而达到节油目的，如动力加速器等。

（2）油箱节油器的改装

油箱节油器是超能多元催化器的简称，是一种通过改善油路来改变燃油特性，以达到节油目的的节油装置。油箱节油器最适合在柴油车上使用，如再配合复合节油器，将使节油和降低排放的效果达到最好；在汽油车上一般用于耗油量比较大的越野车。油箱节油器如图 2-80 所示。

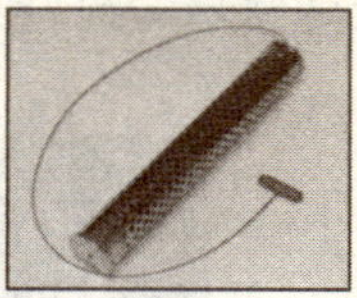

图 2-80　油箱节油器

① 节油原理　油箱节油器安装在油箱内，它可以 24h 不停地对燃油进行处理，将燃油分子链打碎，提高小分子燃油的百分比，从而使燃油进入汽缸后能充分燃烧，达到节油的目的。

② 安装方法　柴油车油箱口较大，可以直接将其放入油箱。有些大型柴油车有两个油箱，应将油箱节油器放入靠近柴油滤清器的那个油箱，如两个油箱都放，则效果更好。汽油车油箱口较小，可将电子油泵拆下，从油泵口直接放入。

（3）空气宝的节油改装

空气宝是多功能节油、节气宝的简称，是一种通过增加进入汽缸的空气中的含氧量使燃油充分燃烧，从而达到节油目的的节油装置，如图 2-81 所示。

图 2-81　空气宝

① 节油原理　在空气宝内有效物质的催化下，进入发动机的空气中活性氧和负氧离子含量大幅度增加，进而改善进气质量，平衡发动机空燃比，使燃料燃烧更充分，达到节油的目的。

② 适合安装的车辆

a. 汽油车：节油器，一般配合 1 个空气宝来增加进气中的含氧量，以达到最佳效果。

b. 柴油车：节油器，一般配合 2～3 个空气宝来增加进气中的含氧量，以达到最佳效果。

c. 燃气轿车：不需用节油器，只要使用 1～2 个空气宝，就能达到提升动力和节气的效果。

d. 燃气公交车：不需用节油器，只要使用 3～6 个空气宝，就能达到提升动力和节气的效果。

③ 安装方法　空气宝安装在空气滤清器内。

a. 在汽油车空气滤清器中的安装。汽油车空气滤清器大多为方形，安装时可将空气宝直接放入，放置在空气滤清器内靠近发动机的一端效果会更好，如图 2-82 所示。

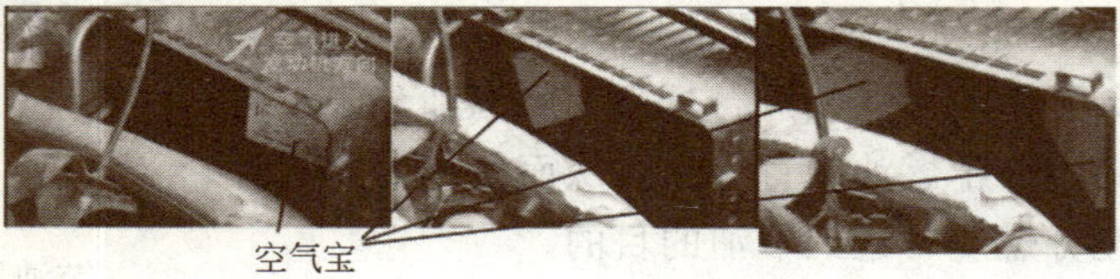

图 2-82　空气宝在汽油车空气滤清器中的安装

b. 在柴油车空气滤清器中的安装。柴油车空气滤清器有一个大的铁丝网状的内壳，换滤芯时只换纸质部分，铁丝网状的内壳是不换的。所以可将空气宝装在铁丝网状的内壳上，用扎带进行固定，装贴位置既不妨碍空气流通又是进入汽缸空气的必经之路即可，如图 2-83 所示。

（4）复合节油器的改装

复合节油器是复合频率共振器的简称，也是一种通过改善油路来改变燃油特性，从而达到节油目的的节油装置，如图 2-84 所示。

图 2-83　空气宝在柴油车空气滤清器中的安装

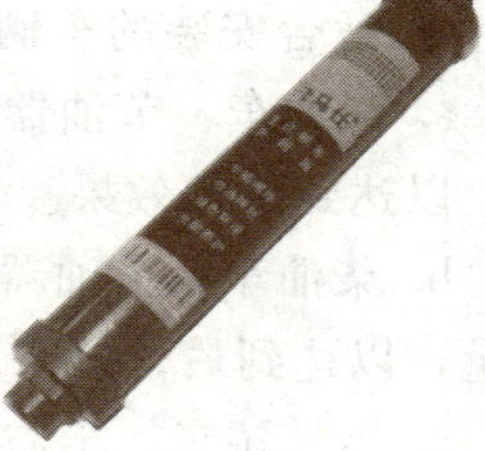

图 2-84　复合节油器

① 节油原理　复合节油器安装在进油管路中，可改变燃油烷分子键结，将燃油中的大分子团击碎，使之变成小分子，并有序排列，从而使燃油充分燃烧，不仅能提升发动机动力，还可有效节油，并能大幅度减少尾气排放。

② 适合安装的车辆　复合节油器主要用于柴油车，一般配合2个空气宝来增加进气中的含氧量，以达到最佳效果。一般排量大的汽油车也可以使用复合节油器，节油效果更好，但价格比磁性节油器高。

③ 安装方法　复合节油器产品配有两个专用万向活接头，通过这两个方向活接头将复合节油器安装在滤清器后面的进油管上（找到进油管活接处，直接串联在油管上即可，复合节油器不分进出口），如图2-85所示。如果安装复合节油器后，感觉动力明显增强，可调节油泵适当减少供油量。

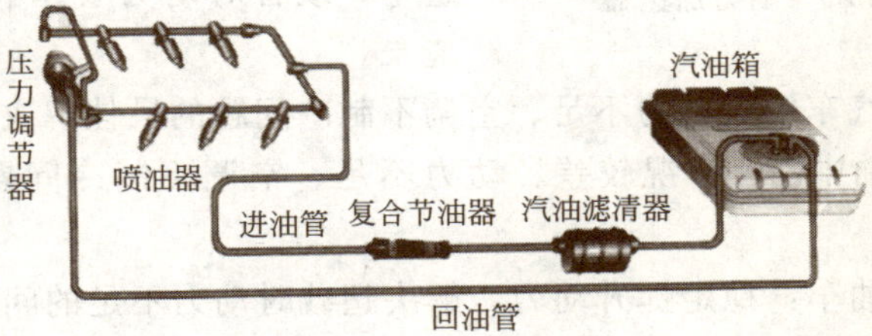

(a) 复合节油器在汽油发动机上的安装位置

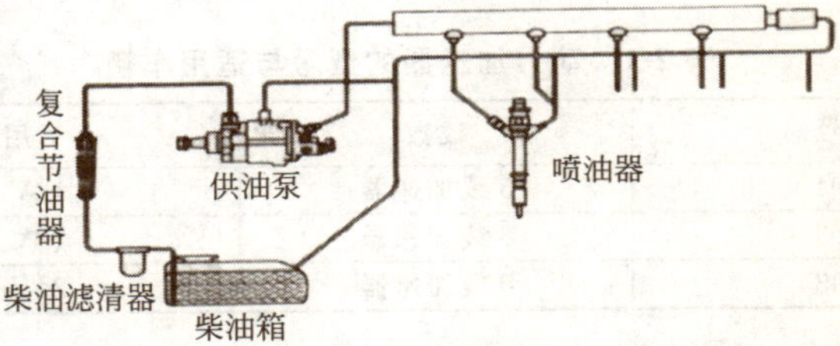

(b) 复合节油器在柴油发动机上的安装位置

图2-85　复合节油器的安装

（5）动力加速器的改装

动力加速器是电路稳定器、发动机加速器的简称，是一种通过稳定汽车电气系统电压，使供油、点火等效能处于最佳状态，从而达到提升动力、节省燃油目的的装置，如图2-86所示。

① 节油原理　动力加速器利用美国全新、尖端的直流稳定及谐

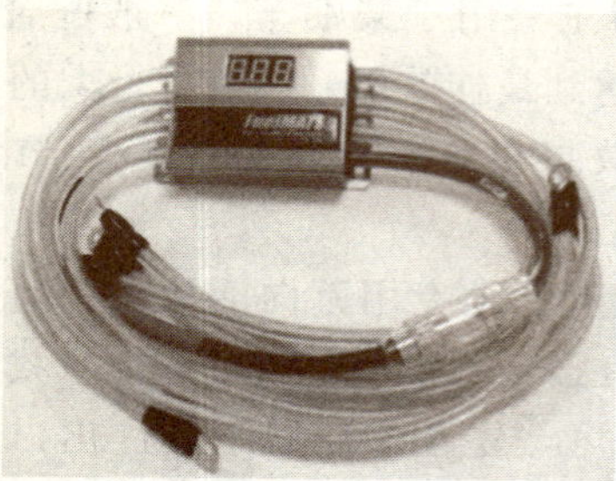

图 2-86　动力加速器

波抑制技术，将电压控制在完美的程度，并通过增加负极回路来给发动机、火花塞、空调等重要部件专路供电，使车辆始终工作在最佳状态，从而起到稳定全车电路、提升动力、有效节油的作用。

② 适合安装的车辆

a. 轿车：适合老旧车辆及排量小、动力不足、空调不制冷的小排量车，或者对动力要求特别高的发烧友。

b. 燃气车辆：动力不足、空调不制冷问题的最佳解决方案。

c. 燃油中巴：车况较差、动力不足、空调不制冷问题的最佳解决方案。

d. 柴油车：稳定提升动力，解决超载时动力不足的问题。

③ 动力加速器的选用　动力加速器共有三个型号，应根据车辆电压选用。动力加速器的型号与适用车辆见表 2-1。

表 2-1　动力加速器的型号与适用车辆

型号	线数	适用车辆
D-01	5 线加速器	12V 车辆
D-02	8 线加速器	12V 车辆
D-03	8 线加速器	24V 车辆

④ 安装方法　动力加速器应安装在电路负极搭铁的位置，如图 2-87 所示。

a. 接到发电机体的紧固螺钉或附近的搭铁螺钉上。

b. 接到高压分配器体附近的搭铁螺钉上。

c. 接到火花塞附近（或发动机体盖附近，也可以是喷油器附近）良好的搭铁螺钉上。

d. 接到空调压缩机体或附近的搭铁螺钉上。

e. 接到蓄电池附近的车架体螺钉上。

f. 接到启动机的紧固螺钉或附近的搭铁螺钉上，不要接到正极接线柱或启动控制接线柱上，否则会造成短路。

⑤ 改装

a. 动力加速器主体的引出线，除了一根红色线为正极线以外，其余的白色引出线均为负极线。安装时，负极线的连接可不分顺序与长短，接到各种需要加强的地方均可，但必须将其中一条接到蓄电池的负极上。

图 2-87　动力加速器的安装位置

b. 安装时，动力加速器主体尽量安装于远离高温的地方，正、负极线要避免与高温物体、运动件接触，特别是正极线要保证可靠绝缘，以防造成短路事故。

c. 为保证安全，安装时应先安装负极的所有线束，再接正极线。

d. 部分车辆，如奥迪、红旗牌轿车，蓄电池在座位底下；还有些柴油车、中巴车、工程机械车等，蓄电池不在发动机舱内，白色引出线的负极延长线肯定不够长，可以到发动机舱内找到一个预留的正极端子，将正极接上。也可以将正极接到发电机正极上，或保险盒外的正极端子，如别克牌轿车的蓄电池是螺纹状的，正极上很难加上正极线，不需要一定将动力加速器安装在蓄电池边上。

e. 高档车不能断电，断电会出现锁音响等问题。此时可以准备一段家用的电线，在接动力加速器正极和蓄电池正极的时候，进行一个临时的“软连接”，以防止断电。更好的办法是将这个电线的两端接上两个鳄鱼钳，这样，临时连接的时候更方便。

2.4.5 油改天然气的改装与实例

(1) 油改天然气燃料汽车的种类

天然气（CNG）汽车分为常态天然气汽车、液化天然气汽车和压缩天然气汽车。目前我国油改气采用的是压缩天然气汽车。压缩天然气汽车是将天然气用 25MPa 的压力充入钢瓶中供发动机使用。

压缩天然气汽车（CNGV）按燃料供给系统分类可分为 3 种：纯 CNG 汽车、两用燃料（CNG 和汽油）汽车以及双燃料（CNG 和柴油）汽车。

① 单燃料（CNG）汽车　其发动机的燃料供给系统专为燃用 CNG 燃料而设计，其结构保证气体燃料能有效利用，效果当然很好，不过我国还没有大量生产这种汽车。

② CNG/柴油双燃料汽车　是指当汽车发动机工作处于双燃料状态时，用压燃的少量柴油引燃 CNG 与空气的混合气而实现燃烧，对外做功。该种发动机也可用纯柴油工作。因此，该系统有同时供给汽车两种燃料的装备，配备两个供给系统及两个独立的燃料储存系统。依据发动机的运行工况、燃料品质和发动机参数，按一定比例同时向发动机供给 CNG 和柴油。低负荷及怠速时自动转换到纯柴油工作方式。这种改装一般是载货汽车采用。

③ CNG/汽油两用燃料汽车　这种车都是采用正在使用的定型车进行改装，保留原车供油系统，增加一套“CNG 附加装置”。这是目前改装的主流，可在两种燃料中进行转换使用，设有两套燃料供给系统，无论是使用 CNG 还是汽油，发动机都能正常工作，两种燃料不允许同时混合使用。电喷车改装为两用燃料汽车原理图如图 2-88 所示。通用别克天然气轿车专用装置总体布置示意图如图 2-89 所示。

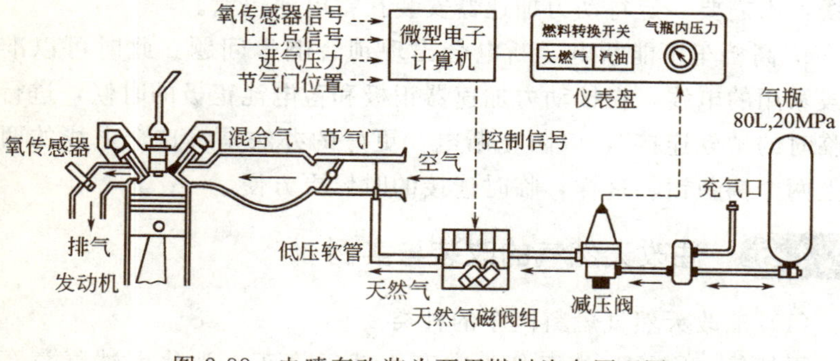

图 2-88　电喷车改装为两用燃料汽车原理图

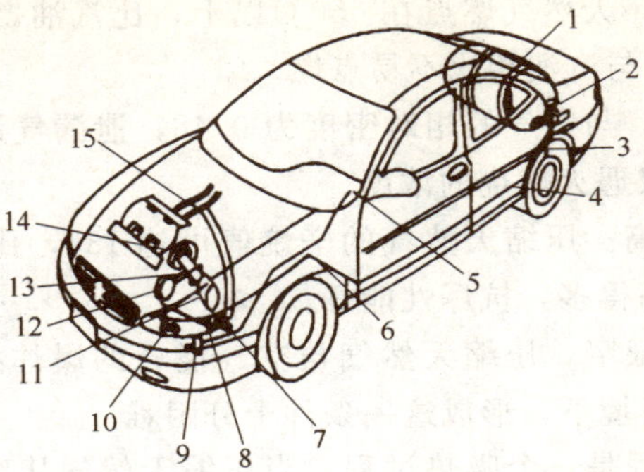

图 2-89　通用别克天然气轿车专用装置总体布置示意图

1—储气瓶；2—气瓶手动截止阀；3—安全阀；4—高压管线；
5—油气转换开关；6—手动截止阀；7—高压截止阀；8—低压截止阀；
9—电控单元；10—加气口；11—空气过滤阀；12—减压调节器；
13—空气质量传感器；14—混合器；15—冷却水管

（2）油改天然气汽车的优点

① 有利于保护环境　天然气汽车的排放污染物的量大大低于以汽油为燃料的汽车，尾气中不含硫化物和铅，与汽油车相比，一氧化碳降低 80%，碳氢化合物降低 60%，氮氧化合物降低 70%。因此，许多国家已将发展天然气汽车作为一种减轻大气污染的重要手段。

② 有显著的经济效益

a. 可降低汽车营运成本。目前天然气的价格比汽油和柴油低得多，燃料费用一般可以节省 50%左右，使营运成本大幅降低。由于油气差价的存在，改车费用可在一年之内收回。

b. 可节省维修费用。发动机使用天然气作燃料，运行平稳，噪声低，不积炭，能延长发动机的使用寿命，不需经常更换机油和火花塞，可节约 50%以上的维修费用。

③ 比汽油车更安全

a. 燃料更安全。与汽油相比，压缩天然气本身就是比较安全的燃料。这表现在以下几方面。

ⓐ 燃点高。天然气燃点在650℃以上，比汽油燃点（427℃）高出223℃，所以与汽油相比不易点燃。

ⓑ 密度低。与空气的相对密度为0.48，泄漏气体很快在空气中散发，很难形成遇火燃烧的浓度。

ⓒ 辛烷值高。压缩天然气的辛烷值可达130，比目前最好的97号汽油辛烷值高得多，抗爆性能好。

ⓓ 爆炸极限窄。压缩天然气与空气混合的爆炸极限仅为5%～15%，在自然环境下，形成这一条件十分困难。

ⓔ 释放过程是一个吸热过程。当压缩天然气从容器或管路中泄出时，泄孔周围会迅速形成一个低温区，使天然气燃烧困难。

b. 配件更安全。压缩天然气汽车对配件的要求比汽油车对配件的要求更高。表现在以下几方面。

ⓐ 国家颁布有严格的天然气汽车技术标准，从加气站设计、储气瓶生产、改车部件制造到安装调试等，每个环节都形成了严格的技术标准。

ⓑ 设计上考虑了严密的安全保障措施。对高压系统使用的零部件，安全系数均选用1.5以上；在减压器、储气瓶上安装有安全阀，控制系统中安装有紧急断气装置；储气瓶出厂前要进行特殊检验；储气瓶经常规检验后，还需充气做火烧、爆炸、坠落、枪击等试验，合格后，方能出厂使用。

（3）天然气汽车的主要缺点

① 发动机功率下降　与汽油发动机相比，天然气发动机动力性能较差。这是因为天然气是一种密度低的气体燃料，采用缸外混合方式挤占约10%的体积，降低了充气效率，且可燃混合气热值低，所以与同排量的汽油机相比功率明显下降。目前用的天然气发动机大多是由原汽油机改装的，汽油车在改用天然气后功率往往会下降10%～20%。

② 续驶里程较短　天然气的能量密度低，天然气汽车携带的燃料量较少，一般行驶距离较汽油车短。另外，因放置储气瓶而使汽车自重增加较大，车厢容积减小。

③ 一次性投资较大　天然气是气态燃料，不容易储存和携带，为此，需要将其加压或液化以便装瓶，另外还需要建造比汽油、柴油加油站投资都大的加气站，并形成一定的网络，一次性投资较大。

④ 需要一定的改装费用　将现有的汽车改用天然气作燃料时，需增加发动机燃料系统的部件，如储气瓶、减压阀、混合器等，需要一定的改装投资。

（4）油改天然气汽车应具备的技术条件

汽车改装前，应对汽车性能进行检查，主要技术指标达到下列要求后方可进行改装。

① 发动机的功率不低于额定值的 85%，转矩不低于额定值的 90%。

② 汽车的其他技术性能应符合 GB 7258—2004/XG 3—2008《〈机动车运行安全技术条件〉国家标准第 3 号修改单》的要求。

③ 汽车应有安装压缩天然气专用装置的足够的安全空间。

④ 拟安装部应有足够的强度。

（5）油改天然气燃料汽车的改装部分组成

改装部分由以下三个系统组成。

① 天然气储存系统　包括充气阀、高压截止阀、天然气气瓶、高压管线、高压接头、压力表、压力传感器及气量显示器等。

② 天然气供给系统　包括天然气高压电磁阀、三级组合式减压阀、混合器等。

③ 油、气燃料转换器　包括三位油气转换开关、点火正时转换器、汽油电磁阀等。

（6）改装部分的主要零部件

① 充气阀　实际上是一个单向截止阀，通过它与天然气加气站售气机的充气枪对接为 CNG 气瓶充气。

② 气瓶（图 2-90）　高压天然气气瓶的作用和汽油箱一样是车载压缩天然气的存储容器，为保证天然气气瓶的安全性，气瓶应符合国家标准《机动车用压缩天然气钢瓶》的要求。气瓶的瓶口处安装有

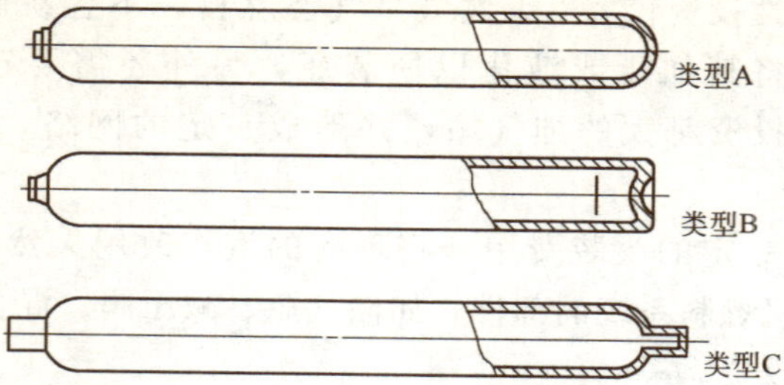

图 2-90　气瓶

易熔塞和爆破片。当气瓶温度超过 100℃或压力超过 26MPa 时，安全装置会自动破裂卸压。气瓶应安装在汽车的安全部位，不得影响汽车行驶性能，现在的轿车都是前置发动机，因此气瓶只能安装在后行李厢。气瓶与固定卡子要垫胶垫，固紧后还要沿汽车纵向施加 8 倍于气瓶质量的力，保证气瓶在行驶中不发生位移和松动。

③ 开关与阀门　油气转换开关和天然气高压电磁阀、汽油电磁阀的作用是控制两种燃料的转换，油气转换开关控制两个电磁阀的接通和断开，选择发动机以汽油还是以天然气为燃料运行。

④ 压力传感器、压力表和气量显示器　相当于原车的油压和油量显示仪表，提醒驾驶人员天然气的存储情况。

CNG/汽油两用燃料汽车以天然气作燃料运行时，天然气经三级减压后，通过混合器与空气混合进入汽缸。压缩天然气由 20MPa 减成负压，其真空度为 50～70kPa。减压阀和混合器配合可满足发动机不同工况下混合气的浓度要求。天然气供给系统的性能以及同发动机优化匹配情况，对天然气汽车性能影响非常大。其中最关键的组件是减压阀和混合器。

(7) 改装方法

这种改装需要增加的天然气组件主要有储气瓶、充气装置、高压管路及高压管接头、气量显示装置、手动截止阀、天然气滤清装置、减压调节器、混合器、油气燃料转换开关、天然气燃气电磁阀和汽油电磁阀、燃料转换系统、电器线路、电子控制元件等。各组件的安装方法如下。

① 储气瓶的安装

a. 安装位置

ⓐ 储气瓶应安装在车辆外部轮廓内受保护的位置，不应放置在对车辆驾驶产生不利影响的部位。

ⓑ 储气瓶安装位置应远离热源，其环境温度不得高于55℃。在任何情况下，储气瓶与排气管之间的距离不得小于75mm。

ⓒ 在汽车车架下安装储气瓶时，储气瓶及其附件不应布置在汽车前桥之前，储气瓶最低位置离地的距离应不小于汽车满载时的最小离地间隙，且不得改变离去角及纵向通过半径。

ⓓ 多个储气瓶的安装时应布置合理、排列整齐，储气瓶与排气管的距离在75～200mm之间时，应设置固定可靠的隔热装置。

ⓔ 储气瓶必须安装在遮风位置或采取有效的通风措施，以防阀门渗漏的气体进入驾驶室或客厢。当气瓶安装在车体内部时，应设计一个金属或非金属的密封舱，将瓶体和集成阀封闭，或设计一个封闭集成阀的副舱；密封舱应有便于维修和检查的舱口；安装位置应能保证集成阀关闭自如；密封舱或副舱应有可靠的密封手段，以防气体泄漏。

b. 安装方法

ⓐ 储气瓶的安装不允许采用导致降低储气瓶强度和刚度的安装方法，应保证车辆在空载和满载状态下的载荷分布符合GB 7258—2004/XG 3—2008《〈机动车运行安全技术条件〉国家标准第3号修改单》的规定。安装储气瓶（充满压缩天然气）后，车辆最大总质量的增加应不超过5%。

ⓑ 储气瓶必须被安全地固定在车辆上。安装储气瓶的方法不应减弱车架结构强度，必要时应采取加强措施；应确保有四个固定点连接在车辆结构件上，其间距应确保储气瓶的稳定。

ⓒ 安装储气瓶的固定座应具有阻止储气瓶旋转移动的能力，以防其滑脱、旋转和振动松动。固定座的安装应便于拆装工作。

ⓓ 储气瓶的安装应牢固，储气瓶与固定座之间应垫厚度不小于

2mm 的橡胶垫或弹性无水止动气垫，紧固螺栓的尺寸应满足受力要求并有防松装置，拧紧力矩应符合设计要求。

ⓔ 储气瓶安装紧固后，在上、下、左、右、前、后六个方向上应能承受 8 倍于充满额定工作压力的天然气储气瓶重力的静力，且储气瓶与固定座之间最大位移不许超过 13mm。

ⓕ 储气瓶的集成阀和接头要得到足够的保护，可用车辆上的一些部件向集成阀和接头提供保护，以减少由于碰撞、倾覆或其他事故而引起的可能损害。储气瓶集成阀与车辆外轮廓边缘的距离应不小于 200mm。

ⓖ 在货车车厢内安装储气瓶时，应安装金属或非金属保护罩。

② 充气装置的安装　充气装置是指安装在汽油/压缩天然气双燃料汽车上用于补充供给其自身使用压缩天然气的装置。充气装置应安装在有适当防护和易于充气操作的位置。充气系统应配备一个防止气体从气瓶回流的装置。

③ 高压管路及高压管接头的安装

a. 高压管路一般采用刚性管线，特殊部位采用柔性管线。高压管路和高压管接头只能更新。

b. 高压管路应沿着最短的可行路线安装。高压管接头应安装在能看得见或操作者易于接近的位置。所有高压管路和高压管接头都应得到有效的保护。

c. 刚性高压管路应排列整齐，布置合理，不得与相邻部件碰撞和摩擦。刚性高压管路应用固定卡有效地固定在底盘或车身上，固定卡的间距应不大于 600mm。如果管路与相邻部件接触或穿越孔板，应采用橡胶垫进行保护，并且两个部件之间的管路应采用能消除热胀冷缩影响和抗振的措施，如采用盘管或 U 形弯管等。管路中心线曲率半径应不小于管路外直径的 5 倍。

d. 刚性高压管路及高压管接头与发动机排气管和传动轴的距离均不应小于 75mm，当与排气管的距离为 75～200mm 时，应设置固定可靠的隔热装置。

e. 铰接式客车铰接部位的高压管路应采用柔性高压管线。柔性高压管线应采用压缩天然气专用柔性高压软管总成，其质量应符合有关标准，每根高压软管总成应清楚地标明生产厂家名称、规格、额定工作压力及“CNG”字样。高压管路接头应与高压软管作为整体配套提供。

f. 柔性高压软管应使用有弹性的固定卡固定在汽车基础件上。固定卡间距不应大于300mm，并应在每一弯曲的前、后位置处进行卡固。高压软管与发动机排气管距离不应小于100mm，当距离为100～200mm时，应设置可靠固定的隔热装置。

④ 气量显示装置的安装　气量显示装置是指用于显示压缩天然气储气瓶中储气量和压力的装置，包括压力表、气量显示器等。压力表应安装在易于观察、防振和避免损坏的位置，确保安装牢固；不允许直接安装在驾驶室内；当安装在裸露位置时，应加装压力表防护罩。气量显示器应安装在驾驶室内驾驶员易于观察的位置，天然气不得泄漏进入驾驶室。

⑤ 手动截止阀的安装　手动截止阀应安装在气瓶到减压调节器之间易于操作的位置，阀体不得直接安装在驾驶室内。

⑥ 天然气滤清装置的安装　气瓶到减压调节器之间应安装天然气滤清装置，并易于检查、清洗和更换。

⑦ 减压调节器的安装

a. 减压调节器宜安装在振动较小、尽量靠近发动机的位置，与发动机间应采用柔性连接；安装位置应确保实现对减压调节器的常规调整、检查和维修；减压调节器应尽量远离排气系统，如果离排气系统的距离小于150mm，应设置固定可靠的隔热装置。减压调节器的布置应不影响所有软管的自由移动。

b. 当减压调节器采用发动机冷却液加热时，其安装高度应低于散热器顶部，且宜安装在节温器以下，管路接头不得泄漏；当采用发动机废气加热时，管路接头不得泄漏；当采用电加热时，其电器安装应符合相关标准的要求。

⑧ 油气燃料转换开关的安装

a. 油气燃料转换开关挡位标记应明显，能分别控制供油、供气和油气全闭两种状态。

b. 油气燃料转换开关应安装在驾驶员操作方便的位置。

⑨ 天然气燃气电磁阀和汽油电磁阀的安装

a. 天然气燃气电磁阀和汽油电磁阀的操作应由油气燃料转换开关统一控制，电流被切断时，电磁阀应处于“关闭”位置。

b. 天然气燃气电磁阀和汽油电磁阀应安装在受到合理保护的位置，并应尽量远离电气设备。

c. 汽油管路及汽油电磁阀与发动机排气管距离不应小于100mm。

⑩ 燃料转换系统的安装　燃料转换系统宜安装点火时间转换器，由油气燃料转换开关统一控制。

⑪ 电器线路的安装　电器线路接头采用插接件，其性能应符合QC/T 29009—1991《汽车用电线接头技术条件》的有关规定。所有电器线路应卡固良好，不得与相邻部件摩擦，线路应绝缘良好并设置过电流保护。

⑫ 电子控制元件的安装　对于电喷汽车，调整天然气供气量的电子控制元件应安装在振动较小的位置，不宜直接放置在发动机上。

(8) 改装后的调试

① 调试前的准备

a. 清洁管路。天然气系统各装置安装完毕后，要清除管路中的泥沙和铁锈。清除方法是：先断开主气阀至滤清器的管线接头，关闭气瓶阀，打开主气阀，由充气阀进气，用0.3～0.5MPa的压缩氮气或压缩天然气吹扫管路和气阀通道，吹扫后再接上断开的管线接头。然后再关闭主气阀、气瓶阀，断开最后一个气瓶管线接头，由充气阀进气，用0.3～0.5MPa的压缩氮气或压缩天然气吹扫管路，吹扫后再接上断开的管线接头。

b. 排出空气。储气瓶在正式充入压缩天然气之前，应将瓶中的空气排出，使储气瓶中的空气与天然气的混合比达到不可燃的程度。排出空气的方法是用压缩天然气进行置换，置换工作分两次进行，其操作程序与方法如图2-91所示。

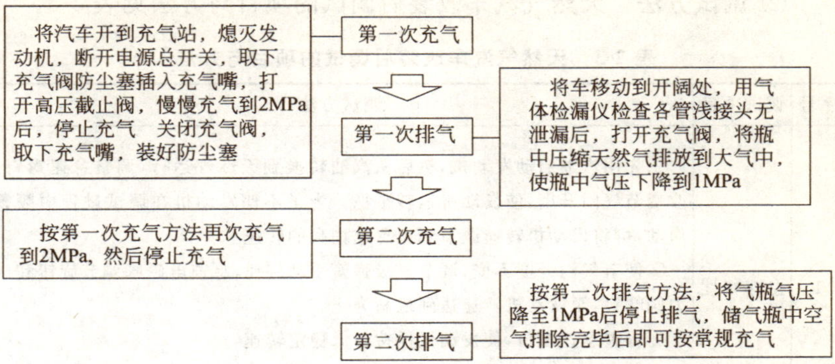

图 2-91 储气瓶瓶中排出空气的操作程序与方法

c. 检查调整。调试前检查与调整的项目及方法见表 2-2。

表 2-2 调试前检查与调整的项目及方法

序号	项目	检查与调整的方法
1	系统密封	先将储气瓶充气到 20MPa 后，关闭充气阀，取下充气嘴，装好防尘塞。然后用检漏仪仔细检查所有高压管接头、管路和减压阀总成是否泄漏(按规定 5min 内不得有泄漏)。如发现管路渗漏，应关闭瓶阀，将管路中的气体排出后再拧紧卡套或接头，不允许带压紧固
2	开关	检查汽油电磁阀手动开关是否处于关闭位置，检查油气燃料转换开关是否能对天然气燃气电磁阀及汽油电磁阀分别控制
3	减压调节器	先将减压调节器上的怠速调节旋钮顺时针旋紧，再逆时针旋松 1.5 圈左右，然后开启手动截止阀. 将油气燃料转换开关置于“气”位，接通电源，听是否有“嘶嘶”的气流声音，再拔掉怠速电磁阀电源插头，重新接通电源(将油气燃料转换开关 3s 后断电)，调节三级弹簧手动旋钮，直至无气流声音，则减压调节器供气正常
4	分电器、点火时间转换器	调整分电器、点火时间转换器. 并检查工作是否正常
5	气量显示灯	检查和气瓶压力是否一致. 如不一致应进行调整，并使显示灯燃亮数量与气压相匹配

② 调试方法　天然气汽车改装后调试的项目与方法见表 2-3。

表 2-3　天然气汽车改装后调试的项目与方法

序号	调试项目	调试方法
1	怠速特性	①先用汽油启动发动机，然后从汽油转换到天然气运行，调整怠速螺钉，改变节气门开度，使发动机运转平稳。为了不使发动机在调试过程中频繁启动，可将发动机转速调节到比怠速稍高的转速 ②使节气门开度不变，调节三级弹簧手动旋钮、怠速电磁阀调节旋钮和动力阀螺钉，至发动机转速达到最高为止 ③调整怠速螺钉，使发动机保持最低稳定转速 ④再按第②和③的方法反复调整，直到发动机在节气门不变的情况下，使天然气发动机的怠速与汽油发动机接近或一致，发动机运转平稳
2	加速特性	分别快速踏下节气门踏板进行急加速和缓慢踏下节气门踏板进行慢加速，检验发动机加速性能的连贯性，若出现加速时熄火或加速慢，应调试三级弹簧手动旋钮、动力阀、点火提前角，直至加速工作正常
3	天然气启动特性	关闭电源，使发动机停转，再用天然气启动，检查调整启动性，主要调试点在：怠速电磁阀调节旋钮、三级弹簧、手动旋钮、动力阀、点火电压、白金间隙等
4	动力特性和排放特性	在天然气发动机上有最大转矩输出时，过量空气系数 ϕ_{α} 为 0.9～1.0。此时，CO 的排放量接近最低。因此，可以用汽车底盘测功机和排气污染物测试仪相配合.进行天然气发动机的动力性、排放特性调整。汽车用天然气启动，挂直接挡运行并加载，使发动机处于最大转矩工况运行时，测试发动机尾气，调整动力阀，即调整燃料混合气的空燃比，使排气中 CO 的浓度约为 1.5%(怠速时 CO 浓度和碳氢化合物浓度最小)，然后固定动力阀调整螺钉。在无汽车底盘测功机的改装厂，应使用发动机故障综合测试仪，通过测试发动机无负载加速时间，确认混合气调整使发动机处于最大转矩工况.然后用排气污染物测试仪测试怠速排放，确认 CO 浓度和碳氢化合物浓度在法规许可范围内，然后固定动力阀调整螺钉，完成调试工作

(9) 油改天然气的改装实例

改装 CNG/汽油两用燃料汽车主要过程如图 2-92～图 2-100 所示。

图 2-92 准备好减压阀等组件

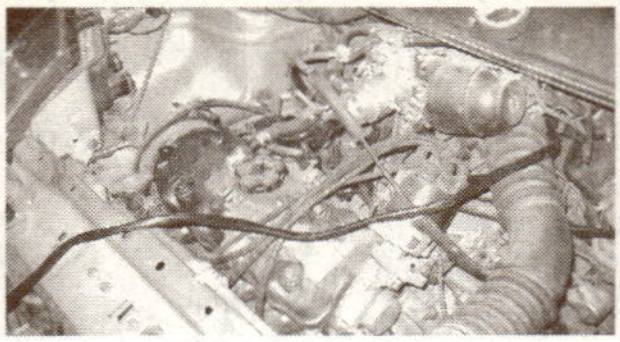

图 2-93 空滤拆掉

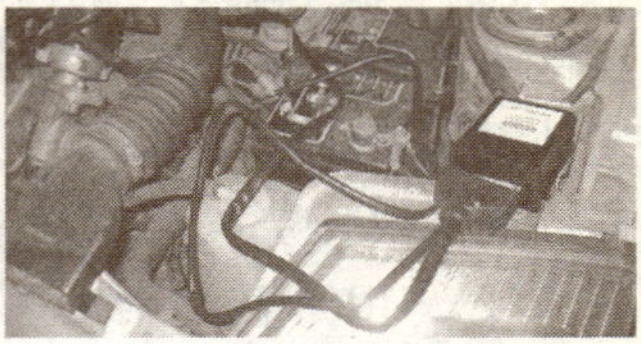

图 2-94 控制压力阀的电脑芯片组

图 2-95 安装好减压阀

图 2-96 安装好混合器

图 2-97 安装好天然气压力表

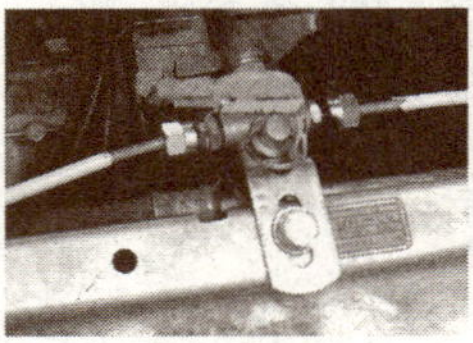

图 2-98 加装好进气三通

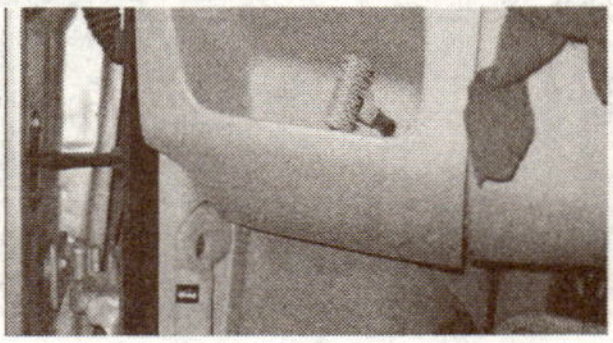

图 2-99 安装在手盒里的控制开关插头

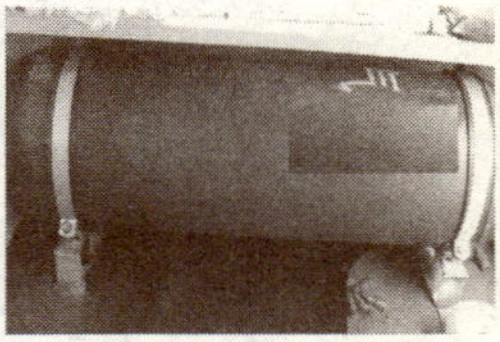

图 2-100 气瓶在车上安装示意图

2.4.6 油改液化石油气的改装

（1）液化石油气（LPG）汽车种类

主要包括三种：纯 LPG 汽车、LPG/汽油两用燃料汽车以及 LPG/柴油双燃料汽车。在目前油改气的汽车中大部分是汽油车改成 LPG/汽油两用燃料汽车。

LPG/汽油两用燃料汽车，是在汽油机的基础上改造而成的。发动机保留原汽油机供给系统，增加一套液化石油气供给系统。两种燃料供给系统通过电磁阀控制转换。由于兼顾燃用汽油时的使用性能，发动机不能进行较大的改造。因此，液化石油气的特性不能充分发挥，性能要比烧汽油时略差点。

（2）LPG/汽油两用燃料汽车的改装实例

LPG/汽油两用燃料汽车的改装主要包括：储存液化石油气的钢瓶、蒸发调节器、混合器、电磁阀和控制系统等。富康轿车改装为LPG/汽油两用燃料车的总体布置示意图如图 2-101 所示。

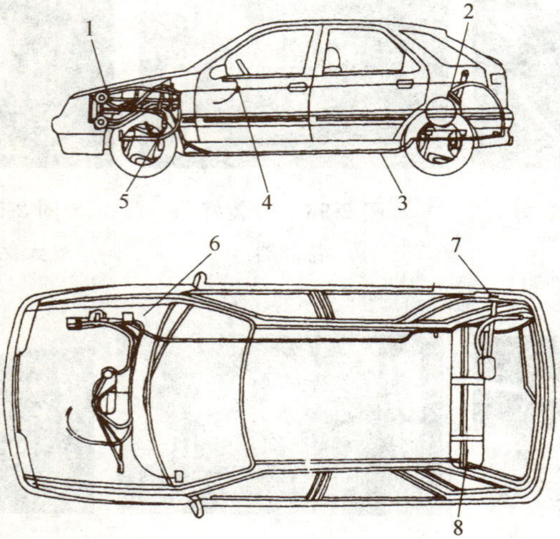

图 2-101　富康轿车改装为 LPG/汽油两用燃料车的总体布置示意图

1—LPG 钢瓶；2—LPG 加注口；3—带过滤器；LPG 电磁阀；4—LPG 液相管；5—燃料转换开关及 LPG 液位显示表；6—汽油电磁阀；7—蒸发减压器；8—组合阀

当使用 LPG 作燃料时，驾驶员将选择开关打到 LPG 出气的位置时，此时 LPG 电磁阀打开，汽油电磁阀关闭，液态的 LPG 靠自身的蒸汽压力被压出气瓶。通过高压管路，流经滤清器时将杂质过滤掉，然后经 LPG 电磁阀流入蒸发调节器，在蒸发调节器内被降压、激化、调压，变成气态，最后在混合器内与空气混合进入发动机。LPG 用气瓶及相应尺寸如图 2-102 所示。

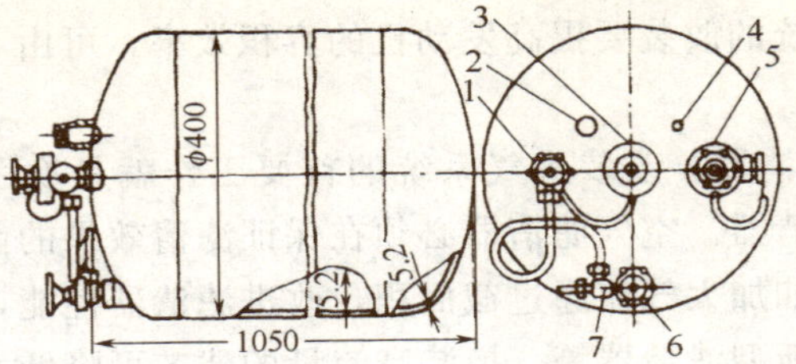

(a)

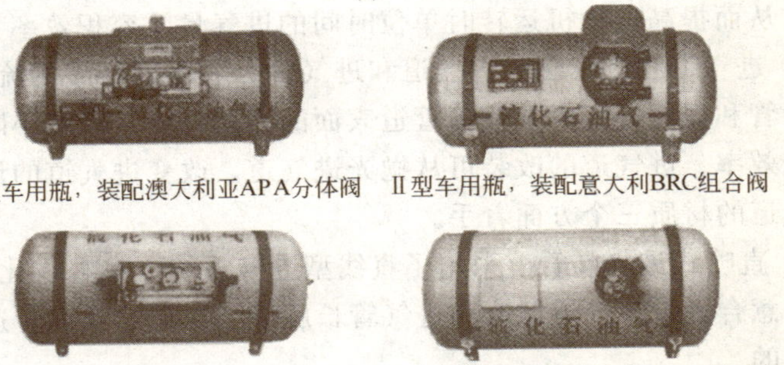

Ⅰ型车用瓶，装配澳大利亚APA分体阀　Ⅱ型车用瓶，装配意大利BRC组合阀

Ⅲ型车用瓶，装配荷兰分体阀　Ⅳ型车用瓶，装配意大利Lovato组合阀

(b)

图 2-102　LPG 用气瓶实物图

1—蒸气输出阀；2—安全阀；3—液面指示器；4—最大充量液面监视器；
5—充气阀；6—液态气输出阀；7—三通输出阀

2.5 进气系统的改装与实例

2.5.1 进气系统改装的目的和技术要点

（1）进气系统改装的目的

进排气系统是为提升汽车动力性能改装得比较多的一个部位。进排气系统和点火系统的改装可以使汽车运行得更顺畅，提高发动机的工作效率，还可以使油气混合得更充分，从而降低废气的排放。

（2）进气系统改装的技术要点

而进气系统的改装要提高发动机的容积效率，可由下述几个方面着手。

① 空气滤清器　改装进气系统的首要工作就是换用高效率、高流量的空气滤清器。空气滤清器必须在保证滤清效果的前提下，尽可能减小阻力，如加大气流通过截面积，改进滤清器性能，研制出更加低阻、高效的新型滤清器等。换装高流量的滤芯可降低发动机进气的阻力，从而提高发动机运转时单位时间的进气量及容积效率。

② 进气道和进气管　进气道和进气管必须保证足够的流通面积，避免弯管和截面突变，并改善管道表面的光洁程度，以减小阻力，提高容积效率。进气道的改装可从抛光进气道、改变进气道的形状和更换进气道的材质三个方面着手。

③ 直喷式进气歧管　采用了直线型进气系统，在直线化的同时，还应注意合理设计气道截流和进气管长度等，以期达到高转速、高功率的目的。

④ 可变进气歧管　由于汽车对进气歧管的要求是：在高转速、大功率时，应配装短粗的进气歧管，在中低速、最大转矩时，应配装细长的进气歧管。为了同时满足这两个要求，可采用可变进气歧管。

⑤ 二次进气　二次进气是指除了从原有空气滤清器吸入的空气外，另外再利用进气歧管的真空压力差，从发动机 PCV（曲轴箱强制通风）管路外接另一个进气装置，通过导入适量的新鲜空气来达到提高容积效率的目的。目前市场有许多利用二次进气原理制成的产品，价格较高。还可以选择再增加一些附加的进气装置来提供更加充足的进气量，如现在市面上的安装在负压真空管上的负压进气装置。

2.5.2 空气滤清器的改装

（1）空气滤清器的改装方案

换装空气滤清器滤芯就是将原厂空气滤清器滤芯更换为高流量的空气滤清器滤芯，原厂的空气滤清器滤芯大多数是用成本较低的纸质滤网制造的，纸滤网的表面有无数的小孔来阻隔灰尘和异物，但当滤网表面积累了一定的灰尘，部分小孔被阻塞时，进气量便会受到影响。因此，原厂空气滤清器滤芯需要经常维护和更换。

高流量的空气滤芯一般采用成本较高的棉或海绵制作，并配合专用的滤芯油来阻隔灰尘。由于棉是三维立体的过滤介质，灰尘在通过时会被纵横交错的多层纤维阻隔，然后再由滤芯油使其浮离于滤芯表面，不会像纸质滤芯那样当小孔被灰尘堵塞后便失效。因此，高流量的空气滤清器滤芯进气效率会更高并且作用持久。海绵滤芯有较棉质滤芯更高的容尘量，有更长的清洁周期，能长时间保持良好的透气性能，有不怕潮湿和不容易被异物打穿的特性。

对空气滤清器的改装一般是不改变空气滤清器的结构，只换装高流量的空气滤芯。也可以整体换装空气滤清器，换装后的空气滤清器可以使空气流过滤芯的速度加快，滤芯对流过的空气的阻力减小，同时提高发动机运转时单位时间的进气量及容积效率，而由供油系统中的空气流量计量测出进气量的增加，将信号送至供油计算机(ECU)，ECU便会控制喷油嘴喷出较多的汽油与之配合，让较多的混合气进入汽缸，达到增大功率输出的目的。

可以把原有的空气滤芯拿下，并清洁滤清器内部壳体和连接的进气道后，把高流量的空气滤芯放在原有滤芯的位置，封闭滤清器壳体，就可以完成高流量空气滤芯的换装。

(2) 整体换装空气滤清器

若换了滤芯仍不能满足车主需求，则把原有的空气滤清器在进气道连接处拆开，换用其他的空气滤清器。原有的空气滤清器如图2-103所示。如可将整个空气滤清器总承换成俗称“冬菇头”的滤芯外露式滤清器，进一步降低进气阻碍，增强发动机的进气量。不同结构形状的空气滤清器如图2-104所示。

图 2-103　原有的空气滤清器

“冬菇头”就是直通式空气滤芯。外露式“冬菇头”的滤芯材料有海绵和纱布，一些高等级的还有不锈钢网或纤维型滤网。材料不同，过滤空气的效果也不同。“冬菇头”的吸气效率主要取决于形状和尺寸大小，所以其体积必须和发动机排气量成正比。

（3）“冬菇头”滤清器的种类

① 广角半球形的设计，优点是空气流通面积大，阻力小。不仅可从头部吸入空气，连侧边尾部也都能够吸进空气，如图 2-105 和图 2-106 所示。

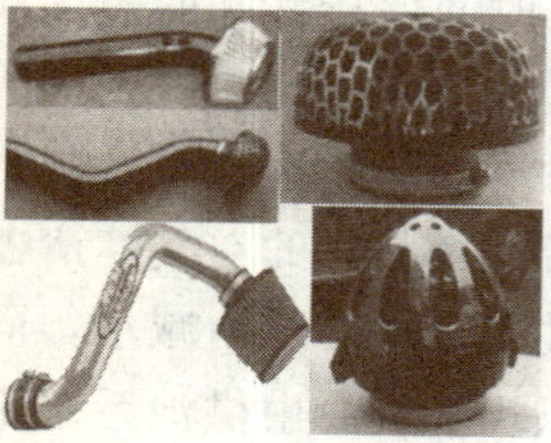

图 2-104　各种形状的空气滤清器

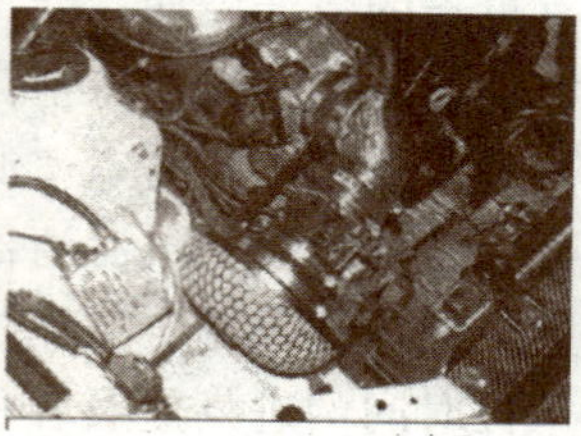

图 2-105　广角半球形“冬菇头”滤清器

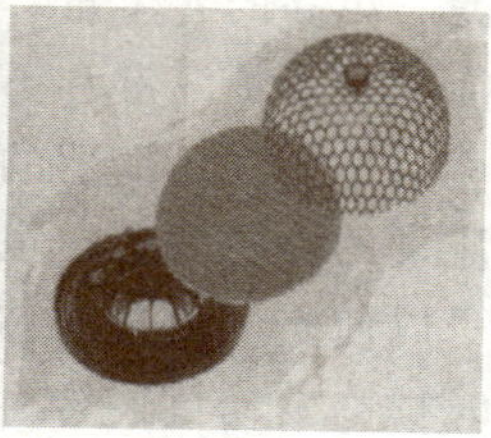

图 2-106　广角半球形“冬菇头”滤清器分解图

② 中央内凹并附带滤网设计，如图 2-107 所示，目的是争取最大的吸气面积与加强导流作用。

③ 使用双漏斗构造，如图 2-108 所示，让中央部位的空气快速流动且减少涡流。

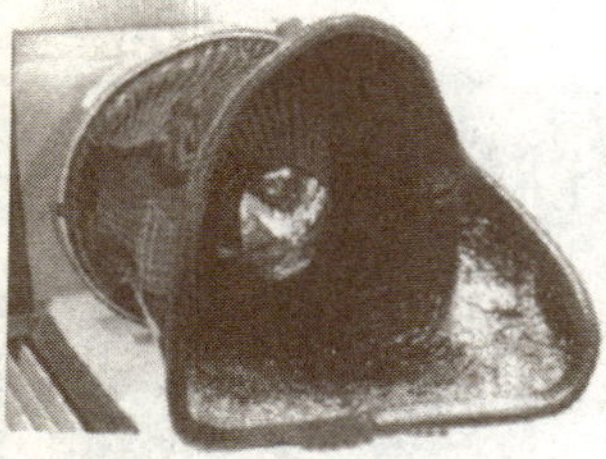

图 2-107　中央内凹并附带滤网的“冬菇头”滤清器

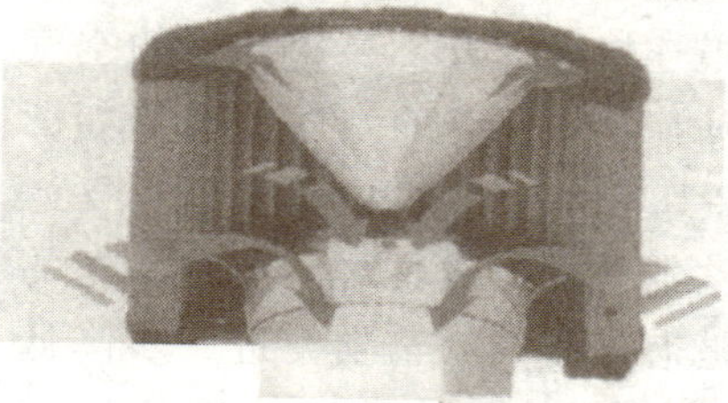

图 2-108　双漏斗的“冬菇头”滤清器

另外。所有的“冬菇头”都会搭配喇叭口状的锥形底座，使气流能顺畅加压出去，在选购时需特别注意其集尘效果，毕竟它的过滤性能也是十分重要的。

(4) 不同的空气滤清器安装方法

一般有以下三种情况。

① 改装与原厂相同形式的内藏滤芯，一切都不用改动，直接安装即可。

② 专为各车型研发的不同样式的香菇头，一般只要能买到合适的转接座即可安装。

③ 加工接口：所选的滤清器如果接口不合适需要自行加工，这样几乎任何车型均可使用。

在安装时还有一项是要特别留意的，就是“冬菇头”容易吸进发动机室的热空气，因此安装时要尽量远离发动机室的热源（排气歧管）区。如果位置困难可以用隔板将热源隔离开。

也可模仿赛车从前面接一根直通导管包住香菇头，可因行驶中的撞风效益而灌入大量冷空气。不过这样做在过河涉水时，飞溅的水花有可能也被吸入进气管造成发动机熄火，如图 2-109 所示。

针对因“冬菇头”存在易吸入热空气与灰尘的问题，现在部分改装厂已经推出了内含“冬菇头”的进气箱，如图 2-110 所示。它有很粗的进气管连接前保险杠，同时进气箱本身也加大容量，并制作成大漏斗状的造型，在蓄气集压之下有更佳的动力表现。

图 2-109　涉水时易进水的安装

图 2-110　内含“冬菇头”的进气箱

图 2-111　“大肥肠”进气管

还有一种称为“大肥肠”的进气管，如图 2-111 所示。那前端大口径、中间有“大肚量”，最终再缩口的造型，“呼吸”声相当惊人，其集压加速气流的效果相当好。

对于换用高流量滤芯或是换装空气滤清器，通过滤清器的空气流量可以使用公式来确定是否符合要求

$$Q=0.03niV_h \quad (m^3/h)$$

式中 Q——空气滤清器流量；

n——发动机额定工况下的转速，r/min；

i——汽缸数；

V_h——一个汽缸的工作容积，L。

例如，Mazda6 2.3L 轿车，排气量为 2.261L，额定工况为 119kW/(6500r/min)，理论上额定工况下需要的空气流量为 $Q=0.03\times6500\times2.261=440.895(m^3/h)$。换用高流量的滤芯或换装整体的滤清器，通过滤芯的空气流量应满足此数值。

（5）实例

在改装空气滤清器时，经常遇到进气道口没有位置安装“冬菇头”，所以需要自制与“冬菇头”滤清器连接的进气管，其操作步骤如图 2-112～图 2-117 所示。

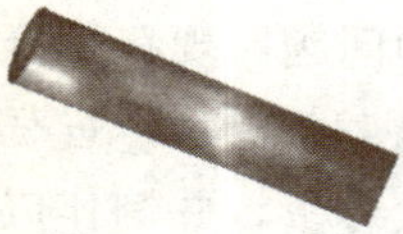

图 2-112 选材及划线

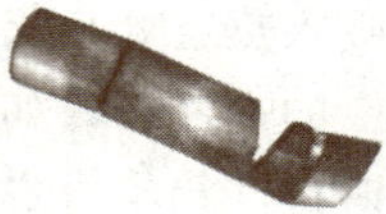

图 2-113 切割

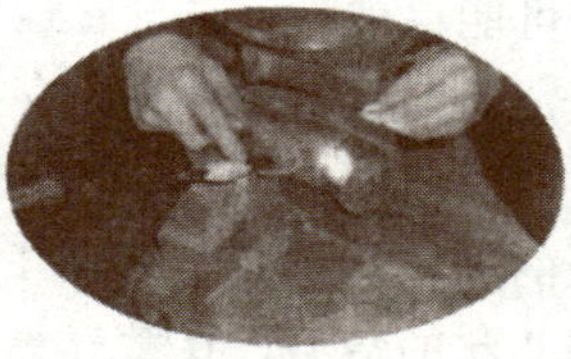

图 2-114 焊接

图 2-115 连接进气道

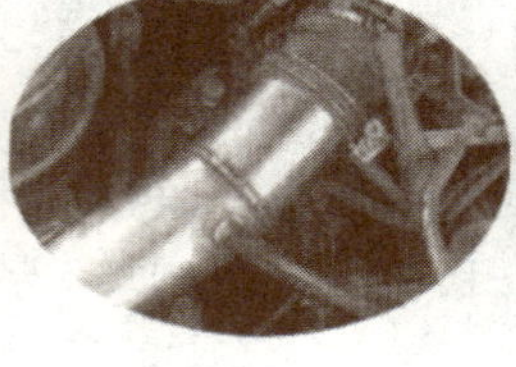

图 2-116 连接软管

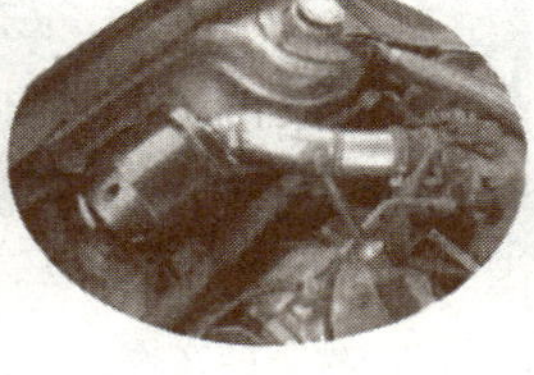

图 2-117 安装“冬菇头”滤清器

2.5.3 进排气道的改装与实例

（1）进排气道的改装

进排气道的改装可分成形状及材质两方面。进排气道截面的形状大体有矩形、圆形和修圆角的矩形 3 种。进排气道的形状对进气的效率有一定的影响。在各种工况下，修圆角的矩形截面管道的进气效率较好。进排气道的形状应和原先发动机的进气道的形状尽量保持一致，进排气道的截面积应和原先的相符。进排气道的长度应该考虑进气道内的动力效应。

进排气道的材质应考虑吸热少及重量轻，目前常用的材料有工程塑料或碳纤维，其吸热少的特性，能让进排气的温度少受发动机室的高温影响，可以使进气密度提高，单位体积内所含的氧气量得到增加而提高发动机的功率。

进排气道的内壁应光滑，尽量减少弯曲，使进气的沿程阻力减少，进气会较充分。

（2）排气道的改装实例

进排气道的抛光可减少气道表面之粗糙度，其效果可分为两方面：一是抛光后，平滑的表面可有效降低进排气阻力、减少空气流经气道时在气道表面产生停滞的现象；二是抛光后可适度加大气道口径，加大的幅度并不算很大，可视为抛光后所带来的附加效益，因为强度的考量无法大幅加大。抛光后可加快进气或排气的流速，也就是加快进气时的填充速度，在有限的开启时间内，增加进气量，以及迅速排气将残余废气排得更干净，提高引擎的进气效率及减少残余废气所带来的冲淡效果。

排气道的抛光主要过程实例（进气道同样类似）：首先用粗刨刀粗抛光，如图 2-118 所示，已经粗抛光好的排气道，如图 2-119 所示，换细刨刀再细抛光并且随时用排风吸尘器清除铝屑，如图 2-120 所示，已经细抛光好的排气道如图 2-121 所示；最后用细砂纸抛光并且随时用排风吸尘器清除铝屑，如图 2-122 所示，完成抛光的排气道，如图 2-123 所示。进气道的抛光仅用粗刨刀粗抛光，粗糙度不要太低，进气道一侧有喷油嘴喷汽油进来，加强雾化效果。

图 2-118　排气道的粗抛光

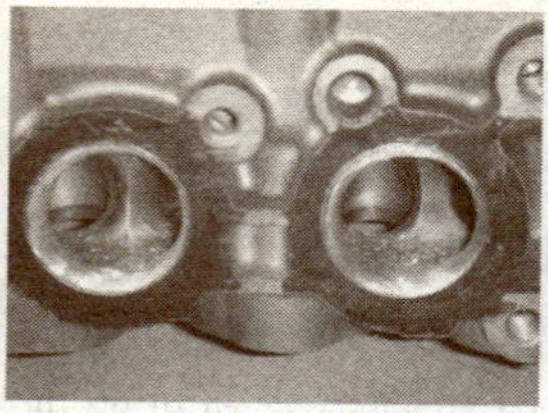

图 2-119　粗抛光好的排气道

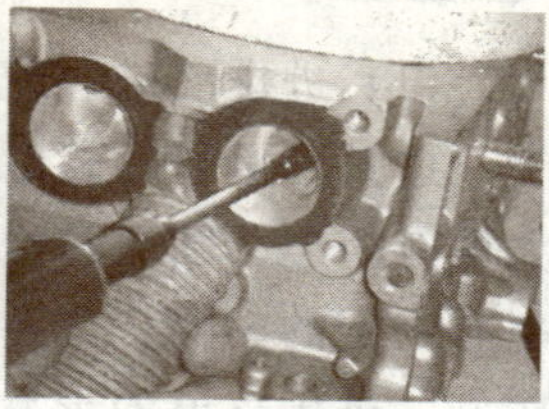

图 2-120　排气道的细抛光

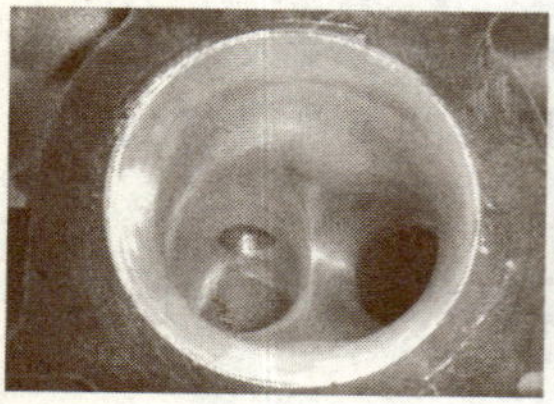

图 2-121　已经细抛光好的排气道

图 2-122　排气道的最后用细砂纸的抛光

图 2-123　完成抛光的排气道

2.5.4 进气歧管的改装与实例

进气歧管的作用是把流经进气道的气体分配到各个汽缸去。在多缸发动机上，应使各缸进气歧管的长度尽可能相同，采用等长并独立的进气歧管，避免各缸气流之间的干扰。转速不同，所需进气管长度也不同，一般高速发动机配用较短的进气管，低速发动机所需的进气管较长。由于汽车内燃机使用的转速范围较宽，配用进气管时，应在常用转速区考虑其长度，以有效利用进气的动态效应。

进气歧管包含了控制进气的节气门，而根据节气门配置上的不同，又可分为空气从节气门后平均分供给各缸使用的单喉式，和每个汽缸独立使用单一节气门的多喉式，也称为多喉直喷系统。一般的汽车碍于维修的方便性及成本的控制，通常都采用单喉节气门设计。而高性能跑车，为了追求高峰值功率、瞬间和后段加速力，不考虑成本价格的因素，直接使用多喉直喷系统。

（1）单喉进气歧管的改装

单喉进气歧管的改装以加大节气门为主。原厂节气门可经加工增加其孔径，传统的加工方法就是像镗缸一样增大直径，各种发动机原厂进气歧管的直径各不一样，一般可加大 5～6mm，少数只能增加 3mm。而节气门加大最重要的一点是，加大的蝶阀阀片能否确实和阀体密合。因为阀门片和阀体在关闭时并非平行，而是会有 1°～2°的斜度，为了能使二者真正密合不漏气，蝶阀阀片两边不同向的角度应该有 2°～3°的斜差。节气门闭合得是否严密，直接影响到怠速的稳定与否，更换了加大的节气门后，若发现怠速不稳或油门卡滞，有进气不顺畅的感觉，主要原因是加工精度的问题。

原厂歧管的改造内孔抛光也是一个改装的途径，可以采用内部抛光的方法。原厂的歧管都是铸造而成的，内壁粗糙，直接影响气流的经过。由于歧管本身弯曲度颇大，内孔加工有一定的困难度，国外现今已有生产更大型的储气室和管径的歧管。这也是从多喉系统衍生出来的产品，也是将歧管部分缩短，内孔径增大，尽量达到等长，且配合喇叭口的形式，加上内壁光滑处理，使得单节气门歧管也有多喉歧管的优点，可以大大提升进气效率，尤其在高转速和加速时起着决定性的作用。

其他强化的手法还有加大节气门后的歧管部分，以配合节气门进气，也能增加储压的效能。在歧管和节气门改装后，还要注意混合比的调校。多增加的进气量，如果没有适量的供油来配合，依然无法使发动机充分发挥性能。

（2）多喉进气歧管的改装

多喉直喷系统节气阀有效面积增大，还设有增加节气室，可使歧管达到短距离等长度、直线度好等合乎理论上的要求，进而配合进气喇叭或阀门变化而避免进气产生相互干涉，确保发动机各缸获得较高的进气效率。多喉进气歧管如图 2-124 所示。

近几年日系的 AE101/111、BMW 的 M3、911RSR、法拉利车系等高性能轿车，基本都是多喉直喷系统。增压的高性能车辆想要有更

图 2-124 多喉进气歧管

好的性能表现，也都是采用多喉系统。

一般来说，进气歧管的长度、口径的大小影响了发动机的输出特性。多喉系统整体表现的最佳部分集中在中、高速，愈短的进气歧管，空气进入汽缸内的效能也就愈好，高速功率输出也会愈大。而较长歧管则可使中低速的转矩提升，有利于在一般城市街道上行驶。如果在多喉歧管的条件下，要改变油耗、转矩及功率的变化，就必须选择合适的节气门直径，一般节气门的尺寸有40mm、45mm、50mm这3种。使用50mm的节气门发动机，排气量最好超过2000mL，压缩比最好能控制到12：1以上。由于直径太大，在加速时，瞬间吸入的进气量过多，一般计算机大都无法匹配，必要时更需要搭配能够独立设定加速泵供油量及供油时间等功能的可程序化计算机。

一般多喉直喷设计的进气口，通常都只装置喇叭口，但发动机室内所产生的热气，会影响进气的质量与密度，所以最好能加装大型的蓄压集气箱。这样既可以增加瞬间的加速能力，也可使发动机有更好的高转矩表现。

原厂设计的多喉系统，其规格、尺寸各厂家都有所差异。但是使用在改装套件上，多喉系统都有其一定的规格。又分为侧吸式（DCOE）与下吸式（DCNF）。此两种规格一定要明确清楚，在订购改装多喉套件时是成套的，也就是说4喉管就是2组阀体，6喉管则是3组阀体。各种发动机使用的阀体是一样的，对应不同的发动机可搭配不同的进气歧管。一套多喉直喷系统，零件组包含了进气歧管、2～4组阀体、喇叭口、油轨、喷油嘴、油门与线支架组。

多喉直喷系统是构造复杂的系统，它的设定和调整就更加困难，相应也很重要。调整的重点是使各缸的进气量一致。在怠速调整时，需要使用真空表组连接各缸的进气歧管，调整旁通阀使怠速各缸的进气一致。还要使用多喉专用流量计，测试打开节气门时各缸的进气流量是否相等，调整节流阀开度螺钉使进气流量一致。在调整完其他油门开度的进气量后需再次调整旁通螺钉，以确定怠速是否达到稳定。如果有一组调校不平衡，轻则发动机不顺畅、功率输出不佳，重则将导致各缸严重失衡，发动机异常磨损。

(3) 进气歧管的改装实例

大发 Sirion1. 3L 进气歧管的改装过程如图 2-125～图 2-134 所示。

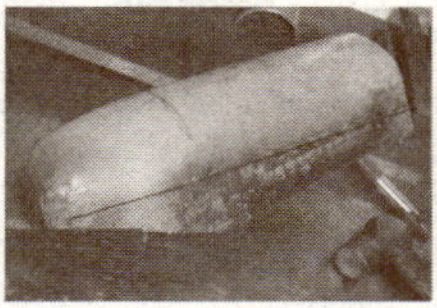

图 2-125 铝筒加热敲打而成雏形并抛光

图 2-126 内喇叭

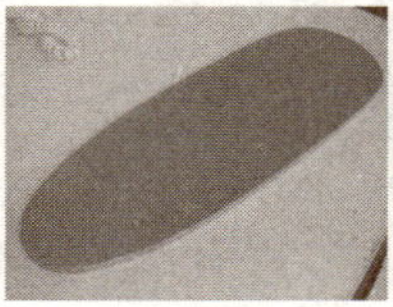

图 2-127 歧管底座

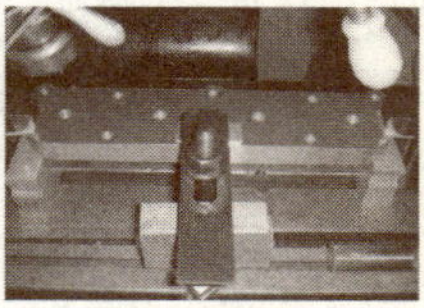

图 2-128 加工歧管的引擎转接座

图 2-129 组件图

图 2-130 内喇叭嘴构造

图 2-131 侧孔的内部构造

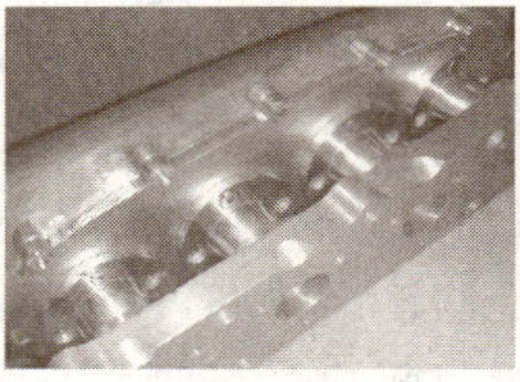

图 2-132 加了螺母的半成品

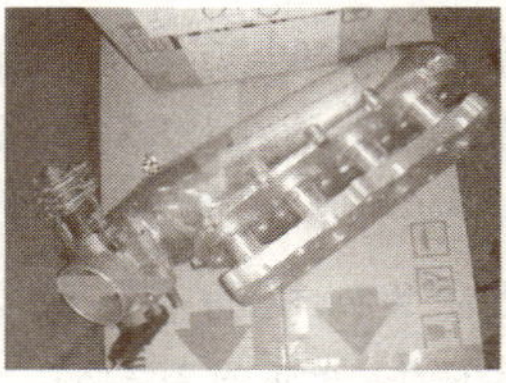

图 2-133 抛光过的成品组件

图 2-134 在汽车上的安装位置

2.5.5 节气门的改装与实例

（1）节气门的改装

① 加大节气门直径　进气改装的诸多项目中，还有一项也是近来颇为流行的，即加大节气门直径。实现的方法有两个：一是购买整个尺寸较大的改装品；二是自行用车床加工。这对提升进气效率和增加油门反应都有帮助。大多数人的做法都是拿原厂产品去加工，将管壁内径车大。如直径加大 4mm 左右，保证管壁有 2mm 的厚度，如果能偏心车削则能加大到 5～6mm，这样就可换用大直径的节气门了。

如要自行加工的话，需注意两件事，一是找个技术较佳的店子，二是阀门本身的材质，应要求是铜片制成，否则会发生小至怠速不稳、大至节气门卡住的危险事件。

② 电子节气门的改装　电子节气门（图 2-135）也是可以改装的，其方法就是更换动作更快速的伺服电动机，而传统钢丝拉索控制的节气门，常见有加大后感觉不出效果或出现怠速不稳的现象。前者应该属节气室接座的口径没有随之扩大，后者则是节气门开度传感器的电阻值没有调整到和原厂一样的状态所造成的。其实怠速稳定的关键并不是蝶阀阀片和节气门的密合度，只要调整旁通空气怠速螺钉即可，最主要还是在于位置的感应正确与否，同时要求加大节气门时，铜片的厚度最好要与原车的相同，如此便不会因热胀冷缩发生油门卡住的危险情况。

③ 单节气门与多节气门　一般汽车只有一个节气门，可是追求功率速度的跑车、赛车会使用多喉式系统，即在每根进气歧管单独装一个节气门，俗称多喉直喷式，如图 2-136 所示。

进气系统的终极改装当然是多喉直喷式和油门踏板连动的节气门，基本功用就是调整进入发动机的空气量并控制输出功率，因此对于吸气效率的提高，多喉比起单喉有利许多。阀门面积总和增大了许多，还可使得各歧管能做到短距、直线化、等长，加上其附有外接漏斗式导气管和管壁内部光滑，可直接让每缸得到进气量增大、快速、量均、高效。

图 2-135　电子节气门

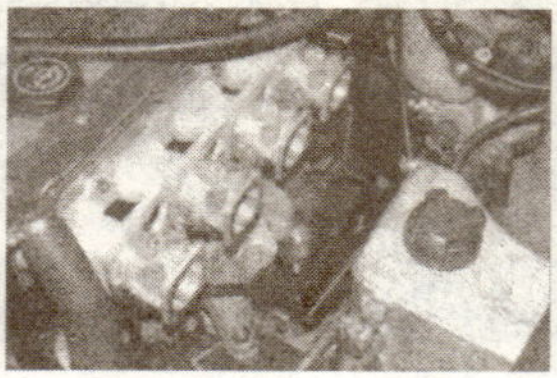

图 2-136　多喉直喷式节气门

图 2-137　漏斗式导气管

改多喉直喷的重点是将各歧管做到短距、等长（内含喇叭口），配合大漏斗状的节气室和光滑的内管壁，对进气速率和流量尤其在高转速区域更有决定性的帮助。漏斗式导气管如图 2-137 所示。而其设计必须顾及转速、气流的流速、凸轮作用角（夹角）、进气门开启断面、汽缸容积等，否则很容易顾此失彼。如发动机的压缩压力不够高，却加大节气室容量，就有可能因真空不足造成怠速不稳，甚至开冷气时提速缓慢，所以发动机的排量大和高压缩比的车才能够装置这种歧管。

考虑到制作成本与维修方便性，市售车大多是采用构造简单的单喉式歧管，而追求功率、速度的跑车、赛车才会将价格因素置之度外，使用多喉式系统。

（2）节气门的改装实例

锐志加装 WIND BOOSTER 节气门控制器的改装主要过程如图 2-138～图 2-142 所示。

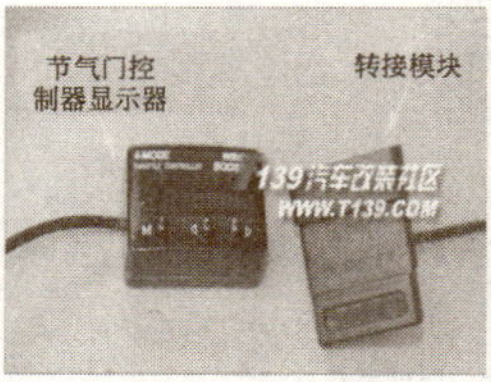

图 2-138　加装节气门控制器

图 2-139　拔下原节气门踏板模块的插头

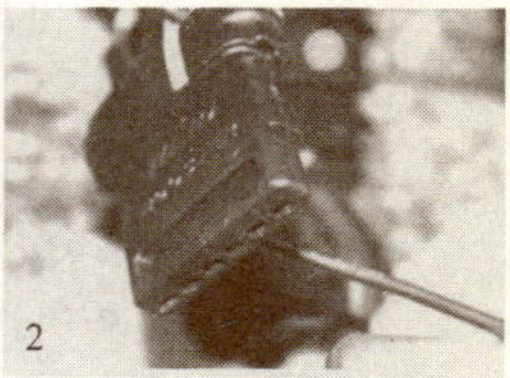

图 2-140　将转接器插入油门插座

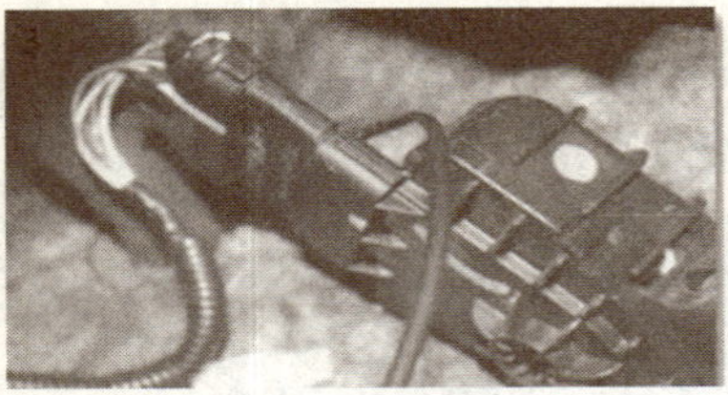

图 2-141　再将原车油门插头插到转接器上

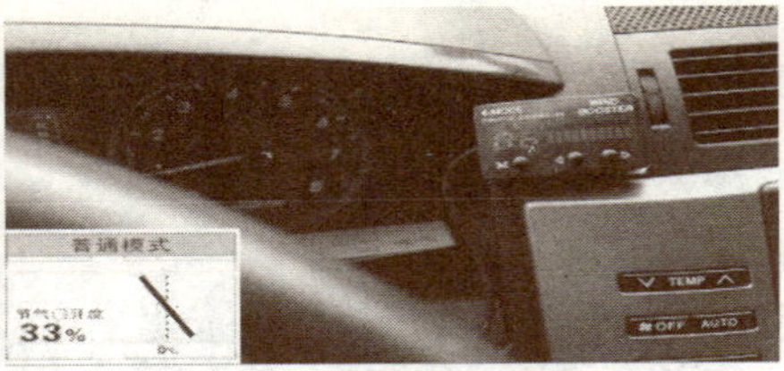

图 2-142　显示器粘在中控的方便操作、观看的位置

2.5.6 废气涡轮增压装置的改装与实例

（1）发动机增压的种类

发动机的增压主要有 3 大类：机械增压系统，如图 2-143 所示；废气涡轮增压系统，如图 2-144 所示；气波增压系统，如图 2-145 所示。

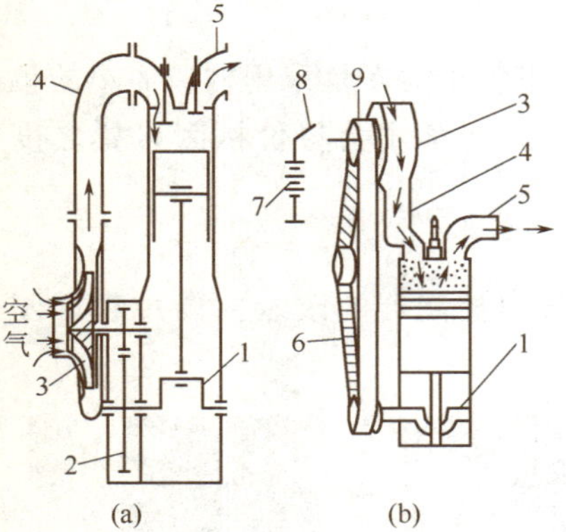

图 2-143　机械增压示意图

1—曲轴；2—齿轮增速器；3—增压器（罗茨式压气机）；4—进气管；5—排气管；6—齿形传动带；7—蓄电池；8—开关；9—电磁离合器

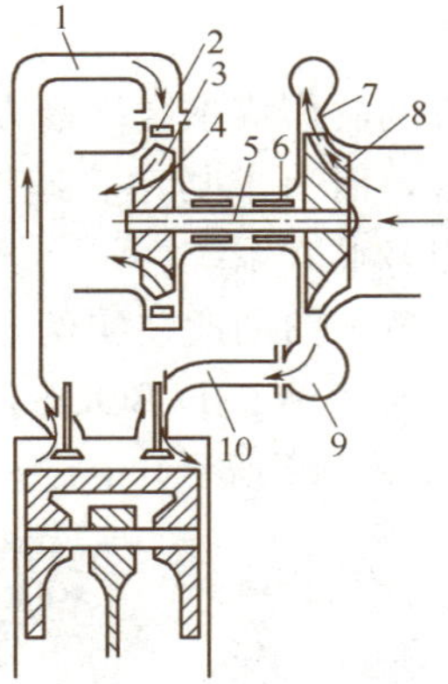

图 2-144　废气涡轮增压系统工作原理

1—排气管；2—喷嘴环；3—涡轮；4—涡轮壳；5—转子轴；6—轴承；7—扩压器；8—压气机叶轮；9—压气机壳；10—进气管

(2) 废气涡轮增压的识别

废气涡轮增压器（以下简称涡轮增压器）在车上安装位置如图2-146所示。同样提升30kW的动力，如果采用加装废气涡轮增压器的方法，则可以节省不少钱。因此自然进气车加装涡轮增压器，已成为现今玩车一族的主流改法。

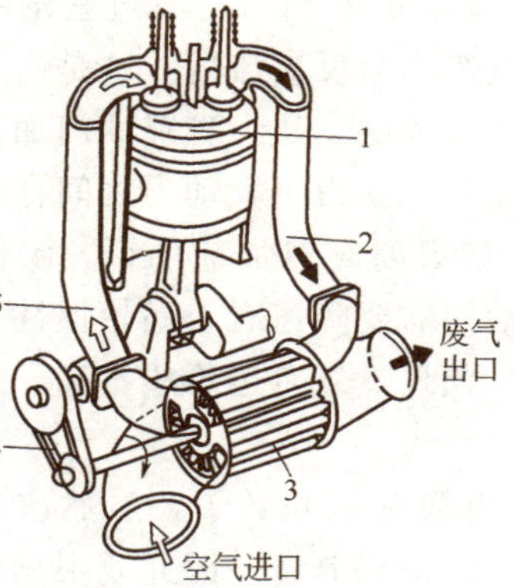

图2-145　气波增压示意图

1—活塞；2—排气管；3—气波增压器转子；
4—传动带；5—发动机进气管轮

图2-146　废气涡轮增压器在车上的安装位置

废气涡轮增压简称Turbo，如果在轿车尾部看到Turbo或者“T”，即表明该车采用的发动机是废气涡轮增压发动机。如宝来1.8T，就代表该车是1.8L涡轮增压发动机。

发动机加装涡轮增压器属于比较大的改装，必须事先到车管所申请。

(3) 废气涡轮增压的特点

① 优点

a. 增压器与发动机只有气体管路连接而无机械传动，因此增压方式结构简单，不需要消耗功率。

b. 在发动机重量及体积增加很少的情况下，发动机结构不需做重大改动，便很容易将功率提高20%～30%。

c. 由于废气涡轮增压回收了部分能量，故发动机经济性也有明显提高，再加上相对减少了机械损失和散热损失，提高了发动机的机械效率和热效率，使燃油消耗率降低 5%～10%。

d. 涡轮增压发动机对海拔高度变化有较强的适应能力，因此装有废气涡轮增压器的汽车在高原地区具有明显的优势。

② 缺点　涡轮增压的确能够提升发动机的动力，不过它的缺点也有不少，其中最明显的就是油门与汽车动力反应滞后。这是由于叶轮的惯性作用对油门突然变化反应迟缓造成的。从大脚踩油门加大转速，到叶轮转速提高将更多空气压进发动机获得更大动力之间存在一个时间差，这个时间一般要 2s 左右。如果要突然加速的话，瞬间会有提不上速度的感觉。同时，当放松油门需要降速时，涡轮惯性作用会使增压机的速度一时难以同步下降。此外，还有造价成本高、发动机寿命短、油耗高、保养费用高等问题。

如宝来 1.8T，6 万公里左右就要更换轴承和转子，虽然次数不算多，毕竟无形之中又给车增加了一笔维护保养费。因此要根据汽车的用途来考虑是否需要涡轮增压器，如果主要行驶路线是城市内，那涡轮增压的作用就不能完全发挥，因为有很多的涡轮增压系统，在发动机转速比较低时增压器是不工作的。

(4) 废气涡轮增压的改装

普通自然吸气发动机加装废气涡轮增压器需要的零部件主要包括：涡轮壳、涡轮本体、排气歧管和排气管、进气冷却器（也就是常说的中冷器）、高强度进气管路、供油电脑、进气系统［包括进气管和空气滤清器（冬菇头）］、旁通阀（泄压阀）。如果还想再进一步改装的话，可以增加机油冷却器。

① 涡轮机　加装涡轮首先必须要有一个符合排气管规格的涡轮壳组件，里面的涡轮尺寸决定了吹气量的多少。涡轮壳如图 2-147 所示。涡轮安装在车上的位置如图 2-148 所示。尺寸较小的涡轮，涡轮的作用时机早，起速较快。在普通道路行驶或者自动挡车辆都应优先选择尺寸小的涡轮。

在正常的模式下，要更换升级的排气歧管到涡壳进气口这段管路，使这段管路的弯曲角度减少后，涡轮压力会增加约 0.098MPa。以市面上的套件而言，最好是选择有开模制造的前段，其内壁的光滑度较佳且维修拆装难度比较低，今后的保养也比较简易。有开模制造的排气歧管到涡壳进气口这段管路如图 2-149 所示。

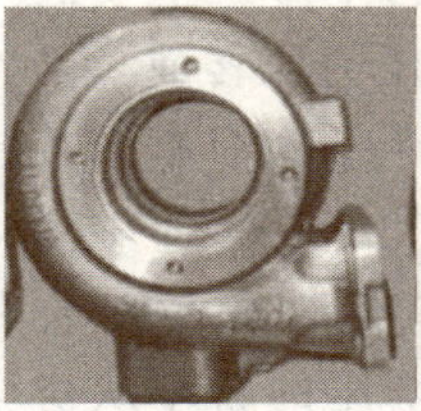

图 2-147 涡轮壳

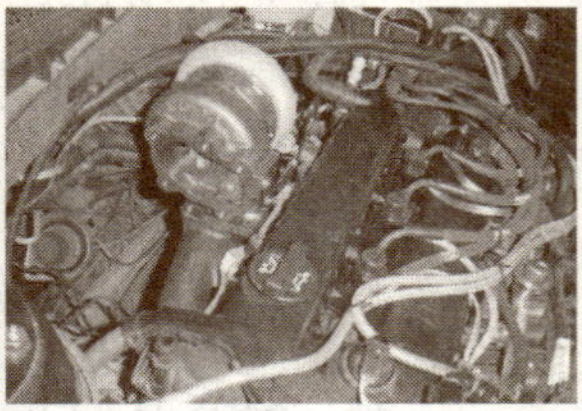

图 2-148 涡轮安装在车上的位置

图 2-149 有开模制造的排气歧管

② 更换大口径进气导管　除了空气滤芯脏污外，进气管径过小或材质过软，也会造成吸气不顺。许多加大原厂涡轮号数或增压值的车辆，在进行涡轮号数或增压值提升的同时，倘若未将进气管路口径一并加大，很容易在高转速或急加速时，因管径的单位时间空气流量低，不能满足增加后的涡轮吸气量，产生吸气不顺的问题。如果此时管径的材质偏软，就有可能发生整个进气管路被吸扁，导致涡轮吸不到气的窘境，如此一来将会使增压器轴心向进气一侧推挤（真空效应），造成油封受损，甚至还会将轴心内的机油吸出，造成进气叶片与中冷器里都是机油的现象，在维修中就发现有的车中冷器还可以倒出机油。所以在进行高增压和加大涡轮号数的改装时，建议换装大口径的吸气导管。

③ 旁通涡轮增压器　旁通涡轮增压器就是带有旁通阀的增压器，如图 2-150 所示。有的涡轮增压器是发动机的废气全部要通过涡轮机，发动机在高速、高负荷下运行时，排气量过大，涡轮增压器转速过高，增压压力过大，不利于发动机稳定的燃烧，容易发生爆燃，同时降低增压器的寿命。但在低速时，废气流量小，增压压力低。怠速可能不稳，易熄火，低速转矩降低。

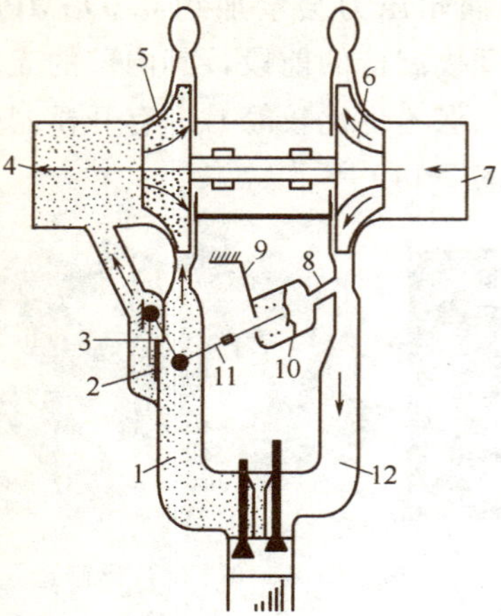

图 2-150　带有旁通阀的涡轮增压器

1—排气；2—旁通阀；3—曲柄；4—废气排出口；5—涡轮机；6—压气机；7—空气口；8—支架；9—软管；10—执行器；11—推杆；12—增压后进气

当增压压力达到一定程度时，克服弹簧的张力，通过推杆、曲柄使旁通阀开启。部分废气经旁通道直接排出，减少了进入涡轮机的废气量。使增压压力下降。电喷的发动机是根据增压压力、转速、是否发生爆燃等条件利用 ECU 电脑控制旁通阀的开闭。

④ 卸压阀　有时在高速公路上，当装有涡轮增压的轿车从身旁开过时，能听到一种激昂澎湃的声音，实际上这是一个叫做卸压阀的配件，是为了提升响应效果和保护涡轮组件的装置。

在高增压的状态下，油门如果不大的话，被压缩的空气将无处排泄。在此状态下，必须把压力放掉，在很多的增压器上设有卸压阀，能够把多余的废气直接旁通到排气尾管，而“HKS 超级 SQV”就是这样的装置，既可提高响应时间，又保护了涡轮增压器，如图 2-151 所示。“HKS 超级 SQV”装置在增压压力高或低都能动作，而且，可按车主的喜好，很简单就能在高音和低音之间切换。市场上备有 BORA（宝来）1.8T、SUBARU 的 IMPREZA 等不同的车种的组合配件，如图 2-152 所示。

⑤ 中冷器　涡轮增压器吸进的空气经压缩后温度会增高，空气在流动过程中与进气管壁摩擦还会进一步升温，这样不仅影响充气效率，还容易产生爆燃。因此要装置降低进气温度的设备，这就是中间冷却器，俗称中冷。

它安装在涡轮增压器出口与进气管之间，对进入汽缸的空气进行冷却，如图 2-153 所示。中间冷却器就像散热器，用风冷却或水冷却，空气的热量通过它而逸散到大气中去。据测试，性能良好的中间冷却器不但可以使发动机压缩比保持一定比值而不会产生爆燃，同时降低温度也可提高进气压力，从而进一步提高发动机的有效功率。

图 2-151　HKS 超级 SQV

图 2-152　SUBARU 的 IMPREZA

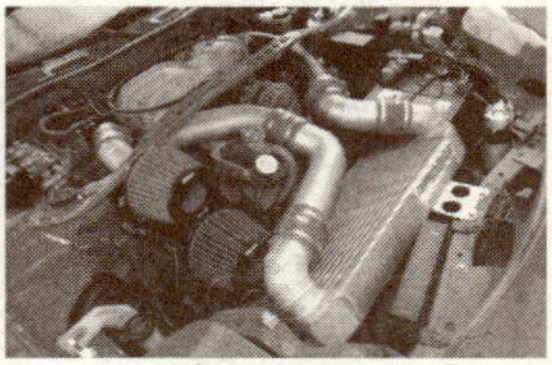

图 2-153　中冷器

⑥ 叶轮　由于汽油发动机转速范围宽，空气流量变化大，因此涡轮增压器的压缩叶轮外形是复杂的三元曲面超薄壁叶轮片，一般有12～30片，呈放射状曲线排列，叶片厚度只有0.5mm，采用铝材用特殊铸造法制作。叶片形状的优劣直接影响到涡轮增压发动机的性能。因为叶轮形状角度越合理，质量越小，叶轮的启动就越灵敏，涡轮增压器的缺陷——“反应滞后”也就越小。

⑦ 爆燃传感器　除了降低温度来减少爆燃的可能外，还要采用爆燃传感器，它的作用就是在产生爆燃之时，传感器感到不正常的振动波会立即将信息反馈至发动机电子控制单元（ECU）控制系统，将点火定时稍推迟一点，如果不产生爆燃再恢复正常点火定时。

⑧ 涡轮延时熄火器　由于使用涡轮增压的发动机，涡轮的工作温度在600℃以上和每分钟上万转的超高转速，因此涡轮增压器的关键是要有可靠的润滑，而这全靠发动机机油进行润滑和冷却。如果高速运转后发动机突然熄火，在巨大惯性作用下涡轮不会在短时间内停止。由于发动机已经停止运转，机油的循环也停止了，对涡轮增压器的润滑和冷却也会中止，其结果是对涡轮增压器产生损害。

因此，为保护涡轮增压器，需安装一个涡轮延时熄火器，此时就算拔掉车钥匙，这个装置也能自动让发动机再保持一定时间的怠速运转，然后再自行熄火，从而有效地保护涡轮增压器。

（5）安装涡轮增压后的自检

安装涡轮增压后应定期做自我检测，及时发现车辆异常，以防止问题扩大。而最基本的检测工具，就是各式的赛车仪表。涡轮增压车上至少要安装四块表：增压压力表、油压表、油温表、排气温度表，至于排气压力表与水温表则一般不需要（有条件想装也可以），主要原因在于只要排温不高于900℃，排压压力通常都在容许的范围内。至于水温表由于原厂已有安装，加上油温表的辅助，因此经费有限的车主可以不用安装。主要需要进行以下几项自检。

① 是否异物吸入　这一点要分成进气端与排气端两部分。进气端会有异物吸入，比较容易理解，通常都是没有装设空气滤芯或过滤效果不良，才会导致进气端吸入异物。排气端有两个：一个是排气管焊接不良，大部分的涡轮车排气管头段都是采用手工焊接而成，如果在焊接后未将管径内部进行充分研磨抛光，而使焊接时遗留的金属渣继续附着在管壁上，在车辆高转高温运作时，此物就很容易因高温熔化而脱离管径表面，并直接敲击排气叶片，造成排气叶片受损；另一个则是火花塞电极熔毁，常出现在使用热值过高的火花塞上，一旦电极熔毁脱离火花塞也会发生上述问题。

② 进气泄压阀故障或泄压不及时　进气泄压阀的功能在于，将节气门关闭后留存在进气管路的压缩气体泄放掉，此时如果出现进气泄压阀故障或泄压不及时，就很容易造成压缩气体回冲至进气叶片端，使进气叶片反向受力，甚至出现逆转的现象，对增压机的轴心有危害。此情况最容易出现在高增压设定的涡轮上。

③ 排温过高　一般增压车正常排温大约为900℃，但是有些供油程序设计不良、造成空燃比过稀的车辆，其排温通常会超过1000℃，这样就涡轮寿命来说是不好的。

④ 排压过高　除了排气管消声器堵塞、触媒阻塞会导致排压过高外，过高的增压值也会使涡轮无法消化过多的废气，导致废气积存在涡轮排气外壳内，排压自然就会增加。排压一旦增加，会导致排温升高，相对的进气叶片速度也就变慢，增压值就上不去。排压过高，还有一个相当严重的问题，就是过高的排气端压力，会使轴心两端的压力落差太大，使排气叶片向进气侧挤压，造成进气叶片上缘与进气

外壳相互摩擦，导致进气叶片受损裂开，不但会出现“嗡嗡”的低频声，涡轮寿命也会跟着缩短。

⑤ 怠速不稳　当涡轮车常出现的怠速不稳的状况时，可以从真空管路查起，因为真空管路多的关系，发生怠速不稳的概率远比自然进气（NA）车大，如加装增压表、泄压阀、增压值控制器时，会使用连接进气歧管的三通或四通管，如果此三通管接合的地方因龟裂出现泄漏，那么就会导致负压变低，或者使发动机从这里吸入多余的空气，怠速不稳就在所难免了。

⑥ 空气滤芯或流量计脏污　空气滤清器一旦过脏而阻塞，那么因吸气阻力变大的缘故，怠速一定会随之降低，虽然此刻会有怠速电动机做自动提速的动作，但怠速势必会有忽高忽低的不平衡现象。空气流量计如果过脏的话，则会传给 ECU 错误的信息，进而影响到正确的空燃比的调配，如此导致发生怠速不稳甚至发动机无力的现象。

⑦ 改装泄压阀所引起　许多涡轮车都会改装的大气泄放式进气泄压阀，最常遇到的问题便是刚换装上去时，会有怠速变低、松油熄火的情形，这是因阀门过软，导致流量计传给电脑的信号不准所致，结果就是油气偏浓致使转速低甚至熄火。此时就要请专门维修店使用特殊的工具检测，并设定进气泄压阀正确的松紧度。

⑧ 检查提速电动机　如果已彻底清理过空气滤芯和流量计，整个进气管路也没裂损却仍是有怠速不稳，那么就有可能是提速电动机已积炭严重，需要拆开彻底清理了。事实上，很多涡轮增压车的提速电动机都很容易积炭，因此最好是在车辆保养时请维修店进行清洁。

⑨ 涡轮本体损坏　发生增压的原动力是在于排气侧叶片动作，假使所有的管路、控制器都正常但还是有异常问题，那么原因一定是出在涡轮身上。如发动机完全不增压了，绝大部分的原因是涡轮内部的隔板破裂，一般涡轮在出故障前都会有预兆产生，会发出敲击的声音以及进气管路内有机油渗出，这便是叶片轴承已经松动，发生机油被吸出、气密性失效的情形。涡轮轴承的平衡性破坏了之后，除因振动带来异响与油封泄漏以外，叶片也会因此裂开出现不正常风压声，此时要尽快修理，更换新品。

⑩ 增压异常不稳定　进气管或电磁阀漏气，会使得增压打不上去甚至动力突然下降，尤其是在前置中冷器的进出入口端最为明显；另一方面进气泄压阀卡住、磨损或弹簧力不足，也会造成泄漏增压空气的情形。反过来当出现增压过度的问题时，可能是控制增压的电磁阀及其连接负压的管子有裂痕漏气，因而产生增压值过高的状况产生。这方面故障若不趁早处理，因增压值不稳定很容易损伤涡轮与发动机。

（6）实际改装中冷器时的注意问题

① 改装用中冷器的分类　一般来说，改装用的中冷器大多分为两类，一是原车生产厂配套，规格和原厂相差不多，差异仅在于内部管路与鳍片设计不同且厚度稍微增加，此套件适合原厂未改的或改装幅度不大的车辆，能将原厂发动机潜力激发出来；二是需要大幅改变管路配置的大容量套件。

② 中冷器的厚度要求　安装大容量的中冷器，除了加大迎风面积，强化散热性能以外，还要增大厚度以确保温度恒定，一般型的中冷厚度为5.5～7.5cm（适合1.6～2.0L车辆使用），加强型为8～10.5cm（适合2.5L以上车辆使用）。

③ 中冷器的安装位置　大体上分成前置式与上置式两种，就散热性来看当然是前置式较为优秀，不过如论及发动机的反应灵敏性，则上置式较好，这是由于其管路的长短带来的增压直接效果。建议，倘若升级的涡轮号数较小（不超过6号），排气量未到2.2L以上时，可使用上置式中冷器，否则因为加长的管路及加大的中冷器会使迟滞问题更加严重。当涡轮的号数超过7号。发动机的排量大于2.2L，则可以考虑改用前置式中冷气。

④ 中冷器的材质　通常都是使用铝合金材质制成，金属管之间的橡胶连接管，建议尽可能采用3或5层包覆的硅胶制品，这种硅胶管的延展性极佳，耐高温高压又不会硬化，所以小至真空管，大至整个进气管路都是非常不错的原厂代用品，相当适合运用在高热的涡轮发动机上，再加上宽型对夹不锈钢束环的固定，可避免爆管或漏气的发生。

(7) 改装涡轮增压器的注意事项

改装涡轮增压器是一个相对复杂的工程。改装前的计划、安装及调试时的耐心和细致，在很大程度上会影响其使用寿命和性能发挥。其中有两点要特别注意。

① 要注意改装涡轮并非简单地更换涡轮本体，涡轮周边的使用环境同样要升级。一些厂家提供的改装套件中只有涡轮本体、ECU 主程序控制芯片以及垫片，主要是通过修改 ECU 的主程序控制芯片以提高增压值，这只是使得发动机动力输出提升，而其他一些周边辅助零部件则全需要用户另行购买。而如 ABT、OETTINGER 这些专业改装厂所提供的套件内则包含了整套辅助部件，如喷油器、回油阀、ECU、排气中鼓、尾鼓等，这样实现了在涡轮性能提高的同时，整个发动机各部分的平衡性不至于被破坏，使得新鲜空气、燃油、废气等各因素之间形成一个足以保证涡轮可以长时间正常工作的环境。

② 要注意改装涡轮增压器后要适当进行车架强化。广义上的车架强化，除了对车架本身的强化之外，还应包括传动系统、制动系统和行驶系统等几个部分的相应调整。车架本身的强化是用户都比较熟知的改装，如加装顶杆、横向稳定杆等。传动系统的强化必不可少，因为动力输出的提高必然导致原来的传动系统不堪重负，会导致离合器毁坏，甚至传动轴断裂，所以在提升动力的同时必须对离合器、变速器等部件进行相应调整；制动系统同样非常重要，少数品牌的动力提升套件中包含了部分制动系统部件，以保证汽车在提升动力之后仍能达到理想的制动效果，给驾驶员提供一个安全的驾驶环境。

(8) 使用涡轮增压器的注意事项

由于涡轮增压器经常在高速、高温环境下工作，涡轮增压器废气涡轮端的温度在 600℃左右，转子以 832～1040r/min 的高速旋转，因此为了保证增压器的正常工作，在使用中应注意以下几点。

① 不能刚启动后就骤然加速　发动机发动后，特别是在冬季，应让其怠速运转一段时间，以便在涡轮增压器转子高速运转之前使润

滑油充分润滑轴承，所以汽车刚启动后千万不能骤踩加速踏板，以防损坏涡轮增压器的油封。

② 不能立即熄火　在发动机长时间高速运转后，不能立即熄火。发动机工作时，有一部分机油供给涡轮增压器转子轴承起润滑和冷却作用。正在运行的发动机突然停机后，机油压力迅速下降为零，涡轮增压器涡轮部分的高温传到中间，轴承支承壳内的热量不能迅速带走，同时涡轮增压器转子仍在惯性作用下高速旋转，因此，发动机在热机状态下如果突然停机，会引起涡轮增压器内滞留的机油过热而损坏轴承和轴。所以发动机在大负荷、长时间运行后，在熄火前应怠速运转 3～5min，使增压器转子的转速降下来后再熄火。特别要防止骤加几次加速踏板后突然熄火。可加装涡轮延时器来进行延时灭火，对此情况进行改善，保护涡轮增压器，如图 2-154 所示。

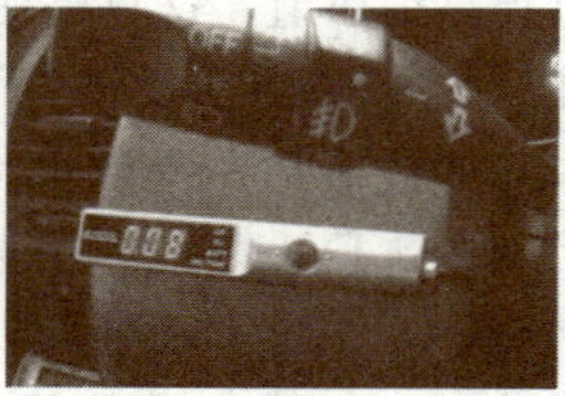

图 2-154　日本 APEXI 的涡轮延时器

③ 保持清洁　拆卸涡轮增压器时要注意保持清洁，各管接头一定要用清洁的布堵塞好，防止杂物掉进增压器内，损坏转子。维修时应注意不要碰撞损坏叶轮。如果需要更换叶轮，应对其做动平衡试验。重新安装完毕后，要取出堵塞物。

(9) 废气涡轮增压装置的改装

① 实例一　Focus 改装第五代 HKS EVC 涡轮增压控制器主要过程如图 2-155～图 2-163 所示。

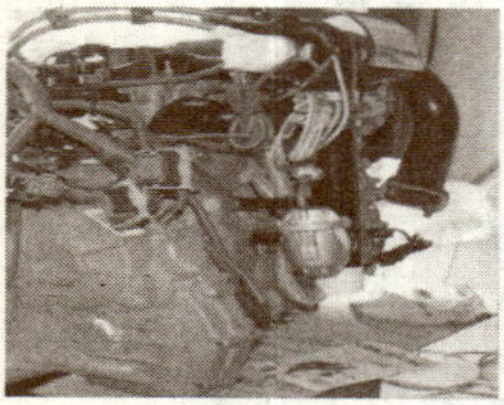

图 2-155　连接涡轮管路在发动机上

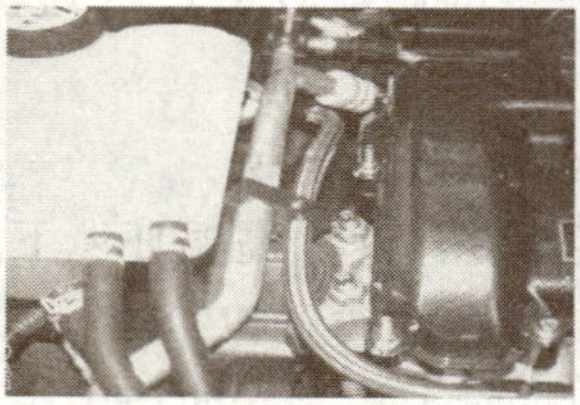

图 2-156　安装汽油冷却器

图 2-157　安装中制冷却器

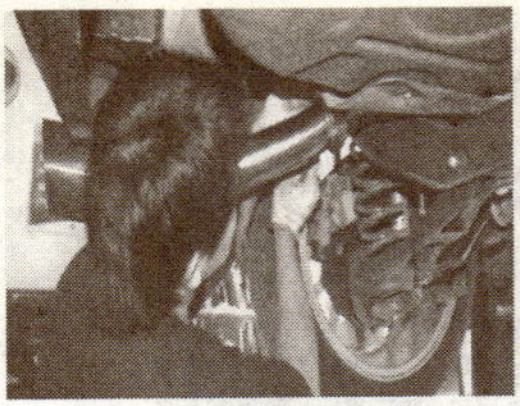

图 2-158　安装排气 55mm 中尾段

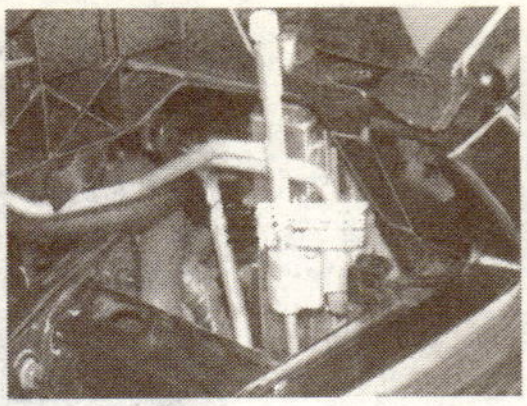

图 2-159　安装加大铝合金水箱

图 2-160　安装 TD-04 涡轮本体

图 2-161　连接进气歧管

图 2-162　连接 HKS 冬菇头与渐进式放大管路

图 2-163　安装排气压阀

② 实例二　丰田卡罗拉发动机型号：1ZR，排量：16L，改装废气涡轮增压控制器主要过程如图 2-164～图 2-173 所示。

图 2-164　卸下头段排气管和机油泵

图 2-165　安装上涡轮

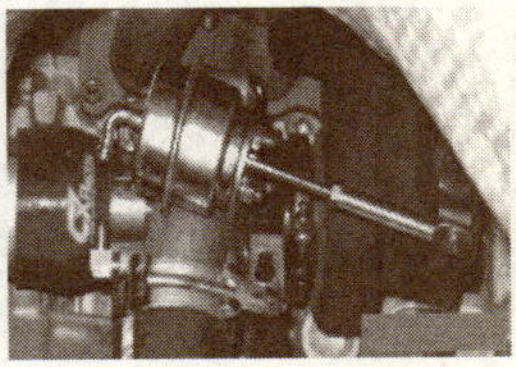

图 2-166　改装专用发动机出气口

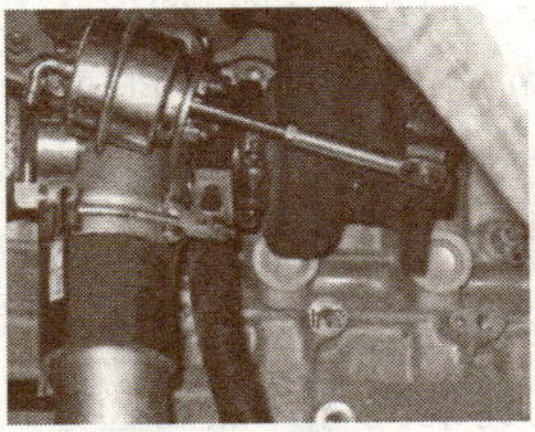

图 2-167　在涡轮上接上回油法兰

图 2-168　在发动机油底盆高于机油位置开孔

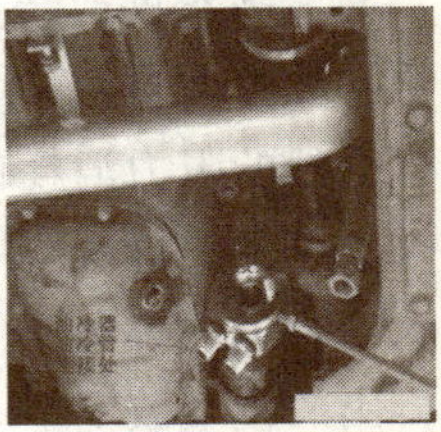

图 2-169　安装机油阀

图 2-170　安装涡轮
接上回油管

图 2-171　在车头利用中冷
支架安装上中冷器和油冷器

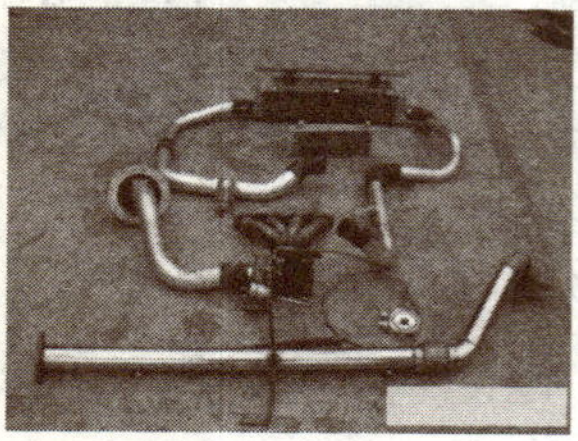

图 2-172　用硅胶管及
卡箍接铝管和泄气阀

图 2-173　装上专用头段、中段排气管，与
涡轮连接处需加垫片，插好氧传感器插头

2.6 排气系统的改装与实例

2.6.1 排气系统的改装

排气系统的改装主要是对排气歧管、排气管、消声器进行改装，应尽量扩大自由排气阶段汽缸内和排气管内的压力差；减少克服排气门、排气道处的阻力消耗的有效功；利用排气惯性，减少残余废气的含量。这样，就会使得排气顺畅、快速，充气系数也会相应得到提高。

一套高性能的排气系统需要有一个设计优良的排气歧管，把不同汽缸排出的废气波不早不迟地、一个接着一个地送到集气管，然后通过一条笔直且合理的大口径排气管、高流量的三元催化器、高性能消声器把噪声和有害气体清除并高速排出车外。但由于发动机在不同的转速下会排出不同速率的废气波，产生不同的回压要求，因此在选择改装排气系统时，要小心配合自己的驾驶风格和车子的特性。如盲目换了高流量的系统，会令发动机低转时不能产生“合理”回压而令慢速驾驶困难。

其实一套好的排气系统并不能提升车子的动力输出，它只会减少发动机功率的损失。在改装排气管之前，应确认自己希望车子达到的特性，如自动变速器车就不能更换过于通畅的排气管，否则会丧失低转矩，甚至会影响高速时的功率发挥。

2.6.2 排气歧管的改装与实例

(1) 排气歧管的改装

排气歧管大部分都是铸铁制品，内管粗糙且各歧管长度也不相同，加上接合的方式、距离、形状同样不够周全，因此非常容易产生排气干涉现象。由改装厂制作的排气歧管一般内壁都会采用平滑的不锈钢材质，品质较高的排气歧管还在歧管连接底座和接头的部位，实施无段差的熔接研磨，以此取得减少阻力、加速气流的功效。优质的排气歧管各歧管长度统一，压力差小，对提高带发动机整体吸排气与效率也非常有利。

(2) 排气歧管的注意事项

排气歧管尽量选用质量较小的、内部平滑的材质；排气歧管尽量等长；改装后需要更换密封垫。

(3) 排气歧管的改装实例

某车排气歧管的主要改装过程如图 2-174～图 2-178 所示。

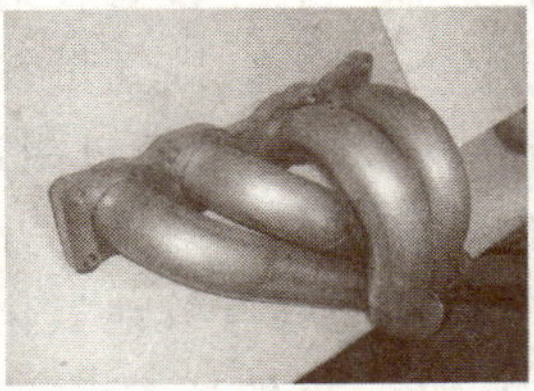

图 2-174　原排气歧管

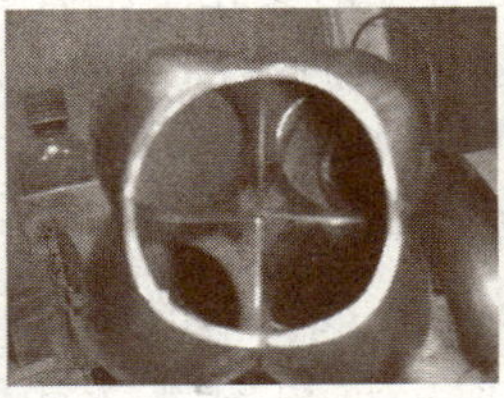

图 2-175　原排气歧管与排气管连接断面

图 2-176　排气歧管在铣床加上

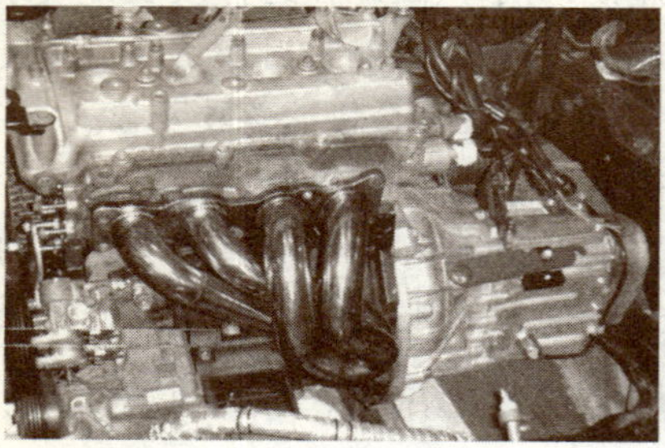

图 2-177　没有加覆带排气歧管安装在发动机上

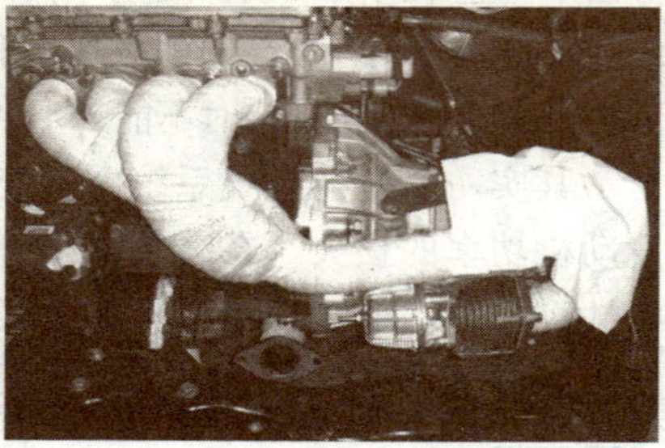

图 2-178　加覆带排气歧管安装在发动机上

2.6.3 排气管的改装与实例

(1) 排气管的改装方法

排气管的改装大多是从中、尾段开始，常见的方法是改变排气管的长度、管径的大小和改装内径平滑的排气管道。改装的目的是使得排气顺畅，沿程阻力小。排气管道与排气歧管和消声器的连接应紧密、顺滑。

(2) 排气管的主要改装部位

排气管的改装主要是对排气管的内径和长短进行匹配。较短的排气管在较高转速的条件下表现理想，排气管内的回压较小，易于排气；细长型排气管注重在低速条件下的转矩表现，管内的回压压力较高。以道路使用为主的排气管，应选择全长较长的排气管，作为蓄气增速的条件，然后再考虑管径的变化与全转速区的兼顾。中段管径的变化可适当的增加，管径增加的范围一般为 10%～15%，排气量在 2.0L 以下的车型，排气管的管径不应超过 50mm。否则，管径过粗，管内的容积超过了一个循环的容量，就会影响回压和吸气的效果，并使废气降温太快、减慢流速，废气中的不饱和气体不能够有效地氧化并造成排气不通畅。同时，过粗的排气管也增加了与地面碰撞的机会。

在管径的配置上，对于需要在大转矩条件下工作的车辆，排气管的管径一般是从头到尾一般粗；对于需要在较大功率条件下工作的车辆，管径一般是逐渐放大的，使得排气越往后面膨胀得越快，特别是在持续高速时，对较大功率的输出更加合适。

在排气管的安装上需要注意排气管的吊挂系统，尽量选用原装位的吊挂。原装位就是使用车辆原有的排气吊挂系统，即无须更改吊挂位置，因为原车的吊挂系统都采用橡胶缓冲块这种软连接的方式固定排气管。如果采用非原装的改装排气管，这时因为安装位置需要改变，同时大小和长度与原车不符，所以这一类的排气管在安装过程中往往不能够使用原车的排气吊挂系统，而需要通过焊接辅助的连接杆与车身固定，从而吊挂系统由原来的依靠橡胶缓冲这种软连接方式固定变成硬连接方式固定。硬连接不能像软管那样可以吸收共振，因此这种共振会完全传递到车身，此外，在共振的作用下，焊缝处非常容易开裂。

排气管的改装要考虑车辆发动机的特性。例如，自排车不能换用过于通畅的排气管，否则会丧失低转速时的转矩，甚至在高转速时也不能发挥出较大的功率。

（3）排气管的改装重点

尾喉是排气管改装的重点，在各种改善汽车动力性能的改装方法中，为车子更换高性能的进气和排气系统，令发动机“进得多，排得快”是最简单容易而且效果明显的方法。

汽车排气管的尾段俗称“尾喉”。它的一部分暴露在车外，成为汽车外观的一部分。一副有型的尾喉不仅给人强劲有力的感觉，更使加装了包围、轮眉等饰件的改装车锦上添花，如图 2-179 所示。

而在进气和排气系统改装中，尤以排气系统改装更为受到欢迎。小钢炮般形状的尾管装在车后，不但看得见，更听得到，如图 2-180 所示，是少数给人以较强烈的直观感受的改装部件。

加装尾喉有装饰性加装和功能性加装 2 种。装饰性加装最简单的办法，就是在排气管的末端套上一个不锈钢护套，它的优点是价格便宜、安装方便，并且不会对原车有任何影响。而缺点则是由于这个护套的长度过短，从一些角度观察可以发现“套”上去的痕迹。尾喉的改装还能根据车主的需要安装具有改进汽车功能的尾喉。如需提速快，可安装回压式尾喉；如需提升 hp，可安装直排式尾喉。而后者由于噪声较大，是不提倡的。

图 2-179　一副尾喉的排气管

图 2-180　小钢炮般形状的排气管

（4）不装排气管和消声器的结果

如果不考虑噪声和废气等环保问题，那么干脆不装任何排气管，让废气从发动机燃烧室的排气门直接排到空气中，这样是否就能得到最佳的性能表现了？答案是否定的。

第一，没有装消声装置的发动机会发出极高的噪声（超过 150dB），一般人根本无法忍受。另外，位于车身前部的发动机如果不设排气管的话，车厢内的驾驶员和乘客将最先遭受到发动机废气的毒害。曾经发生过这样的真实事件：一辆赛车的排气管口设在驾驶室前，导致赛车手在比赛途中因吸入过量废气而晕倒。

第二，有排气管就能充分利用气流在运作时产生的气流惯性作用，提高排气量。大家都能看到所有的赛车（包括 F1）都配有排气管，但一般没有消声器（因而赛车行驶时会发生震耳欲聋的噪声，但这并不应当是普通汽车日常驾驶发生的声音）。因为一套好的排气系统不但不会影响排气效率，反而可令发动机排气更畅顺，车子提速更快。

（5）改装汽车排气管需注意要点

加装一支大口径且声浪惊人的排气管后，车辆便会跑得更快，这是一种误解。排气管的更换对于动力的提升可说是微乎其微，特别是对于一些小排气量的自然进气车种来说，想要明显感受到动力的提升更是相当困难的。相反，大口径的排气尾喉对于低速转矩流失有相当影响，只是在高速行驶时较为顺畅地排气才对动力输出有所改善。

① 排气性能与回压大小　回压也可称背压、反压。简言之它就是排气管内部的阻力。虽然四行程发动机原本就是可完全燃烧的设计，但由于汽车的缸数多、各缸没有单独排气管，同时还有环保、空间、整体配置与量产成本等的考虑，排气管只是单纯的消声及排废气之用，于是就必然会有不够顺畅的问题产生，进而降低发动机应有的性能。

不过，回压并不是说越低越好，因为气门存在“早开迟闭”和“叠开”的时间，如果排气过分无阻碍的话，中低转时燃烧室高压的混合气会未燃烧完便被排出，转矩势必会牺牲掉。

② 排气管直径的确定　一般来说，排气管的改装大多是从中、尾段做起，常见的方法不外乎是加粗管径、缩小消声器等。强调竞技类的车更会朝“直线”化努力。但是碍于底盘干扰，做到真正的笔直有困难。直线型排气管的特点是路径缩短且弯角平滑，减少阻碍，不过大家要知道的是，短而粗的排气管追求的是高转速时的大功率、低回压，细长型的排气管追求的是低转速时的大转矩，强的爬坡能力。

③ 三元催化剂和中部消声器部分应注意共振现象　在中段排气管的改装中，还有一个重要元件是三元催化剂（俗称触媒）和中部消声器（简称中消），虽然触媒的基本功用是净化排气，可是它和中消一样，还有消除共鸣声的作用。由许多种稀有金属构成的触媒，依照改装者的眼光来看，这都是阻碍排气顺畅的一大“元凶”，而且又是个聚热点。所以许多人会将其更换为炮弹型代替管（直型管易引起共振），往往只是这一小截的直通化，便能感觉到排气畅顺许多，声音不会闷在里面。当然这样的改装肯定是以牺牲排气的环保指标为代价的。

④ 改装要规范并环保达标　在日本，改装汽车排气管很普遍，

国家对汽车排气系统改装也有一定的要求和标准。

首先，车主们都会选择一些汽车生产厂家认可的专业排气系统品牌进行升级，如富士用STI的、日产用NISMO的、丰田用TRD的，甚至欧洲车也有自己的改装厂牌，宝马和奔驰用RAIDHP的，标致用DEVIL的。其次，日本有完善的排气管改装法规，规定了噪声、污染等一系列要求，所有改装的排气管会有一个“JASAM”的认证标志才算合法。

⑤ 改排气管也要品牌对应　应安装经过“厂家认可”的排气管产品。汽车制造厂认可的排气系统是要经过各种负荷、各种温度的专业测试及计算后才决定选用的。

一套原厂的排气系统设计、试验的经费是相当惊人的，在这样一些前提下设计出来的排气管其实是最符合原车引擎需要的。而随意地安装“土炮式”排气管，不但不能获得性能的改良，反而会使一些发动机丧失良好的工作特性。改装后从外面看起来像有4个排气管，实际上只是一个排气管分成了4个出口，对提升动力并无实际作用，如图2-181所示。因此，如果不愿花太多的钱改装原厂认可的排气管，那就保持原样吧，否则花的钱可能只是得到一个轰鸣的声音，而丧失掉更重要的东西甚至发动机的寿命。

图2-181　一个分成了4个出口的排气管

⑥ 排气管的布置　尽量成直线形，长短和粗细要适当。排气管尽量选择轻质材料，内表面光滑，各连接部分顺畅，尽量减少阻塞排

气的现象。

在选用排气管时，尽量选用有实验数据的品牌产品，产品介绍也会说明适用的车型和相关的参数。

（6）排气管的改装实例

某车排气管的主要改装过程如图 2-182～图 2-191 所示。

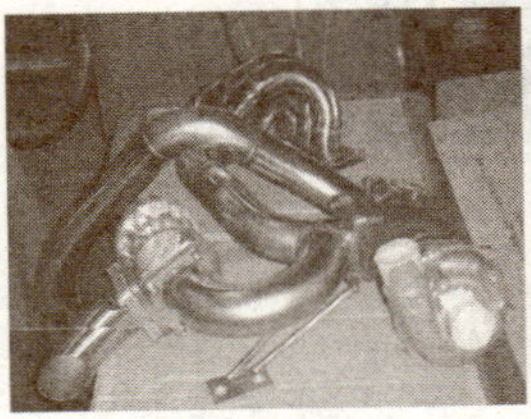

图 2-182 排气管

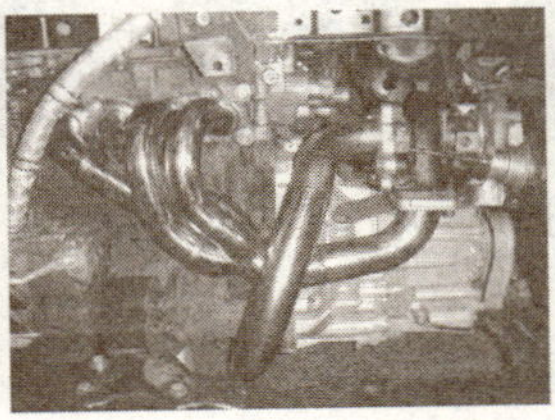

图 2-183 排气管改装半成品

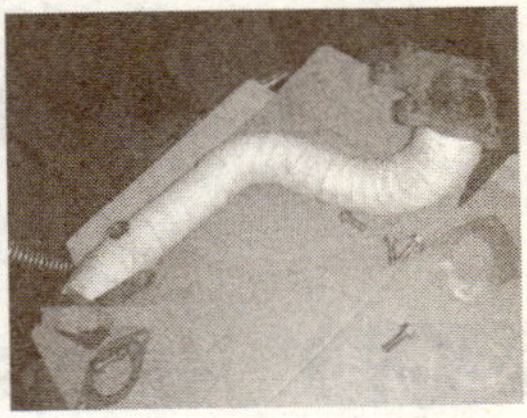

图 2-184 加披覆带的排气管

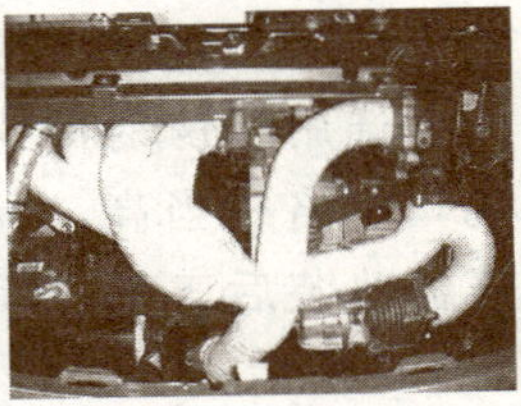

图 2-185 加披覆带的排气管总成

图 2-186 排气管中段含缓冲段

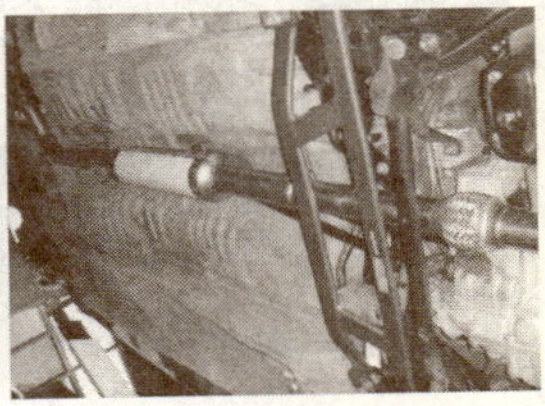

图 2-187 排气管中段半成品

图 2-188 尾管切断改装

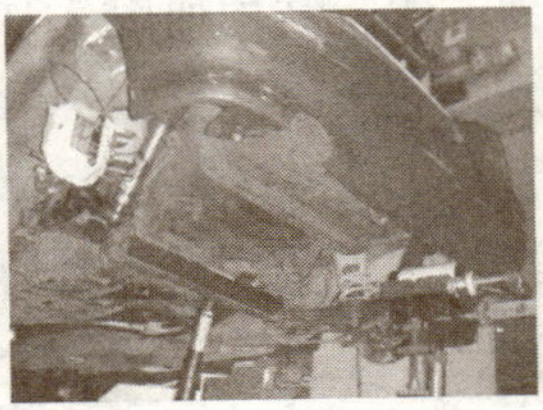

图 2-189 左右尾管丈量

图 2-190 左管管路制作

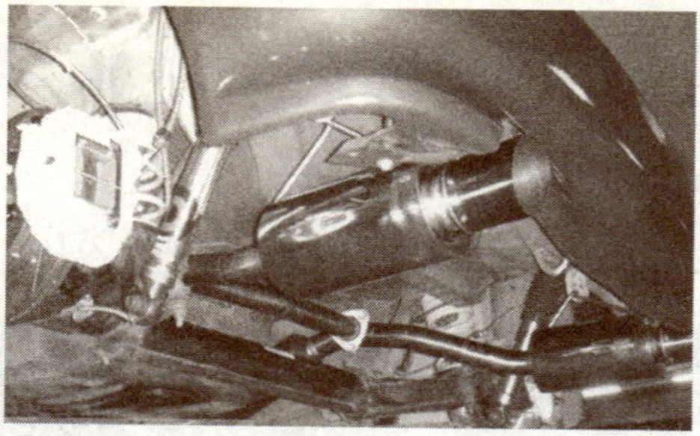

图 2-191　最后补装保险杆

2.6.4 消声器的改装与实例

（1）改装消声器的制成材料

消声器外壳用薄钢板焊制，为延长寿命多采用渗铝处理。其优点是材料轻、耐用，并且可以从车外看到，还能发出改装车特有的音频和声响。在排气系统的改装中，一般会选用不锈钢材料的甚至是钛合金材料的，价格相当高，台湾产的原装钛合金消声器改装后店里的零售价为 2100 元，如图 2-192 所示。

图 2-192　台湾产的原装钛合金消声器

（2）消声器的结构

消声器的构成大体上有两类，第一类称为反射式消声器，是利用交叉隔板造成反射波的方式减低音量，原厂产品几乎都是采用此种方式。结构如图 2-193 所示。其优点是成本低，消声效果好，缺点是阻力大而沉重，不耐用。第二类则为改装用

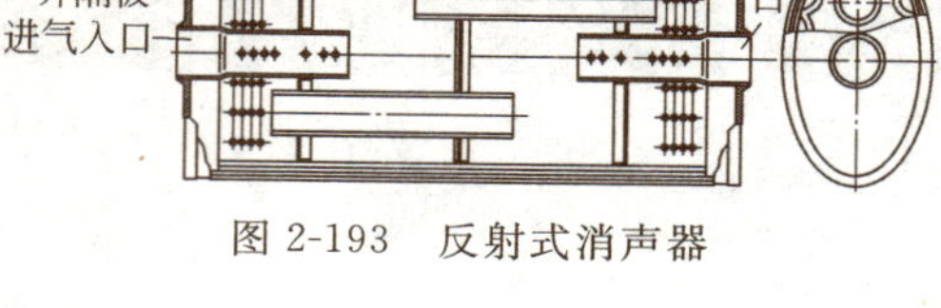

图 2-193　反射式消声器

品中常见的直线形吸收式。结构如图 2-194 所示。其优点是限流少、重量轻、耐用程度高，缺点是消声效果差。反射式的排气阻力比较大，不如直线形吸收式的更能够发挥车辆的动力，但其声浪要比反射式的大。

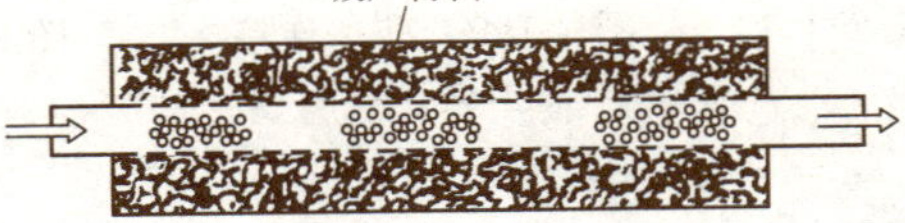

图 2-194　直线形吸收式消声器

消声器两端各有一入口和出口，中间有隔板，将其分割成几个尺寸不同的消声室，消声室间由带许多小孔的管连接。废气进入多孔管和消声室后，在里面膨胀冷却，受到反射，又多次与消声器内壁碰撞消耗能量，结果压力下降，振动减轻，最后从多孔管排到大气。

有的消声器内还充填了耐热的吸声材料，吸声材料多为玻璃纤维（俗称玻璃棉）或石棉。现在大部分厂家都是单纯采用玻璃纤维，但是时间久了以后，长时间处于高热环境的玻璃纤维必定会因劣化而出现共振、声音变大的问题，故现在也有些制品增加了耐久性好的不锈钢丝。其办法是先用不锈钢丝包覆内管，然后才将玻璃纤维填入，进而延长总体寿命。

（3）消声器的改装实例

某车的消声器改装主要过程如图 2-195～图 2-200 所示。

图 2-195　原车消声器

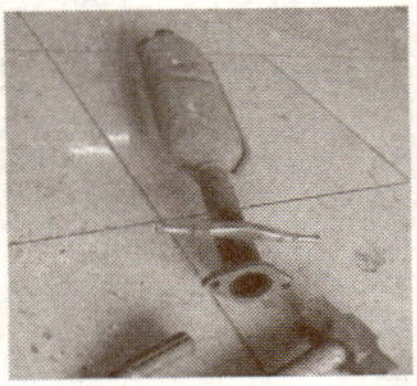

图 2-196　卸下原车消声器

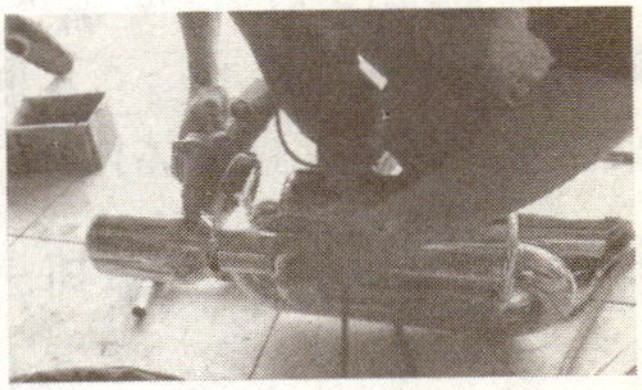

图 2-197　准备安装消声器

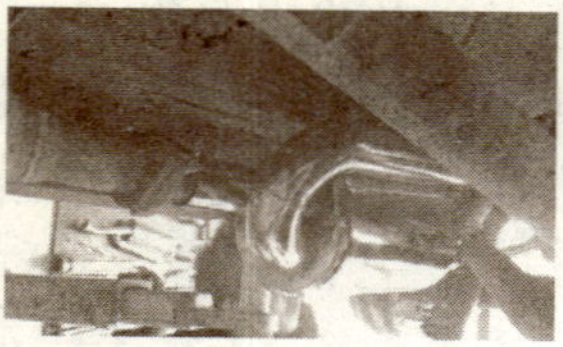

图 2-198　安装车上的消声器

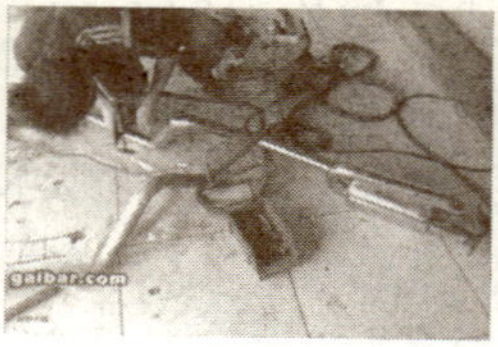

图 2-199　准备连接消声器排气管

图 2-200　改装完的消声器

2.6.5　三元催化器的改装

三元催化器是安装在排气系统中的废气净化装置，它可将汽车废气中的CO、HC和NO_x等有害气体通过氧化和还原作用转变为无害的二氧化碳、水和氮气。三元催化器由壳体、减振垫、载体及催化剂涂层等组成。壳体由铸铁或不锈钢板材制成，为保证催化器的反应温度以及减小对外热辐射，许多催化器的壳体做成双层结构。减振垫一般有膨胀垫片和钢丝网垫两种，起减振、缓解热应力、固定载体、保温和密封作用。载体分为蜂窝陶瓷载体和金属载体两种，现代三元催化器大多为蜂窝陶瓷载体。催化剂涂层是涂在载体孔道壁面上的一层非常疏松的活性层，在涂层表面散布着作为活性材料的贵金属，一般为铂（Pt）、铑（Rh）、钯（Pd）以及作为助催化剂成分的铈（Ce）、钡（Ba）、镧（La）等稀土材料。助催化剂主要用于提高催化剂的活性和高温稳定性。催化剂的活性及耐久性除了与涂层的成分有关外，也与涂层的制备工艺密切相关。

三元催化器的改装是将原厂三元催化器更换为高流量三元催化器，如图 2-201 所示。原厂三元催化器载体格栅目数较多，对排气阻碍较大；高流量三元催化器载体格栅目数较少，排气顺畅，如图 2-202 所示。

2.6.6　奥迪汽车排气装置的改装

奥迪 A4 1.8T 汽车换装 Supersprint 头、中、尾全段排气管：此款排气系统是 Supersprint 专门针对 A4 1.8T 车型而研发的，尾段为左右双出、单椭圆口。改装步骤如图 2-203～图 2-210 所示。

(a) 原厂三元催化器　(b) 高流量三元催化器

图 2-201　三元催化器的改装

(a) 原厂三元催化器载体　(b) 高流量三元催化器载体

图 2-202　三元催化器载体对比

图 2-203　Supersprint 排气头段

图 2-204　Supersprint 排气中段

图 2-205　Supersprint 排气尾段

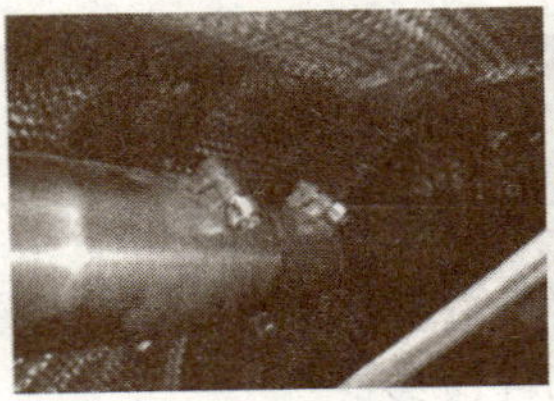

图 2-206　头、中段连接处

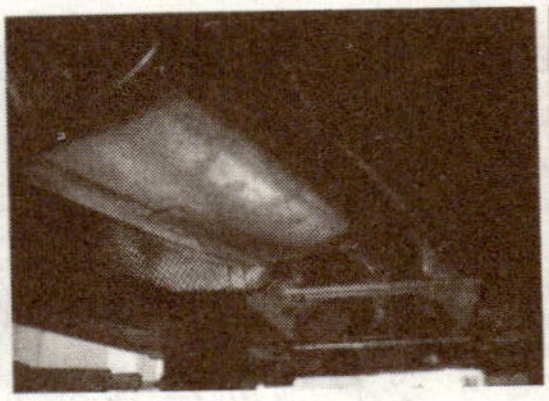

图 2-207　中段排气

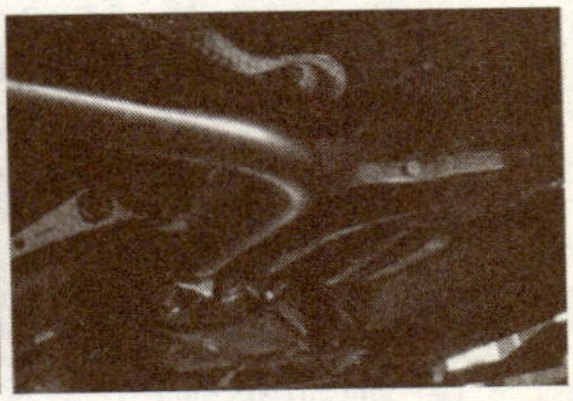

图 2-208　中、尾段连接处

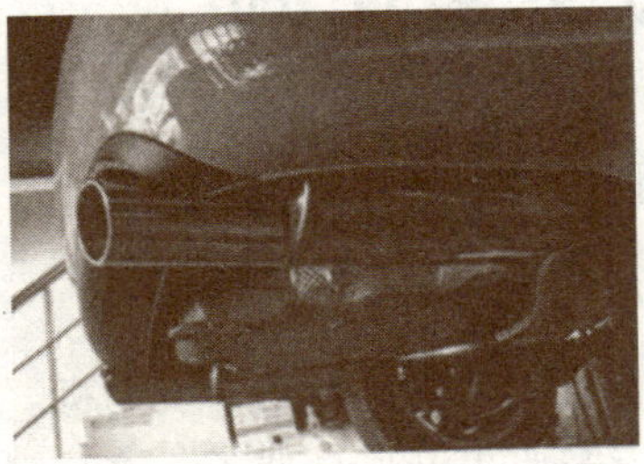

图 2-209　尾段

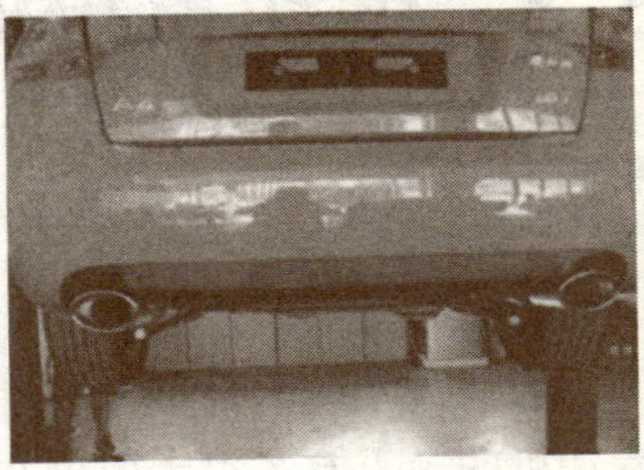

图 2-210　后部观看效果图

Chapter 3

第3章 汽车底盘改装与实例

3.1 汽车底盘的改装主要内容

一般来说，汽车出厂时的原装底盘就能够满足普通汽车用户的要求，如不是赛车迷、越野迷等则不需要对底盘进行改装。但是如果车主喜欢高速行驶、热衷于赛车和越野，改装底盘是提升性能的必要途径。

① 传动系统的改装　主要有离合器、变速器、差速器等零部件的改装。

② 行驶系统的改装　主要有轮胎、轮辋、悬架等零部件改装。

③ 转向系统的改装　主要有转向盘等零部件改装。

④ 制动系统的改装　主要有制动器等零部件改装。

⑤ 其他保护的改装　加装底盘保护、防倾杆、封塑等零部件改装。

3.2 传动系统的改装与实例

3.2.1 离合器的改装与实例

（1）离合器的改装

一般的汽车改装都不需要改动离合器。如果是改动了发动机，而且发动机的动力有了很大的提升就可能需要提升离合器了。这是因为发动机动力提升之后，原厂离合器往往因为打滑而无法准确输出动力，此时要让增加的动力完全释放，就必须改装离合器。

（2）离合器的改装实例

三菱 EVO 汽车离合器的改装过程如图 3-1～图 3-8 所示。

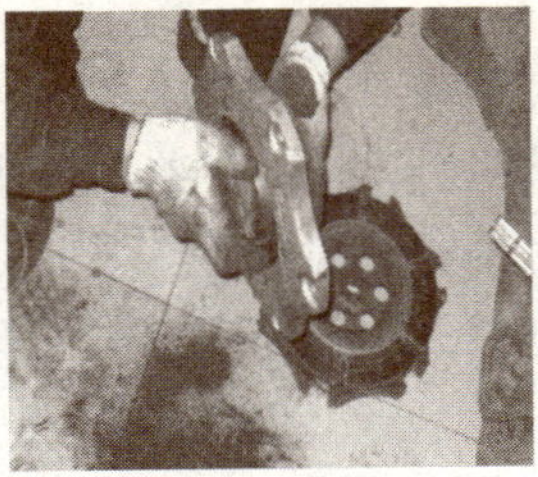

图 3-1 取下变速箱后拆下原来用的 HKS 双片式离合器

图 3-2 分解 HKS 双片式离合器并检查损坏已经很严重

图 3-3 改装用配有专用分离轴承的 ATS 双片式离合器

图 3-4 ATS 离合器总成

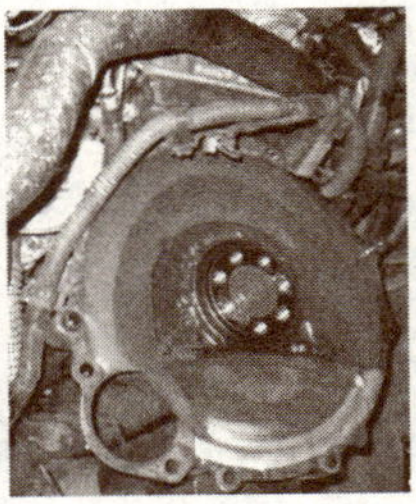

图 3-5 准备安装

图 3-6 开始安装飞轮，用扭力扳手锁紧

图 3-7 用扭力扳手锁紧后的飞轮

图 3-8 用扭力扳手锁紧压盘上的每颗螺钉后的离合器

3.2.2 自动离合器的改装与实例

(1) 自动离合器的改装

自动离合器，也称为自动离合控制系统，是针对手动挡车型研发的一种智能离合器控制系统。在不改变原车变速箱和离合器的基础上，通过加装一套独立系统，由微电脑来控制离合的离和合，从而达到"开车不用踩离合"的效果。这种由控制单元（ECU）控制的离合器已经应用在一些轿车上，使手动变速器换挡的一个重要步骤——离合器的断开与接合能够自动地适时完成，简化了驾驶员的操纵动作。

自动离合器也分为两种：机械电动机式自动离合器和液压式自动离合器。机械电动机式自动离合器的 ECU 汇集油门踏板、发动机转速传感器、车速传感器等信号，经处理后发送指令驱动伺服电动机，通过拉杆等机械形式驱使离合器动作；液压式自动离合器则是由 ECU 发送信号驱动电动液压系统，通过液压操纵离合器动作。下文主要介绍液压式自动离合器。液压式自动离合器在目前通用的膜片离合器的基础上增加了电子控制单元（ECU）和液压执行系统，将踏板操纵离合器液压缸活塞改为由开关装置控制的电动液压泵去操纵离合器液压缸活塞。

变速器控制单元（ECU）与发动机控制单元（ECU）是集成在一起的，根据油门踏板、变速器挡位、变速器输入/输出轴转速、发动机转速、节气门开度等传感器反馈信息，计算出离合器最佳的接合时间与速度。自动离合器的执行机构由电动液压泵、电磁阀和离合器液压缸组成，当 ECU 发出指令驱动电动液压泵，电动液压泵产生的高压油液通过电磁阀输送到离合器液压缸。通过 ECU 控制电磁阀的电流量来控制油液流量和油液的通道变换，实现离合器液压缸活塞的移动，从而完成汽车启动、换挡时的离合器动作。

(2) 自动离合器的优点

① 解放驾驶员的左脚　安装汽车离合器自动控制系统后，驾驶

员就不用脚踩离合踏板来控制油离配合了，从而大大减小驾驶员的驾驶难度，实现轻松驾驶。

② 换挡轻松自如　换挡操作变得非常简单，只需摘挡、挂挡即可轻松完成，不必再考虑分开、结合的问题。

③ 保持省油特点　手动挡车比自动挡车省油，安装汽车离合自动控制系统，能实现比手动挡车更省油（5%），新手节油更明显。

④ 起步、刹车不熄火　汽车离合自动控制系统有熄火保护功能，一挡起步、任何挡位刹车、停车汽车都不会熄火。

⑤ 堵车不用怕　开手动挡车最烦人的莫过于碰上堵车，车子走走停停，脚很容易疲劳，用汽车离合自动控制系统，堵车也不怕，就和自动挡车一样轻松驾驶。

⑥ 上坡起步不溜车　上坡起步时只需拉起手刹，稍稍加点油门，感觉车子有前进的动力时放开手刹即可。

⑦ 具有自动离合器装置的汽车与自动变速器（AT）和无级变速器（CVT）汽车相比，它在运行经济性方面有优势，因为它的变速器还是手动变速器，因此耗油比较低，制造成本也低于AT和CVT。当然，汽车操纵的便利性会逊色于AT和CVT，毕竟它是装配手动变速器，仍然要手动换挡。

（3）自动离合器的改装实例

吉利蓝景改装自动离合器的过程如图3-9～图3-24所示。

图3-9　自动离合器的操纵机构

图3-10　自动离合器的电控单元

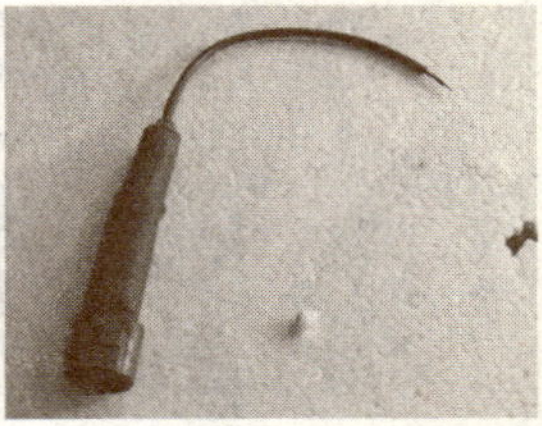

图3-11　自动离合器的转速信号放大器

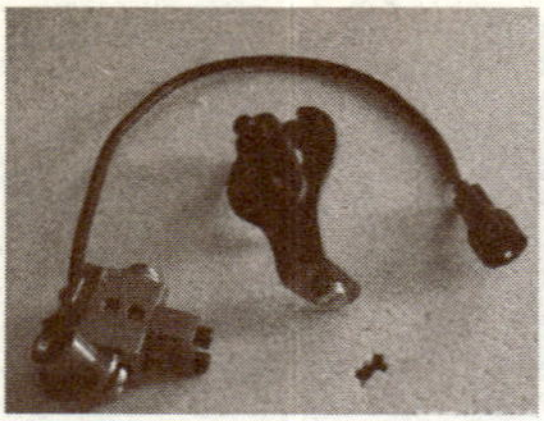

图 3-12　自动离合器的换挡力感应器

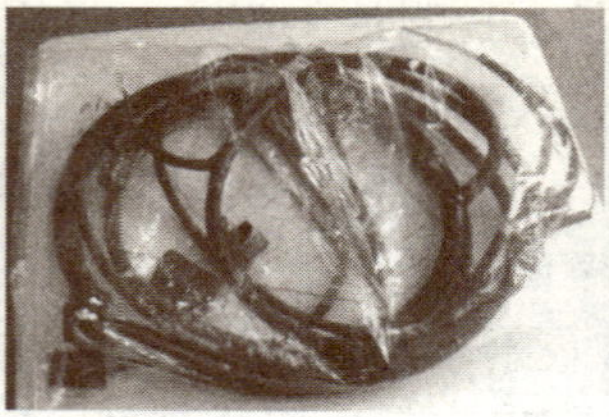

图 3-13　自动离合器的线束

图 3-14　自动离合器的显示单元

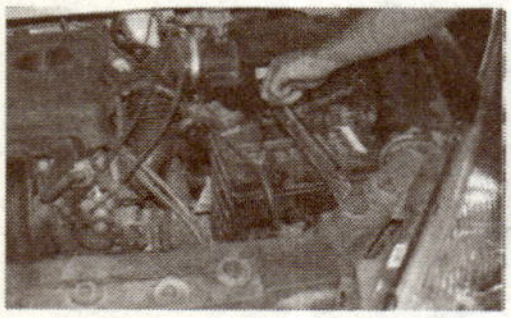

图 3-15　先卸掉电瓶和空滤盒

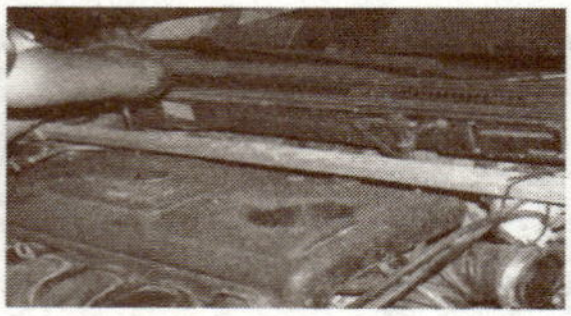

图 3-16　卸掉发动机罩

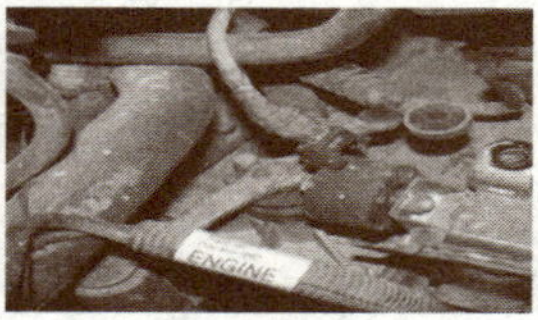

图 3-17　拔下挡位拉线固定插销

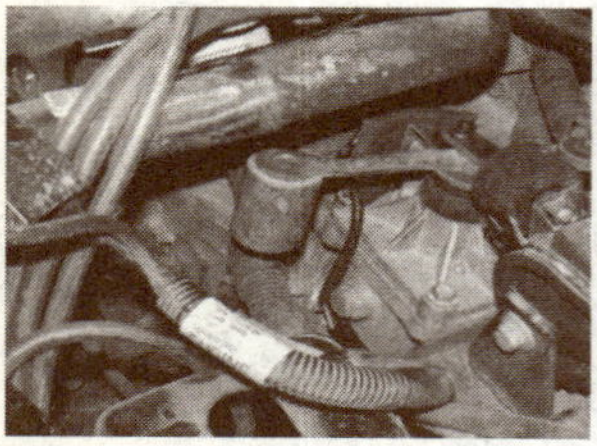

图 3-18　在挡位拉环上钻孔固定换挡力传感器

图 3-19　找到分离拨叉

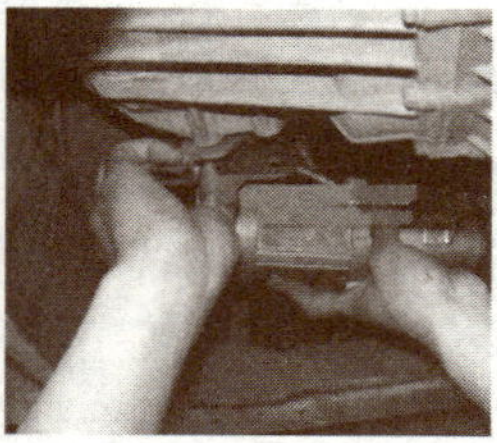

图 3-20　安装机械操纵部分

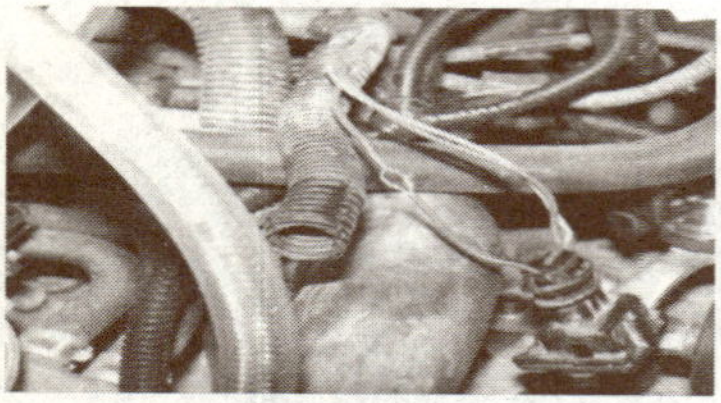

图 3-21　车速信号线、节气门信号线、发动机转速信号线及驾驶室内的点火信号线和刹车信号线

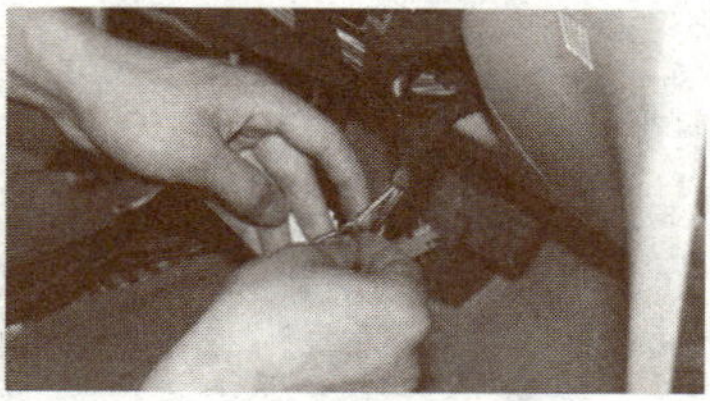

图 3-22　在控制线路侧加装自动离合器的控制电脑

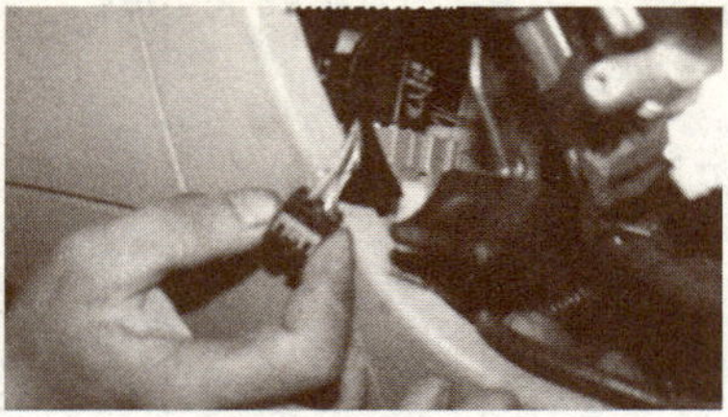

图 3-23　安装电脑控制单元

图 3-24　装上发动机罩及空滤和蓄电池

3.2.3　变速器的改装

变速器的改装大体上分为两类：一类是手动变速器与自动变速器互换，这类较为常见的。更换的理由各不相同，原汽车厂家对某款量产车一般都配有自动变速器和手动排挡变速器，用户在买车时就选好了要哪种变速器，不过由于某些原因，客户要求把手动挡变速器更换成自动挡，也有要求把原车配置的自动挡改装成手动挡的。这样的改装在技术上和理论上难度都不大，也都是可行的。另一类是换成另一个传动比不同的手动变速器，手动变速器的升级，如图 3-25 所示，原车的 MQ200 变速箱五挡齿轮是 39∶48（传动比 0.8125）改装为的齿轮是 37∶50（传动比 0.74）的变速器。

图 3-25　手动变速器升级

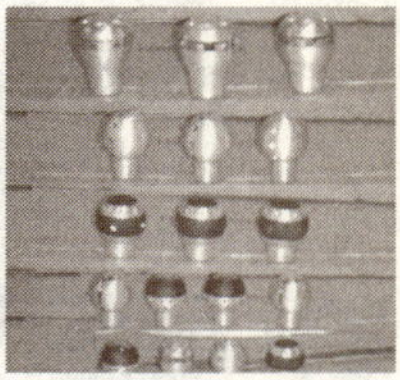

图 3-26　排挡头

变速器的改装是较高层次的改装，费用也很高。但是如果只是更换一个排挡头就没那么费事，车主自己就可完成。更换一个漂亮、好握的排挡头，操作十分简单。排挡头的种类比较多，如图 3-26 所示。喜欢哪一种就装哪一种，不过尺寸有大有小，固定方式有螺纹锁入式与螺钉固定式两种，材质更有塑胶、橡胶、金属、原木或混合的。安装时要让排挡标号摆正。

3.2.4 差速器的改装与实例

（1）差速器的改装

差速器是把两个传动半轴连起来，通过齿轮组的特殊设计，左右车轮在转弯时可以实现不同速度旋转，而不会出现外轮滑拖、内轮滑磨的问题。差速器的结构精巧，可巧妙地抵消不同车轮间的转速差，但它又有致命的弱点，就是碰到恶劣路面如泥坑地时，只要一个车轮陷入打滑状态，差速器另一端的车轮会完全丧失动力而一动不动。为解决这个问题，必须为差速器装上防打滑的差速器锁，把差速器的齿轮组部分锁止，使差速作用暂时失效。现代不少四驱车都装有差速器锁，在越野时可自动或手动地锁上差速器。

（2）差速器的改装实例

某汽车改装 ARB 差速器锁的主要过程如图 3-27～图 3-35 所示。

图 3-27 打开后桥壳原车差速器

图 3-28 拆掉制动盘等，抽出半轴

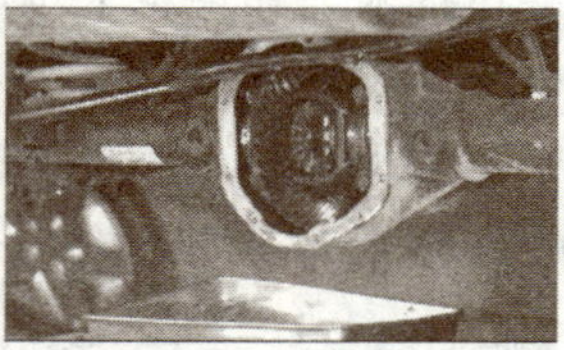

图 3-29 把油控干净

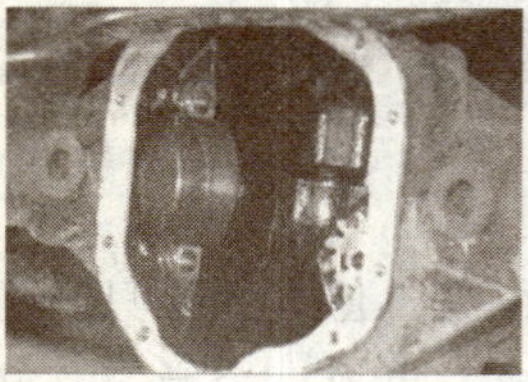

图 3-30 拆掉差速器的后桥壳

图 3-31 分解差速器

图 3-32 ARB 差速器锁组件

图 3-33　在新 ARB 差速器上装好盘齿

图 3-34　在主锥齿轮壳体上钻孔及攻螺纹

图 3-35　连接气路及装好气泵开关和锁开关

3.2.5 传动系统的改装实例

飞度车改装 ATS 离合器、变速器和 LSD 防滑差速器的主要过程如图 3-36～图 3-48 所示。

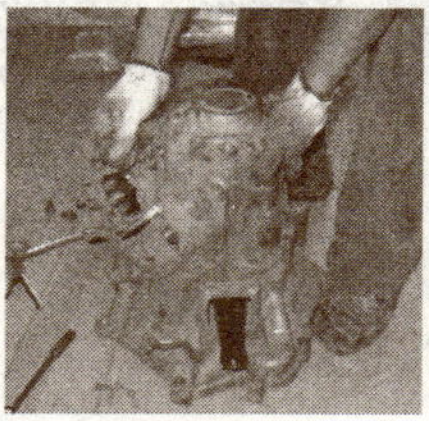

图 3-36　拆下原车变速箱

图 3-37　拆下换挡操作部件

图 3-38　拆下变速器中壳体

图 3-39　拆开变速箱，拆下变速箱齿轮组及更换不同齿轮对

图 3-40　拆下原车的差速器

图 3-41　LSD 防滑差速器

图 3-42 把 LSD 防滑差速器安装在主减速器上

图 3-43 ATS 离合器

图 3-44 ATS 离合器与原车离合器的对比

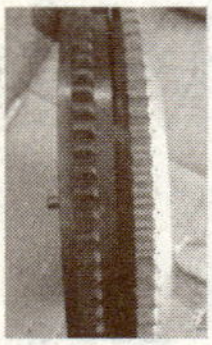

图 3-45 原车飞轮与 ATS 飞轮的对比

图 3-46 将 ATS 离合器总成安装在车上

图 3-47 安装飞轮保护架

图 3-48 改装后的变速器安装成功及加入专业用油等

3.3 行驶系统的改装与实例

行驶系统改装主要就是车轮和轮胎升级。

3.3.1 普通轮胎的改装

(1) 轮胎的结构

轮胎的改装主要有加宽、降低扁平比、换大花纹的越野胎。轮胎的结构如图 3-49 所示，由胎面、带束层、胎肩、胎侧、胎体、胎圈、气密层组成。

(2) 轮胎规格的标记

轮胎的规格标记主要包括主商标、辅商标、规格、负荷、结构、

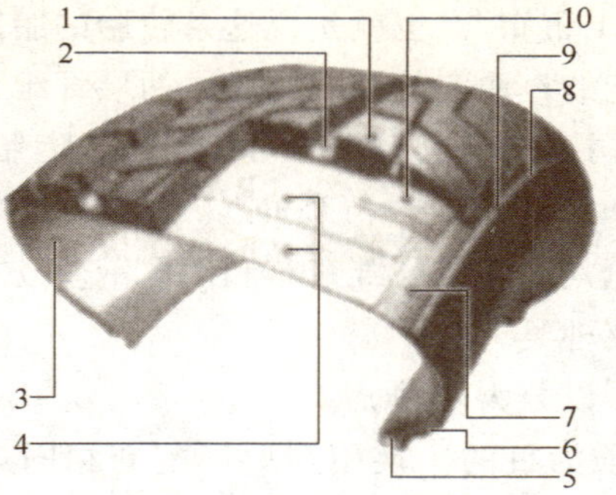

图 3-49　轮胎的结构

1—胎面；2—花纺沟；3—气密层；4—带束层；5—胎圈；
6—胎圈衬强带；7—胎体；8—胎侧；9—胎肩；10—宽带层

认证、生产周期、用途等内容。下面是轮胎规格的标记方式。

P　175 / 70　R　13

- 13——轮辋名义直径，in
- R——子午线(RADIAL)结构
- 70——轮胎扁平率
- 175——轮胎名义断面宽度，mm
- P——乘用车[轿车 PASSENGER，轻型汽车 LT(LIGHT TRUCK)]

(3) 轮胎参数

同一辆汽车上用了不同胎体的轮胎，会影响车的使用性能。因此，在升级或更换轮胎时最好先了解一下自己车上使用的是什么胎体的轮胎。如果不想升级轮胎，只是要更换轮胎，那么原来是半钢丝的，应仍然选用半钢丝的，原来是全纤维的，就仍然选用全纤维的。钢丝、尼龙和纤维的表示方法：STEEl——钢丝；NYLON——尼龙；POLYESTER——纤维。

例如，上海回力 185/70R13 轮胎上刻的："TREAD：2PLIES POLYESTER 2PLIES STEEL"，即表示："胎冠：2 层级，纤维帘布，2 层级，钢丝"。"SIDEWALL：2PLIES POLYESTER" 即表示

“胎侧：层级，纤维帘布”。也就是说这条轮胎的胎冠是由两层纤维帘线和两层钢丝制造的；而它的胎侧则是由两层纤维帘线制成。

又如，普力司通 195/50R15 T1 花纹轮胎胎侧上的“PLIES (2POLYESTER＋2STEEL＋NYLON)”即指“此轮胎为半钢丝子午线轮胎，它的胎冠是由两层纤维帘布和两层钢丝及一层尼龙制成”。

（4）轮胎改装种类

轮胎的改装可以分为两种。

① 以提升品质为目的　换用与原厂配套相同规格，但是某些性能等级更高的轮胎，例如，使用速度级别更高的轮胎，或者使用帘布层级更高的轮胎，通过品质的升级，可以获得更美观的胎面花纹、更好的排水性能、更小的滚动噪声以及更好的行驶稳定性等。

② 以改变规格为目的　在车身底盘结构允许的范围内，将轮胎进行规格上的升级，也就是将轮胎直径加大，或者将轮胎胎面加宽。这样做除了提高轮胎的行驶稳定性外，也能使换胎后的汽车外观更加时尚，而且轮胎通常在进行规格升级的同时，也完成了品质的升级。

（5）轮胎的速度代号的规定

轮胎的速度代号规定如表 3-1 所示。

表 3-1　轮胎的速度代号规定

轮胎的速度代号	代号安全速度/(km/h)	轮胎的速度代号	代号安全速度/(km/h)
A1	5	K	110
A2	10	L	120
A3	15	M	130
A4	20	N	140
A5	25	P	150
A6	30	Q	160
A7	35	R	170
A8	40	S	180
B	50	T	190
C	60	U	200
D	65	H	210
E	70	V	240
F	80	Z	240 以上
G	90	W	270 以上
J	100	Y	300 以上

（6）轮胎磨损警报信号标志

汽车轮胎侧面有由印模印出来的轮胎规格、商标和厂名标准轮毂、生产编号及最大负荷代号等，轮胎胎肩上，沿圆周五等分处有模印的“△”标志。它是轮胎磨损警报信号标志（磨损指示器）。当轮胎花纹磨损到极限时，磨损指示器即显示出来，以提醒驾驶员及时更换轮胎。

（7）轮胎升级的好处

在进行轮胎升级时，一般都会选择比原车轮胎质量更好、速度级别更高、胎面更宽以及直径更大的轮胎。轮胎升级主要有以下好处。

① 改善车辆的高速性能　速度级别高的轮胎具有很好的高速性能，在高速行驶时胎面升温较慢，使得轮胎的气压变化较小，降低爆胎的可能性。

② 安全性能有所提高　适当增加胎面的宽度会增大轮胎对地面的附着力，车辆起步和制动时不容易打滑。而且胎面较宽，制动时方向稳定性更好，制动距离会稍有缩短。不过宽胎会增加汽车的油耗量。

③ 外观更动感、更加时尚　扁平轮胎和造型前卫的轮辋配合使用，会使车辆外观更加时尚，会使汽车看起来极富激情、动感十足、彰显个性。

④ 操控稳定性增强　在外径相同的情况下，加大轮胎内径，轮胎胎壁变小，刚性提高。胎面加宽，接地面积增加，行驶更加稳定，方向盘路感增加，抓地力增加，加强了对路面的全面掌控感，提高了中高速的操控稳定性。

⑤ 转弯能力增加　轮胎胎壁刚性提高，转弯支持力增加，因此过弯时轮胎的变形度将会变小，车辆的循迹性会因此提升，在紧急事故的应变上也更显宽裕。

⑥ 加速与制动效率提升　提高胎壁刚性，加速和制动时轮胎的变形小，可以更快地传送动力及制动力。同时由于胶料的不同，高性能轮胎有更好的抓地力，制动距离及加速时间因而缩短，提供更快反应的驾驶体验。

（8）轮胎升级带来的弊端

① 油耗　由于轮胎升级增加了接地面积，因此会略微增加油耗，但更好的胎壁刚性会降低轮胎变形造成的能量损失。

② 噪声　升级后的轮胎一般有比较大的胎面花纹并加宽了胎面，这样会增加一些噪声。如果选择高性能的品牌，如米其林、固特异及邓禄普等，将有助于改善轮胎的噪声。

③ 舒适性　由于胎壁刚性增加，会降低乘坐的舒适性，但改装就是为了给转向盘更加敏锐的反馈。在进行轮胎升级时，一般都会选择比原车轮胎质量更好、速度级别更高、胎面更宽以及直径更大的轮胎。

（9）轮胎升级的注意事项

① 明确轮胎升级的目的　需要通过升级轮胎达到提高轮胎品质的目的，还是提高外观的时尚性，这是选择轮胎升级方式的决定因素。

② 考虑车辆的主要用途　如果这辆车是每天都要使用的车，那么轮胎的耐磨性可能是最应该考虑的问题。如果汽车不是代步的工具而主要是运动，那么运动型宽胎就要有很好的地面附着力，但这样的轮胎磨损也很快。同时为了追求速度，胎面花纹也会尽量减少，如果车辆经常在多雨潮湿的地区使用，那么需要安装一套以湿地附着力见长的湿地轮胎。

③ 认识到轮胎升级可能带来的问题　胎面宽度大的轮胎固然能够提高车辆的行驶稳定性，但并不是轮胎越宽就越好。宽胎与地面之间的摩擦力更大，随之而来的是油耗上升的问题，而且在胎面变宽之后，转向时沉重感会增加。轮胎的高宽比降低以后，轮胎的胎侧就会变薄，舒适性就会有一定的损失，而且这样的轮胎制造难度大，售价也会增加。因此适当的轮胎升级方案应该是在各项性能都得到提升的同时，将轮胎升级带来的一些负面作用降到最低。

④ 不变或者尽量少改变圆周的大小　由于轮胎的圆周大小会影响仪表的精确度，所以无论是维持原规格不变还是更换更宽更大的轮胎，都要以不改变或者尽量少改变轮胎的圆周为前提。圆周的大小就

是轮胎直径与圆周率π相乘，所以可以认为，影响轮胎圆周大小的唯一因素就是轮胎直径。轮胎直径的计算公式为：轮辋直径＋胎宽×扁平率×2。以现行国产小轿车中最常见的轮胎尺寸185/65R14为例计算14in（轮辋直径）×25.4＋185mm（胎宽）×0.65（高宽比）×2＝355.6mm＋240.5mm＝596.1mm，即为轮胎直径。利用上面的公式计算时，只要轮胎直径的误差在2%以内，都是可以接受的。

⑤ 轮胎的规格确定后还要考虑实际的开车状况　如果车主开车的目的只是纯粹的日常代步，或者是经常长距离地行驶，那么轮胎的舒适性、静音状况是必须考虑的。以舒适性为导向的轮胎是不错的选择，这类轮胎的扁平率不会太低（起码在55%以上），花纹比较细碎，胎臂较为柔软。

（10）轮胎升级的遵循原则

在升级轮胎之前，首先要确认车辆的轮胎可以升级到什么样的规格，这里要遵循一个原则，就是升级后的轮胎直径与原车轮胎直径的差比必须控制在3%以内，下面举例说明。

以规格为185/60R14的轮胎为例。轮辋直径：14in（355.6mm）。胎侧高度：185×0.6＝111mm。因为轮辋上下各有一个胎侧高度，所以胎侧总高度为111×2＝222mm。轮胎直径：355.6＋222＝577.6mm。

① 规格为185/60R14是否可以更换为195/50R15的轮胎？

轮辋直径：15in（381mm）。胎侧高度：195×0.5＝97.5mm。因为轮辋上下各有一个胎侧高度，所以胎侧总高度为97.5×2＝195mm。轮胎直径：381＋195＝576mm。

规格为185/60R14的轮胎与规格为195/50R15的轮胎相比，直径差：577.6－576＝1.6mm，直径差比：1.6/577.6＝0.27%，在3%的允许范围之内，因此可以使用。

② 如果只想加宽胎面，但是不想改变轮胎的高宽比，也就是选用规格为195/60R14的轮胎，是否可以呢？

轮辋直径：14in（355.6mm）。胎侧高度：195×0.6＝117mm。因为轮辋L下各有一个胎侧高度，所以胎侧总高度为117×2＝234mm。轮胎直径：355.6＋234＝589.6mm。

规格为185/60R14的轮胎与规格为195/60R14的轮胎相比，直径差：589.6−577.6＝12mm，直径差比：12/589.6＝2%，在3%的允许范围之内，但是已经接近极限值了。因为轮胎的直径改变较大，在升级轮胎后一定要检查轮胎是否会和车轮内衬发生摩擦或碰撞，需要将减振器的缓冲因素考虑在内。

从上面的计算可以看出，轮胎的升级一般应遵循不改变轮外径或乍轮外径只改变很小的原则。例如一汽大众捷达前卫原厂轮胎规格为185/60R14，可以换装规格为195/50R15的轮胎；广州本田雅阁轿车和上海大众帕萨特轿车原厂都装备规格为195/65R15的轮胎，可以换装规格为205/55R16的轮胎。

(11) 轮胎的主要品牌

轮胎行业三大巨头：普利司通BRDGESTONE（日本）、米其林MICHELIN（法国）、固特异GOODYEAR（美国）。世界十大轮胎品牌如下：米其林（法国）、普利司通（日本）、固特异（美国）、马牌（德国）、住友（日本）、倍耐力PIRELLI（意大利）、横滨YOKOHAMA（日本）、库珀（美国）、锦湖（韩国）、东洋（日本）。下面介绍几款知名的改装用轮胎。

① 法国米其林Pilot如图3-50所示，Pilot系列包括4款轮胎，各有特点。它主要面向高性能轿跑车市场和追求高端的轮胎改装市场。目前Pilot全系列轮胎全部采用进口，因此售价很高，价格范围大致在800～5000元人民币，目前已经成为保时捷、法拉利及宝马等多个品牌运动车型的配置。

② 美国固特异Eagle F1如图3-51所示。采用了先进的“萃凝”轮胎技术，“一体化胎面设计”和“极端V形花纹设计”，确保了Eagle Fl在干、湿路面都有良好的表现。“一体化胎面设计”可以消除胎面下残存的空气，降低行驶中的轮胎噪声，牢固的胎肩保证了轮胎的使用寿命，即使在极为潮湿的路面上，“极端V形花纹设计”也能保证将水分排出胎体，保证了驾乘安全。

③ 意大利倍耐力P7如图3-52所示。P7专门为高速运动型轿车设计，突出的特点是有出色的湿地操控性能。不对称的胎面花纹设

计，美观精致，而且使过弯性能更好。胎面胶块特别为加强制动性能和提高行驶舒适性而设计，配合纵向兼弧形横向槽，能够通过接触地面快速排水。由于胎面接地面积压力分布均匀，行驶阻力低，磨损均匀，使驾驶更顺畅，安全性能更好。

④ 日本普利司通 Potenza 如图 3-53 所示。运用了 UNI-T 智能技术对轮胎的胎侧、胎体以及胎冠进行了改进。采用了可以提高在干路上行驶时牵引力的胎冠材料，而且胎面花纹也提高了驾驶者在湿地行驶时的方向控制感。交替连接的胎肩结构和胎面中央环绕圆心的加强筋保证了磨损均匀，而且可以有效地降低由于不规则的轮胎花纹和路面摩擦产生的噪声。

图 3-50　法国米其林 Pilot 轮胎

图 3-51　美国固特异轮胎

图 3-52　意大利倍耐力轮胎

图 3-53　日本普利司通轮胎

(12) 轮胎的标识

轮胎的侧标识如图 3-54 所示。

图 3-54　轮胎的侧标识

(13) 轮胎改装的技术要点

轮胎的改装不外乎增加胎面的宽度、降低扁平率、改变胎质。大多数消费者都会将轮胎加宽、加大，这样在视觉效果、轮胎的附着性能（即通常说的“抓地性”，与摩擦因数有关）和胎壁变形量上会有所改善。除非动力大幅度提升，否则若只仅仅为了提高车轮的循迹性，通常加宽 10～20mm 就足以应对一般道路上较剧烈的驾驶方式，而且不致造成转向特性及悬架负荷的改受。尽管会带来油耗和路面噪声的增加，但相对于更换后附着性能和稳定性的提升还是值得的。

用小直径的车轮配胎壁较高的轮胎，相当于长而软的弹簧和减振器，舒适性较好。但扁平轮胎的断面宽、接地面积大，所以接地比压力就小，磨损减小，滚动阻力也小，抗侧向稳定性强。因此，在相同的承载条件下，宽断面轮胎较普通轮胎的直径更小，使得车轮中心下降，从而降低了整车质心，提高了汽车的操纵稳定性，因此在高速轿车上得到了广泛应用。随着动力性能的普遍提升，扁平率的降低已是大趋势，通常也是配合着轮胎加宽、车轮加大所做的调整。

3.3.2 越野轮胎的改装

许多越野车车主都喜欢换上非原装的轮胎，一则可以直接扩大车的活动能力，二则换成大轮胎，视觉上得到的扩张力远胜过轿车，更好地体现出越野车的威武和野性。

（1）越野轮胎的分类

目前没有一个全世界都认可的轮胎分级的标准，所以这里只介绍几类常见的越野轮胎。

① 公路胎　如图 3-55 所示。俗称 HT 轮胎，轮胎的特点是胎壁柔软，胎面花纹细密，追求在公路上行驶的舒适与安静，突出的是公路转向操控性和一定的湿地性能。同样尺寸的轮胎，HT 轮胎在沙地表现尚可，不易刨坑陷车，但是在非铺装路面很脆弱，容易损坏。HT 轮胎是大多数越野车出厂的标配。

② 全地形胎　如图 3-56 所示。俗称 AT 轮胎，是越野爱好者使用最多的轮胎种类。AT 胎的设计形式比 HT 轮胎更加千变万化。相对于 HT 轮胎，AT 的胎纹略微粗犷，胎牙的间距比 HT 略大，这种设计的负面效果是公路性能下降，噪声增大，但是耐用性和在非铺装

路面的附着力超过一般的 HT，算是性能最全面的轮胎。

图 3-55　公路胎

图 3-56　全地形胎

图 3-57　泥地胎

③ 泥地胎　如图 3-57 所示。俗称 MT 轮胎，只有越野发烧友和特殊路段工作者才会选用。与 AT 轮胎相比，MT 的胎壁更加坚强，胎牙更加夸张，胎牙之间的距离明显偏大，便于泥地行驶的时候慢速排泥或高速甩泥。另外在一些恶劣的地面上（如凹凸不平的岩石）更容易增加附着力。在公路上行驶 MT 轮胎的噪声很大，速度在 10kg/h 以下的时候甚至还能感觉到震动，刹车和转向性能都与 AT 轮胎相差甚远，下雨的铺装路面更容易失控。但是一到非铺装地面上 MT 轮胎就能给越野车带给超凡的抓地力，特别是在恶劣地形上不易损坏，给人很强的信心。

目前市面上可以选择的 MT 轮胎并不多，还经常断货或者型号不全。

④ 雨林胎　如图 3-58 所示。俗称蜈蚣胎，选用者大多用于各类有大量泥地的赛事。雨林胎最初为马来西亚雨林地带的农民所使用，后来改良为越野车用途。雨林胎的胎牙很夸张，在泥地里它是当仁不让的高手，性能比普通的 MT 轮胎强不少。使用雨林胎的人较少，市场上少有现货。

⑤ 雪地胎　如图 3-59 所示。雪地胎的花纹很细小，有的还有防滑钉，标识一般为单独的“SNOW”字样，标识为“M＋S”字样（表示泥、雪地混合胎，“M”指泥地，“S”指雪地）。此类轮胎一般都直接将“M＋S”刻在轮胎的侧壁上，使人一目了然。雪地胎的胎

面设计为带有许多细小沟槽的块状花纹，而且为了能够在冬季显示优良的制动及操纵性能，花纹沟通常都是又深又宽的。胎面橡胶是能够耐低温的特殊配方，在低温条件下也能保持其柔软性和良好的摩擦力。

⑥ 沙漠胎　如图 3-60 所示。在油田里的沙漠车装的沙漠轮胎比一个成年人还高，沙漠胎的花纹与泥地胎主要的区别是轮胎的宽度特别大，且沙漠胎的价格也很高。在塔里木油田的沙漠车，仅一个轮胎的价格就高达 8 万元人民币。

图 3-58　雨林胎

图 3-59　雪地胎

图 3-60　沙漠胎

如果您的越野车主要是在市内作代步工具或是作为城市间的快速移动手段，只偶尔到乡村、水库去钓鱼，那么 HT 胎当然就是您的必然选择。

如果您时常开着车出去越野，跟随车队或独自上山下乡找些野趣，但又不回避市内常用的现实，AT 胎就非常适合。

如果您是个超级越野迷，每次出动专找水洼泥坑考验一下自己越野车的性能，非要“洗”个泥浆浴不可的话，那么您最好为它装配上 MT 胎。MT 胎粗大的胎块就像螺旋桨打水般把泥巴甩开，带着车子轻松前进。而把它放到城市的水泥路上反倒是一场噩梦，它在路面上划出一条条黑黑的、清晰的“足印”，花纹很快会被磨损掉。

（2）几种越野轮胎在各种路面上的区别

HT、AT、MT 三种轮胎在不同的道路环境下的表现是不同的，现在进行以下比较，以供参考。

① 沙土路绕桩的操控表现　HT 胎：操控极限最高，接近极限时（65～70km/h）响声较小，动态反应较好，信心最足；AT 胎：接近极限时（约 65km/h）声音最尖，但极限比 MT 胎要高，甚至接近 HT 胎的水平，而动态反映逊于 HT 胎；MT 胎：良好的渐进性，响声与抓地力成反比。但噪声不算大且声音低沉，极限最低也接近 65km/h，动态迟滞明显。

② 泥泞路排泥性表现　碾过泥路后是否能尽快把泥甩掉，是显示一套轮胎越野能力的重要表现。如果泥甩不掉，填满胎纹，轮胎难以保持应有的抓地力，就会失去继续前行的能力。

在测试中发现，在较干的泥地里，三款轮胎的排泥性相差无几，MT 胎因为沟槽较大反而不易甩掉半干泥；而在湿泥里，HT 的排泥性就明显很差了，沟槽里均匀分布着泥巴，边缘的排泥更差。AT 胎的排泥性明显好很多，MT 胎更是几乎没有湿泥黏附。果然名副其实，泥地是 MT 胎的主战场。

③ 沼泽地通过性表现　驾驶分别装用三款轮胎的四驱车通过一段长的沼泽泥泞路测试。

发现 HT 的排泥性最差，严重制约了它的通过能力，车行一半就已被困住无法继续前行，而 AT 胎和 MT 胎都能在此测试中轻松地通过泥沼路；AT 胎在通过过程中还存在一些“滑脚”、不稳的现象，而 MT 胎则没有，这说明 MT 胎还是具有更强的附着力、更强的通过性。

在驶过泥沼路后 HT 胎完全被泥糊住，看不到胎块，而 AT、MT 胎则渐渐变好，这也充分说明三款轮胎的排泥性差异。

④ 土路坡道攀爬力表现　在 40°土坡的攀爬测试中，HT 胎：明显力不从心，发动机转速一直攀升，车轮也跟着转快，但就是不见车子上行，最终车子只能停在半坡滑回坡底；AT 胎：表现得轻松自如，只要慢速下加油，轮胎带着轻微的打滑，车身就跟着积极地上爬直到坡顶；MT 胎：MT 的表现更加出众，轮胎仅仅是偶尔打滑，就

能顺利地上到坡顶，那种轻松前两者都无法相比，这体现了它在硬泥坡上超强的抓地力。

⑤ 水泥坡道攀爬力表现　泥路驾驶后进行了40°水泥坡攀爬力测试。HT胎：上坡初段HT胎因胎面糊满了泥巴几乎没有抓地力，出现了严重空转退回坡底的局面，但第二次尝试时，轮胎已甩掉部分泥巴，稳稳抓住路面爬上坡顶；AT胎：AT胎因为排泥性好，胎侧泥已甩得比较干净，很快就抓住地面，只是随后的力量就不如HT胎了，稍稍带着一些打滑完成攀坡；MT胎：MT胎测试显示无论爬泥坡还是水泥坡都有很好的表现，它能很好地兼容两种路面的慢速攀爬力，确实让人信服。

⑥ 宁静性表现　宁静性是轮胎性能关键的一环，大多数人都不能接受自己的车变成和拖拉机的噪声一样大，所以轮胎行驶时的胎噪是购胎时也应考虑的问题。

测试表明HT、AT、MT胎的胎噪依次递增，特别是MT胎比HT胎高了6dB，这个数值不仅人耳能明显辨认，而且MT胎的噪声集中在中频，比AT的中高频更容易让人察觉。事实上AT胎与HT胎之间1.5dB的差异几乎可以忽略，因为人耳是难以判断3dB内的音量变化的。如此说明HT胎在柏油路上最宁静，AT胎次之但非常接近，而MT胎则并不适合长途柏油路行驶。

⑦ 制动性能表现　制动性能永远是最重要的轮胎选购标准，因为它直接关系到驾驶员的生命安全。测试表明三款轮胎都有相当好的制动性能。特别是HT胎不愧为专供柏油路使用的轮胎，即使以最快的速度进行制动测试，依然能以最短的时间、距离和最大的制动加速度完全刹停（无ABS情况下）。而令人意外的却是AT胎与MT胎的区别几乎为零，但MT胎由于胎齿较高导致其“柔弱”，无ABS情况下，每次刹车后车身都不能保持直线停下，制动过程中车身不稳定，忽左忽右。若有ABS，此情况得到明显改善。这一结果表明轮胎在柏油路上的制动性能依次为HT＞AT＞MT。MT胎紧急制动车身不稳，不适合长途柏油路行驶。

（3）选购越野轮胎应注意问题

选择哪一类型的越野车轮，既是一门学问，又能体现车主的品位和用车态度。

① 价格问题　越野轮胎比普通轮胎价格偏高。一般 MT 胎用的人较少，生产量也低，所以普遍价格较高，而 AT 胎因为产销量大、用的人多，所以价格最低。原装胎一般是普通 HT 轮胎，高速行驶性能一般。而一些非原厂配的 HT 胎因更注重高速公路行驶，属于高端豪华轮胎，价格也相应较高。一般原车悬架不经过升高的话不建议换大尺寸轮胎。如果车底盘已经升高了就需要换大轮胎配合。轮胎尺寸越大越贵。如同一品牌的 AT 胎，加大后要贵 50～100 元左右。

② 尺寸搭配　如果已确定要改换轮胎尺寸，那么应注意尺寸大小的问题。越野车的轮圈尺寸一般不建议改变，因为越野轮圈常用的只有 15in、16in 两种，改动意义不大，仅是增加轮胎的宽度和扁平率就够了。如 215/70R15 改成 235/70R15（仅改宽度），265/70R16 改成 265/75R16（仅改扁平率），265/70R16 改成 285/75R16（这种改动幅度较大，建议车身升高后再进行）。现在越野车，特别是豪华越野车，像轿车那样换大轮圈薄轮胎已逐步成为潮流，尺寸从 18～20in 都是有的。不过 17in 以下的轮胎国内不易购买而且价格昂贵，若真要换那么大的轮圈，就要准备多一倍以上的钱，有的甚至无法在内地进行轮胎、轮圈的装嵌。

③ 其他问题

a. 慎买旧胎。二手轮胎虽然价格比新胎便宜很多，但它们大多使用超过 2 年，这种轮胎用起来胎壁、胎块发硬，不舒服也不好控制，而胎面花纹很快会被磨平。

还有一个是时间期限的问题，新轮胎的保用年限最好在 2 年以内，超过这个年限即使是从未用过的轮胎也不建议购买使用。

b. 轮毂。好轮胎须配好轮毂。从耐用和遵守相关法规的角度出发，大多数的越野车在出厂的时候都是配置偏位为正值的轮毂，如果想让自己的爱车轮胎外张（加宽轮距），换用负值轮毂是最好的选择。

目前市面上常见的负值轮毂有铝合金和锻铁两种，表面的处理更是多种多样。铝合金轮毂售价稍高，没有锻铁轮毂易变形的缺点，越野之外也适合高速行驶；锻铁轮毂价格便宜，国内常见负值一般为－25，还可以定做特殊孔距，表面处理以黑色、白色、电镀居多。

3.3.3 轮辋的改装

(1) 轮毂的制成材料

轮辋，又叫轮圈、轮毂。从材料来分主要有：钢制轮辋和铝合金轮辋，如图 3-61 所示。另外日本还有外观新颖的塑料制轮辋，不过还未普及，目前暂时只用于微型车。在改装市场里最流行的轮辋是铝合金轮辋，赛车上还使用了镁铝合金材料。

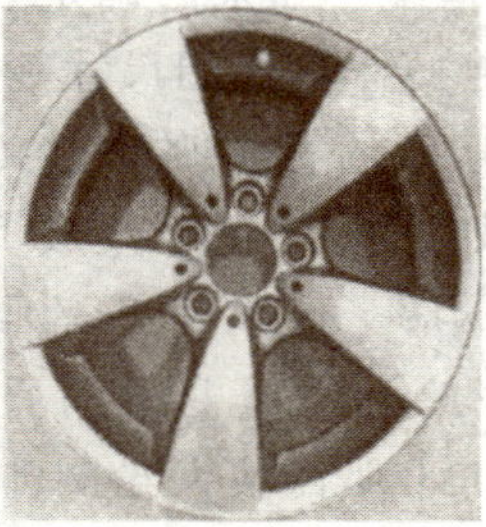

图 3-61　轮辋

(2) 铝合金轮毂和钢制轮毂的对比

① 降低非载荷质量，从而提高抓地性　由于转向力和路面震动对非载荷质量非常敏感，所以铝轮辋还表现出卓为精确的转向动作和更好的入弯性能。

② 质量小提速快　轻轮辋的旋转惯性较钢制的重轮辋小得多，所以装上铝合金轮辋可令汽车的加速、刹车、转弯都更加灵敏，就像人们脱去笨重的皮鞋改穿超轻跑鞋去跑步一样，轻的轮辋会让汽车提速更快，所以有车轮减轻 1kg 相当于车身减轻 5kg 的说法，一点也不夸张。

③ 增加了刚性　铝合金轮辋的高硬度明显地减小了过弯时轮胎/轮辋的倾斜。这对于安装了高性能轮胎的车子尤为重要。

④ 提高了冷却效果　一方面是因为铝合金这种材料吸热和散热

都好，可把刹车盘传过来的热量吸收，再散发在空气中，另一方面则是因为铝合金的强度大，轮辐比较窄而且能更自由地造型，可以留出更多的空间用以通风并容纳大型的刹车钳和刹车碟，能更有效地降温。

⑤ 提高了舒适性　除了在平坦公路上的性能表现外，轻的轮辋还可以让颠簸路面上车的舒适性提高，因为车身的平稳性很大程度上取决于簧载质量（即指车身）与非簧载质量（即指车轮和摇臂等）的比值，簧载质量与非簧载质量的比值相差越大，乘坐越舒适。而且由于车重对于车的平地加速、刹车、转弯性能都有负面影响，所以车身在减重之余，非簧载质量总是越轻越好。

（3）轮辋的制造方式

铝合金轮辋从制造方式来分，主要分为铸造和锻造两大类。

① 铸造　又分为重力铸造和低压铸造两种。重力铸造是把液态的合金倒进铸模里冷却成型。由于制造过程简单，铸模耐用，成为成本最低的制造方式。低压制造是用不大的压力把液态合金压进铸模里，令分子的分布均匀，且少砂孔，造型可以更复杂和精致。

② 锻造　锻造轮辋的生产成本比铸造的要高。合金分子之间的间隙缩小，相互作用力大，所以整个轮辋只需较少的材料就能达到足够的刚度，整体质量就更轻。

锻造的轮辋虽然刚度大，却有脆的缺点，在受到猛烈的撞击后容易完全断开，而铸造的轮辋受到撞击后会弯曲，不易断裂。由于欧洲人更注重安全性，因此欧洲车更多采用铸造轮辋。又因铸造轮辋的刚度较小，欧洲普遍采用热处理工艺对轮辋进行加强，即把铸造出来的轮辋加热和快速冷却，反复几次，让轮辋变得刚度更强而且富有弹性。世界拉力赛中就有很多赛车选用这种工艺制造的铸造轮辋。

（4）轮辋改装升级主要考虑问题

① 轮辋的宽度和质量　轮胎升级并不只是升级轮胎，轮辋也要升级，确定了要更换的轮胎后才可以选择轮辋，轮辋在确定直径以后再决定宽度。轮辋横断面示意图如图 3-62 所示。

有相当多的车主在选择轮辋时是出于美观的目的，造型新颖的铝

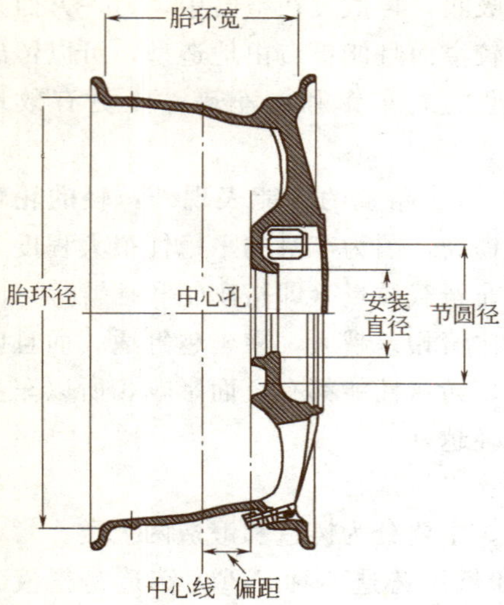

图 3-62 轮辋横断面示意图

合金轮辋往往是他们的首选。除了美观的因素，轮辋的升级也要考虑到散热和轻量化。铝合金或镁合金制成的轮辋质量较小，散热效果比钢质的轮辋好，有些轮辋在设计造型时就已经考虑到了散热的目的。

② 轮辋尺寸　在进口轮辋改装的整体尺寸方面有加大1in（Plus One）和加大2in（Plus Two）的说法，意思即是在原厂轮辋基础上把轮辋直径和宽度同时加大1in或同时加大2ln。如原厂使用14in×6in的轮辋配205/70 R14轮胎，Plus One即是用15in×7in的轮辋，配上215/60 R15的轮胎，就能达到既加宽轮胎又保持车轮直径不变的目的。同理，Plus Two即是用16in×8in的轮辋配225/50 R16的轮胎。

这里有一个公式给大家参照：轮胎直径＝轮胎宽度×扁平率×2＋轮胎内径（也即是轮辋直径）。无论Plus One还是Plus Two，只要保证轮胎直径变化不大，都是可以接受的，当然计算出来的轮胎尺寸最好是市面常见的，比较方便购买。

③ 轮辋偏移度　轮辋的另外一个尺寸参数是轮辋偏移度。如果轮辋安装底面和轮辋中线在同一个平面，轮辋偏移度就是零；如果轮辋底面偏向外侧，轮辋偏移度就是正值；偏向内侧时则为负值。不同车的原厂轮辋偏移度可能不同，这是厂家设计汽车时决定的，如越野车通常用接近零的轮辋偏移度值（甚至是负值），轿车则通常都是正轮辋偏移度。改装时，选用较小轮辋偏移度的轮辋可让车轮向外移，使车看起来更威猛，如将轮辋偏移度“45”改成“35”，车轮就向外移动10mm（若把“35”改成“45”则车轮内移10mm）。相应地，

如果把越野车的轮辋偏移度“0”改成“−20”则车轮会外移20mm。

④ 安装尺寸　PCD值（车轮毂节圆直径）通常写成“4×100”或“5×114.3”等，表示螺孔连成的圆圈直径为100mm或114.3mm，上4颗或5颗螺钉。这不需要担心，只要买轮辋时把车开过去试装，能装进去就一定不会错。

⑤ 轮辋的大小　汽车改装最容易见效的办法是加大轮辋。这里说的加大指在轮胎外径不变的情况下加大轮辋以配合宽而扁的轮胎。采用加大的铝合金轮辋是改善性能和外观的很好的手段，因为制造轮辋的铝合金材料强度很高且自身质量特别小。

铝合金轮辋有一件式、两件式和三件式的。两件式的是由一件内件和一件外件焊或钉在一起。三件式的铝轮辋是很高级的，它由一件中心部件和两个外圆件组成，并用航空级螺钉拧在一起。为了减轻质量，很多三件式铝轮辋使用了锻造件。

⑥ 防止干涉　在选择轮辋时还需要考虑到底盘悬架的因素，特别是较宽的轮辋不要与车轮内衬和悬架发生干涉。轮辋的造型要为制动器留出足够的空间，以便容纳更大的制动盘和制动钳。

⑦ 注意偏距　升级轮辋后根据轮辋宽度不同轮距会变。偏距大小也决定轮辋是否干涉。如果轮辋的偏距不合适，可用偏距垫片来修正。一般用铝合金制造，厚度不宜超过10mm。

⑧ 轮辋升级改装的小工具

a. 偏距尺。顾名思义，用于轮辋偏距的测量，可一目了然读出数值，准确知道原装和换装轮辋的偏距对升级很重要。

b. PCD孔距量规。PCD孔是“4×108”还是“4×110”用肉眼很难区分，准确测量在升级时会省去很多麻烦。

c. PCD测量盘。是PCD测量的一种简易工具。

d. PCD中孔量具。由硬质工程塑料制成的圆柱阶梯形工具。中心孔的准确测量对改装后的性能至关重要，没有合适的中心孔套环会导致车辆在高速时轮辋抖动。

（5）轮辋改装实例

以奔驰C200为例，将旧的轮辋进行升级。

① 将旧的轮辋从汽车上拆下，如图 3-63 所示，旧轮辋如图 3-64 所示。

② 用扒胎机将旧的轮辋拆下，选择自己喜欢的新轮辋，安装好新的轮辋，并完成新轮辋的充气和动平衡调整工作，如图 3-65～图 3-67 所示。

图 3-63　拆下旧的轮辋

图 3-64　旧轮辋

图 3-65　拆下旧轮辋

图 3-66　装好新轮辋后给新轮辋充气

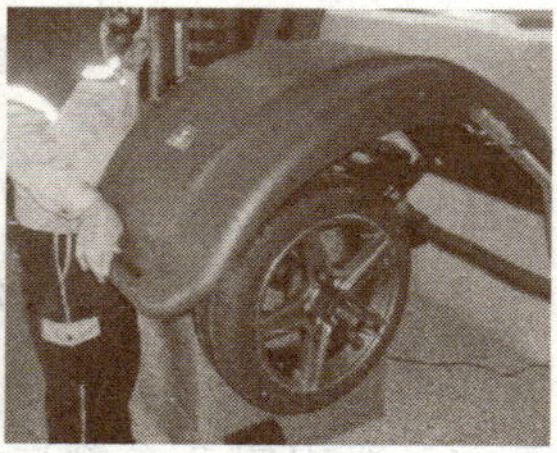

图 3-67　新轮辋动平衡调整

③ 安装新轮辋，并紧固轮辋螺栓，如图 3-68、图 3-69 所示。

图 3-68　安装新轮辋

图 3-69　安装新轮辋改装后效果图

3.3.4 车轮装饰性改装

(1) 车轮饰盖的改装

① 车轮饰盖的作用　车轮饰盖一般是用塑料粒子经注塑，再在表面用油漆涂装形成的。车轮饰盖位于汽车外部的醒目位置，是重要的外装饰件。高品质的饰盖能烘托出整车的造型效果，提高车辆的价值，更能让用户加深对轿车品牌概念的理解。

② 对车轮饰盖的要求

a. 造型优美。因为饰盖的位置醒目，如造型欠佳，就会降低整车的装饰效果。

b. 质量可靠，必须有足够的强度，结构可靠，装卡牢固，不能轻易掉下，否则，饰盖容易破裂。饰盖破裂掉落后容易引起不安全事故。特别是在城市中，车辆行人都比较多，飞落的饰盖易碰伤其他车辆或行人。

c. 色泽配合要协调。车轮有色泽，整车也有各种颜色，要求装饰的饰盖色泽必须与车轮和整车的协调一致，达到和谐美观。

③ 车轮饰盖的类型　车轮饰盖按材料区分主要有铝合金盖和塑料盖两种。铝合金车轮饰盖有闪亮的金属光泽，有各种各样的外形，如图 3-70 所示，但价格也很高；经电镀的塑料车轮饰盖也具有较好的装饰效果，价格则便宜得多。

图 3-70　铝合金车轮饰盖

④ 车轮饰盖的选装

a. 选择质量可靠、色泽协调的车轮饰盖，做好安装准备。

b. 安装前对车轮及饰盖进行清洁处理，清除尘土污物，使车轮和饰盖清洁、干燥。

c. 使车轮饰盖牢固地固定在车轮上，以保证其使用的安全性。车轮饰盖除了外观装饰，更有其安全特性。车轮饰盖用不锈钢钢丝卡簧和固定支架固定在车轮轮圈上，合格产品须经过制造商的拆卸力测试，以确保产品的安全性。在选用时要注意饰盖的装配件，如果卡口不紧，弹簧材料不过关，则易导致饰盖脱落，特别是在高速行驶时，脱落饰盖对于行车、行人都是相当危险的。

(2) 轮弧饰片装饰

① 轮弧饰片的功用是使轮弧翼子板在受轻微或中度碰撞时，伤痕减至最低程度。另一主要功能是起装饰作用，可使车身外表更加美观。

② 轮弧饰片的选装

a. 选择轮弧饰片。轮弧饰片是装饰配件厂针对一些车型而设计制造出的装饰件，有用塑料件也有金属材料制作的，有不同的色泽和规格，可根据特定的车型和车辆的状态，选择适合的轮弧饰件，安装后达到预期的保护和装饰目的。

b. 轮弧饰片的安装。轮弧饰片的安装方法一般有以下两种。

ⓐ 用螺钉或拉拔铆钉固定法。在轮弧饰片上，一般都有安装小孔，这是为采用螺钉固定法而设置的安装孔。

在安装前，需对安装部位进行清洗，对轮弧饰片也要擦拭，去除尘土、污物，保持清洁干燥。要特别注意翼子板凸缘唇的内缘污垢必须清洗干净，使之清洁干燥。

对照轮弧饰片上的安装小孔，在翼子板凸缘上钻安装孔，去除孔边上的毛刺。

在翼子板和轮弧饰片安装部位的相应位置涂上硅胶，将螺钉或铆钉固紧，使其结合紧密，不积水，以免产生锈蚀。这种安装方法，对用金属材料制作的轮弧饰片很适用。

ⓑ 胶粘法的安装。有的轮弧饰片是用保护膜之类的塑料制作的，有的是不干胶产品。对这样的轮弧饰片，用粘贴安装非常容易。先将安装轮弧饰片部位擦拭干净，清除污物、尘垢，并使表面干燥。撕掉

轮弧饰片上的衬纸，将轮弧饰片平整地贴在轮弧上。

3.3.5 悬架的改装与实例

（1）悬架的改装

汽车底盘改装的重点是减振器和弹簧，大多数喜欢赛车的人会通过改装减振器和弹簧，使其“变硬”，以提高汽车的操控能力。但也有人追求舒适性，将减振器变软。而喜欢越野的车主则会通过改装把车的底盘升高。在改装时有人会把减振器和弹簧分开换，但我们的建议是高性能减振器应该和渐进式短弹簧一并处理。改装的后悬架如图3-71所示。通过改装悬架升高车身如图3-72所示。

图3-71 改装的后悬架

图3-72 通过改装悬架升高车身

（2）汽车悬架分类

根据汽车导向机构不同悬架种类又可分为独立悬架和非独立悬架，如图3-73所示。

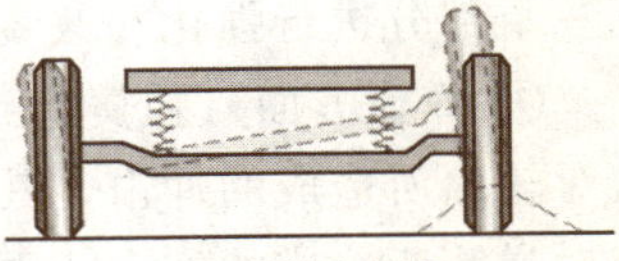

(a) 非独立悬架

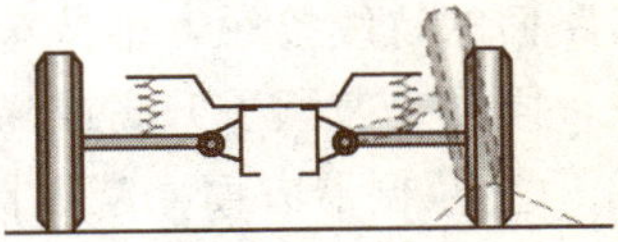

(b) 独立悬架

图3-73 非独立悬架与独立悬架示意图

独立悬架的左右车轮不是用整体车桥相连接，而是通过悬架分别与车架（或车身）相连，每侧车轮可独立上下运动。独立悬架再进行细分的话，可以分为麦弗逊式、全拖曳臂、半拖曳臂、双A臂、多连杆等多种形式。现在国内的车种，以麦弗逊式、拖曳臂式和多连杆式最为常见，如图 3-74 所示。

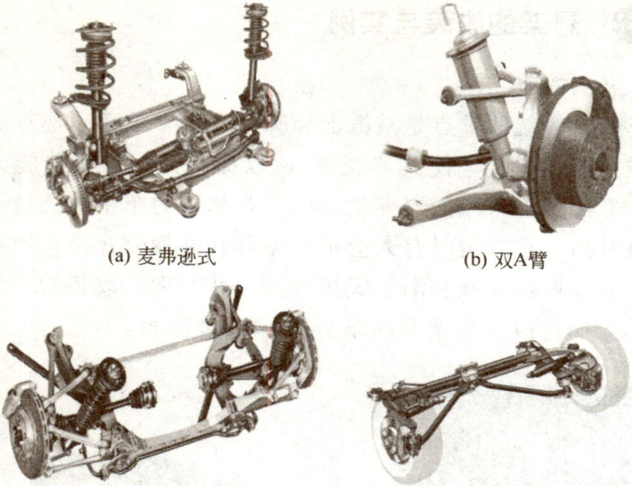

(a) 麦弗逊式　(b) 双A臂

(c) 多连杆式　(d) 拖曳臂式

图 3-74　独立悬架

这种悬架为轿车和载重量 1t 以下的货车前悬架广泛采用。也有越来越多的轿车后悬架采用这种形式。越野车前轮也有些采用独立悬架。

（3）汽车悬架系统改装的主要项目及内容

汽车的悬架系统进行改装的话，按照不同的改装要求，分别对以下三个部分进行强化和改装。

① 弹簧方面　弹簧起到了支持车身以及吸收不平路面和其他施力对轮胎所造成的冲击，其他施力主要是指加速、减速、刹车、转弯等对弹簧所造成的施力。更重要的是在振动的消除过程中要保持轮胎与路面的持续接触，维持车子的循迹性。改装弹簧除了会对硬度加强外，同时也兼顾了升高或降低车身的作用，如图 3-75 所示。

② 减振器方面　减振器的改装主要是针对参加比赛的车辆而言，一般普通轿车，生产厂家都会采用相对较软的减振器，这样的设计主要是考虑了驾乘者的舒适性。但是在激烈比赛中，这种偏软的减振器在转弯时就显得力不从心了，难以胜任。因此往往要将原车的减振器

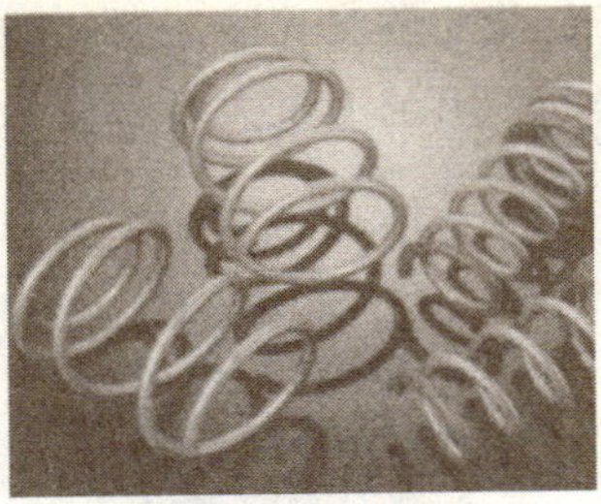
(a) 螺旋弹簧

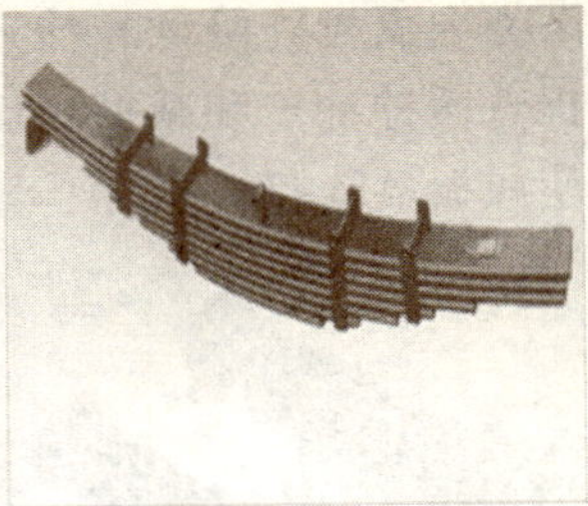
(b) 钢板弹簧

图 3-75　弹簧

换上阻尼较大的，以换取良好的操控性能，如图 3-76 所示。

③ 传力装置方面　传力装置的改装主要通过改装或加装横向稳定杆、刚性拉杆、已经强化的减振器的上座、强化衬垫等方式，如图 3-77 所示。

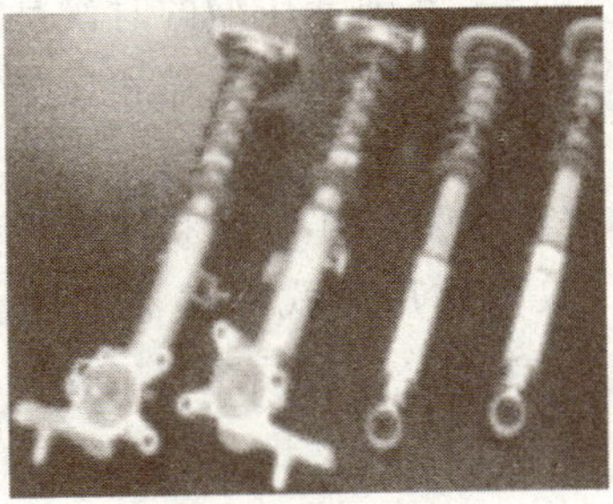
图 3-76　减振器

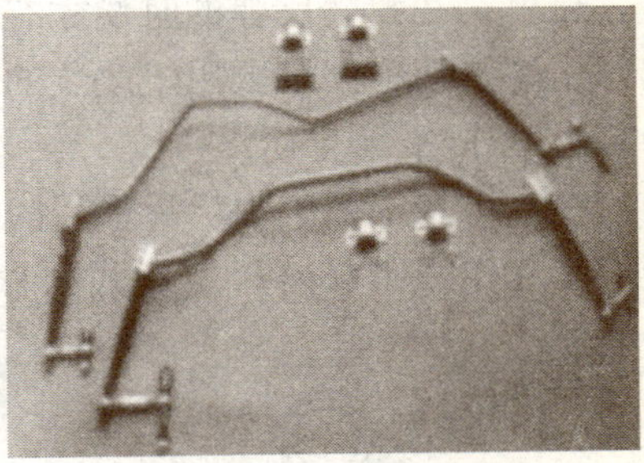
图 3-77　前后防倾杆

(4) 汽车悬架上采用减振器的分类及特点

减振器负责减缓弹簧的伸缩力，因此减振器中的阻尼系数越高，对于减缓弹簧伸缩的能力就越强，也就是能够在越短的时间内抑制住弹簧的伸缩变化。阻尼就是减振器中的油在外力作用下在流经筒内叶片阀时产生的阻力。

改装用减振器则可以分为以下几种类型：一种是形状和长度都与原厂减振器相同，但是内部阻尼系数经过强化的原厂型减振器；另一种是筒身上设计了螺纹，可以借助弹簧的固定位置或者筒身的长度改变来调整车高，也就是一般的绞牙减振器，如图 3-78 所示；还有将减振器上下方向反置，降低悬挂下负荷的倒叉式减振器。减振器与弹性元件承担着缓冲冲击和减振的任务，阻尼力过大，将使悬架弹性变坏，甚至使减振器连接件损坏。

图 3-78　绞牙减振器

下面是常见减振器的类型及各自特点。

① 单向减振器和双向减振器　大多数原车减振器均为单向减振器，也就是在弹簧反弹的时候才有阻尼作用，在弹簧压缩的时候是不起作用的。而绝大多数用于改装的减振器都是双向的，压缩和反弹都会起阻尼作用。

在汽车悬架系统中广泛采用的是筒式减振器，在压缩和伸张行程中均能起作用叫双向作用筒式减振器。双向作用筒式减振器如图 3-79 所示。

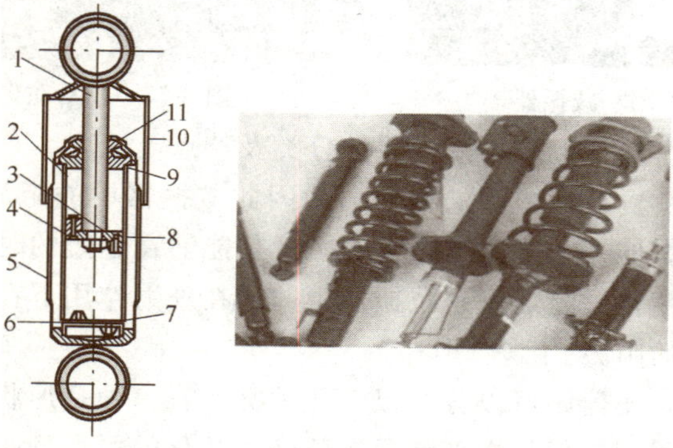

图 3-79　双向作用筒式减振器

1—活塞杆；2—工作缸筒；3—活塞；4—伸张阀；5—储油缸筒；6—压缩阀；7—补偿阀；8—流通阀；9—导向座；10—防尘罩；11—油封

② 软硬可调的减振器　通过改变减振器内部阀门小孔的大小或数量可以改变减振器的阻尼，也就是可以改变软硬。目前软硬的改变主要有两种方式：速率感知自动调节（自调）和手动调节。速率感知自动调节也就是随着速度和压力的变化，当到达一定极限的时候自动打开一些预设的阀门，通过流量的变化来改变阻尼，从而起到改变减振器软硬的作用。这种软硬改变的范围不大，而且是在厂家最先设定的基础上随着速度的变化而变化。TEIN公司的SYPER STREET与FLEX软硬可调的减振器如图3-80所示。而手动可调就是在此基础上通过旋钮来预先调整小孔的大小和数量来进行软硬的预设。

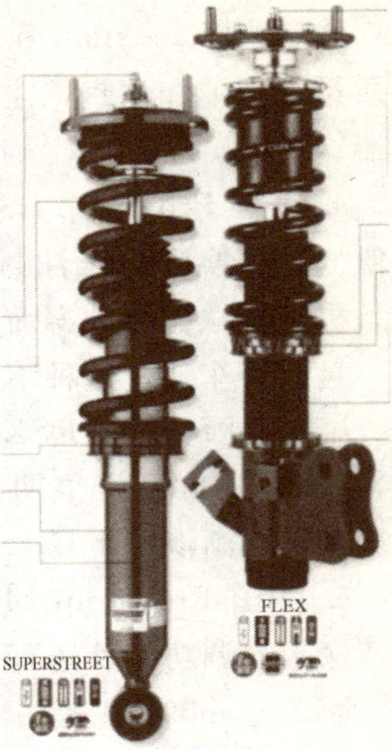

图3-80　TEIN公司的SYPER STREET与FLEX软硬可调的减振器

③ 氮气减振器　氮气减振器是指充填了氮气的减振器。实际起作用的还是减振器中的液压油，而液压油在减振器活塞的搅动和温升过程中会产生气泡，这样会严重地降低阻尼，使减振器失效，严重的时候会使液压油沸腾造成减振器泄漏。而充填氮气的道理就是增大减振器的内部压力，从而抑制气泡的产生，就和水箱加压后能升高水的沸点一样。选择氮气是因为氮气为惰性气体，不会和液压油发生反应。当然这也是和选用高质量的液压油和油封相结合的。

（5）目前我国市场用于改装的主流减振器的主要品牌

① 澳洲OME/IRONMAN和DOBINSONS减振器　两款产品均为低压氮气双向自调减振器，外观显得极为粗壮结实。其所有的技术特点均围绕“结实”两个字，如耐用的胶套、钢质防尘罩、粗壮的腰身和扎实的焊接、大直径的活塞等。低压氮气的使用主要是兼顾舒适性和越野性。这与澳洲人的用车习惯相符。多数澳洲人喜欢带齐所有装备旅行，车辆负载巨大，所以减振器必须结实。但是油封易漏油是

其主要的缺点。

② 美国 Pro-comp 和 Rancho 减振器　两款均是双向液压减振器、高质量液压油和油封，注重公路表现兼顾越野，是速率感知自调的减振器。

a. 美国 Pro-comp ES9000 减振器。是在 ES3000 的基础上充填高压氮气，并换耐高压油封，偏重越野表现兼顾公路，由于填充了氮气，提高了减振器的寿命以及耐用度。缺点是公路行驶感觉较硬，然而一旦提高车速，这种不适感会立刻消失，这就是自调功能的表现。

b. 美国 Rancho RSX 减振器。为液压双向专门偏重越野的减振器，应为 Rancho 最早期的产品，仅有有限的自调功能，现在 RSX 减振器已逐渐淡出市场。

c. 美国 Pro-comp MX6 和 Rancho9000 减振器。同为双向减振器，除带自调功能外还可手动调节。所不同的是 MX6 是六段手动可调，而 Rancho9000 是 9 段手动可调。但 MX6 充有高压氮气，而 Rancho9000 为全液压减振器。通过路试，MX6 最硬的一段比 Rancho9000 的要硬，而 Rancho9000 的最软一挡要比 MX6 软。

③ 美国 Standard Reservior Shock（带储气罐减振器）和 MX6 Reservoi Shock（可调压带储气罐减振器），MX6 Reservoi Shock 减振器为发烧级减振器，注重竞赛表现。配有可调压力储气罐，目的在于储存受热膨胀的液压油以及氮气，并可以通过储气筒上的充气孔调节氮气的压力来适应更加恶劣的竞赛路面，当然，其他零配件均为加强过的。其优秀的跟随性使得车辆在赛道上飞奔时车轮摇而车不摇。

至于价钱方面，虽然是贵一些，但也不是天价。因为与其他（如 F1）竞赛专用减振器的价格比较，要低不少。

（6）减振器改装的注意问题

① 根据车的用途选择减振器　如果车辆的用途主要是代步，那么可不用改装减振器，因为汽车经销市场上出售的原装整车，厂家都会使用较软而且较便宜的减振器，以降低成本并获得一般驾驶状态下最柔软舒适的行路性。

如果是喜欢高速驾驶和汽车越野运动的，要选择阻尼大的、感觉硬的、操控性好的减振器。

② 如何挑选好的减振器　改装时要先选定一品质好的品牌，然后再从这品牌的系列产品中选出适合的规格型号。一个好的减振器必须有高精密度的柱栓及密闭性良好的油封、高品质的减振油（优质的减振油是阻尼衰退及防止气泡现象的治本之道），再加上填充高压氮气的气室设计。当然最好是可调式的减振器。

目前改装市场上，常见的品牌中欧系的 Bilstein、KONI 以及日系的 GAB 都是口碑不错的主流产品，目前的新趋势则是针对特有品牌的专属改装套件品牌，如 TOYOTA（丰田）的 TRD、TOM'S，HONDA（本田）的 Mugen，NISSAN（日产）的 NISMO，都是很不错的产品。选定品牌后，就要面临搭配性的问题，在悬架改装过程中最棘手的问题就是减振器和弹簧的搭配。硬的减振器和硬的弹簧要相互搭配。因为弹簧的硬度是由车重来决定，而较重的车需要较硬的减振器。在赛车或高性能车上的减振器要比一般车上的硬，用以匹配较硬的弹簧。一般来说，最适合多山路况的悬架搭配，是以较软的弹簧（当然是渐进式的），配上较硬的可调式减振器，以减振器的硬度补充弹簧强度的不足，加上可自由调整的阻尼，从而获得高度的路况适应性。

（7）汽车悬架上采用弹性元件的分类及特点

悬架上采用的弹性元件有钢板弹簧、螺旋弹簧、扭杆弹簧、空气弹簧、油气弹簧、橡胶弹簧等。

① 钢板弹簧　如图 3-81 所示。由若干细长的钢片构成，是具有悠久历史的传统形式。其结构简单，配件少，制造成本低，不易断裂，易维修，非常适合减缓巨大的振动应力。但是钢板弹簧会增加非悬挂质量，路面附着性不如使用螺旋弹簧和扭杆的独立悬挂系统，此外，钢板之间的摩擦会使其不能缓冲一切细微振动，以致无法带来最舒适的驾驶状态。

② 螺旋弹簧　如图 3-82 所示。是十分常见的一种汽车减振弹簧，与钢板弹簧相比，其质量更小、更结实，尺寸更小、更灵活，在

相同的表面下，具有更大的弹性，此外由于不存在钢片间的摩擦，轻微振动能被较好地屏蔽。螺旋弹簧大多应用在独立悬架上，尤以前轮独立悬架采用广泛。有些轿车后轮非独立悬架也有采用螺旋弹簧作弹性元件的。

③ 扭杆弹簧　如图 3-83 所示。是依靠扭转时产生的回弹力工作的，所占空间小；调整车辆的高度较容易，但不改变行程。采用扭杆弹簧作弹性元件的悬架要设导向机构和减振器。扭杆弹簧与钢板弹簧相比，质量轻于钢板弹簧，且不需润滑，保养维修简便。

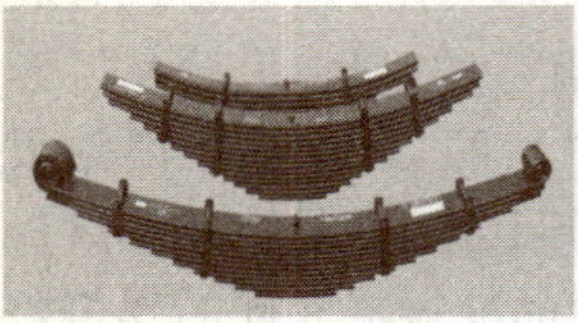

图 3-81　钢板弹簧

图 3-82　螺旋弹簧

图 3-83　扭杆弹簧

④ 气体弹簧　气体弹簧主要有空气弹簧和油气弹簧两种。

a. 气体弹簧如图 3-84 所示。是以空气作弹性介质，即在一个密闭的容器内装入压缩空气（气压为 0.5～1MPa），利用气体的可压缩性实现弹簧的作用。这种弹性元件叫空气弹簧，它分为囊式和膜式空气弹簧。空气弹簧在轿车上被采用，尤其在主动悬架中被采用。这种弹簧随着载荷的增加，容器内压缩空气压力升高，使其弹簧刚度也随之增加；载荷减少，弹簧压力也随空气压力减少而下降，因而这种弹簧有其理想的弹性特性。

b. 囊式空气弹簧由夹有帘线的橡胶组成的气囊和密闭在其中的压缩空气构成。气囊由耐油橡胶制成单节或多节，节数越多弹簧越软，节与节之间围有钢质腰环，防止两节之间摩擦。气囊上下盖板将空气封于室内。

c. 膜式空气弹簧由橡胶模片和金属压制件组成。它比囊式空气弹簧的弹性曲线更为理想，固有频率更低些，且尺寸小，便于布置，因而多用于轿车上，但价格高，寿命较短。

图 3-84　气体弹簧

图 3-85　油气弹簧

d. 油气弹簧如图 3-85 所示。油气弹簧以气体作为弹性介质，用油液作为传力介质。油气弹簧类型有简单式油气弹簧、不带隔膜式油气弹簧、带隔膜式油气弹簧（带隔膜式油气弹簧是将气体和液体分开，便于充气并防油液乳化）、带反压气室式油气弹簧（它有一个反压气室，相当于在简单油气弹簧上加一个方向相反的小简单油气弹簧，用以提高空载时的弹簧刚度，使空载、满载自然振动频率变化不大）。目前这些油气弹簧多用于重型车和部分小客车上。

空气弹簧和油气弹簧用在悬架中，由于它们只能承受轴向（上下方向）载荷，因此悬架中必须加设导向机构和减振器。

（8）汽车悬架弹簧的改装

① 弹簧改装的内容　车悬架弹簧的改装主要是要改善操控性，也就是要改用较硬的弹簧或是较短的弹簧。弹簧控制了很多有关操控的因素，弹簧的改变会造成很复杂的操控特性的改变。以硬度的增加来说，可提高悬架的滚动抑制能力，减少过弯时车身的滚动。而车高的降低则可同时降低车身的重心，减少过弯时车身质量的转移，提高稳定性，并兼顾美观的效果。

一般来说，弹簧的硬度选择是要由路面的崎岖程度来决定的，越崎岖要越软的弹簧，软的弹簧可以提供较佳的舒适性，行经较崎岖的路面时可保持比较好的循迹性。不过在行经一般路面时却会造成悬架系统较大的上下摆动，影响操控。

② 弹簧、减振器的配合

a. 弹簧与减振器的软硬配合。减振器主要用来抑制弹簧吸振后反弹时的振荡及来自路面的冲击。在经过不平路面时，虽然吸振弹簧可以吸收路面的振动，但弹簧自身还会有往复运动。减振器太软，车身就会上下不停地跳跃振动；如减振器太硬就会带来太大的阻力，甚至让弹簧失去弹性，妨碍弹簧的正常工作。在悬架系统的改装过程中，硬的减振器要与硬的弹簧相搭配，而弹簧的硬度又与车重息息相关，因此较重的车一般采用较硬的减振器。

在改装时需要不断地匹配尝试，以设计出最佳的减振器与弹簧组合方案，专业改装店一般都可以为车主找出最佳搭配。

b. 弹簧与减振器的长短配合。降低车身重心可以降低过弯时车身的质量转移和车身滚动，因此是一些车主改装的目标。降低车身最简单的方法就是从改变弹簧着手，使用短弹簧。

一般用于性能改装的运动型弹簧都会把车身降低大约 25～35mm，并把弹性系数提升 20%～30%，通过更换运动型弹簧可以增强车的抗倾翻能力，提高过弯速度极限，还可令车子看起来更有跑车味，更能吸引眼球。

如果更换的弹簧降低车身不到 25mm，强度增加在 15%之内，可考虑使用原装减振器，这种搭配不但经济，而且在改善操控和外观之余更可保持原车大部分的乘坐舒适感。

但应注意，不要一味降低车身，过分降低车身会影响减振器、弹簧、等速万向节和其他悬架关节的寿命，而且过低的车身也会对日常行车带来麻烦。

此外，在改装悬架系统时弹簧是主角，即应先决定弹簧的强度和长短，其他的配件如减振器等都是用来配合的。

建议：直接购买特别为某款车型定制的悬架套装，这样可以省去很多用于测试和调校的时间和精力，特别是名厂产品（如 KW、Bilstein、Koni 等），省时省心。一般的套装系统都配有调硬和减短了的弹簧加上高阻尼值的减振器，较为高挡的减振器还会有车体高度和本体长度的调节功能，更高挡的还有多种压缩和拉伸阻尼调校。

如瑞典 Ohlins 拉力赛用前减振器是为富士 WRX 赛车设计的，除轻金属（锑）制的本体、特长的筒身和大幅的高度调节范围外，外置氮气瓶还可以减低减振液温度和防止气泡产生，令减振效果更持久和平顺。

（9）衬垫

悬吊的连接、支柱、转向机构、防倾、减振器、弹簧都是经由衬垫和车身连接，以减少噪声和振动传入车厢。使用软的衬垫在转向或是承受刹车产生的转矩时，会因为衬垫的扭转、变形和其他定位角度的变化，破坏循迹性。对高性能车和赛车来说，衬垫必须采用对转向系统和悬吊系统影响较小的材质。如果更换了高性能的弹簧、减振器、防倾杆，再换上硬的衬垫，就可确保转向和悬吊的动作更精确，路感更强。

（10）弹性元件硬度的选择

由于弹簧主要的作用是提高舒适性和车轮的循迹性，所以弹簧硬度（弹簧的长度相同，弹簧卷的直径相同，弹簧螺距越大的越硬）的选择对行车舒适性和操纵稳定性都有着重要影响。

① 若弹簧硬度较高，遇到不平的路面时，汽车起伏明显，轮胎也会完全离开地面，若这种情况发生在加速、制动或转弯时，汽车将会失去循迹性。如果路面的崎岖度较大，那就需要比较软的弹簧才能确保轮胎与路面接触，同时弹簧的行程也必须增加。但如果弹簧的硬度较低，即弹簧“很软”，则很容易出现“坐底”现象。假如在转弯时发生坐底现象则可视为弹簧的弹性系数变成无限大（已无压缩的空间），车身会产生重量转移，造成循迹性丧失。当然如果汽车有着足够长的减振行程，或许可以避免坐底现象的发生，但车身重心也会变得很高，而车身重心的高低对操控性的表现有决定性的影响。而对于配备有良好空气动力学组件的汽车，软的弹簧在速度提高时会造成车身变高，造成低速和高速不同的操控特性。所以，弹簧的硬度较低，会提高舒适性，增加崎岖路面上车轮的循迹性，同时又会减弱车辆转弯时的循迹性，影响车辆的操纵稳定性能。

② 如果弹簧的硬度较高，可提高悬架的滚动抑制能力，减少转

弯时车身的滚动，同时车身高度降低可降低车身的重心，减少转弯时车身重量的转移，提高行驶稳定性，还可兼收美观的效果。但是弹簧的硬度较高又会带来崎岖路面上车轮循迹性的降低，为操纵稳定性带来负面影响，同时还会导致舒适性的明显降低。

一般来说，弹簧硬度的选择要由路面的崎岖程度来决定，路面越崎岖越要选择软的弹簧，但需要多软则是一个关键的问题，通常这需要经验的累积。由于软的弹簧可以提供较好的舒适性，所以对于经常行驶在较崎岖的路面上的车可采用较软的弹簧，能够保持比较好的循迹性；对于经常行驶在一般路面上的汽车，较软的弹簧却会造成悬架系统出现较大幅度的上下摆动，影响操控性，所以必须控制弹簧硬度。

（11）减振器改装的选择

改装减振器时可以先选定一个品质好的品牌，然后再从该品牌的系列产品中选出适合的规格型号。好的减振器必须有高精密度的柱栓、密闭性良好的油封和高品质的阻尼油（优质的阻尼油是阻尼衰退及气泡现象的根本解决办法），还要考虑填充高压气体的气室设计，而且优先选择阻尼可调式减振器。

（12）悬架改装实例

① 实例一　英菲尼迪 G35 改装 AIR FORCE 气压高低软硬可调减振器，并采用遥控器调整车身高度，以避免过低的底盘会刮到车底，可调高度为 4～6cm，调整过程如图 3-86～图 3-98 所示。

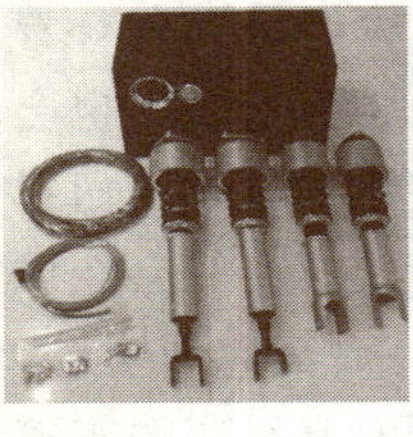

图 3-86　气压高低软硬可调减振套件

图 3-87　四套气压高低软硬可调减振器

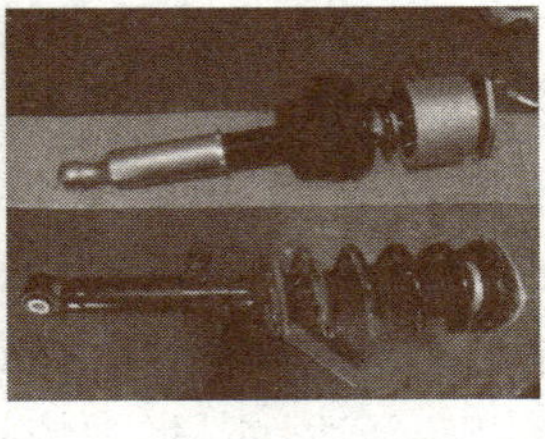

图 3-88　原车与气压高低软硬可调减振器对比

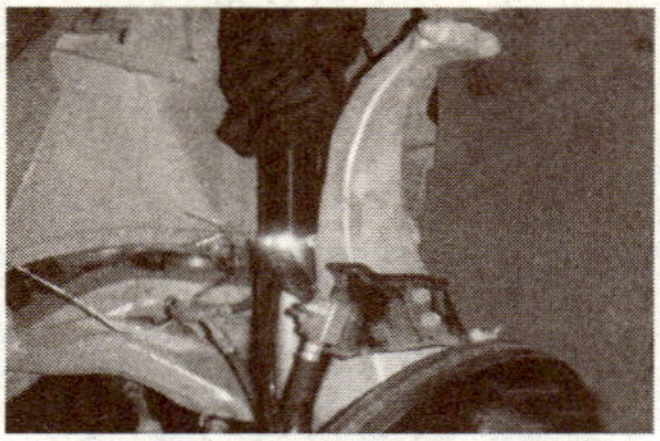

图 3-89　安装前悬架的可调减振器

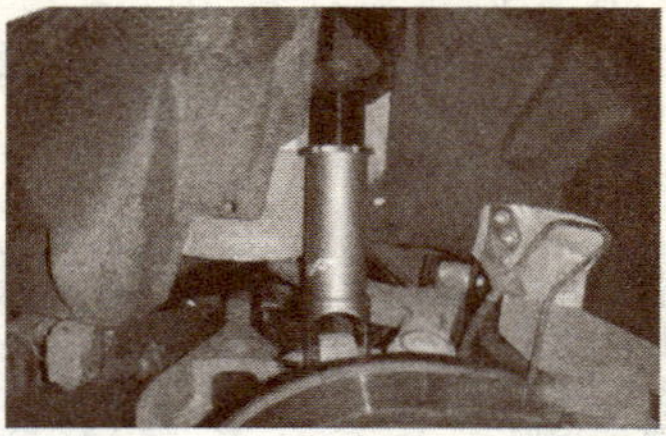

图 3-90　安装前悬架的可调减振器

图 3-91　自动充气的气泵

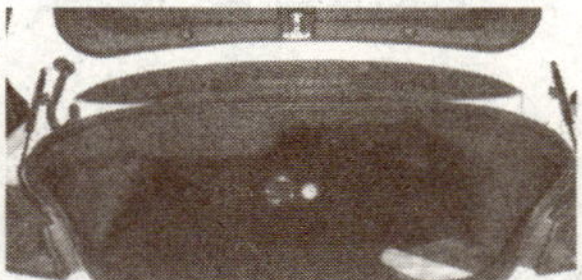

图 3-92　后备厢装置气泵

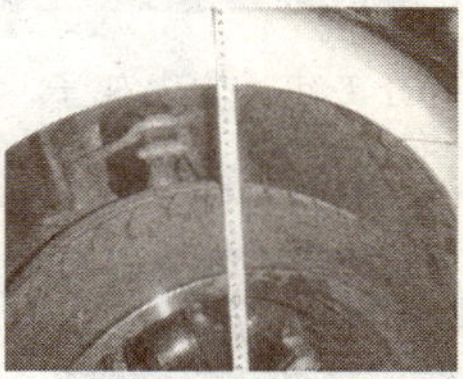

图 3-93　前轮边升高测量图

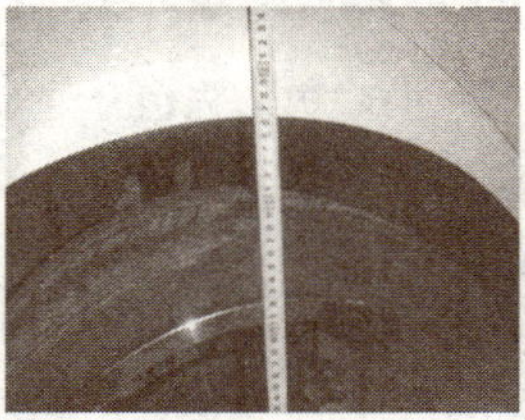

图 3-94　后轮边升高测量图

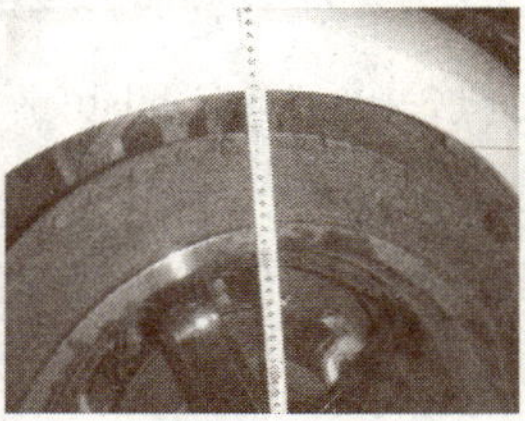

图 3-95　前轮边降低测量图

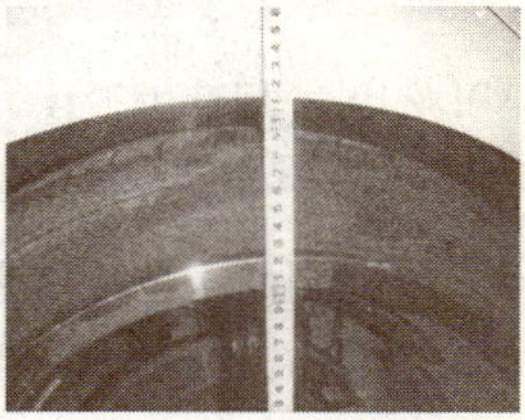

图 3-96　后轮边降低测量图

图 3-97　升高车身效果图

图 3-98　降低车身效果图

② 实例二　标致 206 改装 bilstein 减振器，目的是增强过弯的能力，当然也起到了降低车身，外表美观的效果，其主要过程如图 3-99～图 3-105 所示。

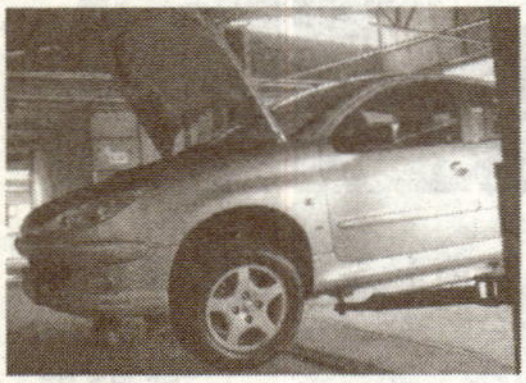

图 3-99　先上架子

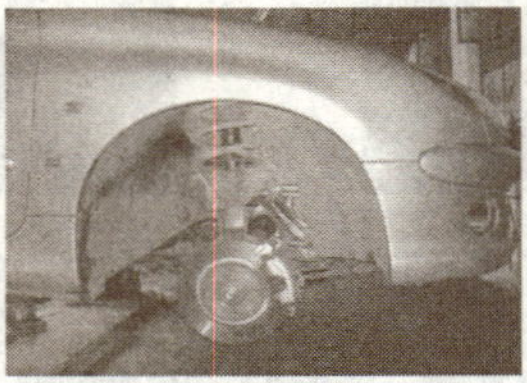

图 3-100　拆下前轮

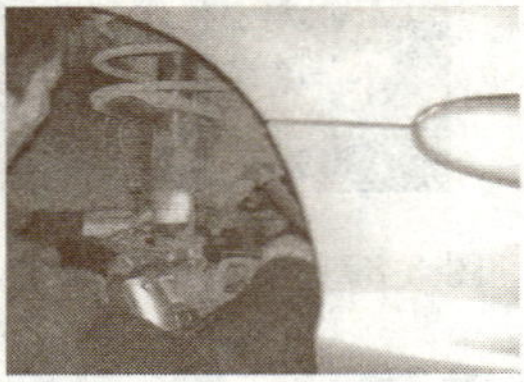

图 3-101　取下原车前减振器

图 3-102　用专用工具将原车减振器分离

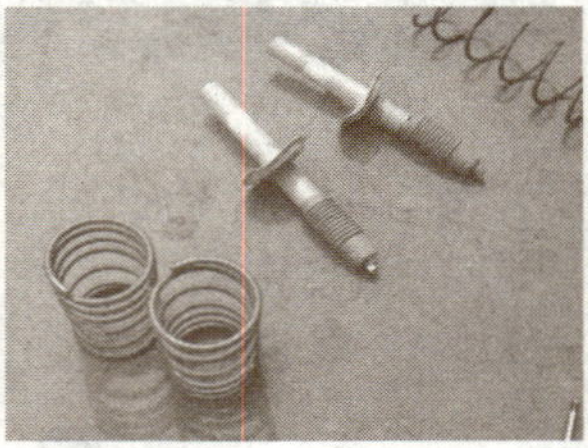

图 3-103　准备 bilstein 减振器

图 3-104　先组合

③ 实例三　铃木新维特拉汽车换装澳大利亚 Dobinsons 公司专为新维特拉设计的悬架。

图 3-105　装上前减振器

图 3-106　改装前的前悬架

图 3-107　改装前的后悬架

a. 改装前的前悬架如图 3-106 所示；改装前的后悬架如图 3-107

所示；原装车轮轮辋和轮胎如图 3-108 所示。

b. Dobinsons 全套部件如图 3-109 所示。

图 3-108　原装车轮轮辋和轮胎

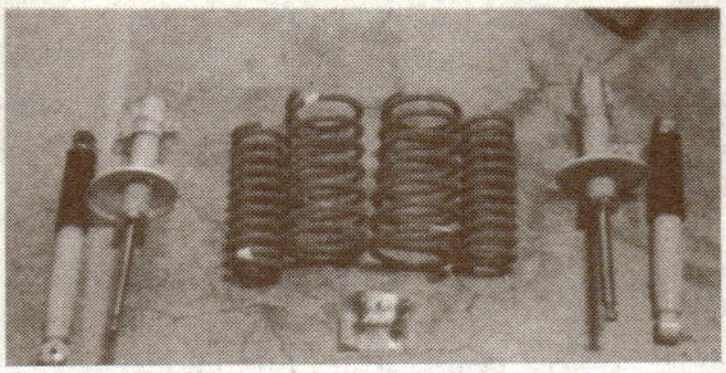

图 3-109　Dobinsons 全套部件

图 3-110　前悬架减振器的改装件与原件

c. 前悬架减振器的改装件与原件如图 3-110 所示；前悬架弹簧的改装件与原件，改装件比原件略长一些，如图 3-111 所示；减振器与弹簧组合后的改装件与原件如图 3-112 所示；前悬架减振器与弹簧安装后效果如图 3-113 所示。

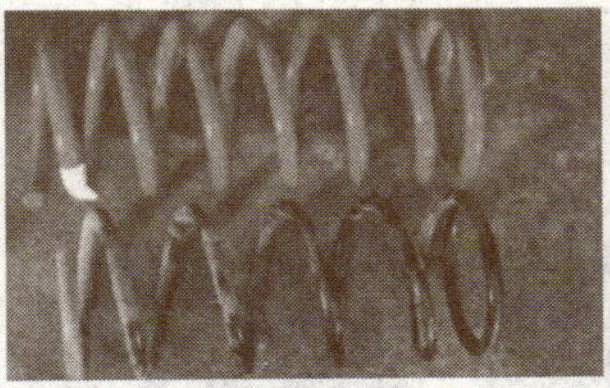

图 3-111　前悬架弹簧的改装件与原件

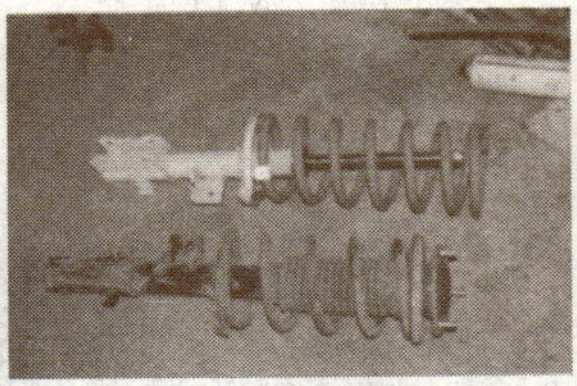

图 3-112　减振器与弹簧组合后的改装件与原件

图 3-113　前悬架减振器与弹簧安装后效果

d. 预装前车轮和轮胎，如图 3-114 所示。

e. 后悬架减振器与弹簧的改装件与原件如图 3-115 所示；后悬架减振器与弹簧安装后效果如图 3-116 所示。

f. 将原装 17in、偏置距值为“45”的轮毂换为 15in、偏置距值为“－7”的轮毂。轮胎采用百路驰 30×9.5R15 的 AT 胎，换装轮毂和轮胎后的效果如图 3-117 所示。从侧方看比车身多出的宽度大约有 2mm，如图 3-118 所示。后轮轮眉和轮胎距离如图 3-119 所示。

g. 改装后效果，从前侧面看整车效果如图 3-120 所示；从侧面看整车效果如图 3-121 所示；从车身后面看整车效果如图 3-122 所示。

图 3-114　预装前车轮和轮胎

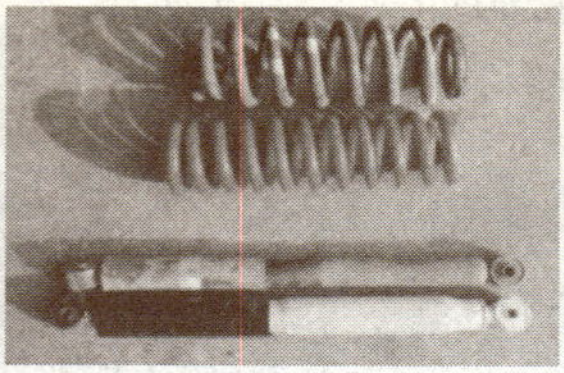

图 3-115　后悬架减振器与弹簧的改装件与原件

图 3-116　后悬架减振器与弹簧安装后效果

图 3-117　换装轮毂和轮胎后的效果

图 3-118　从侧方看比车身多出的宽度

图 3-119 后轮轮眉和轮胎距离

图 3-120　从前侧面看整车效果

图 3-121　从侧面看整车效果

图 3-122　从车身后面看整车效果

3.4 转向系统的改装

一些车主在方向盘上安装了一种叫作助力球的“小方向盘”，如图 3-123 所示。据介绍，安装“小方向盘”可以单手驾车，不耽误用另一只手打电话、抽烟，转弯或调头时也非常省力、敏捷。这种叫作助力球的“小方向盘”有10多种款式，有轮状也有球状，价格从十几元到几十元不等。一家汽车装饰店的工作人员说，“小方向盘”安装很简单，只需要夹在方向盘上用螺栓固定住就行了，好一些的还可以调换角度。“小方向盘”是利是弊，驾驶员们反映不一。上了年纪的司机多数表示，它碍手，没什么用处；一些年轻人则表示，用它单手驾车很轻松，看起来也挺“酷”。“小方向盘”原本用于在厂房等狭小空间作业的叉车上，便于驾驶员一边驾车一边作业。而用于路面驾驶则会产生极大的安全隐患。根据全国教学大纲，驾驶员在转弯或调头时必须“双手十字交叉”把握方向盘，而用“小方向盘”单手控制，因为它的体积太小，如果出汗手滑将会产生车辆“不稳定”，容易造成车辆摆动幅度过大出现失控问题。

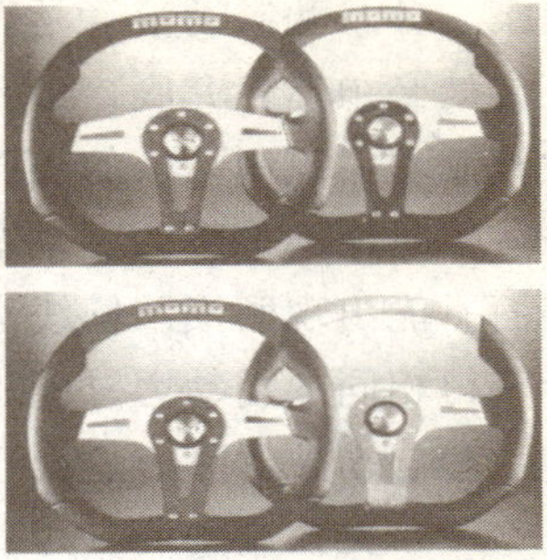

图 3-123 小方向盘

交警部门表示，车辆安装“小方向盘”触犯了道路交通安全法规。车辆擅自安装“小方向盘”属于妨碍安全行驶的行为，触犯了道路交通安全法规，发现后将被处以罚款。

3.5 制动系统的改装与实例

3.5.1 制动系统改装的主要内容

在汽车改装中，当改装了动力、灯光、轮胎之后，为了配合整体效果，制动也是必不可少的改装项目。制动系统对运动型汽车是保障行车安全最重要的部分，对一些拥有大功率改装车的车迷来说，强有力的制动甚至比发动机增压还重要。毕竟车子光有强劲的加速动力却不能及时地停下将会导致严重后果。一般改装过程如下。

（1）改装前的检视

制动改装之前必须先对原有制动系统做一全面的确认。检查制动总泵、分泵和制动液管是否有渗油的痕迹，如果发现有任何可疑的痕迹之处必须追根究底，必要时将有问题的分泵、总泵或制动管换掉。检查制动盘或制动鼓的表面平整与否，制动时的异响或不平衡的制动往往都是因不平整的制动盘（鼓）表面而来。对盘式制动系统来说，表面不能出现磨损凹槽线沟，而且左右盘片的厚度必须相同，如此才能获得相同的制动力分配。此外必须确保盘片不会受到侧向的撞击。盘片和制动鼓的平衡也会严重影响车轮的平衡。

(2) 更换制动块（片）

更换高性能的制动块（又叫制动片、摩擦片，如图 3-124 所示）是提高制动力最直接、有效、简单的方法。

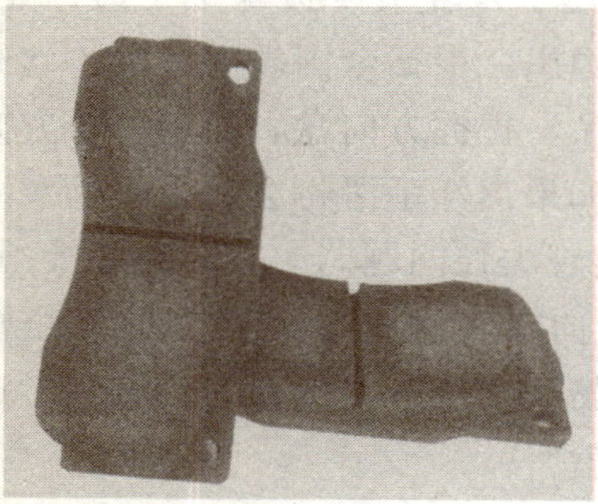

图 3-124 制动片

目前高性能的制动块大多采用碳纤维和金属材质（铸铁、铝合金）为主要原料并强调不含石棉的环保配方。由于制动块的性能就在于材质的配方，而消费者并不能从产品标示中得知实际的材质，因此制动块的选择除了以厂商所提供的摩擦因数-温度曲线及适用工作温度作为依据外，只能从配件商店获得信息。

以制动块（片）来说，基本上可分两类，一类是普通驾驶用，原厂的制动块由于要照顾到成本、耐用、清洁和低温功效等要求，一般来说摩擦因数不会很高（大概在 0.4 以下），操作温度为 50～300℃；在连续多次使用后便会发生效能衰退。所以，更换高性能的制动块（片）就是普通车改装运动型汽车的第一步。

另一类是赛车用，操作温度为 250～850℃。高温的制动块不仅仅是价格高，而且还不适合在普通道路上使用，因为它在未达到操作温度之前，根本就不能发挥其制动的作用。

选择高性能制动块时要注意不要过分注重大摩擦因数和超高温，因为摩擦因数太高会使得慢速行驶时的制动动作变得太敏感，每次轻触制动踏板都会令车上的乘客“人仰马翻”。此外制动盘也会因磨损增大而降低寿命。且耐高温型号的制动块在低温时的效果其实并不好。

建议：一般车迷可选购工作温度为0～500℃、摩擦因数值在0.4以上的“运动型”制动块，它能满足大部分路况的需要，IDI、PFC、Ferodo和Projeetmu牌子产品都有此类型选择。

此外，听制动的声音是了解制动系统故障的一个重要途径。严重的摩擦声表示制动系统需要检查或更换制动块。特别对于大多数改装升级后的盘式制动器来说，制动时的尖叫声就是在提示应更换新的制动块了。

图3-125 制动钳

(3) 更换制动钳（图3-125）

换一套大型多活塞的制动钳能直接提高制动性能。道理很简单，制动钳大了，配用制动块的总面积也大了；制动钳活塞越多，施加在制动块上的压力和产生的温度就越均匀，还可增加活塞的总面积，制动效能当然就好了。

目前市场上改装用的制动钳分为原装和非原装两类。原装的产品通常是采用较大直径或多个钳活塞的设计。

非原装的制动钳，差不多全是赛车用产品，并且采用多活塞的设计，安装时必须配合俗称“桥”的特制转接支架。这类产品除了活塞施压面积较大之外，重量都特别轻，能减轻悬架负重而加快悬架活动速度。若配合直径较大的制动盘使用，这些轻量钳便可抵消制动盘增加的质量。

(4) 更换制动盘（制动碟，如图3-126所示）

制动盘除了提供制动力之外，另外一个重要功能是散热。一个大面积的制动盘也是一个高效率的散热器，负责把制动时产生的热能扩散到空气中。因此单纯从性能的角度看制动盘是越大越好，可是制动盘的尺寸受到轮圈大小的限制。

如果一定要改用直径较大的制动盘，则轮圈也需要换成较大直径来配合。无论怎样设计的制动盘，哪怕用原装制动钳和制动块，再改

图 3-126　制动盘

用直径较大的制动盘，都能使制动性能提高。这是由于直径较大的制动盘，制动力点与转动轴心的距离较远，所以即使施以同样的制动踏板压力，也可获得较大的制动力。

改装制动系统时要注意平衡前后制动力分布，过大的制动力容易使轮胎抱死。如果后制动力过大，会造成制动时后轮抱死甩尾。

改装制动盘，基本会对以下 3 个方向进行升级。

① 加大盘面尺寸　随着制动盘直径的增大，制动盘的表面积也随之增大，表面积越大产生的摩擦力也会越大，并且随着力矩增加，产生的制动力也相应增大。

② 盘面画线和使用通风碟　摩擦面上的旋转放射状坑纹除了有助于把在高温摩擦时产生的粉屑引走和排出热气之外，还可以避免制动产生的粉屑留在制动片和制动盘之间，造成打滑和制动盘的不正常磨损，降低摩擦因数。通风碟的透风中空设计也是要降低和平均碟内外两面的温度，减少制动盘因为碟片两面温度的不同而发生的变形。

③ 盘片打孔　打孔有两个直接作用，一个是加强制动盘的通风效果，促进冷却；另一个是减轻制动盘的重量，达到轻量化的目的。还可以起到引走刹车粉的作用，但会减少摩擦面积和影响制动蹄片的耐用性。

画线和打孔对制动都没有直接的帮助，它们的作用主要是提升制动系统在极限状态的功能。另外，要注意制动盘的平衡性，如果使用自行加工或者非正式的制造厂家生产的制动盘，由于没用专用的仪器来测量制动盘的平衡性，这样的制动盘在装车后会造成盘面和制动蹄片的磨损，使用寿命很短，制动反而比原来还弱。同时为了对应不同尺寸的轮辋，制动盘的选用也是有要求的。一般的规则是：15in 的轮辋对应直径 285mm 的碟盘，16in 的对应 305mm 的碟盘，17in 的对应 335mm 的碟盘，18in 的对应 355mm 的碟盘。

（5）制动液

① 更换制动液　制动系统改装后需换上高性能的制动液。当制动液因为高温而劣化或是吸收了空气中的水分，都会造成制动液的沸点降低，沸腾的制动液会使制动踏板踩空而失灵，这种情况在剧烈、频繁地使用制动时会突然发生。

制动液必须定期更换，开封后保存时要将瓶口密封，以避免空气中的湿气接触到制动液。有些车种会限制所使用制动液的品牌，因为有些制动液会侵蚀橡胶制品，必须参考使用手册上的说明。更重要的是不要将不同的制动液混合使用。对一般道路用车来说制动液应该每一年更换一次，对赛车来说则要每次比赛后就应更换。

制动液本身必须要有良好的流动性，才能迅速地传递压力，而制动液的选用要领主要在其沸点的高低。沸点越高的制动液，其等级也相应越高。以 DOT3、DOT4、DOT5 的规格而言，DOT3 的干沸点为 205℃，湿沸点为 140℃；DOT4 的干沸点为 230℃，湿沸点为 175℃；DOT5 的干沸点为 260℃，湿沸点为 180℃。干沸点是指制动液还没有开封使用时的沸点，此时耐温能力较高；由于制动液极易吸收空气中的水分，水分渗入制动液中，就成为低沸点的湿沸点工作状态了。使用之后，制动液的沸点测试非常重要。平均每行驶 4 万公里就应该更换一次制动液。若未达到这个里程，则每年都应该更换一次制动液，以确保其品质。

② 强化制动管路　一般制动系统都会有一段软质的橡胶管，用来配合悬架的活动。但是橡胶本身是有弹性的，承受制动系统的液压力后会产生变形，造成管径变化，从而降低了制动液液压的传递效果，使制动器活塞无法产生稳定的制动力。这样的情况会随着使用年限及剧烈的操作而加剧。

负责传递制动液压的油管也是改进制动系统的重点。从制动总泵到车底的部分通常是以铜管连接的，铜管的强度较高，变形较少，这部分一般不会出现问题。但为了配合轮胎与悬挂伸展的活动空间，在制动钳的前部，原厂都会使用橡胶包覆的铁弗龙（特氟龙）管来连接。橡胶本身是有弹性的，承受制动系统的液压力就会产生变形，造成管径的变化，降低了制动液液压的传递效果，使制动分泵无法产生稳定的制动力。随着使用年限及制动系统剧烈的操作而加剧变形的程度，而且橡胶用久了会有疲劳现象，原本应该传到制动钳分泵的压力会因为管路的弹性膨胀而损失，实际传到制动蹄片上的压力就会变小，而采用金属油管则可解决这个问题。这种金属油管是可承受高压、高温的，内层为铁弗龙材质，外层包覆金属蛇皮管。这种管路提供了优良的液压传递效果，使由制动总泵传来的液压能完全用来推动分泵的活塞，提供稳定的制动力。此外，金属材质也有不易破损的特性，可大幅减少油管破损造成制动失灵的概率。

（6）增加制动踏板力

假如用力将制动踩死但却无法使车迅速停住，那么表示踏板所产生的制动力不足，这是非常危险的。

要增加制动踏板力可先从加大制动助力器着手，换个尺寸较大的助力器，但是加大幅度应有限度，因为过度加大的真空辅助力会让制动失去渐进性，制动一踩就是踩死，如此一来驾驶人就无法有效、稳定地控制制动。最理想的是通过改装总泵和分泵来提高制动踏板力。改装分泵和夹具时可同时配合加大碟盘的尺寸。

（7）制动的冷却

如果制动时车轮没有抱死，那么大部分热能会被制动部件吸收，这些热能如果不能迅速散失，将会导致制动块或制动液过热，使它们的工作效能大大降低，因此在改装制动系统时，每一个环节都和温度有关系。

温度过高是制动块性能衰退的主要原因，所以制动块的冷却就变得格外重要。对盘式制动块来说冷却空气应该直接吹向夹具。如能经由适当的管道或是经由特殊设计的轮圈在行驶时将冷空气导入夹具就可加强散热，降低温度。此外如果轮圈本身的散热效果良好也能分担部分来自碟盘和夹具的热量。开槽划线、钻孔、挖坑或是有通风设计的通风碟盘，也都有助于散热。

3.5.2 制动系统改装的技术要点

制动的基本原理是把车轮转动的能量经摩擦片的摩擦转化为热能，再由制动盘把热能散发至空气中。如果制动时车轮没有抱死，那么大部分热能就会被制动系统的各个部件吸收。这些热能如果不能迅速散失，将会导致摩擦片或制动液过热，使其效能衰退，行车安全受到威胁。增大摩擦力并加强散热能力能较好地提升制动性能，这可以通过改装摩擦片和加大制动盘的尺寸等来实现。

3.5.3 选择适合的制动片

改装用制动片也好，原厂产品也好，如图 3-127 所示，都有产生最佳效果的温度区域。如果仅仅是在城市街道上使用的，工作温度为 500～600℃即可；如果经常在赛道上或者高速行驶的，就应该选择工作温度为 800℃或者以上规格的产品。事实上，一般使用温度都是低于 800℃的。

3.5.4 防止制动片压出异响

经常在踏下制动踏板后，制动片会发出“吱吱”的异响。这是摩擦使得周边的部件产生共鸣所导致的。只要用锉刀或砂纸将制动片的四角锉掉一点，就能够有效消除这种异响了，如图 3-128 所示。

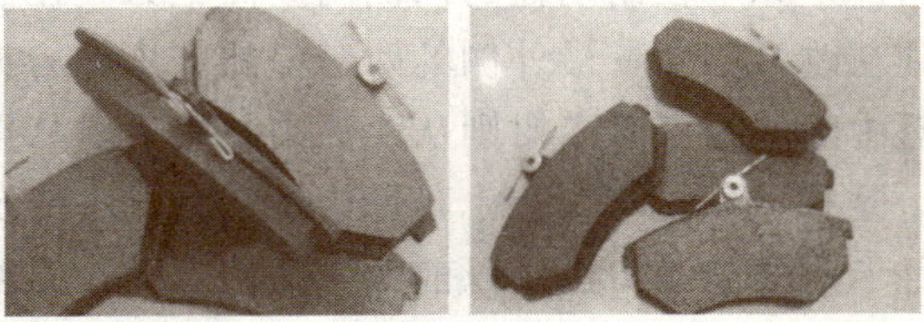

图 3-127　制动片

图 3-128　清除异响

3.5.5 汽车制动系统的高级配置

汽车的制动系统还有一些新的高级配置，具体介绍如下。

（1）陶瓷制动盘

这种新材质的制动盘非常耐磨，可以经过30万公里的使用都无须更换，而且已经商业化量产成功，在一些性能车、豪华车上都可以选配，如保时捷的911Turbo、奔驰的AMG版性能车等都有安装。

（2）自动手刹

新近推出的许多顶级豪华车款，如Jaguar的XJ系列、BMW新大7系列，也都配备了很高级的电子控制手制动系统，停下车子之后，驾驶人只要轻轻一拨，透过电子信号的传输，加上电动机作用，手制动就会自动拉上。

如BMW新大7系列的手制动，驾驶人还可以通过方向盘机柱旁一个小小的扳片，选择手动或自动控制手制动，当行车电脑的液晶显示屏幕变成绿色显示的时候，手制动系统就会进入自动模式，车子只要完全静止，手制动就会自动拉上。如此一来，不论是停下等红灯，或是车子处在上/下坡位置，驾驶人都无须像开传统的车子一般，右脚必须一直踩着制动踏板。等到交通灯号变绿，驾驶人要再度起步时，只要油门踏板感应到压力，手制动就会自动放开，让车子行进，方便了驾车人的驾驶。

（3）ADS制动系统

一项新的制动系统诞生了，就是汽车零组件大厂Delphi研发成功的ADS（Advanced Disc System）制动系统。

把一片制动盘改成两片，原本在制动盘的两侧向里面施力夹住制动盘的两套卡钳活塞，现在改为三套，最外侧的两套依然向里施力夹住制动钳，位于两片碟盘中间的第三套卡钳则从两侧向外施力，从里向外顶住转动的制动钳。这样。新的ADS制动不但散热面积比传统式的碟盘增加1倍，而且卡钳的制动力也比以前大1.7倍，工作温度比以前低100℃，而且制动时的噪声也降低许多。

3.5.6 改装用盘式制动器特点

对常用的高性能制动盘的性能对比如下。

① 分体式制动盘可减轻其本身的重量，但成本较高。

② 通风式制动盘的透风中空设计是为降低和平均制动盘内外两面的温度，但成本不低。

③ 刮坑式制动盘，在盘摩擦面上刮坑，摩擦面上的旋转放射状凹坑有助于散热，还能把在高温摩擦时产生的粉末导出，避免其留在摩擦片和制动盘之间，降低摩擦因数。

④ 钻孔式制动盘则兼有散热、减重和导出制动时产生粉尘的作用，但会减少摩擦面积并影响摩擦片的耐用性，因为钻孔会使盘表面出现不均匀的磨损，增加制动盘的脆弱点，使盘表面出现龟裂，缩短其使用寿命。钻孔式制动盘的散热能力比刮坑式制动盘更好。

3.5.7 改装制动片实例

① 松开制动卡钳　首先将点火开关转至通电状态，向外侧转动方向盘，拆下轮胎就能够轻易看见制动卡钳的后部。使用套筒将固定卡钳的螺钉拆下，就能够打开卡钳取下制动片了，如图 3-129 所示。

② 拆下制动片　打开卡钳之后，用一字螺丝刀轻轻使劲就能撬下制动卡钳内的制动片，如图 3-130 所示。一部分车中制动片由特殊的卡簧固定，请注意不要弄丢。

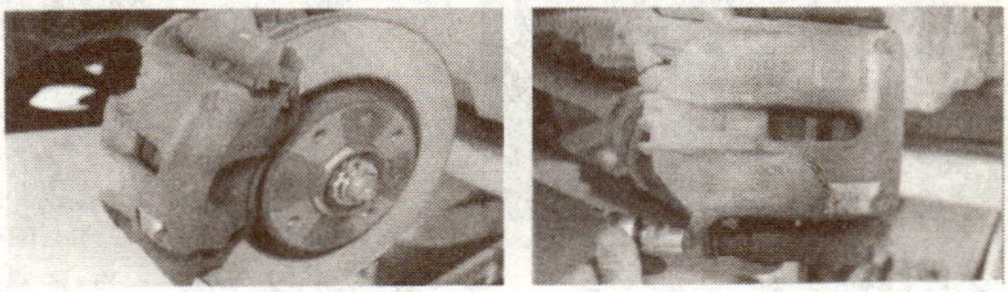

图 3-129　转动卡钳与松掉螺钉

图 3-130　拆下制动片

③ 检查制动片　拆下制动片以后对制动片的磨耗情况进行检查，如图 3-131 所示，磨耗严重的则予以更换。注意在制动片的背部有一片薄金属片，这是用来防止制动片发生异响的，清洁之后可以装回去。

④ 抽出制动液　此时检查制动总泵中制动液液面的位置，如果处于最高液面，在更换了新的制动片以后，制动液液面有可能会上升，导致制动液溢出，所以应该预先抽出若干制动液，如图 3-132 所示。可以使用吸管吸出，或者用抹布吸取。

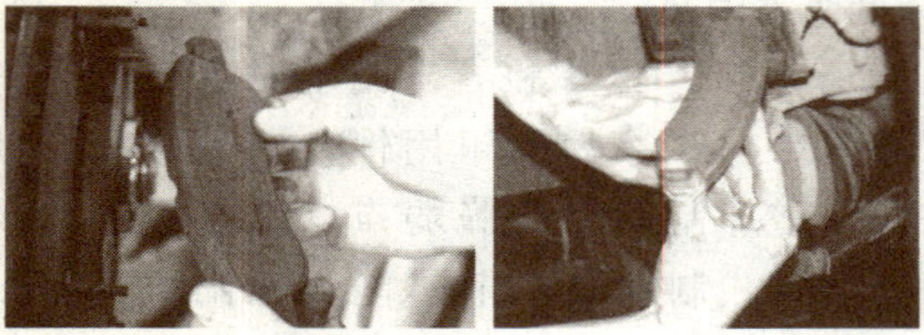

图 3-131　检查制动片

图 3-132　抽出制动液

⑤ 检查活塞　在更换新的制动片以前，应该检查一下制动活塞的防尘套有否破损并顺便对活塞和卡钳予以清洗，如图 3-133 所示。如果防尘套破损，灰尘和异物将有可能进入卡钳内部导致内部机件损坏。

⑥ 施工完毕　更换制动片、安装卡钳之后，务必坐在驾驶室大力踏下制动踏板数次，利用油压使卡钳中的活塞复位。然后检查制动液液面高度，如果有减少应补充至正常状态，如图 3-134 所示。

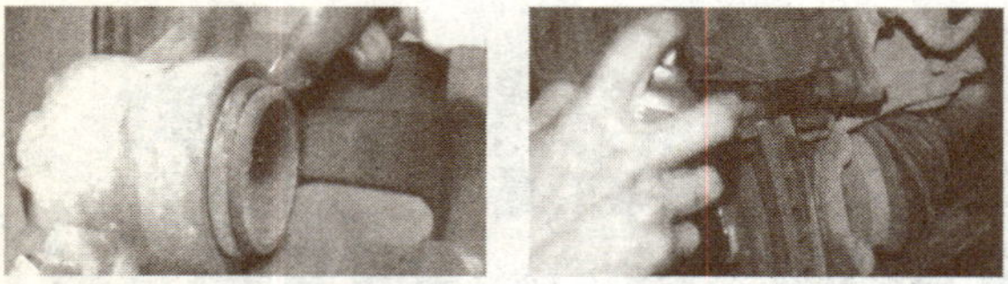

图 3-133　检查活塞与清洗卡钳活塞

图 3-134　施工完毕

3.5.8 改装制动片更换制动液实例

① 选择制动液的判断基准　一般来说，DOT3 是普通车用的；DOT4 适合改装车使用；DOT5 是用于赛车的。

② 打开盖子　首先打开发动机舱位于方向盘位置的制动总泵的

盖子（打开以后盖子应该找一个合适的位置放置，制动液的成分会伤害到汽车的漆面，所以需要妥善放置），如图 3-135 所示。

③ 补充制动液（图 3-136） 加入时应注意制动液的飞溅，制动液有腐蚀作用，一旦溅出应立刻用清水冲洗。制动液是水溶性的，只要在发生腐蚀之前立刻用清水冲洗就行了。

图 3-135 打开盖子

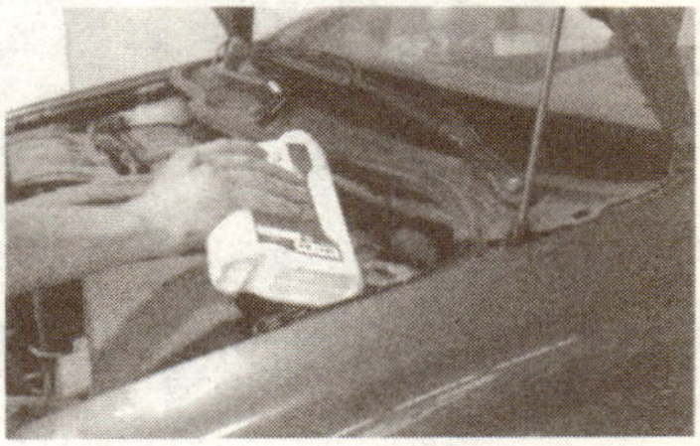

图 3-136 补充制动液

④ 气泡排除顺序 原则上从制动总泵最远位置的轮胎开始排除气泡。也就是说从右后轮开始排气泡，然后是左后轮、右前轮、左前轮。举升汽车及踩下制动踏板如图 3-137 所示。

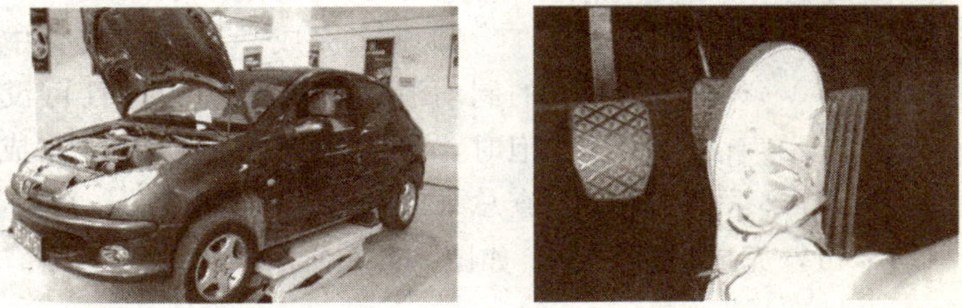

图 3-137 举升汽车及踩下制动踏板

⑤ 排除气泡 制动卡钳上有一个供排除气泡用的阀门，一般此阀门由一个橡胶套盖住，取下橡胶套连接上一根橡胶管就能够进行排除气泡作业了，如图 3-138 所示。

作业时需要一人坐在驾驶室内踩住制动踏板，将气泡从制动回路中排出。方法是：连续数次踩下踏板，将旧的制动液压入制动卡钳

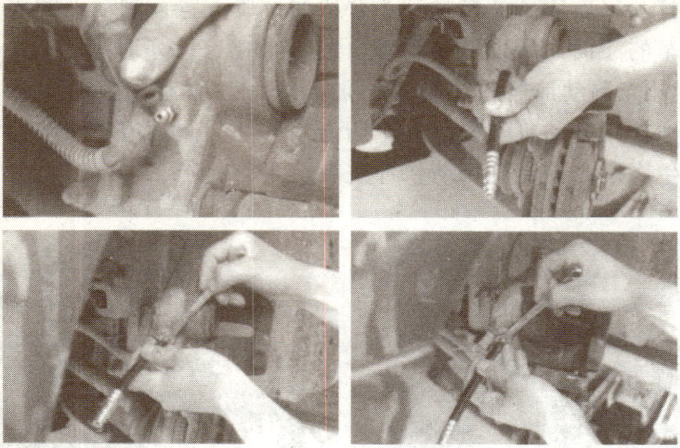

图 3-138 排除气泡

中，然后大力牢牢踩住踏板不放，此时另一人将制动卡钳上的排气阀门松开，旧的制动液和回路中的气泡就从橡胶管中被排出。如此反复 4～5 次，气泡就会逐渐减少直至消失。然后再进行另一侧的排气作业。

⑥ 施工完成 当从橡胶管中流出的制动液颜色成为新的并且再没有气泡时，说明制动液更换已经完成。检查总泵制动液液面位置后，关上盖子，清洁制动卡钳，完成全部作业，如图 3-139 所示。

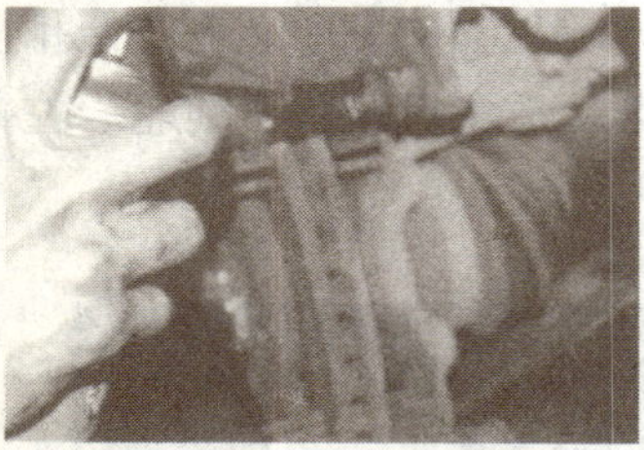

图 3-139 清洗制动卡钳，完成全部作业

3.5.9 改装盘式制动器实例

下面以改装 ALCON 盘式制动器为例，介绍改装操作过程。

① 拆下车轮，如图 3-140、图 3-141 所示。

② 拆下原车制动钳与制动盘，如图 3-142 所示。

③ 清洁轴头表面，用砂纸或钢刷清洁表面铁锈与杂质，如图 3-143 所示。

④ 清洁仰角表面，用钢刷、铜刷、铲刀或细砂纸清除表面的铁锈或固定胶，如图 3-144 所示。

图 3-140　拆螺栓

图 3-141　拆下车轮

图 3-142　拆下原车制动钳与制动盘

图 3-143　清洁轴头表面

图 3-144　清洁仰角表面

⑤ 将 ALCON 桥位与仰角固定，使用扭力扳手用 108N·m 力矩固定，如图 3-145 所示。

⑥ 将 ALCON 制动块镶入制动钳，如图 3-146 所示。

⑦ 将 ALCON 制动钳以及制动盘装上并紧固，用车轮螺母或螺栓将制动盘紧固在轴头上，使用扭力扳手用 108N·m 力矩固定制动钳，安装前在固定螺栓上涂抹专用螺栓胶，如图 3-147 所示。

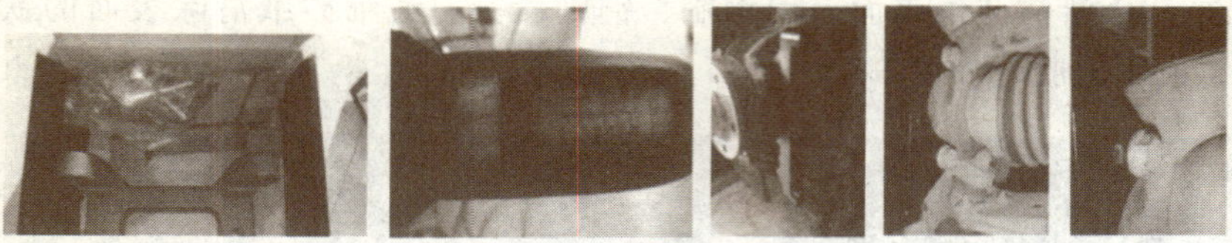

图 3-145　将 ALCON 桥位与仰角固定

图 3-146　将 ALCON 制动块镶入制动钳

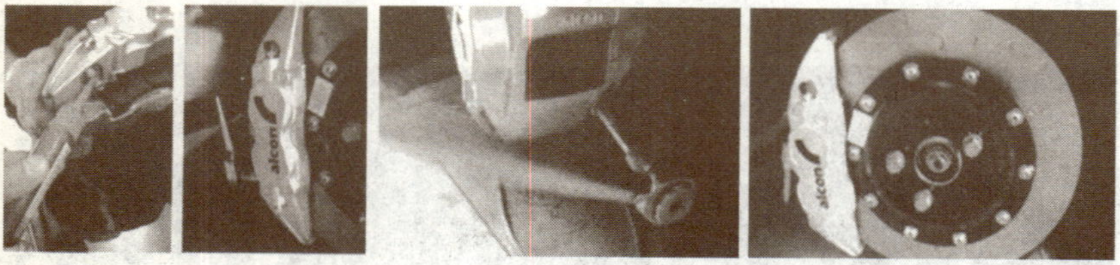

图 3-147　将 ALCON 制动钳以及制动盘装上并紧固

⑧ 用扭力扳手再次紧固仰角与制动钳螺栓，如图 3-148 所示。

⑨ 用塞尺测量制动钳和制动盘之间的间隙，间隙可允许 0.1～0.2mm 的偏差。如果间隙不符合以上标准，则需用薄垫片调整制动钳和制动盘之间的间隙，视情况将 0.5mm 垫片放置于制动钳支架和转向节“耳仔”。

⑩ 装上制动钢喉并调整好位置与角度，如图 3-149 所示。

⑪ 更换制动液，排除空气。要彻底排空原车制动液，排空制动液管内部空气。

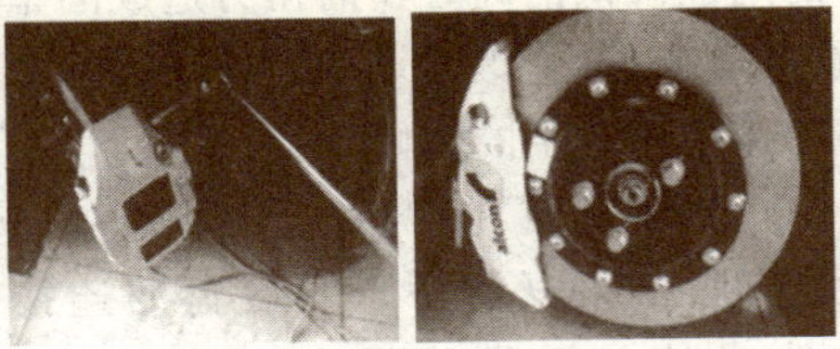

图 3-148 再次紧固仰角与制动钳螺栓

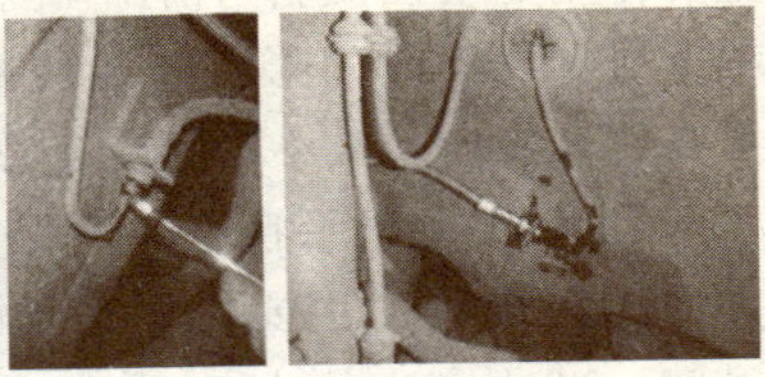

图 3-149 装上制动钢喉并调整好位置与角度

⑫ 装上车轮，并用扭力扳手将车轮螺钉或螺母拧到规定的力矩（原厂参数），如图 3-150 所示。

图 3-150 装上车轮

3.6 加装平衡杆的改装与实例

3.6.1 平衡杆的种类

根据使用目的与功能的不同平衡杆，可分为以下几种。

① 前轮下摆臂平衡杆（原车必备配件）设计安装于前桥与前轮的单独连接，主要作用是控制前轮的内外侧倾角。

② 方向前束平衡杆（原车必备配件）设计安装于两边的前轮下摆臂上，控制方向前轮的整体对称，主要作用是控制前轮的前倾角，保持方向轮的循迹能力。

③ 前轮减振平衡杆（选装件）设计安装于前减振塔的位置上。

主要作用是增强机舱与前部车身的刚性，抵消离心横向扭力造成的车架形变（严重时的形变能造成减振塔撕裂），改善车辆的过弯能力，提高过弯速度，减小车身受离心力作用而产生的侧倾角度。

④ 前底横梁平衡杆（选装件）设计安装在前桥与车架底盘前方的连接部位。主要作用是增强前底横梁（前桥）与底盘的连接强度，减小离心力与车身扭曲造成的前桥位移形变，改善过弯性能。

⑤ 后轮减振平衡杆（选装件）设计安装于后减振塔的位置上。主要作用是增强车尾箱的强度，减小车厢后部由于离心力造成的横向扭曲，减小过弯时车尾部的侧倾角度，提高车辆过弯性能。

⑥ 后桥悬挂增强平衡杆（选装件）设计安装于后桥与车架底盘后方的连接位置上，主要作用是加强后桥与车架的连接强度。

⑦ 车架（车身）底盘增强平衡拉杆（组件）设计安装于车架底盘的中间部位，主要作用是加强车架底盘的整体刚性。

平衡杆的取材非常讲究，不是普通钢材所能轻易取代的，既要求质量尽量小，又要求其配合车身材料的硬度，达到与之刚柔并济而形成一个融洽的整体。可选用 7005 民用航空铝材制造的平衡杆，7 字头的铝材要优于 6 字头的。除此之外还有铝镁合金、弹簧钢材等材质生产的平衡杆。

平衡杆通常是指顶把和防倾杆。顶把是连接车身两侧前、后减振器顶的加强车身刚度用的连接杆，也叫刚性拉杆。防倾杆是指连接同轴两个车轮和车身底部的有一定弹性的金属杆。

加装平衡杆的目的就是增加车身对外力的承受能力，产生较少的车身变形，在车辆转向时可以提高转向的灵敏度和车辆的操控性。

3.6.2 防倾杆的改装与实例

（1）防倾杆改装作用

防倾杆也叫横向稳定杆、平衡杆，俗称“下拉杆”（上拉杆是指发动机室拉杆）。改装前后两支防倾杆的花费较多，但是它所获得的对操控改善的经济效益可说是所有改装项目中最高的。一般的车都会装上防倾杆，但大多只限于前轮，目的是用来达成操控与舒适的妥协。防倾杆通常是固定在左右悬挂的下臂，车子在过弯时离心力会作用在车的滚动中心使车身侧倾，导致弯内轮和弯外轮的悬挂拉伸和压缩，造成防倾杆的杆身扭转，从而利用杆身被扭转产生的反弹力来抑制车身侧倾。

增加前防倾杆的硬度可以使前轮的防倾阻力增加，增加转向不足或是减少转向过度的倾向，可减少前悬挂外倾角的变化，使轮胎更紧贴路面；增加后防倾杆的硬度可以使后轮的防倾阻力增加，增加转向过度或是减少转向不足的倾向，可减少后悬挂外倾角的变化，使轮胎更紧贴路面。

（2）防倾杆的硬度

杆身的长度越长则硬度越大，反之杆臂的长度越短其硬度就越大。受限于车宽，所以杆身的长度几乎不能改变，但杆径和杆臂的长度却比较容易调整。一般来说，防倾杆的材质都大同小异，所以要改变防倾杆的硬度都是由改变杆径来达成的。由于杠杆原理的作用，改变悬挂臂与防倾杆臂的连接点就可改变杆臂的力矩，可调式防倾杆就是通过这种方式进行调节的。

（3）防倾杆的改装对整车性能影响

改装底盘时，除了弹簧和减振器应搭配外，更应该注意横向稳定杆的改装。改装轿车的前后两支横向稳定杆的价位相对其他改装项目来说较高，但是改装后所获得的对汽车操纵稳定性的改善也是性价比较高的。横向稳定杆硬度的改变对整车性能的影响如下。

① 增加筒横向稳定杆的硬度　前轮的防倾阻力增加，转向不足增加（或是转向过度的倾向减少），可减少前悬架外倾角的变化，使轮胎更紧贴路面。

② 增加后横向稳定杆的硬度　后轮的防倾阻力增加，转向过度增加（或是转向不足的倾向减少），可减少后悬架外倾角的变化，使轮胎更紧贴路面。

(4) 防倾杆改装实例

① 实例一　本田思域的前后防倾杆及安装位置如图 3-151、图 3-152 所示。

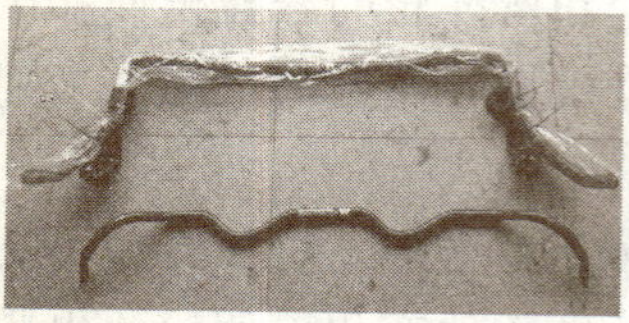

图 3-151　前后防倾杆及配件

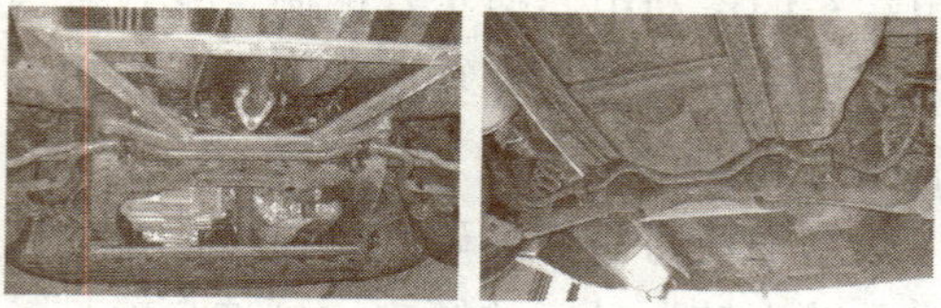

图 3-152　前后防倾杆的安装位置

② 实例二　北京现代雅绅特改装加装中国台湾 AOE 横向稳定杆的步骤如下。

a. AOE 横向稳定杆，如图 3-153 所示。

b. 拆原厂横向稳定杆左侧连接，如图 3-154 所示。

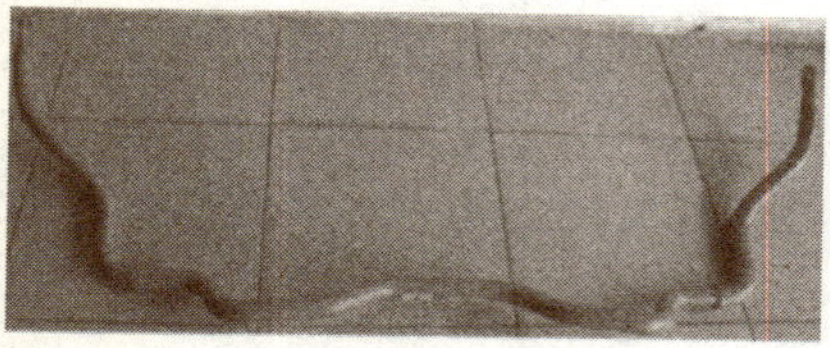

图 3-153　AOE 横向稳定杆

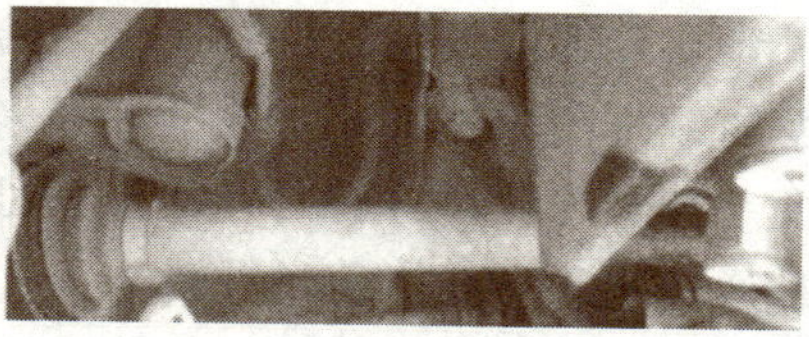

图 3-154　拆原厂横向稳定杆左侧连接

c. 拆原厂横向稳定杆右侧连接，如图 3-155 所示。

d. 拆前下护板，如图 3-156 所示。

图 3-155　拆原厂横向稳定杆右侧连接

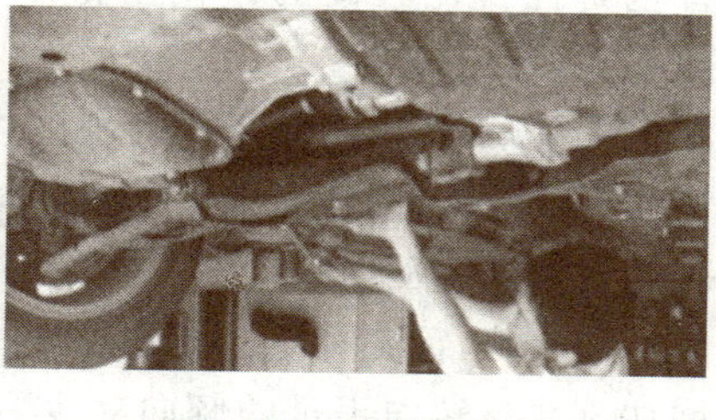

图 3-156　拆前下护板

e. 取下原厂横向稳定杆，如图 3-157 所示。

f. 安装 AOE 横向稳定杆时注意胶环的安装，如图 3-158 所示。

g. 安装 AOE 横向稳定杆时一侧的固定，如图 3-159 所示。

h. 反复检查调整，如图 3-160 所示。

图 3-157　取下原厂横向稳定杆

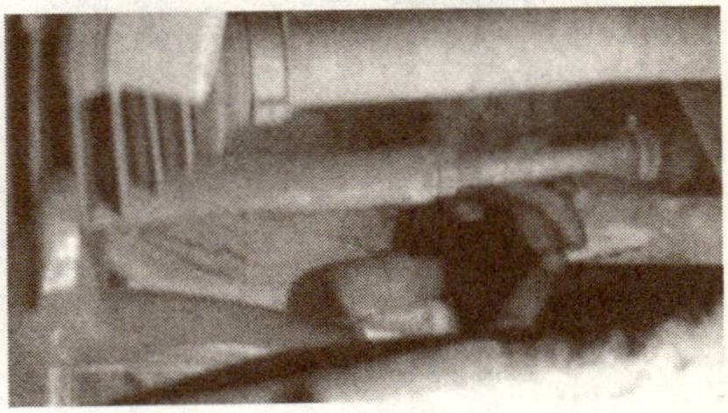

图 3-158　安装 AOE 横向稳定杆时注意胶环的安装

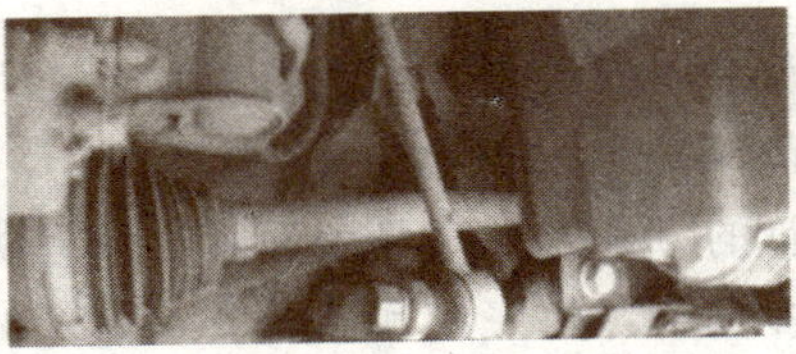

图 3-159　安装 AOE 横向稳定杆时一侧的固定

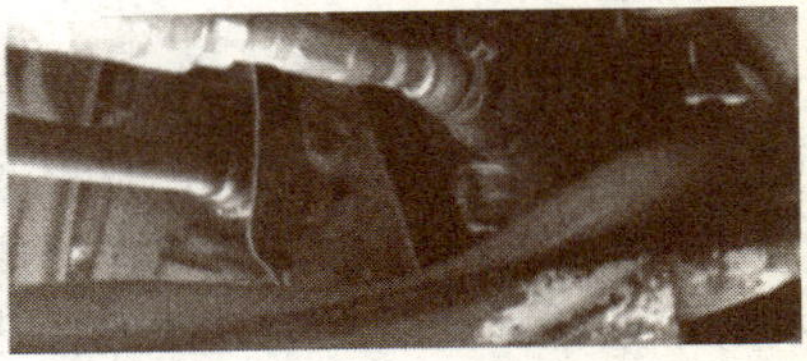

图 3-160　反复检查调整

3.6.3 顶把的改装

刚性拉杆顶把是用来提升车身刚性的改装用品，如装在发动机室内或者行李厢中，连接左右减振器顶部的拉杆，如图 3-161 所示。还有在前轮悬挂下加装的“#”字或“X”字形的拉杆，都是刚性拉杆，作用是减少加减速或者弯道中车身产生的变形或者位移，提高车身刚性，如图 3-162 所示。现在国内制作的刚性拉杆都是纯不锈钢制品，硬度太高，安装后会改变车身原本的应力集中位置，如果经常高速过弯，反而会带来负面的作用，在改装时一定要引起注意。

图 3-161　前顶把的安装位置

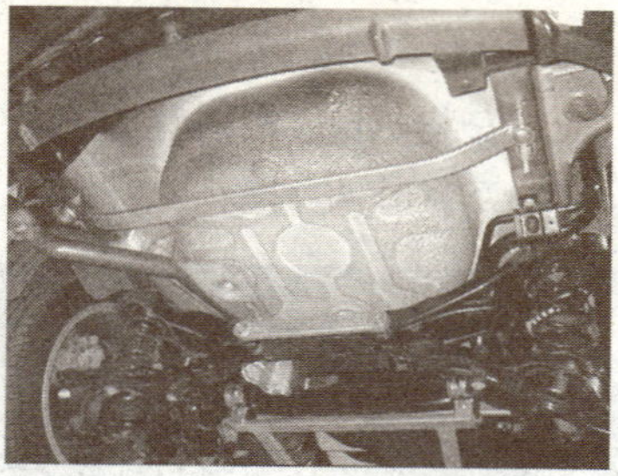

图 3-162　后顶把的安装位置

3.7 底盘保护的改装与实例

3.7.1 加装底盘保护

一般底盘保护有底盘封塑和底盘装甲两种方式，还有单独针对发动机和变速器的加装底盘护板等底盘保护方法。

底盘装甲就是能做有效保护底盘的方式。在底盘表面喷涂具有防水、耐酸碱和高低温等特性的特殊弹性胶，将底盘和四轮支承体部位完全包裹住，可有效抵御湿气、酸碱、污物的侵蚀，降低高温、严寒对底盘金属的影响，保证底盘各部件的正常运作。

底盘封塑主要是保护汽车底盘裸露钢板，防止沙石击打、防腐。要想隔绝沙石打击底盘发出的噪声，就要进行底盘装甲。

3.7.2 底盘封塑与底盘装甲的区别

底盘封塑与底盘装甲的工艺流程基本相同，其区别在于。

① 材质上不同　材质主要成分为聚酯材料。而底盘装甲的主要成分是橡胶与聚酯材料的混合物。

② 用量上不同　封塑为最低 3 瓶（3000mL）起步，真正的装甲为最低 6（6000mL）瓶起步，根据需要加到 9（9000mL）～12（12000mL）瓶的等级。最高不超过 12（12000mL）瓶。

③ 施工厚度不同　普通封塑的厚度为 2～3mm，而底盘装甲的厚度为 4～5mm。

④ 施工时间不同　封塑一般 2.5h 左右，装甲一般 3.5h 左右。

3.7.3 底盘封塑的改装与实例

（1）底盘封塑目的

车辆在行驶过程中，路面上飞溅起的沙砾不断撞击底盘，底盘上原有的防锈层会逐渐被破坏，金属暴露在外面。另外，水气、酸雨、融雪剂都会侵蚀汽车底盘，随着车辆行驶里程和时间的延长，底盘会逐渐锈蚀、老化。

底盘封塑是一种底盘防锈办法，但它不同于一般的防锈处理，是将一种高附着性的柔性橡胶树脂喷涂在底盘上，使底盘与外界隔绝，达到防腐、防锈、隔声的效果，延长车身寿命。

底盘封塑是目前保护汽车底盘裸露部件的切实可行的方法。专业的底盘封塑是将一种特殊的弹性胶质材料喷涂在汽车底盘上，将底盘及轮毂上方的噪声部位完全包裹起来，待自然固结后经多次喷涂弹性胶质材料形成的底盘保护层，它可以降低沙石撞击的损伤，防腐防锈。除此以外，底盘封塑还能起到较好的隔声作用，做完底盘封塑后车内人员会明显地感受到车内变安静了。

（2）底盘封塑的材料

目前底盘封塑所采用的材料主要有两类，胶质和漆质，两者的品质和价格差异较大。漆质对底盘的防护作用相对胶质材料差一些。

（3）底盘封塑的作用

① 防腐蚀　雨水、雪水，洗车污水等残留在车辆底部，长久下去就会腐蚀汽车底盘。如果对汽车底部进行封塑，那么，即便是酸雨、融雪剂、洗车污水等，都不容易侵蚀透过防护膜。

② 防撞击　车辆在行驶的过程中，溅起的小石子可能会击破车底金属漆膜，锈蚀底盘。底盘封塑后，车辆底部封塑喷涂材料的厚度可达 1.5～2.5mm，能抗击较大的冲击力，可有效地减轻凸起物对底盘的伤害，减小底盘损坏和锈蚀的可能性。

③ 防振动　发动机、车轮均固定在底盘上，它们的振动在某一频率上会与底盘共鸣，使人产生很不舒适的感觉，而底盘封塑能在一定程度上消除共鸣。

④ 隔温，节省燃油　在冬季，打开车内空调后，冷热空气大多集中在车辆的地板上进行交换。如果汽车做了底盘封塑，那么，其膜内的石英砂会将冷热空气有效隔离开，保证车内温度恒定。夏季开空调后，底盘封塑可以隔离外界热气的蒸烤，有效保持车内温度，节省燃油。

⑤ 隔声降噪，平静车内环境　车辆快速行驶在道路上，车轮与路面的摩擦声与速度成正比，底盘封塑具有较好的底部防护，起到隔绝噪声，降低车内的噪声的作用。

（4）底盘封塑的实例

底盘封塑是一个工程类的服务性项目，应由专业施工人员进行。

任何污渍都会影响封塑的牢固程度。底盘封塑前要使用专用的去污、去脂剂把底盘上的沥青、油污等彻底清除干净，并进行烘干。如果是将整个底盘封塑，还要将传动轴等传动部分和排气管需要散热的部位，用胶带封起来再进行刷涂，以免封塑后影响这些部件的正常运转。二次封塑可以提高隔声和防撞效果，但两次喷塑间注意要间隔20min，待第一层封塑层彻底干燥后再行施工。在进行施工服务前必须将4轮拆下，底盘彻底清洁，去除灰尘和油污。

① 准备施工工具

a. 喷嘴口径在2mm以上的喷枪一把。

b. 用于遮盖不施工部位的报纸、纸胶带若干。

c. 用于涂刷不宜喷涂部位的排刷一把。

d. 用于清洗工作的毛巾、钢丝刷、高压水枪、120# 水砂纸、铁铲刀、吹气枪、除油剂等。

e. 施工人员使用的防护手套、防护帽、防护镜、防护口罩等。

f. 举升机和0.4MPa压力以上的气源。

g. 必要的拆装工具等。

② 清洗底盘

a. 在洗车区，按一般洗车程序，对车辆进行首次清洗，重点冲去底盘下部、轮胎上方等部位的大块泥沙，底盘及车轮挡泥板要用高压水枪冲洗干净。

b. 用举升机把车辆升起，拆卸 4 个轮胎，配合专用清洁刷及专用清洁剂（或除油剂）对车辆底盘进行彻底清洗。将 4 轮内衬里面、底板下面的死角用铁铲刀、钢丝刷、砂纸并配合高压水枪等进行彻底清洁，发现起皮、脱落的涂层用灰铲铲去，生锈的部位用砂纸抛光，再用高压水枪冲洗，确保无尘土、无锈。只有清洁干净，才能保证施工质量。

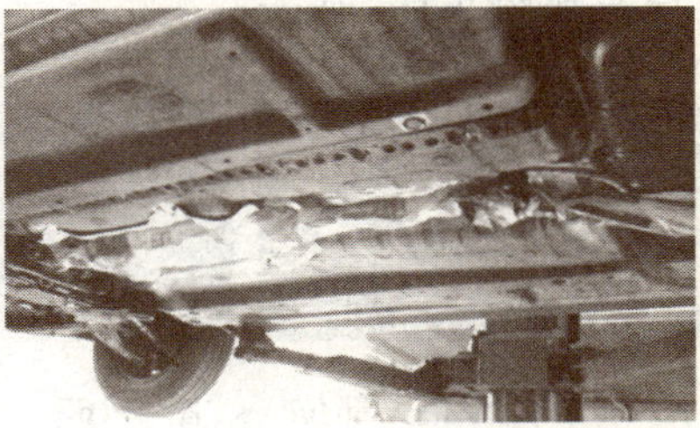

图 3-163　清洗吹干后的底盘

③ 风干及遮蔽

a. 配合气动风枪对底盘清洁位置进行风干或烘干。清洗吹干后的底盘如图 3-163 所示。

b. 使用专用遮蔽纸及遮蔽胶带，对底盘不必施工的位置进行严格遮蔽（排气管、传动轴、刹车盘、减振器等），同时须对车辆整个漆面进行全面遮蔽，否则会损伤这些部位，影响它们正常运转。对相关部位遮蔽后的底盘如图 3-164 所示。对相关管线包裹后的底盘如图 3-165 所示。

④ 开料喷涂

a. 按不同型号材料的要求，用专用稀释剂进行调配。这种涂料很稠，可在轿车底盘上形成一层稳定的保护层。喷涂时一定要尽量均匀，尤其是在车轮挡泥板附近。

b. 连接专用喷涂工具使用标准气压，对所需施工的部位均匀喷涂，达到整体覆盖的效果；为了提高隔声、防水、防腐和防撞的效果，必须进行二次喷涂处理，中间要间隔 20min 后。

c. 底盘大梁两侧至下裙位置及 4 个轮弧位置，需加强喷涂，使防锈及隔声效果更明显。

d. 等第一层喷塑干燥后再进行第二次喷塑。一般轿车底盘封塑应在有高架台的修理厂进行，在那里会有使用方便的压缩机及喷头等专用设备和工具。旧车清洁起来比较费时，大约在 3h。封塑后的汽车底盘如图 3-166 所示。

图 3-164　对相关部位遮蔽后的底盘

图 3-165　对相关管线包裹后的底盘

图 3-166　封塑后的汽车底盘

⑤ 检查清除遮蔽

a. 喷涂完毕后，使用专用照明灯，对施工位置进行仔细检查，以保证施工效果。

b. 拆除遮蔽纸，检查并清洁污染的位置。

c. 装上 4 个轮胎，并紧固轮胎螺栓。

⑥ 注意事项

a. 操作时，喷枪与施工面要保持 25cm 左右的距离，来回均匀喷涂，建议喷涂 3～4 遍。在第一次喷涂完毕以后，对孔洞裂缝处应使用腻子封刮平整，再次喷涂。每遍之间间隔 20min，厚度保持在 1.5mm以上才能保证它的隔声效果。

b. 施工完毕，略等 20min，去除封盖物。如果在不应喷涂物体的漆面上有飞溅的封塑材料，可用毛巾蘸少许酒精、汽油等清洗干净。喷涂后一定要等到表面干燥，即表面已经不黏手了，才能把车开走，并且 48h 之内不要对底盘进行高压水枪冲洗。

c. 胶质材料在固结过程中会挥发有害气体，没有防护措施的情况下对操作者健康不利。施工人员操作时要注意呼吸道、眼睛的防护。眼睛一旦进入异物立即用清水冲洗。喷涂时，应选择在通风开放处。

d. 胶质材料需要按照固结时间分几次均匀地喷洒在底盘表面，

才能达到固结厚度。

e. 奔驰、宝马以及一汽大众和上海大众生产的奥迪、帕萨特、宝来这些中高挡车在出厂时本身就有较完善的底盘防护措施，新车再做底盘封塑的必要性不大，而其他经济型轿车则应该做。

3.7.4 底盘装甲的改装

底盘装甲是目前国际上流行的一种底盘防护措施，是采用橡胶和聚酯材料的混合配方，喷涂在底盘上，施工厚度为 4mm，局部在 5mm 以上。这种涂层具有高弹性，有效减小了砾石直接打在金属上发出的噪声。它不仅可以减小原有的底盘受侵蚀、隔绝砂石打击底盘发出的噪声，还可以很好地过滤掉行使过程中由底盘传入驾驶室内的噪声。采用底盘装甲后，音响在车辆行驶中的表现会更好一些，可以在车内形成一个较为安静的空间。

3.7.5 底盘护板的改装与实例

(1) 底盘护板种类

底盘护板有塑料护板和钢板护板两种。塑料护板和钢板护板都可以在车辆托底时保护底盘，塑料护板能在剧烈磕碰时断裂或者撕开吸收磕碰的能量，从而保护底盘部件。钢板护板材质十分坚硬，甚至比底盘大梁的硬度还要高。在底盘受到碰撞时，钢板护板的变形较小，可以很好地保护底盘不受损坏，如图 3-167 所示。

塑料护板和钢板护板都是在重要的需要特殊保护的总成和机构的下面装配的，例如，在发动机、变速器和传动机构下。

塑料护板的价格比钢板护板的价格低一些。一般的行驶条件塑料护板就基本可以满足使用要求，若是经常在道路条件差的地域行驶或是在无路条件下行驶，就应该采用钢板护板。采用塑料护板时，需要注意护板的材料和形状应该满足使用要求。材料尽量选择弹性和硬度较好的，在受到较小的冲击时，可以有一定的变形但不至于破碎，并可以起到支承的作用。在受到较大冲击时，塑料护板破裂而吸收冲击能量。

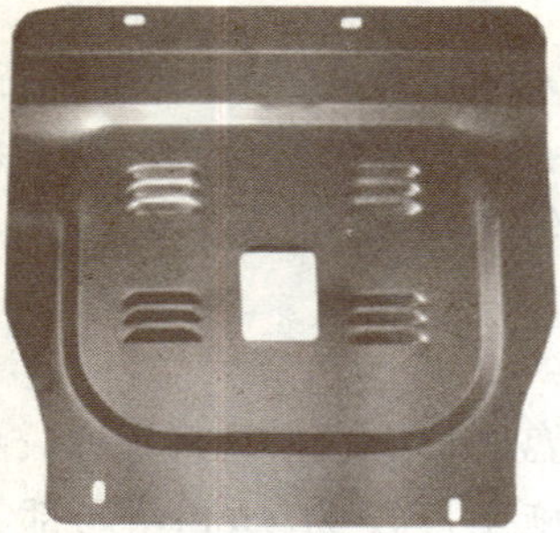

图 3-167　钢板护板

采用钢板护板时，同样需要注意护板的材料和形状应该满足使用要求。车辆在加装钢板护板时，尽量选择原厂的钢板护板，若没有原厂的，可以选择选配的护板。但是，一般来说，选配的护板材质并不是十分得好，一般托底的时候可以起到保护的作用，剧烈磕碰的时候虽然不会发生断裂，但钢板的凹陷会顶到需要保护的部件上。原厂或是品质较高的底盘护板的硬度很高，甚至和车架上使用的高强度钢板的硬度相当，价格相对普通材料的底盘护板要高得多，但可以对底盘的重要部件起到更有效的防护作用。

（2）底盘护板改装实例

汉兰达底盘发动机护板作业具体改装主要过程如图 3-168～图 3-172 所示。

图 3-168　举升机举车

图 3-169　安装前的效果

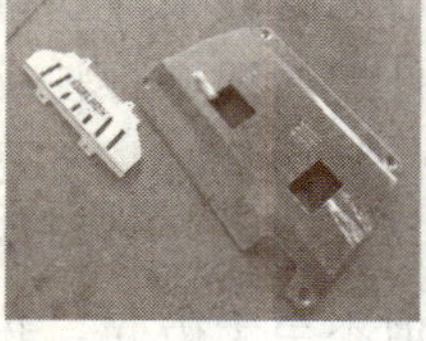

图 3-170　准备安装的护板

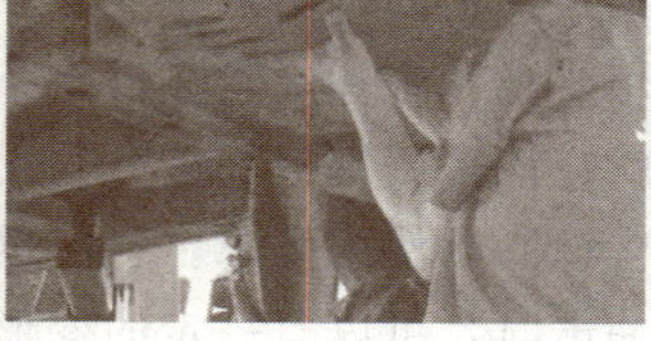

图 3-171　安装护板

图 3-172　安装后的效果

3.8 越野车的改装与实例

3.8.1 越野车绞盘的改装与实例

（1）越野车绞盘的作用

绞盘是越野车自我保护及牵引的装置，可在雪地、沼泽、沙漠、海滩、泥泞山路等恶劣环境中用于车辆自救，并可能在其他条件下进行清障、拖拉物品、安装设施等作业。绞盘一般安装在车头部正中间。

在越野驾驶中，绞盘装备不但有助于车辆在陷入困境时顺利脱险，更能让车辆进一步去挑战更高难度的地形。因此对于 4×4（四驱车）车主来说，可谓是必要的配备之一。车用绞盘诞生于第一次世界大战期间，由于当时的道路条件极差，城市以外的道路基本都是黄泥路，下雨天车很容易被陷住。当时，有人从船舶码头使用的绞盘得到启发，将其改在卡车上，并且以链条驱动。自此车用绞盘开始被广泛应用。

（2）越野车绞盘的分类

汽车绞盘按绞盘原动力的不同分四类：机械绞盘、电动绞盘、液压绞盘以及车轮绞盘等。

① 机械绞盘　借助发动机的动力，通过变速箱或分动器减速后的轴直接带动绞盘工作。现在应用较少，仅在一些大型的越野车辆上装备这样的绞盘。

② 电动绞盘　20 世纪 60 年代，电动绞盘开始发展。电动绞盘是用汽车本身的电力来驱动电动机带动绞索。这种绞盘很方便，因为可以站在任何地方通过遥控器上的旋钮进行操纵。它的好处是重量轻、造价便宜，可自行装拆改放在不同车上，而且就算发动机不能运转，只要蓄电池有电，绞盘同样可以运作。现在的 4×4 越野车几乎都装这种绞盘，如图 3-173 所示。

③ 液压绞盘　液压绞盘（图 3-174）是利用发动机带动液压泵传

动来驱动绞盘的，这种形式的绞盘现在很少见。

图 3-173　电动绞盘

图 3-174　液压绞盘

④ 车轮绞盘　车轮绞盘由车轮轴提供驱动力，原理是使用大部分越野车轮的六颗固定螺钉中的四颗来固定绞盘。这是一种比较新的绞盘系统，安装和拆卸极其简便，质量极小，价格便宜，可提供前后双方向拉力。

（3）绞盘的基本结构

不同种类的绞盘，其结构也不完全相同。现以越野车上最常用的电动绞盘为例，它主要由电动机、钢缆、绞盘鼓轮、导缆器、传动机构、制动系统、离合器、控制匣和控制器组成，如图 3-173 所示。电动机由车辆的蓄电池带动，它将动力传递给机械传动装置，再带动绞盘鼓轮转动缠绕缆线。钢缆最初的设计承载能力决定了它的直径大小和长度，钢缆缠绕在绞盘鼓轮上并穿过导缆器，其末端打成环状以连接锚钩。绞盘鼓轮是一个缠绕钢缆的圆柱形装置，它由电动机驱动，绞盘圆筒可在遥控器的控制下改变转动方向。当使用的绞盘有一定角度时，导缆器将引导钢缆绕上绞盘鼓轮，它将减少钢缆回收时可能对绞盘支架或保险杠产生的危险，往往固定安装在绞盘架或保险杠外。传动机构由三组行星齿轮构成，它将电动机产生的能量转换为强大的牵引力。传动系统的设计使得绞盘变得轻便、紧凑。制动系统的作用是当电动机停止工作且钢缆有负重时自动锁紧鼓轮，防止钢缆松脱滑落，并将汽车拽在原地。离合器可以用手操作，改变鼓轮与传动系统的脱离或锁止状态，从而改变鼓轮空转或与传动系统锁死的状态。控制匣将汽车蓄电池的电力通过电磁线圈转化为动能，使操作者能够改变绞盘鼓轮的旋转方向。有的绞盘把控制匣固化于绞盘结构内，有的则可独立一体，应按需要安装在适当位置。电动绞盘在高负荷下运转，因此控制匣使用了高负荷控制系统以应付强大的电流。控制器插在绞盘控制匣上，自由控制绞盘鼓轮的旋转方向。它可以使操作者在操作绞盘时远离钢缆，避免产生危险。

（4）越野车绞盘的安装位置

越野车的绞盘一般安装在车的前部保险杠中间，与车架相连。同级别的绞盘安装尺寸是一样的，托盘附件可以通用。绞盘的安装形式一般有直接安装式、隐藏式和快装式。

像吉普牧马人和吉普 2020 这样的纯种越野车，由于前保险杠凸出车身，所以有较自由的安装空间。只要把托盘固定在保险杠上，就可以在托盘上直接固定绞盘了。直接安装方式让绞盘暴露，车子看起来充满阳刚之气。但从实用和安全的角度考虑还是应选用直接安装式绞盘。

隐藏式绞盘安装在车前端下或包在特大号保险杠内的预留位置上。隐藏式绞盘看上去整齐，但也存在一些问题，就是在使用绞盘时不能看见绞盘线是如何缠绕的。绞盘线如果在一边堆积会缠住轮鼓，绞盘就会停止工作。在绞盘线绕到轮鼓上时缠住或磨损会削弱绞盘线的强度，绞盘线有可能在使用中绷断而导致灾难。同时隐藏式绞盘安装在前保险杠之后，减小了接近角，降低了车的前端通过性。安装位置较低而接近地面的绞盘很可能在车陷于沼泽中时被埋在泥浆里，给使用带来困难。

（5）越野车绞盘的选购

选购越野车绞盘时应考虑以下因素。

① 拉力　绞盘型号中的阿拉伯数字表示最大拉力，如 RUNVA 的 GEW 9000 指的是其最大拉力为 9000×0.454≈4086kgf[1] 选购绞盘的原则一般是以车辆自重的 1.5 倍拉力为宜。

②电动机　电动绞盘的动力部分（即电动机）有两种，即永磁

---

[1] 1kgf=9.80665N。

电动机和串励电动机。前者有动作快、功率大、适合长时间卷拉和造价高等特点，而后者则是电流小、古典、结构简单和造价低的传统形式。现在主流的越野车绞盘的大功率电动机多使用串励电动机。判断一个绞盘用的是永磁电动机还是串励电动机，只要看一眼控制盒输出到电动机部分的线路条数就可以明白，两条线的是永磁电动机，而三条线的就是串励电动机。

③ 品牌　国际上比较有名的绞盘品牌有 RAMSEY、WARN、SUPERWINCH。美国的 RAMSEY 早在第二次世界大战时就开始制造绞盘了，但越野车绞盘只是它专业绞盘设备的一小部分。WARN 也是美国品牌，创建于 1948 年，当时用它的半轴离合器使第二次世界大战剩余下来的吉普车能够轻松地在路上行驶，后来 WARN 才把绞盘加入其专业附件中，其产品主要作为 ARB 品牌越野车附件销售。SUPERWINCH 的历史只有 30 年，是一家小而全的绞盘厂。在国内，金润品牌占据了绝大部分绞盘市场。

④ 价格　在国内，进口绞盘的零售价约是 2 元/1kg，也就是说要给大切诺基配一部绞盘，就得花 9500 元，大约占车价的 1/40。国内品牌绞盘在价格上具有明显的优势，如 RUNVA 牌绞盘在保证性能同比的情况下，价格只有进口绞盘的 1/3，最新改进的串励电动机 GEWAK 或 NEW 系列绞盘价格也只有进口绞盘的 1/2。

(6) 越野车绞盘的改装实例

猎豹车改装电动绞盘的主要过程如图 3-175～图 3-181 所示。

图 3-175　拆下底盘护板与保险杠

图 3-176　拆完底盘护板与保险杠图片

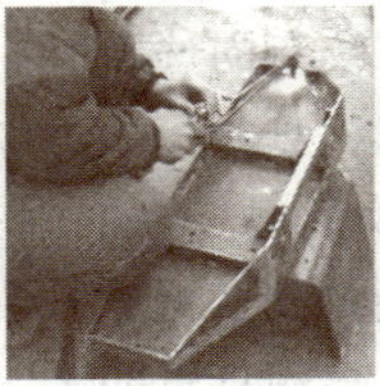

图 3-177　自制绞盘支架

图 3-178　安装保险杠

图 3-179　安装支架与绞盘

图 3-180　安装绞盘滑轮

图 3-181　安装绞盘成功后图

3.8.2 越野车防滚架的改装

（1）越野车加装防滚架的原因

防滚架又称为内笼、防滚笼，是加装在车身附近的钢管框架，越野车加装防滚架的目的是防止车辆翻滚时车内人员受到伤害。当车辆发生翻滚时，防滚架可以抵御外力对车厢外层结构的冲击，最大限度地保持车厢内部的形状，在外壳受压变形的时候，起到支撑并保持车厢内部空间的作用，防止车体因严重变形而使乘客受伤或被卡在车内。

（2）防滚架的组成

防滚架由主防滚栏、前防滚栏、横侧面防滚栏、后支撑杠、斜支撑杠、固定钢板、底座及加固板组成。

① 主防滚栏　必须是整体结构（无连接点），位于驾驶室内前座背后，护栏两端与车厢底板连接并向上延伸横穿车顶。

② 前防滚栏　形状与主防滚护栏相同，位于驾驶者的前方，两端与车厢底板连接，上方至风窗玻璃顶端。

③ 横侧面防滚栏　其前端固定点与前防滚栏相同，向上至风窗玻璃顶端，再向后延伸至主防滚栏的拐角处并与其连接。横侧面防滚栏共有两根，需用一根位于前风窗玻璃顶端的直杠将它们连接。

④ 后支撑杠　必须有两根直的后支撑杠。一端固定在主防滚栏的拐角处，另一端向后下方倾斜，固定在一个最佳受力点的位置。后支撑杠与主防滚栏的垂直面夹角应大于 30°，并尽可能地靠近车厢内壁。

⑤ 斜支撑杠　斜支撑杠对防滚架有加强的作用。其一端固定在主防滚栏的拐角与一根后支撑杠的连接点上，另一端与第二根后支撑杠的下方安装点连接，或与主防滚栏在车内另一侧的安装点连接。

⑥ 固定钢板　分为护栏（或支撑杠）底座和加圈板。

⑦ 底座　一块面积不小于 $120cm^2$，厚度不小于 3mm 的钢板，焊接在防滚栏（或支撑杠）与车体连接端的端面上。

⑧ 加固板　防滚栏（或支撑杠）与车体连接端的端面上防滚栏（或支撑杠）与车体的固定点上。

(3) 防滚架的安装

防滚架按安装方法的不同分为外置式防滚架和内置式防滚架两种。

外置式防滚架是把防滚架安装在车身外，防滚架主体与车身框架的主要构件相连接，对车辆形成一个包裹式的防卫；内置式防滚架是在驾驶室内部安装的，形成了一个内部的防护框架结构。这种防滚架从内部与车身框架的主要构件相连。内置式防滚架是目前常用的保护装置，保护性能相当好。

防滚架安装在车内，并应尽可能靠近车体，但不可因此拆除车内的装饰部件。前防滚栏或横侧面防滚栏在靠近风窗玻璃框的部分如不能保持笔直，则必须顺应风窗玻璃框的弧度。横侧面防滚栏与主防滚栏只可在主防滚栏的拐角处连接。

安装防滚架时可以焊接固定，也可以采用螺栓固定，当然也可以混合使用这两种方法。防滚栏、支撑杠及允许选用的加强支撑杠在与车体连接固定时，其固定点必须装有一块加固板。这块加固板如用螺栓固定，则必须放在车体外，用至少三条直径为 8mm 且质量较好的螺栓固定。

后支撑杠和选用的加强支撑杠的底座和加固板的面积至少是标准加固板面积的 2/3。如受固定点位置的限制，其面积至少也要有 $60cm^2$。斜支撑杠和后支撑杠与主防滚栏如不是一个固定点，其距离也必须保持在 10cm 以内。

3.8.3 越野车车顶灯的改装

（1）越野车车顶灯种类

越野车车顶灯有射灯、搜索灯、竞技型车灯等种类。越野车车顶灯的特点如下。

① 射灯　射灯能够令带有聚光效果的光线聚合在一个较小的范围内，而且它的光线射程是最远的，就算在高速公路上高速飞驰时，都容易被其他道路使用者察觉。在丛林行驶时，越野车更可利用射灯照射较远方的物体，也可在黑夜环境中用以探路搜寻及营救。

② 搜索灯　强光全自动遥控式全方位搜索，定点照射；附带指南针功能等。

③ 竞技型车灯　不仅具有亮度大、穿透力强、射程远等特点，而且还可以作为装饰来扮靓汽车。

（2）越野车车顶灯安装方式

越野车车顶灯加装方式主要有三种：一是通过灯架进行安装，二是通过吸盘进行安装，三是安装在车顶行李架上。安装时应注意以下事项。

① 车顶灯的上沿不能超过风窗玻璃的延长线，以避免造成发动机盖上反光，甚至引起风窗玻璃的反光，威胁安全驾驶。

② 避免与原车灯并用电路，必须另外铺设灯线，且要用套管包裹，并固定牢靠。

③ 灯具需要有单独的保险装置，如有条件最好从原车的熔断器通过，或者单独设立熔断装置，放在可靠且明显的位置，车主必须知晓。

④ 必须在开关前加装继电器以实现弱电控制强电，保证安全。

⑤ 避免与原车并用开关，有条件的应将电路与原车小灯控制器连接，从而实现车锁处于关闭状态时辅助灯光全部断电，以消除因忘记关灯导致的蓄电池过分放电的隐患。

⑥ 灯具与灯线之间最好采用插头连接，这样可以方便灯具维修、维护和临时性拆除。

Chapter 4

第4章 汽车车身与内饰改装

4.1 汽车车身改装技术

4.1.1 车身外形改装种类

汽车改装大致分为外观设计型、参赛改装型和普通安装型三类。

(1) 外观设计型

外观设计型就是对整个车身外形进行重新设计，有时还要更换车轮，和相应的一些附件的位置。车身各附件都要根据原有的车体进行专门设计和制作。这一类改装多用于改造过时的老旧车型或价格不高的小型车、微型车的外观，使老车焕发青春。宾利 GTS 外形改装如图 4-1 所示。

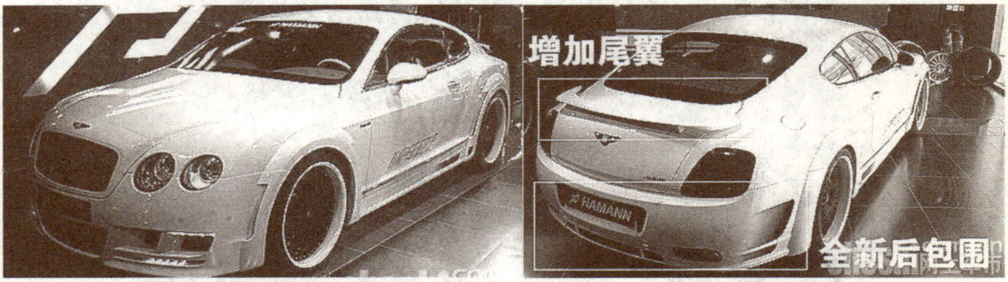

图 4-1 宾利 GTS 外形改装

Hamann 在宾利 GT Speed 车型的基础之上推出了改装车型。在外观，Hamann 版的宾利 GT Speed 换上了全新的前后运动型包围，轮胎也换成了更宽的尺寸以增加抓地力，同时黑色的轮毂酷味十足。前杠的雾灯位置增加了比较流行的 Led 行车灯，尾部增加了后尾翼。Hamann 版的宾利 GT Speed 在内饰方面，在原有的红色运动内饰的基础上，增加了银色金属饰板，非常动感时尚。三辐运动型方向盘配合换挡拨片可令驾驶人员尽享驾驶乐趣。

（2）参赛改装型

参赛改装型是出于参加比赛的需要而进行的改装。除了汽车本体的改装外，还要改装或更换发动机、轮胎等动力部件。由于汽车比赛要求强度很高，改装时要确保汽车的安全性、速度性能、防撞性等，为此，这类改装多在专业的汽车改装厂进行，才能达到汽车参加比赛所需的安全性及其他性能的要求。

图 4-2 所示为奇瑞 A5 改装赛车。车尾加装上翘的扰流板，使车

图 4-2　奇瑞 A5 改装赛车

身呈现飘逸之态，颇有赛车疾速前行的气质。搭载的是奇瑞公司和奥地利 AVL 公司联合研发的 ACTECO 1.6L 发动机，动力输出更为强劲，尤其是其低转速下的大转矩和高功率特点更是适合城市的驾车要求，其性能足可与世界高级轿车发动机相媲美。

奇瑞 A5 改装赛车经莲花跑车公司调校，采用前麦弗逊后桥多连杆式悬架，具有良好舒适性的同时，又更趋向于运动感。前轴上还装有防侧倾横向稳定杆，非常有效地防止侧倾，提高了整车操控性能。厚重的车尾匹配简洁上翘的扰流板，车体在刚毅中透露着轻逸。

(3) 普通安装型

普通安装型简称大包围，是最常见的改装类型。改装件由汽车改装厂批量生产，买来安装即可。这类改装对改装人员的技术要求不高，只要备齐应有的零件，普通的汽车维修厂都能安装。大包围能改善车身的外观，也能一定程度地提高汽车行驶性能。

拥有运动血统的马自达 3 轿车的大包围改装如图 4-3 所示，此款改装从简单的贴纸改装，到增加整车大包围、尾翼、个性轮毂、熏黑大灯等，使马自达 3 外观更为眩目，如果再配上宽胎，那整辆车的感觉就更拉风些，同时抓地性能也能更好。

图 4-3 马自达 3 轿车的大包围改装

4.1.2 大包围改装及实例

大包围即为汽车车身外部扰流器，源自赛车运动。主要作用是减低汽车行驶时所产生的逆向气流，同时增加汽车的下压力，使汽车高速行驶时更加平稳。而引用到民用车上的大包围不再那么看重功能性，更强调的是外型的美观协调和个性化。在越来越追求个性的今天，外观上变化繁多、安装方便又最容易被看见的汽车改装件——大包围渐渐成为车主们首选的产品。

大包围具体加装的部件主要有：加装前头唇、裙脚、后尾唇、高位扰流板，改装前脸。前头唇和后尾唇应分别加装在前、后保险杠上，能起到阻挡气流、稳定车身的作用；裙脚是在车身左右两侧底部加装的导流板，可降低风阻系数；高位扰流板，也称尾翼，在高速时能增大车轮的附着力，如图 4-4 所示。

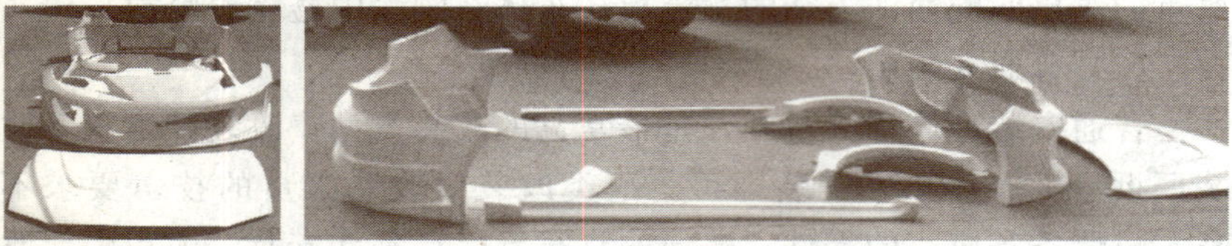

图 4-4　大包围主要部件

（1）大包围的种类

大包围的安装款式主要有两类。

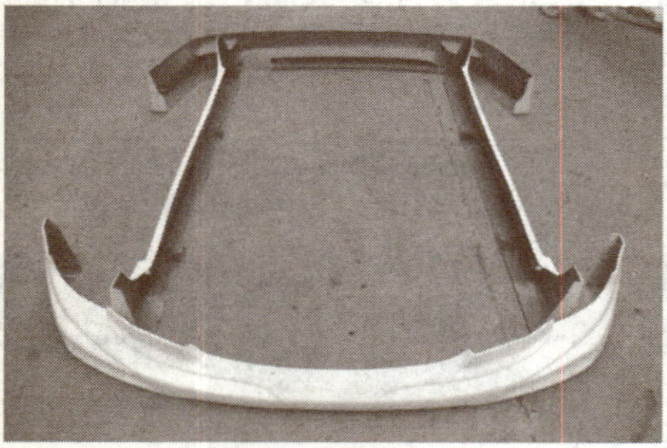

图 4-5　加装款大包围

一是加装款。此类产品不需要改动原车，是在原来的保险杠上加装半截下唇，如图 4-5 所示。此款大包围安装技术要求不高，两名熟练工人 0.5h 即可装好一台车。由于采用的是胶加扣件的安装方式，若想再次拆下大包围也很容易。

二是保险杠款。此类产品是将原来的前后杠整个拆下，然后再装上另一款保险杠。此类大包围可以大幅度地改变外观，更具个性化，如图 4-4 所示。

（2）大包围常用材料

现在比较流行的大包围套件的主要材料有以下四种。

① 玻璃纤维材料　此类产品最常见，款式多选择多，价格较便

宜，但重量大、韧性差，若发生擦碰容易断裂。

② ABS塑料　此类产品因为是以真空吸塑成形，厚度较薄，所以不能作保险杠款的包围，只能制作唇款的大包围。

③ 合成树脂材料　此类材料收缩性较小，韧性较好，耐热不变形，所以制作出的产品表面光滑，价格相对较高。

④ 聚酯塑料　此类产品是高压注塑成形，有很高的柔韧性与强度，价格较高。因为大多数汽车的原装保险杠也是采用聚酯塑料制造，相同的材料，所以与车身的密合度亦是最佳的，寿命也较长。

（3）加装大包围注意事项

加装大包围不能损害安全性。

① 应选用高质量的产品　大包围安装在车上，也就与车成为一个整体，日常的磕碰就在所难免，如果包围材质脆弱，刚性过大，就很容易碎裂，那样不仅增加更换成本，也平添了不少麻烦。

② 应选用加装款　最好不要选用需要拆掉原车保险杠才能安装的大包围，因为大包围所用的材料抗撞击能力不如原车保险杠，所以，选用将原杠包裹其中的大包围不会影响车辆的牢固性，但如果一定要选用拆杠包围，可将原杠中的缓冲区移植到大包围中，以起到保护作用。

③ 应选择有经验的改装店　因为这些改装店有制作维修各种大包围的能力，大都会免费为车主修复不慎碰坏的大包围，令车主不必为大包围的一点小损伤就得花钱去换一个新的。

（4）如何选择合适的大包围组件

① 发动机盖　重量轻、强度好，同时能承受高温，最好能把发动机的热量带走。

② 头唇　头唇是最能突出外形个性的。基本上如果外形不是呈尖锐状都可安装，但在选择时不应选择那些过低的款式，以避免为自己带来行车不便，如在通过凸起减速路障时就可能通不过，应保证有一定的接近角。而尾唇，也不应太低，要保证有一定的离去角。

③ 前脸包围件　尽量避免尖锐形状和太凸出的款式，否则容易伤害路人。

④ 裙边　装上包围后的车高与地面距离最低不能少于 9cm（约一包烟的高度）。而催化转换器遮热板与地面距离不能低于 5cm。

⑤ 大包围材料选择　在国内大包围套件的材料主要有两种：一是玻璃钢，二是碳纤维。玻璃钢价格低，便于成形和加工，又有重量轻、抗撞性好等优点，是汽车改装的首选材料。碳纤维的性能较玻璃钢更好一些，就是价格较高。

（5）大包围改装实例

① V3 菱悦大包围改装实例　V3 菱悦改装前头唇、发动机罩、裙脚、后尾唇及尾翼的过程如图 4-6～图 4-10 所示。

图 4-6　拆原车保险杠及发动机罩

图 4-7　拆下原车保险杠及发动机罩后

图 4-8　安装前头唇及发动机罩

图 4-9　安装后尾唇和尾翼

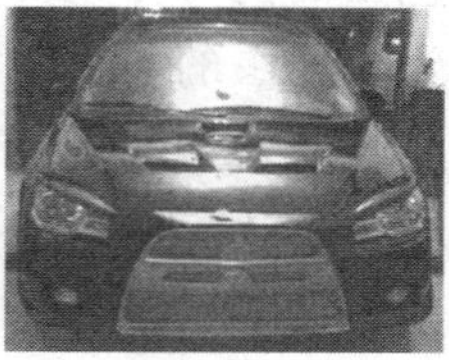

图 4-10　改装完车辆

② 新飞度大包围改装实例　新飞度改装前头唇、发动机罩、裙脚、后尾唇及尾翼如图 4-11～图 4-13 所示。

图 4-11　改装后前头唇及发动机罩

图 4-12　改装后裙脚

图 4-13　改装后后尾唇及尾翼

③ 宝马 335i 大包围改装实例　宝马 335i 改装前头唇、发动机罩、裙脚、后尾唇及扰流板如图 4-14～图 4-16 所示。

图 4-14　改装后的前头唇及发动机

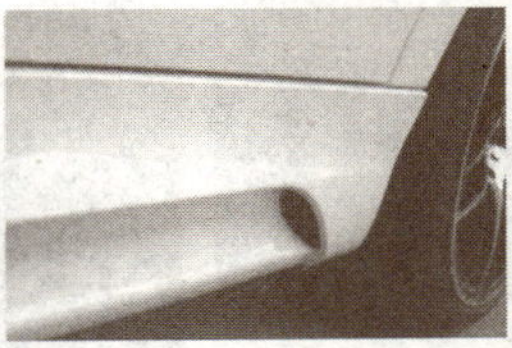

图 4-15　改装后的裙脚（通风式）

图 4-16　改装后的后尾唇及扰流板

④ 法拉利 F430 及 458 Italia 空气动力学套件　法拉利专属改装厂 Novitec Rosso 针对法拉利 F430 所研发的空气动力学套件（Novitec Rosso F430 Supersport），经过风洞测试，证实能够为这款运动型双门跑车提供在高速行驶下的超强稳定性。该空气动力学套件的研发工作由位于德国斯图加特市的机动车研究协会完成，并在 140km/h 的虚拟行驶速度下进行了全面的测试，现能够成功为 F430 提供最佳的牵引系数和强大的下压力。全新的前扰流翼使前车轮轴的阻力减到了 15.2kg，同时牵引系数则减到了 0.37。这套完美的空气动力学套件由前保险杆、后扩散器、侧裙边以及尾翼组成，使 F430 的前后轮轴下压力系数分别达到了 8.1kg 和 35.3kg 的最优化状态，如图 4-17～图 4-20 所示。

图 4-17　前保险杠

图 4-18　后扩散器

图 4-19　侧裙边

图 4-20　尾翼

作为法拉利 F430 的替代车型 458 Italia 也是一款超级跑车，法拉利 458 Italia 的车身造型是宾尼法利纳和法拉利造型中心密切合作的成果，外形紧凑，线条完美，体现了空气动力学特性，凸显了该项目简约、高效和轻质的设计概念。与法拉利的各款车型如出一辙，法拉利 458 Italia 的造型设计也处处兼顾了空气动力学效率的要求，当最高时速 329km/h 行驶时，可产生大概 340kgf 的下压力，足以让车辆平稳地接触地面，Novitec Rosso 使用了斯图加特大学的风洞试验室对法拉利 458 Italia 的车身套件进行了测试，如图 4-21 所示。

法拉利 458 Italia 全车的空气套件数量之多、设计之巧妙都是在之前的法拉利车型上很少见到的，最有设计新意的就是法拉利 458 Italia 前保险杠的扰流板和 C 柱的进气口。法拉利 458 Italia 前保险杠

图 4-21　法拉利 458 Italia 空气动力套件风洞试验

中间区域可将空气送至平坦的底部，两侧为带弹性的风翼，如图 4-22 所示。在法拉利总部经过多次风洞试验后，工程师们设计出可以根据速度不同而改变的前保险杠扰流板，其实原理很简单，就是扰流板的材质为质地稍软的塑料，当车速达到一定程度后，气流会改变扰流板的形状，设计师们研究出它在各种速度下可以变形的角度，从而改变气流通过大小，可以帮助提高刹车的散热能力同时还会产生部分下压力。

法拉利 458 Italia C 柱进气口（图 4-23）利用压力差将空气流压入发动机舱，对发动机进行冷却的同时，还可在极速情况下，起到动态增压作用，从而增强发动机的进气效果，使发动机可提升 5～10hp。

图 4-22　法拉利 458 Italia 前保险杠

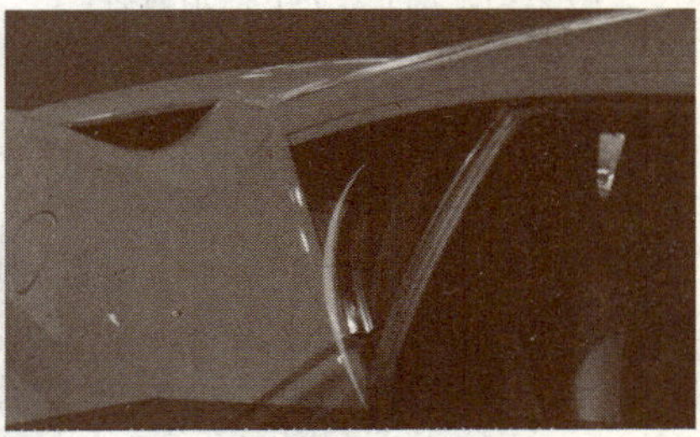

图 4-23　法拉利 458 Italia C 柱进气口

⑤ 保时捷 911 空气动力学套件　美国汽车改装厂商 Vorsteiner 改装厂是以运动型汽车改装而闻名的，其在动力系统方面的升级表现也值得称道。

Vorsteiner 近日为保时捷 911 开发了一款空气动力学套件，推出了全新的改装车型——保时捷 911 V-GT。该套件设计非常科学，前部包围巧妙地将空气送入前轮制动系统，可以有效地降低制动系统的热衰减。侧裙与车身完美地融合在一起，整体感就如原厂设计一般。碳纤维后边能够提供一部分侧边下压力。后部的空气扰流组件以及碳纤维尾翼也同样为车身的高速行驶提供稳定性。

除此之外，前保险杠扰流板、侧裙以及后保险杠扰流板等运动套件的应用也为整车提供了良好的空气动力学表现。保时捷 911 V-GT 后行李厢盖扰流板，完美地融合了功能性空气动力学和美学需要，机械翼的冒口有效地产生进一步的下压力。改装后效果如图 4-24～图 4-27 所示。

图 4-24　911 V-GT 前保险杠

图 4-25　911 V-GT 后保险杠

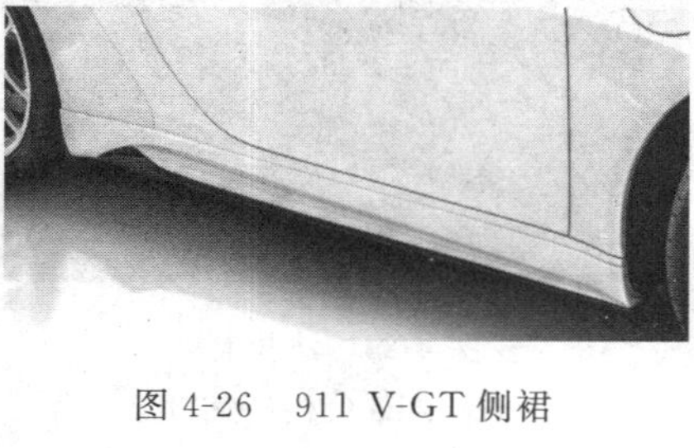

图 4-26　911 V-GT 侧裙

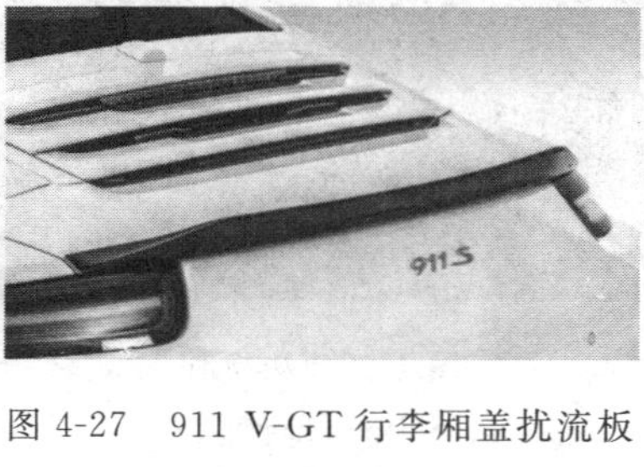

图 4-27　911 V-GT 行李厢盖扰流板

⑥ 本田 CR-Z Hybrid 加装 C-west 空气动力学套件　C-West 是专门生产空气套件的厂家，其产品囊括日系各大车厂的性能车，是所有日系性能车代表的专属包围品牌。C-west 针对本田 CR-Z Hybrid，

推出了2款风格不同的全车套件，具有更加流畅的线条，可以让气流服帖地流过车身，给车头提供更大的下压力，还有更大的进气口利于引擎散热和提供更多的空气量。空气套件可以在原车包围的基础上加以修饰，凸显个性的同时，不至于过于单调，更加跳跃的线条才更加适合这活泼的小车，中出式后包，更加显示出CR-Z Hybrid“小钢炮”的本质。

CR-Z Hybrid前大包围样式1如图4-28所示，具有更大的进气口和更流畅的线条，在加大进气量的同时，也为发动机和制动盘提供了更优越的散热条件，极大程度地满足了极速需求。开孔的碳纤头盖除了有更好的隔热性，还可以减小车身重量，与大包围的进气口配合，能更有效地对发动机进行散热。

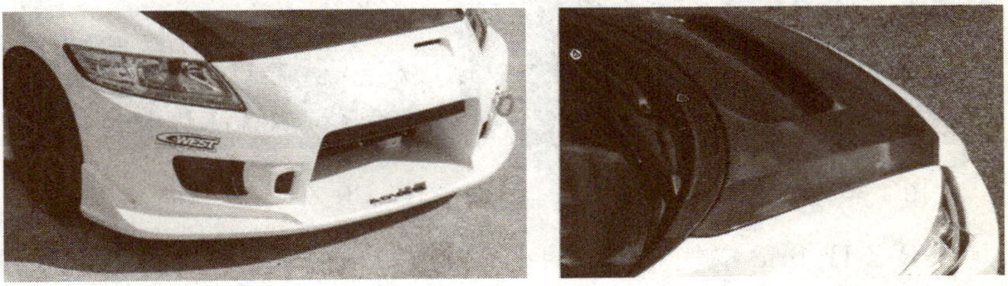

图4-28　CR-Z Hybrid前大包围样式1

CR-Z Hybrid前大包围样式2如图4-29所示，将两侧的进气口改成了雾灯，由中间进气口保证进气的同时，也兼顾了实用性。同时，利用开孔头盖与前包围进气口形成空气对流，加速气流通过，不仅增加了机舱的空气量，还可带走更多的发动机热量。

图4-29　CR-Z Hybrid前大包围样式2

将侧面线条修饰得相当到位的侧裙带有凹槽，在降低空气阻力的同时，可配合后包围底部的扰流板，产生一定的下压力，另外，通过侧裙的强劲空气流也大大提升了后轮制动器的散热效果，侧裙与原车配合相当完美，一点都不拖泥带水，显得非常简洁干练，如图 4-30 所示。

CR-Z Hybrid 后小包围样式 1 如图 4-31 所示，其独特的内敛式后下扰流，增强圆滑尾部刚性的同时，也在一定程度上引导了流经车尾的乱流，增加了尾部下压力。CR-Z Hybrid 后小包围样式 2 如图 4-32 所示，在内敛式后下扰流板加以中出的排气管，增加了 CR-Z Hybrid 的“钢炮”气质。

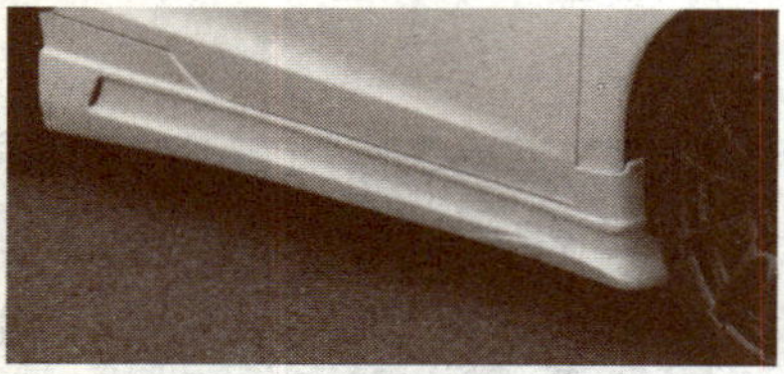

图 4-30 CR-Z Hybrid 侧裙

图 4-31 CR-Z Hybrid 后小包围样式 1

CR-Z Hybrid 空气套件中的小型扰流板与原车整体上显得非常和谐，相对于空气套件中其他部件，这个扰流板起到的装饰作用较大些，如图 4-33 所示。

图 4-32 CR-Z Hybrid 后小包围样式 2

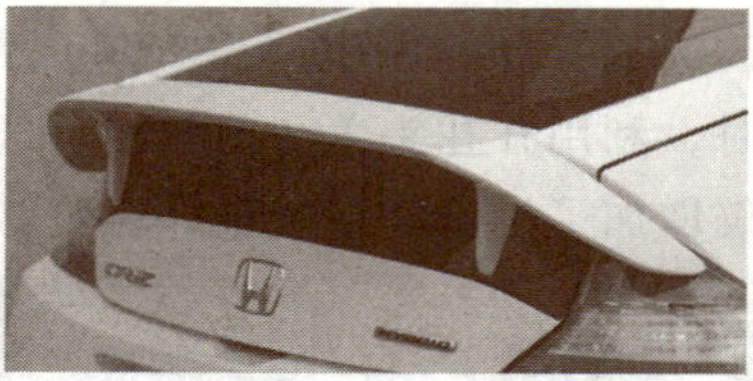

图 4-33 CR-Z Hybrid 扰流板

4.1.3 尾翼改装及实例

轿车在其尾部行李厢盖外端安装的装置叫尾翼。其作用主要是减小车辆尾部的升力，如果车尾的升力比车头的升力大，就容易导致车辆过度转向、后轮抓地力减小以及高速稳定性变差。多见于运动型轿车和跑车上，而一些普通轿车上加装尾翼多半是出于美观的目的。

尾翼虽然形式多样，但它们却有着相同的特点：表面狭窄、水平面离开车身安装（这与扰流板不同）。尾翼的主要作用是增加下压力，所以尾翼的外形必须像倒置的机翼才行，这样的设计会使流经尾翼下端的气流的速度较流经尾翼上端的高，从而产生下压力。还有一种产生下压力的方法是将尾翼前端微微向下倾斜，虽然这种设计会比水平式的尾翼产生更大的空气拉力，但是在调节下压力大小方面却较有弹性。

(1) 汽车常用尾翼分类

尾翼是一种根据空气动力学原理研制的产品，它最先被用于赛车上，由于赛车行驶速度高，会产生一定的升力，使轮胎向上抬起造成车辆发飘，影响行驶安全，所以加添了尾翼把车身压向地面，增加轮胎与地面的接触力。随着轿车速度的提高，尾翼在轿车上的应用也越来越广。目前它的样式可从下列几方面分类。

① 从构造上分　可分为无尾灯、半尾灯和全尾灯型几种。

无尾灯型就是单一部件而没有尾灯。

半尾灯型就是在尾翼后面内置一排小灯泡，由一根导线与制动电路相连接，当踩下制动踏板时，尾翼尾灯会与车身尾灯同步亮起，这和高位制动灯功能近似。

全尾灯型就更醒目了，它内部伸出4条导线与制动、小灯和转向灯电路接通。虽说是整体的，但两侧是转向灯，中间是小灯，制动灯也有自己的位置，而且通过轿车上继电器控制，转向灯也会一闪一闪的，与车身上的转向灯一样。

② 从颜色上分　有灰、黑色不带油漆的，也有本身已喷上各种油漆的。前者可根据需要自己选喷喜欢的颜色，这种方式不太常见，仅用于配合特殊颜色的车漆；后者适用于不同色彩的轿车。因为现在都已采用电子技术控制调漆，所以可与车身浑然一体，看不出有什么差别，拿来就能直接安装。

③ 从材质上分　可分为塑料制和玻璃钢制两种。后者比前者要

结实、美观，但价格也高，目前市场上多为我国台湾生产的产品，喷漆考究，做工精细。也有广东、浙江等地生产的尾翼产品，多是塑料制造，表面喷漆也较暗淡，无金属光泽。有时从油漆色泽和做工就可鉴别出尾翼的好坏。

④ 从安装上分　有螺钉固定和夹子固定两种。夹子固定的国内较少见，是用专用夹子把尾翼夹在行李厢盖上，优点是拆卸方便。螺钉固定的是在行李厢上打钻孔，然后用螺钉连接。这种方式存在漏雨的问题，而且装上了就不能轻易拆下，否则会留下难看的钻孔。

⑤ 从选择上分　选择尾翼要因车而异，一般选用汽车生产厂商提供的与车型配套的选装件为宜。如两厢富康的立式半尾灯型和桑塔纳2000的全尾灯型尾翼，是由原厂提供的，效果最好。像桑塔纳、奥拓和夏利，没有原厂件，就只能用别的品牌的了。当然要是安装过关，可挑选自己喜欢的尾翼类型装饰爱车也是个不错的选择。

(2) 安装尾翼需要注意的问题

如果汽车出厂时没有安装尾翼，要加装时须注意如下事项。

① 尾翼的颜色、形状等要与汽车相匹配。

② 尾翼的高度要适当，大小要适中，不能伸出行李厢外，否则效果不佳。

③ 如果使用塑胶的尾翼，应经常检查其变形情况，因为塑胶有热变形问题，日久易改变形状。

④ 安装方法有粘贴式和螺钉固定式两种。前者不会破坏行李厢盖，因而不会漏水；后者固定比较牢靠，但因钻了孔，会破坏行李厢盖的外观，同时，安装不好也会产生漏雨。

(3) 尾翼安装实例

马自达3的尾翼安装实例如图4-34～图4-36所示。

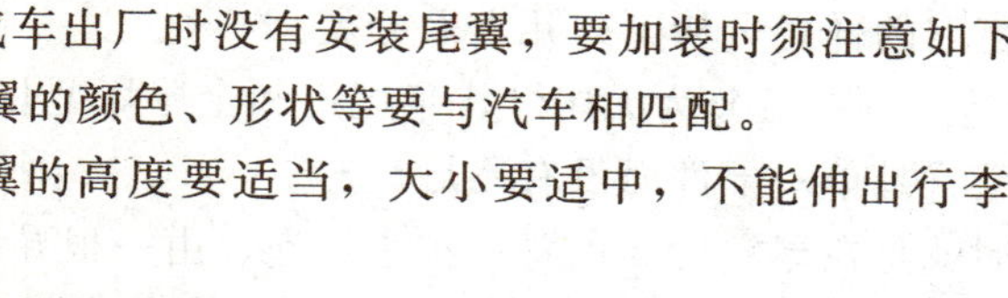

图4-34　待安装的尾翼

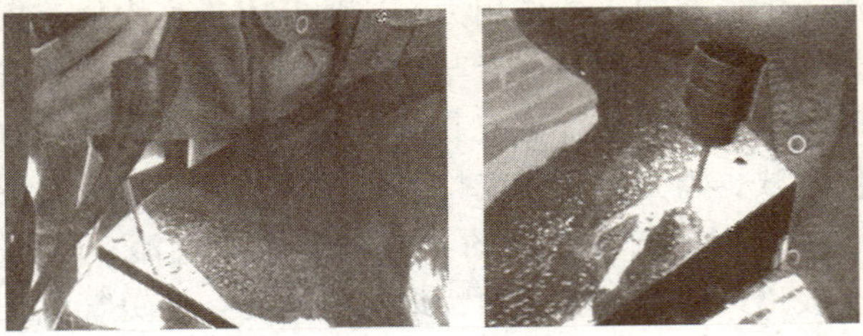

图 4-35　在后备厢盖上打孔

图 4-36　安装后

4.1.4　导流板和扰流板改装及实例

为了减少轿车在高速行驶时所产生的升力，汽车设计师除了在轿车外型方面做了改进，将车身整体向前下方倾斜而在前轮上产生向下的压力，将车尾改为短平，减少从车顶向后部作用的负压而防止后轮飘浮外，还在轿车前端的保险杠下方装上向下倾斜的连接板。连接板与车身前裙板连成一体，中间开有合适的进风口以加大气流，减低车底气压，这种连接板称为导流板。

在轿车行李厢盖上后端制成像鸭尾似的凸出物，将从车顶冲下来的气流阻滞一下形成向下的作用力，这种凸出物称为扰流板。

扰流板和尾翼的分别是前者与车尾连为一体，或者干脆就是车身整体设计的一部分。车尾扰流板其实也可以用来制造下压力，但是常见的功能仍是减少浮升力和气流拉力。掀背车的尾部扰流板集结了大量的空气于扰流板的前方，目的是分隔车尾的气流，从而降低浮升力。后扰流板也可以令气流更顺畅地流经车尾，避免气流长时间徘徊或紧贴在车尾上，如此一来便可以减小空气拉力，同时也可以减低导致浮升力的车底气压。

加装扰流板，对汽车的构造和扰流板本身的材质都有着非常高的要求，所以，追求个性的车主最好不要随意给车加装扰流板。不适当的加装，只能使汽车看起来特别扎眼而别无用处，此外还大大增加了汽车的风阻系数，提高了车辆的实际油耗，并且车速越高，油耗增加得越多。

（1）扰流板和尾翼的区别

简单地说，尾翼就是为了减少高速行驶中产生的浮力而设计的。上浮力产生的原因可以这样理解，如果把空气看成是有形的东西，汽车在高速行驶的时候，车前部空气会分成两个部分，一部分从车辆的上部通过，另一部分从车辆的下部通过。相同时间内，车上部的空气经历的路程要长于下部流经的空气，可以想见，车辆上部的气压要小于下部，这样就产生了上下压力差。极端情况下，汽车产生的升力能抵消掉汽车的重力，等于车辆悬浮起来完全失去抓地力，这对高速行驶的车辆是一件很危险的事情。尾翼就是把刚才所描述的过程颠倒过来，制成下部行程长、上部行程短的结构，这样就能获得一个向下的气流压力（负升力），抵消车辆的升力。而且现在大部分跑车都是采用后轮驱动，尾翼此时提供的负升力正好作用在车辆后部，对提升车辆的稳定性和加大抓地力很有好处。

这样就清楚了，虽然都对高速行驶的稳定性有帮助，尾翼和扰流板的本质区别是：尾翼能够提供一个负升力，而扰流板没有这个功能。

实际上，汽车在低速时，气流对汽车的影响较小，尾翼的作用根本不大，所以较小的汽车（小于 2.0L 的汽车）装扰流板作用不大，装个尾翼更是显得很笨重。

只有当车速经常超过 90km/h，这时空气阻力明显地影响着汽车的行驶性能，装空气动力学套件的意义才能体现出来。

(2) 尾翼和扰流板对油耗的影响

为什么说经济型轿车装尾翼是不明智的做法呢？因为尾翼带来的直接后果是油耗上升，可以想象得到，在汽车后部气流分离时会有大量的涡流产生，涡流是需要大量能量才能产生的，换而言之，就是汽车的动力被大量消耗掉了。涡流尤其容易出现在奥拓、北斗星这种方方正正背部突变明显的小型车上，因为在设计经济型轿车时，会把空间、舒适性、动力等放在前面优先考虑，跑高速的风阻考虑得较少。作为一款经济型轿车，考虑得更多的是经济型，不仅白白装一个不常用甚至根本用不到的东西，还要增加金钱的付出，这种做法完全和车辆的定位相悖。当然为了美观和拉风的目的除外。

(3) 扰流板安装实例

骊威后扰流板安装实例如图 4-37～图 4-40 所示。

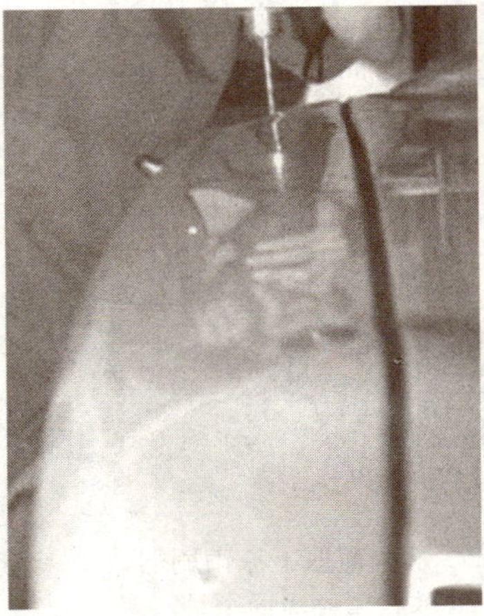

图 4-37　钻孔

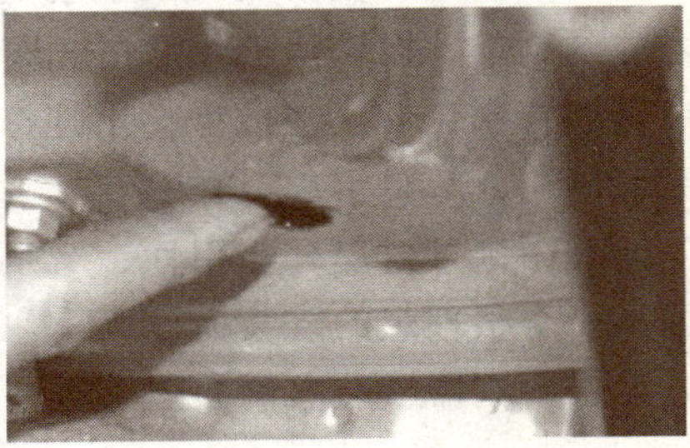

图 4-38　孔上抹防锈胶

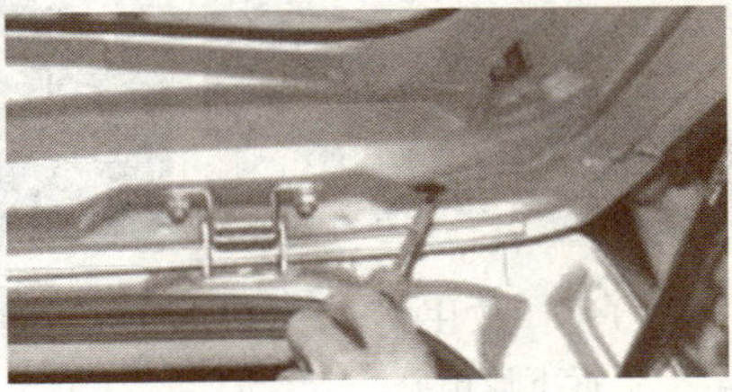

图 4-39　安装扰流板

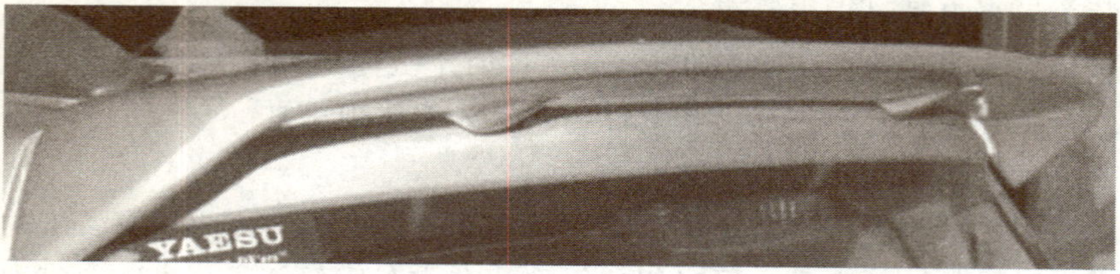

图 4-40　安装后

4.1.5 雨刷器改装及实例

由于传统雨刷的结构不可避免地存在多个压力点，已经开始不能适应现代轿车曲面风挡玻璃这一主流设计，导致刮洗不理想、水痕多、摩擦噪声过大等问题。因而，更换一个更理想的雨刷器就成了很多车主的实际需求。无骨雨刷系统凭借独特的智能自适应弹簧钢弹片，均匀分散压力，使得刮片各部分受力平衡，避免了传统雨刷的弊端。无骨雨刷与传统雨刷的区别就是没有上面的“铁架子”，只有一条弯曲的钢筋，橡胶片整片贴在玻璃上，因而刮得非常干净。普通的传统雨刷在刷完后或多或少会出现扇状的水痕，影响驾驶员的视野，而无骨雨刷就解决了。

改装雨刷可以提升实用性、增强安全性，而且安装也简单方便，因而是一个很理想的改装项目。

无骨雨刷器改装实例如图 4-41～图 4-46 所示。

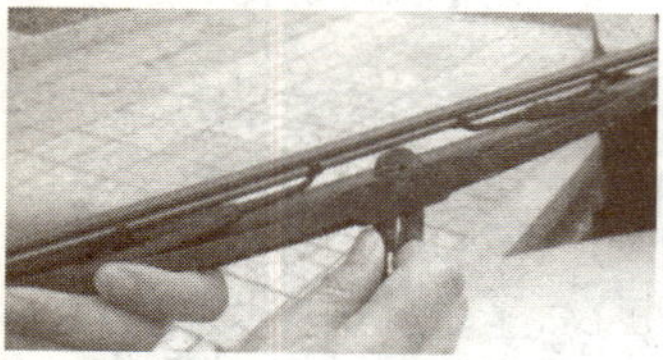

图 4-41　按住夹子，拆下原雨刷

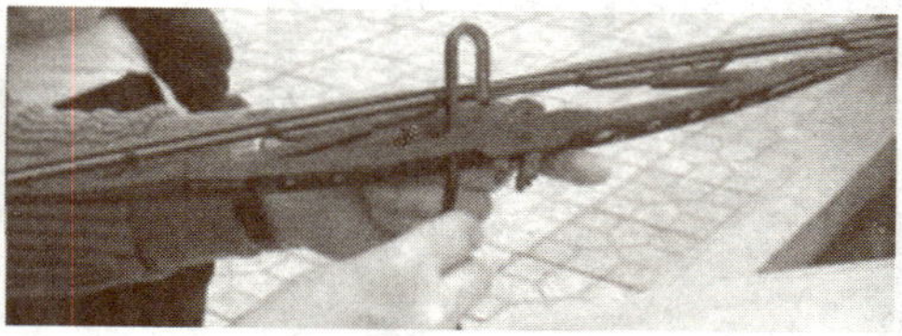

图 4-42　从侧面取下原雨刷器，小心摇臂弹回

图 4-43　抬起夹子，按住雨刷器

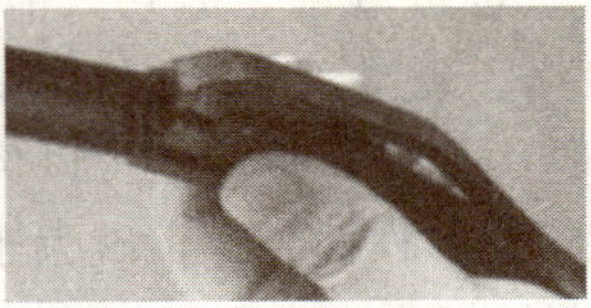

图 4-44　拉雨刷器，听到“咔嗒”一声表示到位

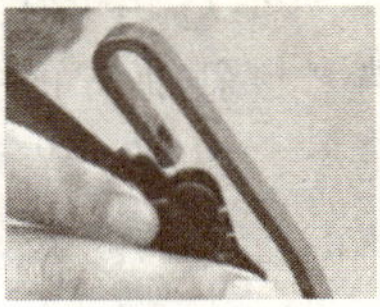

图 4-45　同样安装另一侧

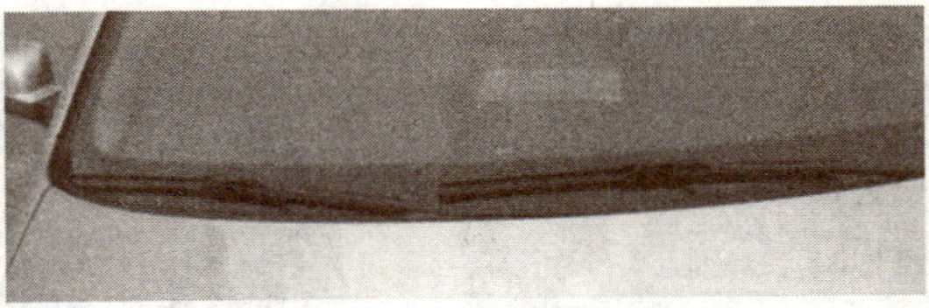

图 4-46　安装后的效果

在改装雨刷器时，要注意有些车型驾驶员侧和副驾驶员侧的雨刷尺寸不同，一般都是驾驶员侧的长，副驾驶员侧的短，别装反了。

4.1.6　加装车身护杠及挡泥板

(1) 汽车护杠的作用及类型

加装汽车护杠是越野车最基本的改装项目，除此之外，越来越多的旅行车、平头面包车、货车也都选配了护杠。护杠一方面能够在事故当中缓冲撞击力、保护车身，另一方面还使车辆具备鲜明的个性。

护杠从结构上可以分为前杠、后杠和侧杠（或称侧踏板）三类。

① 前杠　前杠有一体前防护杠和竞技杠两种。一体前防护杠，在越野场地可以清除石头、泥土、树苗、杂草这类障碍物，还可以保护车身和底盘，但在都市行驶的时候，它兼顾装饰性与实用性。竞技杠的结构简洁，杠体接近角大，可安装各类绞盘，杠体重量轻，适合于比赛使用。缺点是不能承受侧面的撞击。

目前大致分为 U 形前杠、护灯前杠两种。

a. U 形前杠。它结构简洁，可以保持车型原有的面貌，如图 4-

47 所示，几乎什么车都可以用，但它只能防御正面的撞击，不能抵挡来自斜前方的撞击。装上 U 形前杠，在越野场地可以清除石头、泥土、树苗、杂草这类的障碍物，还可以保护车身泵把和底盘，但在都市行驶的时候，U 形前杠的装饰性就大于实用性了。

b. 护灯前杠（图 4-48）。它可以全方位地保护汽车前脸，抵挡来自正面和斜前方的撞击。车主在转弯过程当中如果判断错误，转弯角度不够而导致车辆撞击障碍物，护灯前杠可以有效地保护车身。

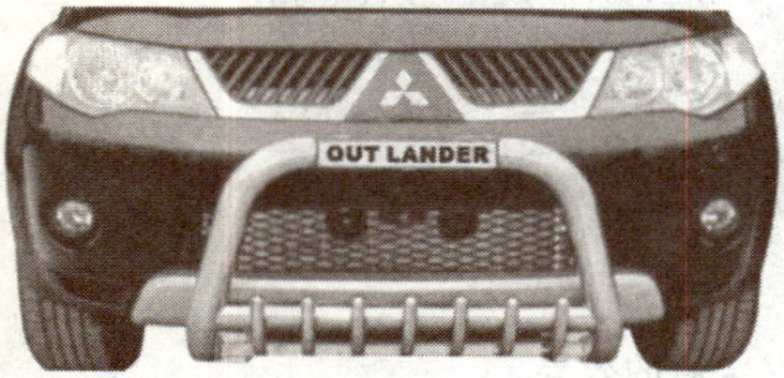

图 4-47　U 形前杠

图 4-48　护灯前杠

前杠的材料常用工程塑料、高级不锈钢等。

② 侧杠　侧杠也称边杠，是用螺栓固定在车的两侧车门下方的长管，如图 4-49 所示。其直接功能是方便驾乘人员上下车，当车主需要放置东西到车顶的时候，它还可以充当垫高物。同时侧杠可以起到轻微的防侧撞保护作用，越野车在山地行驶时，侧杠也可以顶住一部分山石对车辆的破坏。在越野比赛中车辆极度倾斜时，可让人员踩在车高一面以防止车辆翻车，起到保持车辆平衡作用。此外侧杠还能起到挡泥和装饰车身的作用。侧杠有粗细之分，以及越野车专用和微型车专用之分。越野车的底盘高，而且底盘结实，可以安装粗管；微型车底盘低，轮距短，只适合安装细管。安装时要注意的是，侧杠不要低于车架，否则会影响车辆的通过性。

③ 后杠　后杠安装在车尾部，它的作用一方面起到防护功能，另一方面可以通过杠体中央的拖车方口安装一个拖车钩，为同行者提供救援保障，如图 4-50 所示。很多车主喜欢在后杠加装反光片，在夜间行驶的时候提示后来车辆。

图 4-49　侧杠

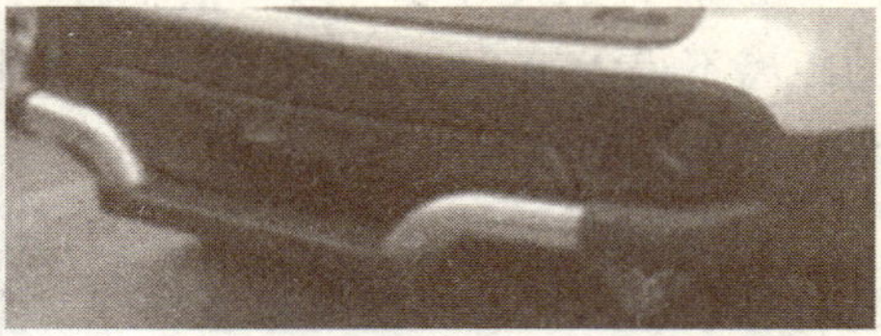

图 4-50　后杠

后杠可分为单管式和双管式，后杠的材料与前杠相同，具有极强的硬度和极好的韧性。

④ 尾梯　尾梯同样可以缓解来自后方的冲击，款式大多以实用为主，如图 4-51 所示。

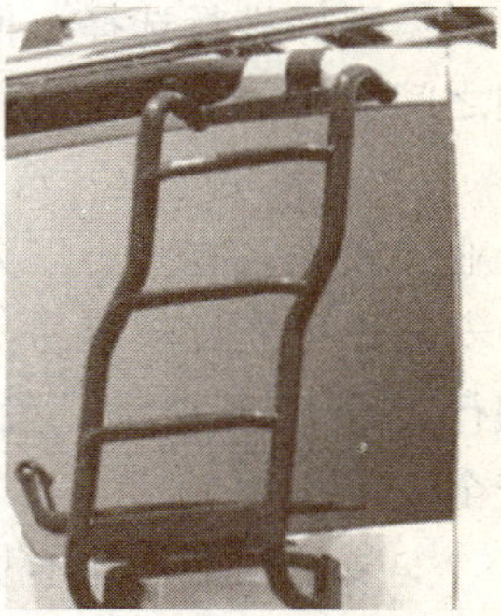

图 4-51　尾梯

尾梯的材料可以分为不锈钢和铝合金两种，前者防腐性能强，光泽度高，承重能力高，所以在实际应用中最为普及。

（2）汽车护杠的加装及注意事项

汽车护杠一般都是通过螺栓安装固定的。如果汽车预留了安装位置则通过螺栓安装在预留孔处。如果汽车没有预留安装位置则需专业的安装人员在汽车大梁上钻孔安装。

安装汽车护杠时，要注意以下几个问题。

① 护杠与车身要协调，不要影响原车的配置

a. 安装汽车护杠时不要挡车牌：遮挡汽车号牌是交通法规所不允许的，有经验的厂商在设计护杠时会在护杠上加入安装车牌照的位置。

b. 不要挡原厂大灯：安装护灯型前杠时注意不要让钢管挡住原车大灯。

c. 反光的贴纸贴在钢管的背面，防止灯光反射影响驾驶。

d. 不影响原车的倒车雷达：现在很多较高档的车都会加配倒车雷达，加装汽车护杠时要注意不要影响倒车雷达正常工作。

② 护杠的尺寸要合理　前护杠与后护杠的边沿与汽车轮眉裙边的距离不得大于 3cm。前杠安装后离地面应不低于原厂底盘，否则在车辆上坡路时会与地面发生碰撞。

③ 安装后要认真检查　护杠安装后左右两边要对称，安装要牢固可靠，用力摇动时摆动越小越好。要检查在安装过程中是否改变了车体的部件，车身的螺栓是否恢复原位，所有的螺栓是否拧紧牢固，这关系到护杠的使用和安全问题。

④ 最好选用与车型配套的专用护杠　目前在售后市场上，汽车用品生产厂家针对不同款式的车型量身定做了多种护杠产品，车主可以根据喜好进行选择。值得注意的是这类专用车型护杠不可在不同车型之间套用，如陆风护杠就不宜在帕拉丁上使用。

⑤ 安装要专业　汽车护杠关系到汽车的安全性能，因此安装时专业性较强。有些小厂为节约生产成本没有将护杠装于大梁之上，此种安装法可能比较容易，且结构简单，短时间内不会有问题，但长时间行走会出现松动，发出声响，严重的护杠会掉下来，影响驾驶安全。

安装护杠工程并不复杂，一般正规改装店都能进行，车主也可以通过以下方法检查安装效果：首先，看护杠与车子是否协调，有无影响车子原有的配置；其次，看两边是否对称，用力摇动时是否牢固，此时振动是越小越好；再次，看在安装过程中是否改变了车体的部件，车身的螺栓是否恢复原位，所有的螺栓是否拧紧。

(3) 汽车护杠加装实例

切诺基加装护杠实例如图 4-52～图 4-55 所示。

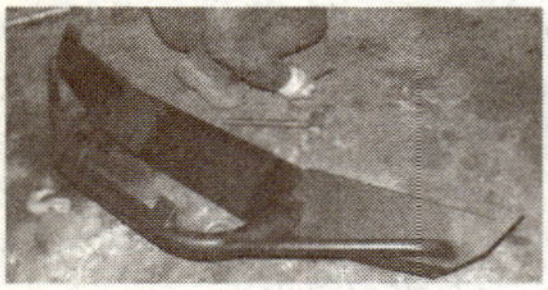

图 4-52　所加装的前杠

图 4-53　拆下原保险杠

图 4-54　安装前拆下原保险杠

(4) 加装挡泥板

图 4-55　安装后的前护杠

挡泥板的功用是防止汽车雨天行驶或在泥泞地面行驶时污泥、污水溅到车身下部。在车上安装挡泥板的方法有两种：一种是螺钉或拉拔钉固定法，另一种是粘贴法，无论是采用固定法还是粘贴法都可以按下列所述方法进行。

① 将要安装挡泥板的位置清洁干净，尤其是使用固定法时，要彻底清除挡泥板凸缘内侧的污泥，并加以防锈，以防安装后因不清洁而生锈腐烂。

② 用固定法时要用钻头在挡泥板凸缘唇上钻孔，以便安装。

③ 即使是固定法，在安装部位同样要涂硅胶，以便于结合紧密并可防止因水分积存而腐烂。

④ 将挡泥板装上，用固定法将螺钉或拉拔钉固定好。

⑤ 为防止水分积存或渗入接合处造成钣金腐烂，可在挡泥板外缘注上一层透明的硅胶。图 4-56～图 4-58 所示为奇瑞加装挡泥板实例。

图 4-56　安装前

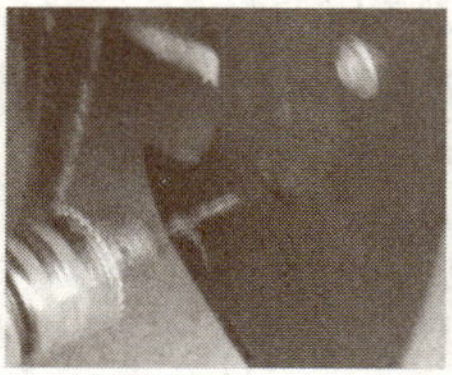

图 4-57　安装时另钻一孔

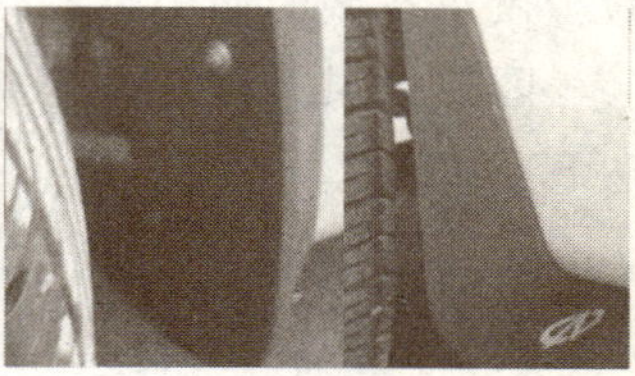

图 4-58　安装后

4.1.7 防晒膜的粘贴及实例

(1) 防晒膜的种类

按功能（等级）不同可分为普通膜、防晒太阳膜、防爆隔热膜

（或叫防爆太阳膜）。

① 普通膜　普通膜属于第一代产品，俗称太阳纸、茶纸。普通膜是一种染色膜，不含金属成分，特点为遮光性强、安装简单，能保持车内空间的隐蔽性，缺点是不隔热、易褪色、易脱胶，对视线影响较大。

② 防晒太阳膜　防晒太阳膜也叫“防爆膜”属于第二代产品，利用新型黏胶及较厚的膜层提高防爆效果，具有一定的隔热、防晒性能，隔热率在40%～60%之间，隔紫外线为80%左右。

③ 防爆隔热膜　防爆隔热膜（或叫防爆太阳膜）属于第三代产品，又名隔热纸、太空膜等，有很多新技术运用，如“磁控镀膜”、“微米技术”、“纳米技术”、“光谱微粒子技术”等，其有效阻隔紫外线达90%以上，红外线阻隔率提高到30%～95%，而且胶的黏性更强，从而可达到既降低膜的厚度又提高防爆性能的效果。

此外，汽车防晒膜按颜色不同有自然色、茶色、棕色、浅灰色、黑色、天蓝色、古铜色、浅绿色等。

（2）防晒膜的功能

① 隔热降温、节约能源　防晒膜可以阻隔阳光中的红外线，减小光线的照射强度，起到隔热降温的作用，从而可以保持车内凉爽，减少汽车空调的使用频率，节约燃料。

隔热效果是衡量防晒膜质量的重要指标，优质防晒膜的隔热率可达85%以上。

② 保护肌肤、内饰　阳光中的紫外线对人体肌肤具有一定的侵害作用，长期受紫外线照射易造成皮肤疾病，如皮肤晒伤、老化甚至皮肤癌等；同时，紫外线对驾驶人员眼睛的伤害也比较严重，眼睛若长期受到紫外线的侵害，很容易导致白内障。贴隔热防爆膜能有效隔绝紫外线对人体的伤害，对肌肤和内饰起到保护作用。

优质防晒膜能有效地阻挡紫外线，其紫外线阻隔率达98%～99.8%，防止人体肌肤和车内饰因紫外线的照射而受到伤害。

③ 防止玻璃爆裂　当汽车发生意外时，具有防爆性能的防晒膜可以防止玻璃爆裂飞散，避免事故中玻璃碎片对司乘人员造成伤害，

提高汽车安全性。

④ 提高乘员的隐蔽性　防晒膜的单向透视性可以使车内乘员看见车外，而车外的人看不见车内，因此可防止偷窥，增强车内的隐蔽性，避免车内人员或财物引起歹徒的觊觎或恶意破坏。

⑤ 保障驾车安全　据研究，车内温度提高时驾驶员犯错的概率提高，反应时间延长。因此，良好的隔热措施配合车内空调，能有效地提高驾驶员的应变能力，防止意外发生。防晒膜良好的遮眩光率和透光率能降低阳光的炫目程度，既保证了驾驶员在各种气候环境下都能拥有清晰的视野，同时又能保证驾驶员在开车时不会产生炫目的感觉。优质防晒膜的遮眩光率为59%～83%，透光率为70%～85%，无论颜色深浅，夜间视野清晰度都在60m以上，无视线盲区。

(3) 防晒膜的选择

目前市场上防晒膜的种类较多，质量也参差不齐，所以选择时要掌握一定的鉴别方法。

① 看清晰度　选膜时，首先要考虑它的清晰度和透明度，这是车用膜中关乎行车安全的最重要的性能，优质膜的清晰度可高达90%，而且不论颜色的深浅，透明度都十分高，不会有雾蒙蒙的感觉。建议尽量不要选取透光度太低的膜，车窗膜尤其是前排两侧窗的膜，应选择透光度在85%以上较为适宜。此时侧窗膜不需挖孔且不影响视线。夜间行车时能把后面来车大灯照射在后视镜的强烈眩光反射减弱，使眼睛非常舒服。此外，在雨夜行车、倒车、调头时也可保证视线良好。

优质防晒膜在夜间的清晰度应在60m以上，而劣质膜清晰度差，尤其是在夜间，两侧及后风挡玻璃视线不清。

2004年10月1日起实行的《机动车运行安全技术条件》规定："前风挡玻璃的可见光透射率不允许小于70%，所有车窗玻璃不允许张贴镜面反光遮阳膜"。

公安部门明文规定，前风挡玻璃膜的透光率必须达到70%。这是因为前风挡玻璃是驾驶员获取交通信息的主要通道，所以，前风挡玻璃必须选择反光度较低、色泽较浅的防晒膜。现在市场上有一种完全无色的高档透明膜，也叫白膜，尤其适合前风挡玻璃使用。这种膜最大的特点是可以阻隔红外线和紫外线，而对大部分可见光却不加阻拦，所以，既能起到隔热作用，又不会对视线产生影响。

② 手感　优质膜摸上去有厚实平滑感，而劣质膜手感薄而脆，容易起皱。

③ 颜色的持久性　优质膜的颜料是利用深层染色技术，将染料注入聚酯膜基片中，令膜的色彩饱满柔和，持久耐用，不易变色，在粘贴过程中经刮板涂刮也不会脱色。利用真空镀铝或磁控溅射技术生产的全金属化膜，更是不易变色。而劣质膜的颜色在胶中，撕开车膜的内衬后用指甲刮一下，颜色就掉了，膜片被指甲刮过的地方会变得透明。在贴膜过程中，当用刮板刮膜时，有时颜色会自行脱落，这种膜当年就会变色，一年后褪色更为明显。

④ 气泡　当撕开防晒膜的塑料内衬后，再重新复合时，劣质膜会起泡，而优质膜复合后完好如初。

⑤ 隔热性能　隔热性能是防晒膜的一个重要指标，而这一点仅凭肉眼和手感是很难鉴别的。可以通过一个简单测试方法来鉴别：在一个碘钨灯上或在阳光下放一块贴着车膜的玻璃，用手感觉不到一丝热的是优质膜，而有烫手感觉的则表明其隔热性能有问题，是劣质膜。

选购时要特别注意，因为市场上有些膜是没有隔热性能的。

⑥ 防爆性能　这也是涉及安全的又一重要性能。优质防晒膜本身有很强的韧性，玻璃破裂后可被膜粘牢不会飞溅伤人，并且其抗冲击性能很强。而劣质防晒膜手感很软，缺乏足够的韧性，不耐紫外线照射，易老化发脆。

⑦ 紫外线阻隔率　高质量的膜，紫外线阻隔率一般不低于98%，高的可达99%。高紫外线阻隔率能有效防止车内乘员被过量的紫外线照射，灼伤皮肤；还能保护车内音响不会被晒坏，同时，也起到了保护车内饰的作用，使其不易老化褪色。而劣质膜很多没有这项指标，或者远远低于98%的标准。

⑧ 防划伤性　专业防晒膜的最外层都镀有一层坚硬的防划伤层，

在车窗玻璃上下运动和日常清洁时，不会留下划痕，而非专业膜则不具备这个性能。

⑨ 保质期　选购时，要看其是否有质量保证卡，好的膜，保质期通常为 5 年，长的可达 8 年。在保质期内正常使用，隔热膜不褪色、金属层不脱落、膜层不脱胶。

另外，要选购真正的防爆隔热膜，应前往具有品牌授权资质的正规单位。这样品牌质量、施工安装均能得到相应的售后保障。正规防晒膜品牌都有自己固定的生产厂家和地址，正规注册的防晒膜品牌在工商管理局是有据可查的，进口防晒膜应该有海关的进口报关单，这些都可以作为参考的凭据。正规的防晒膜品牌都有自己的售后承诺和质量保证，厂家的质保卡通常包含质保项目、年限、赔付方式，以及真实可寻的制造商名称、地址和电话，消费者可以电话查证。

（4）防晒膜的粘贴

① 粘贴方法　防晒膜的表面涂有一层水溶性胶黏剂，其上有一层透明保护膜，施工时必须将这层透明保护膜撕去，在需贴膜的玻璃和胶黏剂上喷上清水，将防晒膜粘贴于玻璃表面上，用塑料刮刀将其刮平，去除内部的气泡和多余的水分，晾干后，防晒膜便能牢固地黏附于玻璃上。

将防爆膜贴于平面玻璃上并不难，但汽车玻璃多为曲面结构，这就决定了防晒膜的装贴是一项操作技术性高、工艺难度大的工作，必须按照特定的工序进行，其基本步骤如下。

a. 准备。车膜粘贴前需做好准备工作。首先是环境准备，为确保车膜的粘贴质量和效果，整个安装车间要做到封闭无尘；其次是工具准备，应准备喷雾器、不起毛的擦洗布、棉毛巾、擦洗垫、刮刀和可替换刀片、清洁剂板和超级刮板、重型切刀（可断开刀片）、白塑料硬卡片、放工具的围裙等工具。

b. 玻璃外侧的清洁。在玻璃外侧喷洒清水，用手触摸一遍，因为人手的敏感度最强，能感触出稍大的尘粒；然后，用专用刮刀清除黏附的污垢；同时，要注意玻璃橡胶压条缝隙的清洁；最后，喷洒一遍清水。

c. 下料。粗裁剪：根据玻璃尺寸裁剪合适的防晒膜，裁剪的尺寸要稍微大一点，一般要超出实际的高度、宽度3～5mm，给最终定型裁剪留出余地。裁剪时要注意防皱。定型裁剪：将待贴玻璃外表面喷湿，把裁下的防晒膜贴合在玻璃上（应将有保护膜的一面向外），用裁纸刀沿玻璃轮廓修整，使其与玻璃轮廓相吻合。

d. 粘贴。玻璃内侧的清洁：玻璃内侧面为真正的贴膜面，清洁时一定要彻底。首先对驾驶室进行喷雾处理，包括空间、座椅和地板，使空气中的灰尘能沉降下来，减少座椅和地板扬尘对贴膜的影响。然后在玻璃上喷洒清水，用刮刀将黏附物刮除干净。

粘贴防晒膜：粘贴前应进一步清洁待贴玻璃，保持玻璃的清洁，在玻璃表面喷洒一层清水，将裁剪好的防晒膜的保护层去掉，在胶层上喷上一层清水，这样可以减少膜的黏性，并容易去掉静电引起的吸附物。

将膜贴到玻璃上，左右滑动，正确定位后，再往膜上稍微喷点水，用刮刀由中间向两边刮压，将玻璃和膜之间的水分和气泡挤出。

由于车窗玻璃有一定的弧度，对于不能吻合的部位，用电热吹风机进行适当收缩，一边加热一边用塑料刮刀挤压玻璃上的气泡和水分，使防晒膜变形，直至与玻璃的曲面完全吻合。特别注意，温度不可过高，以免损坏防晒膜。

最后完成边角处的刮贴。

e. 检查。车膜粘贴完毕后应仔细检查粘贴质量：一是检查粘贴是否牢固，尤其是边角部位；二是检查有无气泡；三是检查车膜有无褶皱；四是检查有无刮痕。如发现问题应返工。

② 粘贴注意事项

a. 粘贴前，必须保证玻璃的绝对清洁，玻璃上残留的任何细微的粉尘，都会影响防晒膜的黏附力和透视率。

b. 粗裁剪时，裁定的尺寸要稍微放大一点，以便给贴膜时留有余地。

c. 电热吹风机的温度不可过高，以免损伤防晒膜。

d. 前风挡玻璃特殊的弧度和特殊的位置对膜的质量和粘贴提出了很高的要求。一是对膜的质量要求严，透光度要高，隔热性要好，防爆性要强；二是前风挡玻璃的弧度大、面积大，必须整张贴，所以施工的难度高，一定要认真对待。

e. 所有的车窗玻璃都不允许张贴镜面反光遮阳膜。

(5) 防晒膜粘贴好后注意事项

① 贴膜施工后三天内不要升降汽车玻璃，刚贴完的防晒膜附着力较低，不要用手触摸膜的边缘，如贴膜出现气泡、水泡或翘边，要及时返厂处理，且不可自行处理。一般出现的水痕、起雾现象在贴膜干透后，会自行消失，贴膜后应多晒太阳。

② 在贴膜干透之前不要擦洗玻璃，避免用胶带之类的物品粘贴贴膜表面，尤其是检车贴、保险贴等，应使用静电贴将各种车贴贴在贴膜表面上。

③ 贴膜在清洁时，要使用柔软的湿抹布蘸清水清洗贴膜表面，当污垢较多时，可使用中性洗涤液进行清洗。

④ 如贴膜上的防伪标记有碍视线时，可使用柏油清洗剂擦洗干净。

(6) 防晒膜粘贴实例

图 4-59～图 4-62 所示为汽车贴膜过程。

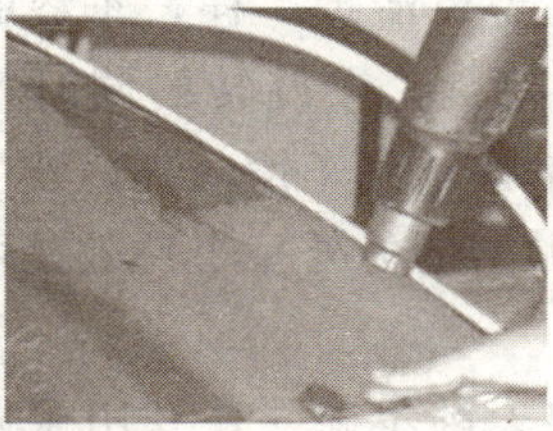

图 4-59　烤型

图 4-60　定型

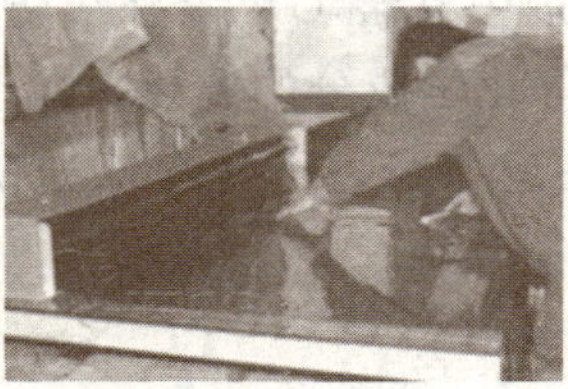

图 4-61　下料

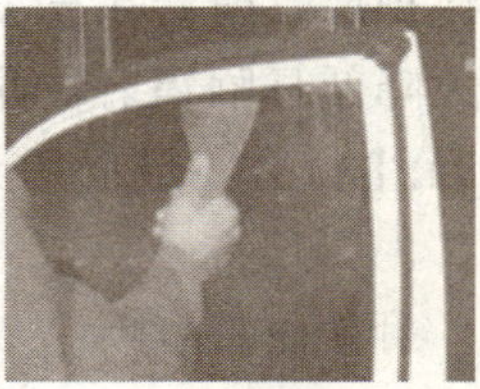

图 4-62　贴、刮膜

4.1.8 车身封釉和镀膜及实例

（1）封釉的作用

封釉就是用柔软的羊毛或海绵通过振动机的高速振动和摩擦，利用釉特有的渗透性和黏附性把釉分子强力渗透到汽车表面、油漆的缝隙中去。封釉后的车身漆面能够达到甚至超过原车漆效果，使旧车更新、新车更亮，并同时具备抗高温、密封、抗氧化、增光、耐水洗、耐蚀等特点，还为以后的汽车美容、烤漆、翻新奠定了基础。封釉是打蜡的替代品，一般封釉之后半年之内可不用打蜡。

（2）封釉的主要操作步骤

作业时间大约需要 4～5h，可分为以下五道工序。

① 中性清洗　清洗剂要使用中性的，因为碱性的清洁剂会腐蚀车漆，如果残存在车体缝隙中，腐蚀性就更大了。

② 黏土打磨　由于长期积存的尘土、胶质、飞漆等脏污很难靠清洗来去除，因此经过清洗的车漆表面仍然是毛毛糙糙的，这就需要用一种从细腻火山灰中提炼出来的“去污黏土”进行全面打磨处理。

③ 深度清理　就像人皮肤上的毛孔需要清理一样，车漆的毛孔也需要清洁。使用静电抛光轮，配以增艳剂，在旋转的同时产生静电，将毛孔内的脏物吸出。同时，增艳剂渗透到车漆内部，发生还原反应，可以达到车漆增艳如新的效果。抛磨的另外一个功效是可将车漆表面细小的划痕磨平。

④ 振抛封釉　这是汽车封釉美容的关键步骤。在专用振抛机的挤压下，釉质被深深压入车漆的凹孔之内，在车漆表面形成平滑牢固的网状保护层，附着在车漆表面。保护剂中富含 UV 紫外线防护剂，可以大大降低日晒辐射，并可抵御酸碱等化学成分的侵蚀。

⑤ 无尘打磨　最后用无尘纸打磨一遍车身，可让车漆如镜面般光亮。

（3）封釉注意事项

① 封釉后 8h 内切记不要用水冲洗汽车，因为在这段时间内，釉层还未完全凝结将继续渗透，冲洗汽车有可能将未凝结的釉冲掉。

② 做完封釉美容后应尽量避免洗车，因为产品可防静电，因此一般灰尘用干净柔软的布条擦去即可。做了封釉美容后不要再打蜡，因为蜡层可能会黏附在釉层表面，再上釉时会因蜡层的隔离而影响封釉效果。

③ 由于釉的不同，再加上路况和环境的影响，一般是 2 个月到半年封一次釉效果最好。

新车是否封釉主要看车辆的漆面情况和使用环境而定，如帕萨特、宝来漆面比较硬，第一年封不封釉问题不大。但是别克、威驰、广本等车的漆面比较软，做个封釉保护漆面还是必要的。

(4) 镀膜

镀膜的主要成分是玻璃纤维素，它用于在车漆表面形成保护层，隔绝外界物质对面漆的损害。它的保用时间为 18～20 个月，一般车身的硬度是 2H～3H，做了镀膜以后可以达到 9H 的硬度，可以形成较厚的保护层。

对于新车来讲，由于没有很厚的氧化层，所以不管封釉还是镀膜，都不需要更多地进行打磨；而对于旧车来讲，划痕必须通过打磨除去，如果是伤到底漆的深度划痕，则只能进行补漆了。另外，对车漆表面进行打磨，更是为了消除车漆表面由于长期磨损形成的细微划痕。如果没有把这些细微划痕打磨掉，不仅达不到光亮如镜面的效果，而且划痕中残留的氧化物还会继续腐蚀车漆，也就失去了封釉、镀膜的意义。镀膜后的车身如图 4-63 所示。镀膜的作用如下。

图 4-63 镀膜后的车身

① 防水作用 汽车经常暴露在外，免不了受风吹雨淋，当水滴存留在车身表面，在强烈阳光照射下会形成漆面暗斑，极大影响了漆面的质量及使用寿命。另外，水滴容易让车身上金属部分生锈。

② 防腐蚀和氧化作用　镀膜后的漆面具有防酸雨腐蚀的作用，同时也具有防氧化的作用。

③ 防老化作用　镀膜之后对来自不同方向的入射光产生有效反射，防止入射光使面漆或底漆老化变色。

④ 上光作用　上光是镀膜的最基本作用，经过镀膜的车辆，其车身均能得到和新车时一样的颜色，漆面的光泽会长时间保持。

⑤ 镜面效果作用　消除漆面的氧化膜、细划痕、水纹斑等漆面缺陷，使漆面清晰、透明，立体感强，晶亮醒目，甚至可以当作镜子使用。

⑥ 加强漆面硬度作用　在开车的时候经常因为轻微的碰擦而使车身产生划痕，镀膜后漆面硬度加强，可以最大限度地减少漆面在这方面的损伤。

（5）封釉和镀膜的区别

“镀膜”是在总结了打蜡及封釉的优点及不足后，以新的环保原料和新的车漆养护理念制造的车漆养护换代产品。它和封釉有下述不同之处。

① 原料选用的不同　“釉”与蜡都是从石油中提炼，加上一些辅助原料制成。受原料所限，容易氧化、不持久的问题无法解决，所以新的保护膜采用植物及硅等环保又稳定的原料来提炼合成，避免了在车漆表面造成“连带氧化”的问题，并可长期保持效果。

② 养护理念不同　封釉与打蜡的养护理念是将“釉”或“蜡”加压封入车漆的空隙中，与车漆结合到一起。优点是与车漆融为一体，增亮效果明显。不过因为它们本身的易氧化性，所以会连带周围的漆面共同氧化（漆面发污，失去光泽）。为避免出现这个缺陷，保护膜采取了两个措施：一是采用不氧化原料及稳定的合成方式（氟碳树脂）；二是变结合为“覆盖”，以透明的“膜”的形式附着在漆面，避免漆面受外界损伤，同时也避免了保护剂本身对车漆的影响，可长期保持车漆的原厂色泽。而且由于膜本身结构致密，很难破坏，使得它可以大幅度降低外力对漆面的损伤。

③ 操作工艺的不同　原料及理念的差异，必然造成工艺上的区

别："釉"和"蜡"因为要与漆面充分结合，所以附着方式要用高转速的研磨机把药剂加压封入漆面（所以称封釉）。而在这种压力同时作用在漆面上，经常会造成漆面损伤。保护膜采用了温和的涂抹及擦拭的方式，靠膜本身的分子结合力附着在漆面上，从而避免损伤车漆。

以上几种不同还造成了两种养护法对车身划痕的处理上有所区别。为了便于"釉"的附着，封釉店对划痕以研磨为主：用高转速电动机把划痕磨平（如以前补车胎前要"挫"内胎一样）。镀膜店采用填充：以低转速电动机配合海绵轮，将透明的填充剂填入划痕中，抹平（如用牙膏抹在眼镜的划痕上）。

因而，在处理划痕时，镀膜大大降低了对漆面的损耗。

（6）封釉实例

车身封釉实例如图 4-64～图 4-66 所示。

图 4-64　清洗

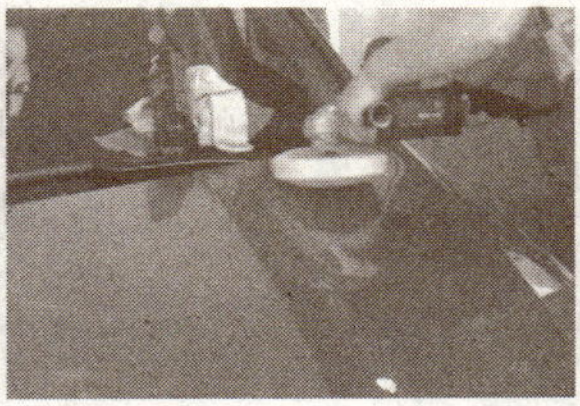

图 4-65　黏土打磨

图 4-66　深度清理

① 清洗　用清水冲洗车身，将漆面的泥土、粉尘、细沙粒等彻底清洗干净；同时，用专用洗车泥进行车漆表层清洁处理，如图 4-64 所示。

② 黏土打磨　用抛光机以 4500r/min 的速度配合微量研磨剂、羊毛轮做研磨处理。开始研磨时研磨的压力要根据漆的强度高低和漆面的厚薄来决定，如图 4-65 所示。

③ 深度清理　用低速抛光机配合波浪海绵加微量研磨剂，去除研磨剂留下的光环，如图 4-66 所示。

④ 封釉　釉分子能填充细小微孔起密封作用，用专用的封釉机

上釉效果比较好。操作过程中蘸少量晶亮釉振动涂抹，振涂时速度要慢、均匀，一般每处要振涂 2 次，然后轻微提起封釉机，使封釉机轮快速转动，如图 4-67 所示。

⑤ 清洁　等釉彻底渗透漆面，干透以后用纳米擦巾将车漆面残留的釉等清理干净，注意车缝部位，如图 4-68 所示。

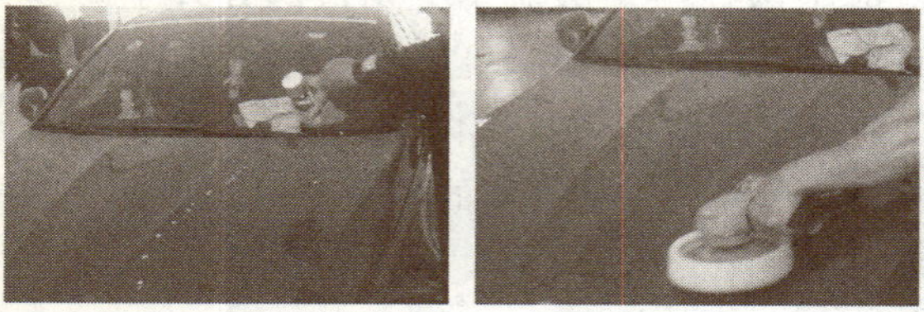

图 4-67　封釉

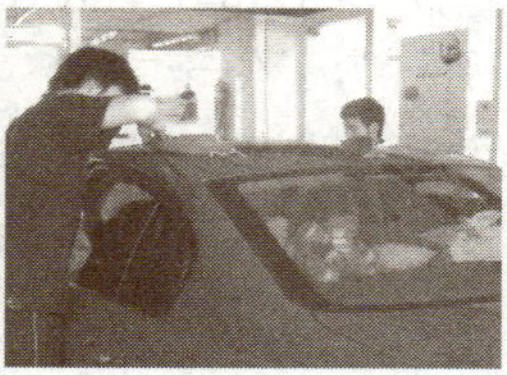

图 4-68　清洁

4.1.9 车身打蜡实例

(1) 车蜡的作用

车身改装后一般都要给车身打蜡。车身打蜡的作用很重要，包括防水、抗高温、防紫外线、防静电、上光、研磨抛光、防盐雾、防酸雨等。

(2) 常用车蜡分类

① 上光保护蜡　上光保护蜡的主要添加成分为蜂蜡、松节油等，其外观多为白色或乳白色，主要用于汽车漆面的上光保护。主要品种如下。

a. 新车保护蜡。新车漆面十分娇嫩，易产生轻微划痕，故新车保护蜡不能含任何研磨剂，以确保车漆表面光滑。新车保护蜡不但防水，而且具有防酸碱、抗氧化和防其他有害化学元素侵蚀的功能。涂抹一次一般能保持 1 年之久。

b. 钻石镜面蜡。该产品是一种高级美容蜡，它具有钻石般的高贵品质，使用后能形成坚硬、光滑及雅致的保护膜，用后可防止各类有害物质对漆面的侵害，使车身光如镜面，且能长时间保留。适用于各种颜色的高级轿车。

c. 速效硬壳蜡。速效硬壳蜡是在硬壳蜡基础上的改进，只需涂抹到车上，轻擦几下即可，不需抛光。它具有强力防水性，能完全截断雨水及酸雨的渗透，光泽耀眼夺目，保护持久，可持续数月之久。

d. 水晶镀膜。水晶镀膜能使漆面形成长久性保护膜。能清除车体表面的尘垢等，延长抛光寿命，避免车漆产生皱纹、划痕、氧化、脱落及发黄。

e. 补色蜡。有白、红、黄、绿、蓝、黑、灰多种颜色选择，具有增强颜色效果，并能修饰局部补漆产生的色差或褪色。它具有清洁、上光和保护功能，可使划痕减轻或消失，与原漆本色浑然一体，使旧漆焕然一新。

f. 手喷蜡。手喷蜡有柔和的清洁功能，可以在不影响“整体效果”的前提下为汽车除污，同时又含树脂型增光剂，给清洗处及时“补色”，与全车的光泽协调一致。

② 抛光研磨蜡　抛光研磨蜡主要用于汽车漆面浅划痕处理及漆膜的磨平作业，可清除划痕、橘纹、填平细小针孔等。主要品种有：抛光蜡、复彩护漆上光蜡、清洁砂蜡、色泽还原研磨剂。

（3）正确选择车蜡

选择车蜡应根据车蜡的作用特点、车漆颜色及运行环境等因素综合考虑，一般注意以下几点。

① 根据车蜡的作用来选择　由于不同车辆经常所处的运行环境不同，在这些不同的环境及气候条件下，汽车漆面所要承受的外界刺激就不相同，因此应该有针对性地为车辆选择最佳保护效果的车蜡。

② 根据漆面的质量来选择　对于中高档轿车，宜选择高档进口车蜡；对于普通轿车或其他车辆，可选用珍珠色或金属漆系列车蜡。

③ 根据漆面的新旧来选择　新车或新喷漆的车辆，应选用上光蜡；对于旧车或漆面有漫射光痕的车辆，可选用研磨蜡对其进行抛光处理。

④ 根据季节不同来选择　夏季一般光照较强，宜选用防高温、防紫外光能力强的车蜡。

⑤ 根据车辆行驶环境选择　沿海地区应选用防盐雾功能较强的

车蜡；化学工业区应选用防酸雨功能较强的车蜡；多雨地区应选用防水性能优良的车蜡；夏天应选用防紫外线、抗高温性能优良的车蜡；行驶环境较差应选用保护作用突出的树脂车蜡。

⑥ 根据车身颜色选择　白色、黄色和银色等颜色的车身就选用浅色系列的车蜡；红色、黑色和深蓝等颜色的车身，应选用深色系列的车蜡，以掩盖车身表面的细小划痕，使车身显得更加光滑、漂亮。

⑦ 根据操作条件选择　如果有时间想多花一些工夫打出光泽，则可以选用固态蜡；如果想既省时又省力，则可选用喷雾式蜡，它可以边喷边打亮，同时能够去除车身表面污垢；如果觉得固态蜡使用不方便，又嫌喷雾式蜡的光泽不佳，则可选用半固态蜡或液态蜡。

(4) 汽车打蜡的方法及注意事项

① 新车不要随便打蜡　有人购回新车后便给车辆打蜡，这是不可取的。因为新车本身的漆层上已有一层保护蜡，过早打蜡反而会把新车表面的原装蜡去掉，造成不必要的浪费，一般新车购回五个月内不必急于打蜡。如果您是刚买的第一辆新车，不知如何保养漆面，最好找汽车美容技师询问一下，根据车漆打个保护蜡也是一个很不错的选择。

② 要掌握好打蜡频率　由于车辆行驶的环境、停放场所不同，打蜡的时间间隔也应有所不同。一般有车库停放，多在良好道路上行驶的车辆，每3～4个月打一次蜡；露天停放的车辆，由于风吹雨淋，最好每2～3个月打一次蜡。当然，这并非是硬性规定，一般用手触摸车身感觉不光滑时，色泽不鲜艳时，就可再次打蜡。

③ 打蜡前车身要清洗干净　打蜡前最好用洗车液清洗车身外表的泥土和灰尘，切记不能盲目使用洗洁精和肥皂水，因其中含有的氯化钠成分会腐蚀车身漆层、蜡膜和橡胶件，使车漆失去光泽、橡胶件老化。如无专用的洗车液，可用清水清洗车辆，将车体擦干后再上蜡。

④ 注意打蜡的环境　应在阴凉处给汽车打蜡，保证车体不致发

热。因为随着温度的升高，车蜡的蜡素会随着车漆温度升高而挥发，影响打蜡质量。

⑤ 打蜡的动作过程　打蜡可分为手工打蜡和机械打蜡两种，无论是哪一种，都要保证在漆面均匀涂抹。手工打蜡时，首先用柔软的绒布、质地较细的打蜡专用海绵或质地较柔软的棉布抹上一点车蜡，涂在车身上，再用另一块绒布按一定顺序往复直线涂布。不可把蜡液倒在车上乱涂或做圆圈式涂抹。每道涂布应与上道涂布区域有 1/5～1/4 的重叠，防止漏涂并保证均匀涂布。打蜡时应遵循先上后下的原则，即先涂抹车顶、前后盖板、车身侧面等。注意在边、角、棱处的涂布应避免超出漆面。一次作业要连续完成，不可涂涂停停。一般车蜡在车身上涂抹 5～10min 后即可用新毛巾擦拭。

很多人在使用车蜡时有一种错误的观念，认为车蜡抹得越厚越好，其实这种做法不但不美观反而会使车漆受到损害。

⑥ 打蜡后车身处理　车身打蜡后，在车灯、车牌、车门和行李厢等处的缝隙中会残留一些车蜡，使车身显得很不美观。这些地方的蜡垢若不及时擦干净，还可能产生腐蚀。因此，打完蜡后一定要将蜡垢彻底清除干净，这样才能得到完美的打蜡效果。

总之，像人需要美容护理一样，汽车也需要经常打蜡，以保持更加美观、漂亮的车容。

(5) 汽车打蜡实例

如图 4-69～图 4-74 所示为汽车打蜡过程。

图 4-69　车蜡

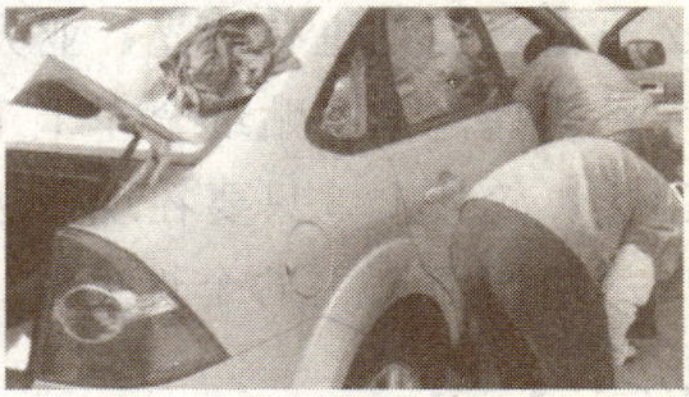

图 4-70　清洗车身

图 4-71　先从车顶开始打蜡

图 4-72　然后车身打蜡

图 4-73　车身效果

图 4-74　整体效果

4.1.10 车身贴纸实例

车身贴纸是为了装饰车身表面，突显车身轮廓，协调车身色彩，彰显车主个性的一种汽车车身装饰方式。贴纸的材料主要是可以适应户外条件的 PVC 户外专用胶贴纸，材质和色彩虽然没有服装面料那么丰富，但是也有荧光、亚光、金属反光、激光反光、金属拉丝等很多种选择。车身贴纸全车上下无所不至，车身两侧、引擎盖、灯眉、裙边、轮毂上，只要在现行法规允许的范围内进行合理创作，完全可以尽情演绎车主的个性爱好。汽车贴纸正逐渐成为最为简便的改装方式。

(1) 车身贴纸分类

① 按贴纸材质不同分　车身贴纸按纸张不同可分为雕刻型、反光型、印刷型。雕刻型和反光型材质最好，不粘漆，价格也最高。印

刷型的贴纸容易粘漆，易脱落，价格低很多。

② 按贴纸功能不同分　车身贴纸按功能不同可分为运动贴纸、改装贴纸和个性贴纸三类。

a. 运动贴纸。运动贴纸，主要指赛车运动贴纸，场地赛与拉力赛所用车型和赛道各有不同，汽车贴纸也有相应区别。拉力赛汽车贴纸图案重点突出的是车队的标志及主要赞助商的标志，色彩上配合该车队的整体风格，以便更好地达到宣传效果。场地赛汽车贴纸常常会见到火焰、赛旗、波浪等动感十足的图案，为赛车运动增色不少。

b. 改装贴纸。改装贴纸，是指各个改装厂商为参展或推广新产品，为配合某款车型或产品而专门设计的主题贴纸，绚丽多彩，引人注目。还有很多图案是改装厂的标志或一些改装品的标志，经过一番精心设计和搭配，与改装过的展车相得益彰。

c. 个性贴纸。个性贴纸，是依照车主个人喜好和品位，量车定做的个性化贴纸。运动化、艺术化、实用化，各种风格只要看起来和谐美观，可以自由选择搭配，自行设计，打造出自己的风格。

(2) 选用车身贴纸注意事项

选用车身贴纸时主要应注意以下两点。

① 质量　如选用质量较差的车身贴纸，贴纸时间不长就会脱落，车身不但留有胶状物质，车漆也可能被破坏，所以应选用质量好的贴纸。质量好的贴纸寿命可以达到与车身相同，一些国际品牌的贴纸质量担保可达 8～10 年，如美国艾利、龙膜、3M 等。

② 含义　一般来说，车身贴纸可根据车主的喜好，喜欢什么样的就贴什么样的。不过贴纸里其实也是有大学问的，专业的改装品牌 LOGO 贴纸最好还是先了解其含义再贴。TRD 全称 TOYOTA RACING DEVELOPMENT（直译“丰田赛车发展部”），是丰田的御用改装品牌，TypeR 是本田高性能系列改装车的徽章，NISMO 和 IMPUL 是专门改装日产的品牌，ABT 是奥迪 A3 的改装厂的专属徽章，BRABUS 和 CARLSSON 是属于奔驰的改装品牌，AC Schnitzer 和 HAMANN 是属于宝马的改装品牌。

(3) 粘贴车身贴纸

① 注意事项

a. 贴纸在15～30℃之间进行较好，因为温度过高会导致贴膜变大，溶液迅速蒸发；温度过低会影响贴膜的柔性，从而影响附着效果。

b. 使用水和中性清洗剂将车身表面彻底清洗干净。为了使彩条能正常贴上去，车身表面必须没有灰尘、蜡和其他脏物。

c. 贴纸分三层，底纸（白色玻璃面纸）、PVC贴纸本身、转贴膜即保护膜（透明），保护膜在最后完工后再揭去。在贴的过程中，注意不要用力拉扯贴纸，以防拉长变形。

② 粘贴步骤

a. 根据图纸确定粘贴的部位，对比尺寸。

b. 将车身需要粘贴的部位清洁干净。用清洁剂与水的混合剂均匀地喷在车身部位以保持湿润，溶液能使贴膜更容易控制，并可以使其在永久黏附之前正确定位。

c. 确定好需要贴的位置。慢慢地一边贴、一边用工具刮平、一边揭底纸。如果图形不大，也可把透明转移膜和贴纸全部撕下再贴，但必须小心，不要发生意外粘连。

d. 贴好后，再反复刮压几遍。撕除透明转移膜。在车门和车缝用美工刀划一刀，向内包服帖。

e. 不要让车贴和车身有任何分离或凸起。

f. 尽量让车贴里的水分干透，有条件的可以适度加热烘干。

③ 如何解决贴纸气泡问题　在车身贴纸粘贴过程中，如出现一些小气泡，可采用以下方法予以消除。

a. 用美工刀从气泡的一边斜割个小口，再用刮板和烤枪刮平。

b. 用针把气泡扎破，再按平。

c. 干贴法粘贴时会产生小气泡，首先尽量把小的气泡用手指挤到一起，然后用针或者美工刀的刀尖轻轻戳一下，再用手指一按，气泡就没了。有些很小的气泡，你可以不用理会，太阳晒1～2天，随着气温的增加，里面的空气会逸出。

（4）车身贴纸实例

爱丽舍车身贴纸：前风挡玻璃遮阳贴纸、后风挡玻璃赛道贴纸和大号车铁龙车标。前风挡玻璃的遮阳贴纸是最新雪铁龙标志的反光贴纸。后风挡玻璃的赛道贴纸对视线有一定影响，在行车安全的前提下，车主可自行选择。车身贴纸如图 4-75～图 4-80 所示。

图 4-75　前风挡玻璃贴纸效果图

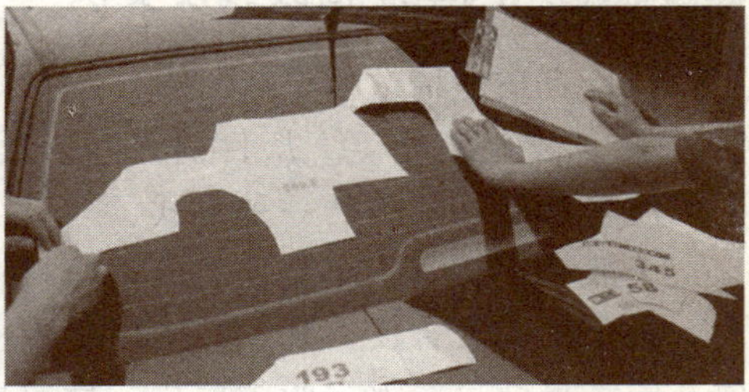

图 4-76　后风挡玻璃贴纸确定位置

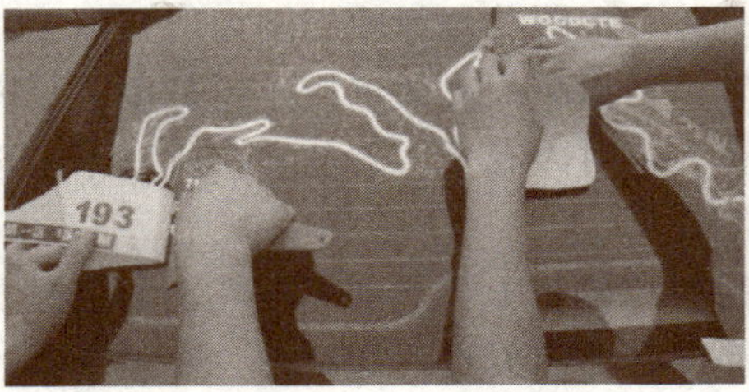

图 4-77　后风挡玻璃贴纸去底纸

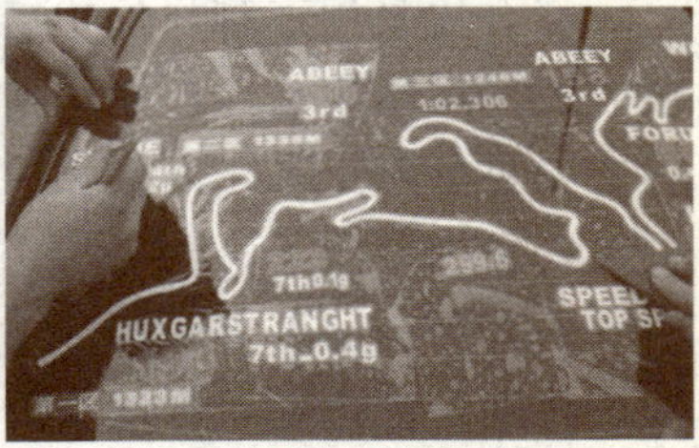

图 4-78　刮平、去气泡

图 4-79　后风挡玻璃贴纸去保护膜

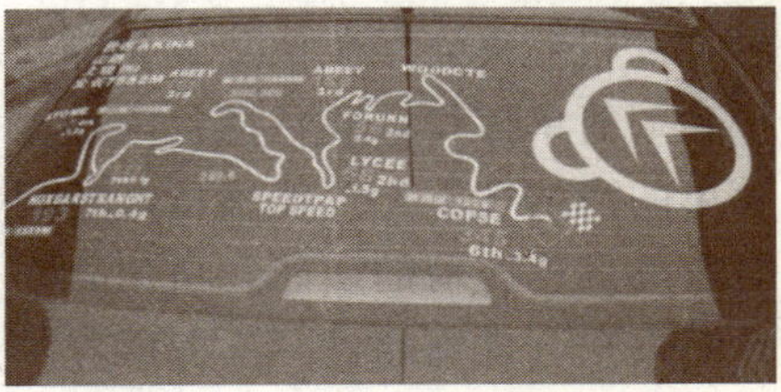

图 4-80　后风挡玻璃贴纸效果图

4.2 汽车内饰的改装

4.2.1 汽车座椅改装及实例

（1）真皮座椅改装

① 真皮座椅分类　从目前来看，改装真皮座椅是汽车升级项目中最简单又最见效果的一种方式。

一般情况下，汽车真皮座椅的面料用的是牛皮，而牛皮分为水牛皮、黄牛皮和复合皮三种，其中以黄牛皮为最好。一般牛皮可以分切成几层，最外边的那层叫头层皮，质感最好，抗拉伸且透气；次之为二层皮，弹性较差，而且容易掉漆，做汽车座椅一般会用头层皮。目前市面上比较流行针孔式真皮，这种座椅总体来说，伸缩自如，透气性好，保养起来方便，使用年限也较长。

复合皮是用下脚料加工后打碎、上覆盖塑料膜压制而成并覆上一层胶膜，虽然表面看起来很精致，很像头层皮的色泽，但是用手触摸后能明显分辨出来，而且味道很大，对人有很大的危害，所以车主选择时要仔细分辨。

一套漂亮的真皮座椅，对制版和缝制工艺要求都很高，制版要准确，特别是拐角处，有丝毫误差都会影响美观。缝制时，要用专用的缝皮线，针脚均匀，不能太稀也不能太密，否则都会造成皮面开裂。明线必须顺直，针距一致。

另外，车内的真皮座椅或其他真皮饰件长期使用就会出现褶皱、干裂和粗糙失光、脱色、老化等问题。平时，车主可以自行使用真皮护理剂简单擦拭，或在进行内饰美容时做彻底的清洁和上光养护，但简单的清洁和上光仅能维持短暂的美观。如果过于频繁清洁，有可能会影响真皮座椅的质感，所以，车主也可以选择真皮座椅镀膜工艺，针对汽车真皮饰品做一次深层养护。

② 真皮座椅改装注意事项　首先，原座椅的拆装很关键，工具要专车专用，没有合适的工具不仅会延长拆卸时间，而且会对原车螺

钉、滑轨等造成损坏变形，有可能造成日后行驶中出现噪声，甚至造成安全隐患。另外，要注意以下几个方面。

a. 宽度。装汽车座椅最大的因素莫过于宽度的问题。因为，宽度过小，影响车子美观，宽度过大，又影响座椅功能的实现和车门的开关。现在，大部分座椅宽度为48～56cm，针对不同的车型和所需要的座椅规格不同，车主需要向座椅商咨询清楚。当然，如果座椅商可以包安装的更好，毕竟比较专业。

b. 脚位。车型不同，座椅所安装的螺钉孔位不同，也造成了各种座椅的脚位不同。所以，我们一般建议，把原车座椅的脚改到需要改装的座椅脚位上去，又或者用另外铁片代替。

c. 接线。手动座椅不用烦，电动座椅要求就比较高，但是只要把座椅的火线和地线引出来，接到汽车的电池上就行了，一般的修理厂就可以解决。

d. 高度。尽量挑适合自己身材和车子尺寸的座椅。

e. 安全。安全扣是不一样的，不过可以拆原车的安全扣装上去。还有，要注意接好汽车座椅主副安全气袋的线。

f. 美观。尽量挑与自己原车内饰颜色差不多的座椅，除非你比较愿意花钱更换座椅的皮套。

改装后应保证：头枕和后脑勺约保持3～5cm的距离；将椅背和椅面的夹角调整到超过90°（约110°）；腰部支撑必须感觉到安稳，但不可压迫到背部；椅面前端与膝盖内侧大约保持三个手指头的宽度，使脚部能轻松灵活地踩放踏板；在背不离椅的情况下手掌必须能灵活地操作方向盘。

③ 真皮座椅的日常保养　真皮座椅在使用中要注意防护。真皮座椅不耐尖锐物体的划伤，所以禁止用硬物质刮划。若不小心划烂，可以局部换皮，但打补丁是不可行的。另外还要防高温、明火，防太阳暴晒，保持皮套的干燥清爽。真皮座椅的清洗要注意方法，应选用专业皮革清洗用品洗擦，切忌用化学清洗剂清洗。清洁不可过于频繁，否则有可能会影响真皮座椅的质感。

真皮座椅最重要的是保养。如果经过长期使用和阳光照晒而保养不到位的话，皮质容易出现发硬、褶皱、龟裂、粗糙失光、脱色和老化等问题，因此车主必须在小心使用的同时认真保养，才能保持皮革长年光亮如新。新装的真皮座椅最初使用时可以先涂一层上光剂，以便在皮表面增加一层保护层。以后使用时一般应每个月清洗、上蜡2次，步骤为先清洗后上蜡。在每次清洗完后，可以用软布轻轻擦干或自然风干，切忌用吹风机吹干。

④ 真皮座椅改装实例

a. 真皮座椅改装。目前市面上大多真皮座椅其实是复合皮冒充，虽然它也具有真皮的易散热和易保养等优点，但稳定性能差，且很容易老化，另外，如在改装过程中技师不专业则会埋下隐患。所以，对于决心想改装真皮座椅的车主，建议现场督工，以防偷工减料为日后行车埋下隐患。包一套漂亮的真皮座椅，对制版和缝制工艺要求都很高，特别是拐角处，如果有丝毫误差都会影响美观。所以在安装时，建议车主先观察一下技师的工具是否齐全，在施工的过程中是否熟练。

在改装真皮座椅前，对椅子的拆装十分关键，工具要专车专用，没有合适的工具不仅会延长拆卸时间，而且会对原车螺钉、滑轨等造成损坏变形，有可能造成日后行驶中出现噪声，甚至会造成安全隐患。拆解时要处理好座椅背后的电路及金属支架，如图4-81所示。在拆除座椅套时也不能马虎，一般在解除座椅支架后，再拆除座椅套，如图4-82所示。

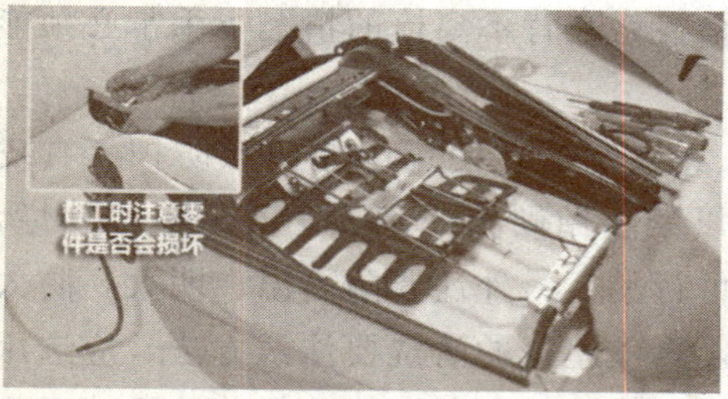

图4-81 拆除座椅注意座椅背后的电路及金属支架

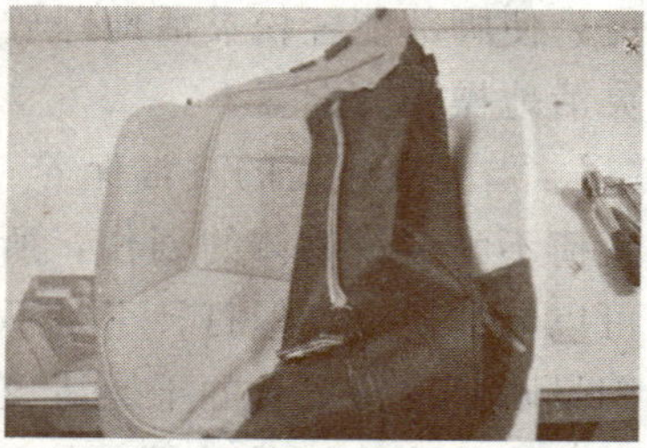

图4-82 拆除座椅套

在改装时，需要技师把座套准确地放在原车座椅海绵相应位置上去，然后用专用的卡钉固定好，也就是对真皮的纹路进行重新定位，这样改装后的真皮座椅看起来才服帖。为了使得改装后的真皮座椅协调而平整，就必须使真皮座椅固定的形状和版型十分合适。不过，由于真皮皮质厚而且硬，也就注定了再合适的版型也不可能一点褶皱都没有。所以，要做到最大限度平整服帖，车主在改装的过程中，要查看技师的施工流程，应先把已经缝合好的真皮座椅通过卡钉、卡条、钢筋、铁丝等固定，再用手进行拍打、抚平等。在安装真皮座椅前，要根据真皮座椅的纹路重新定位座椅海绵，如图4-83所示。

在进行裁边剪口时，一定要注意是否出现缺口。在改装真皮座椅过程中，缝制真皮的过程尤为重要，缝制时，要用专用的缝皮线，且针脚要均匀，如图 4-84 所示，这是所有程序里最要技术的一项，车主在检查真皮座椅升级的好坏时，需检查座椅明线是否平直、匀称。

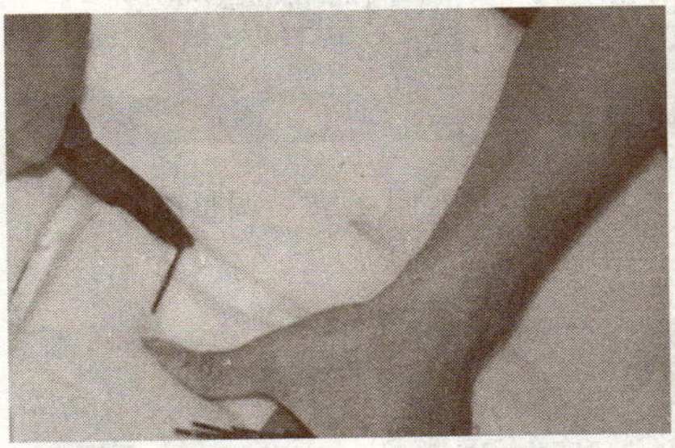
图 4-83　重新定位座椅海绵

图 4-84　缝制真皮座椅

在改装真皮座椅的过程中，有一点是需要引起车主注意的，因为有些车型是座椅上带有安全气囊，如果进行真皮座椅升级，是否会对安全气囊有影响。鉴于此，车主尤须监督技师是否对座椅上有气囊的车型做了专门处理。

座椅缝制好后，还要进行固定，对座椅表面进行平整处理，然后再对座椅进行细微修正，用烤枪做最后修饰，如图 4-85 所示。

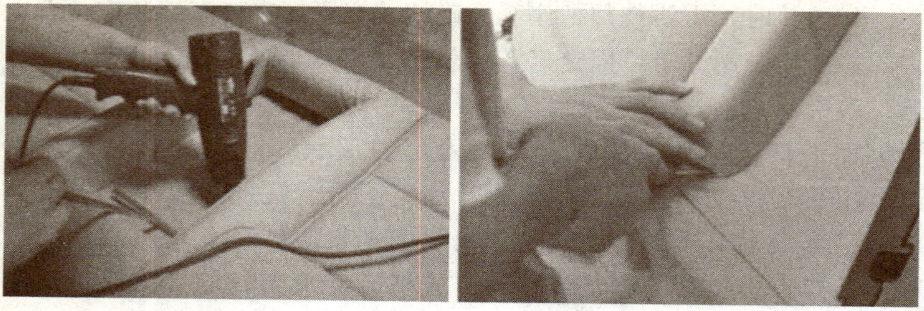

图 4-85　对真皮座椅的最后修饰

b. 真皮电动座椅改装。图 4-86～图 4-93 所示为改装真皮电动座椅实例。

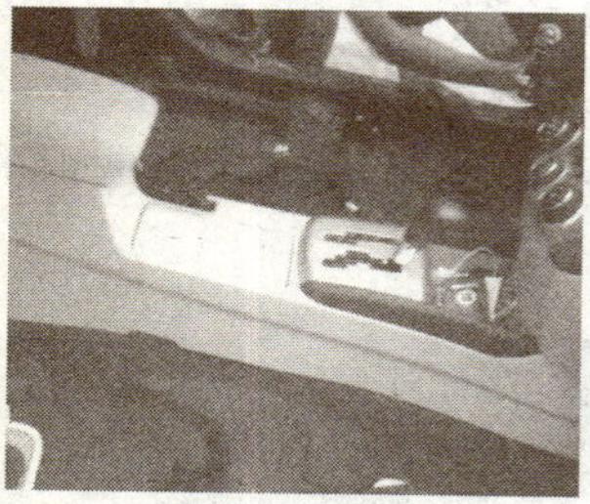

图 4-86　拆下原座椅

图 4-87　真皮座椅

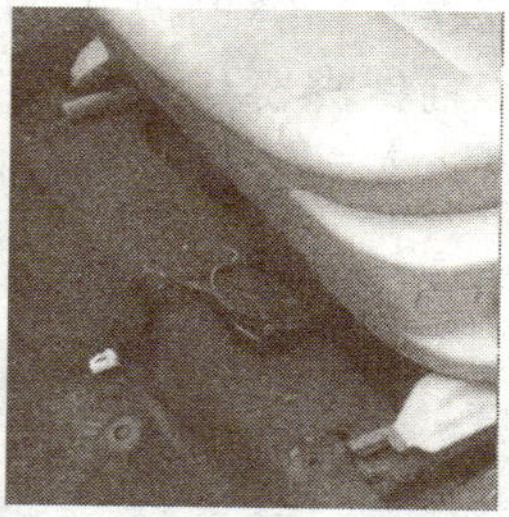

图 4-88　调整脚位

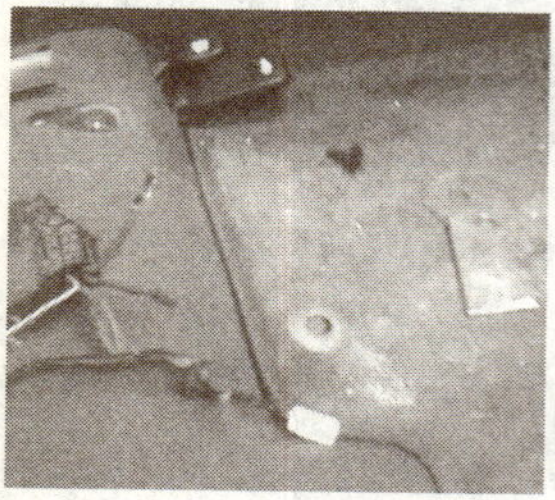

图 4-89　用铁片调整脚位

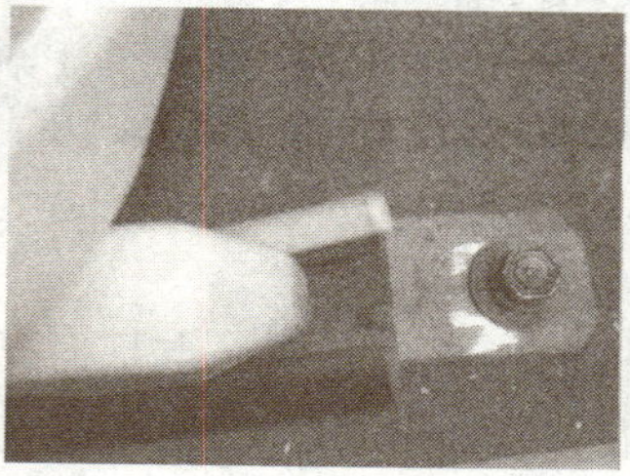

图 4-90　调好的脚位

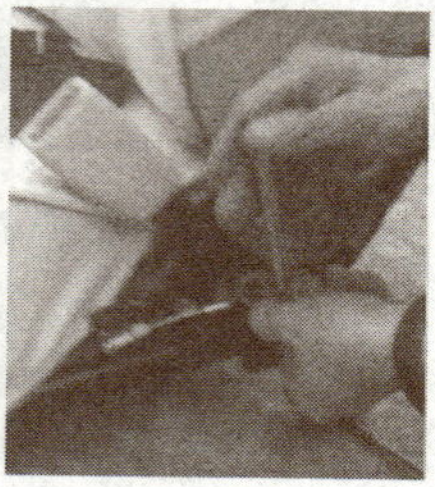

图 4-91　拆下原安全带卡扣

(2) 儿童安全座椅安装

据了解，基本上所有的进口车在座位上都预留了安全座椅锁扣，以便于需要时安装儿童安全座椅。儿童安全座椅如图 4-94 所示。

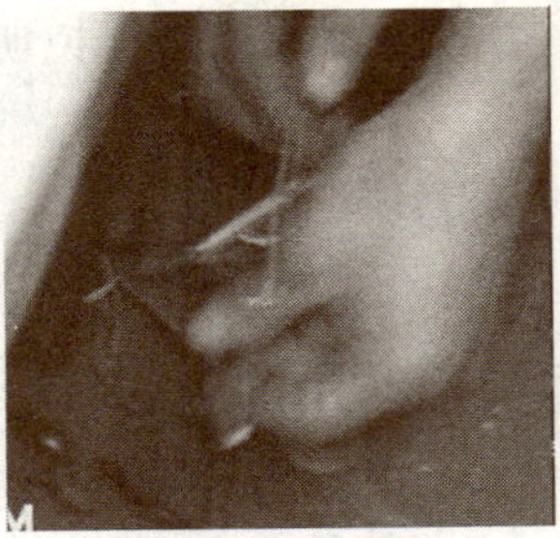

图 4-92 接线

图 4-93 改装后

图 4-94 儿童安全座椅

欧洲驾驶安全组织建议：儿童安全座椅必须安装在后排座位上。在交通事故中，车辆前撞是最严重的也是最经常发生的，坐在汽车后排座位的中间位置可以最大可能地远离危险。因为，汽车安全气囊张开时的冲力对于成年人来说是可以忍受的，而且受力部位在胸部，除擦伤外并不会造成严重的影响。但是对于儿童来说，安全气囊张开的冲击力会对儿童造成严重的伤害，若儿童坐在装有安全气囊的副驾驶位置，安全气囊打开时，会在释放气体时产生很大的力。无论碰撞激烈还是缓和，气囊都会以大约 300km/h 的速度打开。这使得儿童承担着足以窒息的风险。此外，在这种情况下，儿童头部会受到无法承受的接触力。计算结果显示，当儿童与气囊仪表板的距离非常近的时候，气囊爆开时与儿童头部的瞬间接触力可高达几千牛顿力，远远超过儿童的承受能力。所以，最好让孩子坐在后排，并且要坐在安全座椅上，再将安全带牢牢地系上。

安装儿童安全座椅时应按照使用说明书要求，将儿童安全座椅固定在汽车后座上，如果汽车安全带的腰胯部分不紧或安全座椅在座位上滑动，孩子就得不到充分的保护。当儿童安全座椅固定好时，左右摇动幅度不应超过 2.5cm。为使儿童安全座椅固定稳，可以将儿童安全座椅向汽车座位中压，同时勒紧汽车安全带。如果它还是摇动，试着安装在车内其他位置或换用其他类型的汽车安全带。

① 安装儿童安全座椅注意事项

a. 不要将儿童安全座椅安装在有安全气囊的汽车前排座位上。汽车的后排座位是安装儿童安全座椅的理想安全位置。

b. 确保儿童安全座椅安全带的松紧及护垫的位置完全符合说明书的要求。

c. 穿过儿童安全座椅的汽车安全带必须保持紧绷。

② 儿童安全座椅安装实例 儿童安全座椅安装实例如图 4-95～图 4-100 所示。

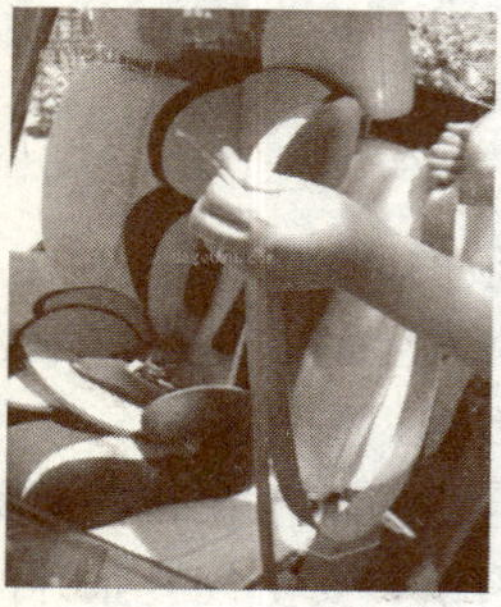
图 4-95 拉出安全带

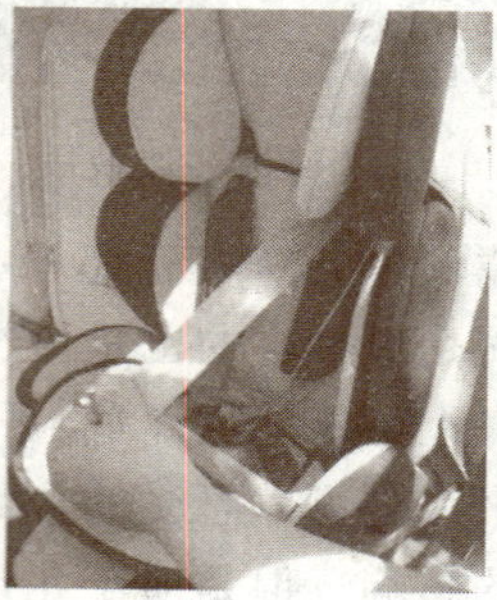
图 4-96 套住扶手

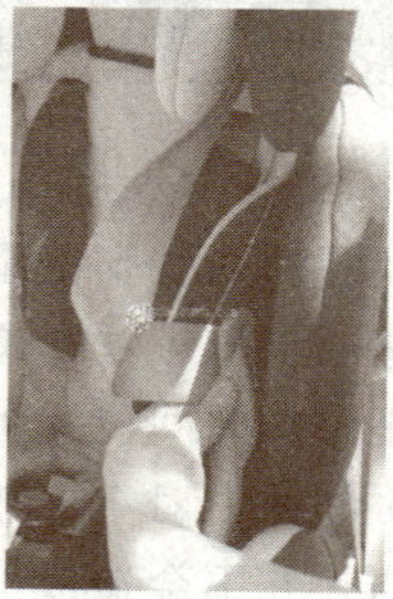
图 4-97 穿过卡孔

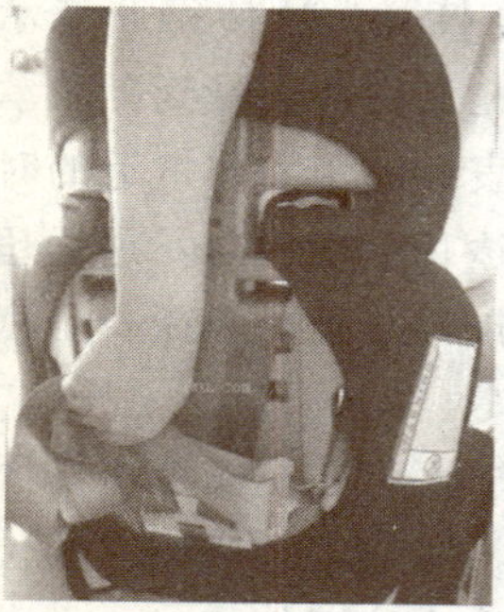
图 4-98 绕过椅背

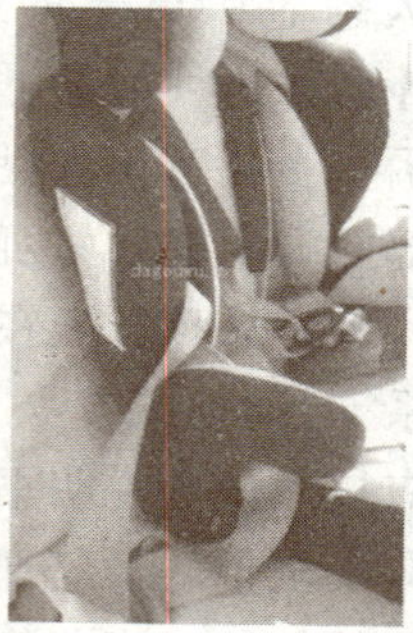
图 4-99 套住另一侧扶手并卡住卡扣

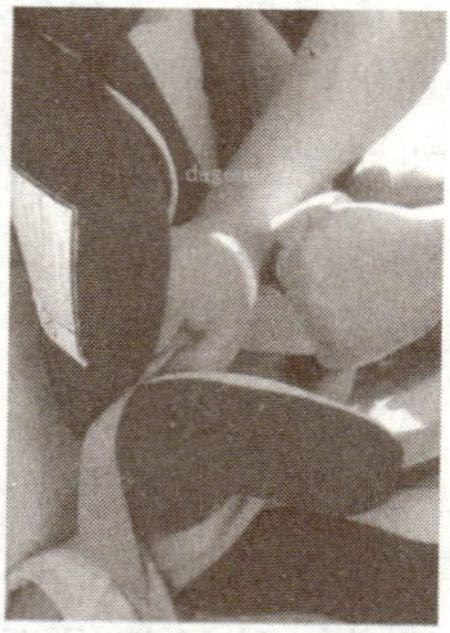
图 4-100 调整松紧

4.2.2 汽车木质内饰的改装及实例

木质或者仿木质材料是轿车内饰的主要材料之一，镶嵌在仪表板、中控板（副仪表板）、变速杆头、门扶手、方向盘等地方。高中档轿车在内饰上配置木质材料以显示豪华气势，中低档轿车在内饰上配置仿木质材料以提高档次。因此，目前流行木质或仿木质内饰，以体现轿车的装饰高档化。

轿车内饰木质材料一般是指胡桃木和花梨木，多用胡桃木，因为这些木材的优点是纹理优美，坚韧，不会变形。因此，一些高中档轿车用胡桃木做内饰材料，配上真皮面料座椅、丝绒内饰面料等，相辅相成，尽显优雅与华贵。

轿车内饰镶嵌木质或仿木质材料，可以使得车厢豪华化，而这种装饰成本并不多。轿车内饰是为美化和安全服务的，轿车内饰的造型、色彩搭配、材质感都应当给人以良好的感受，还要具有阻燃功能。同时，并不是所有的轿车内饰都适宜镶嵌木质或仿木质材料，要根据车型、档次及需求而定，否则就会弄巧成拙。

（1）汽车木质内饰改装原则

① 协调　饰品颜色必须和汽车的颜色相协调，不可盲目追求高品位、高价位。例如浅色车的内部应尽可能避免配以深色的座套及红色的地毯等。

② 实用　根据车内空间的大小，尽可能选用一些能充分体现车主个性的小巧、美观、实用的饰物，如茶杯架、香水瓶、储物盒等。

③ 整洁　车内饰品应做到干净、卫生、摆放有序，给人一种整齐划一、自在清爽的感觉。

④ 安全　车内饰品绝不能妨碍驾驶员的安全行车或乘员的安全，如车内顶部吊物不宜过长、过大、过重；后风挡玻璃上的饰物不要影响倒车视线等。

⑤ 舒适　车内饰品的色彩和质感要符合车主的审美观。车内空间不大，因而香水的味道不宜太浓，最好清新自然一些。

加装木质内饰不一定要全车改装，改装一部分，效果可能更好。

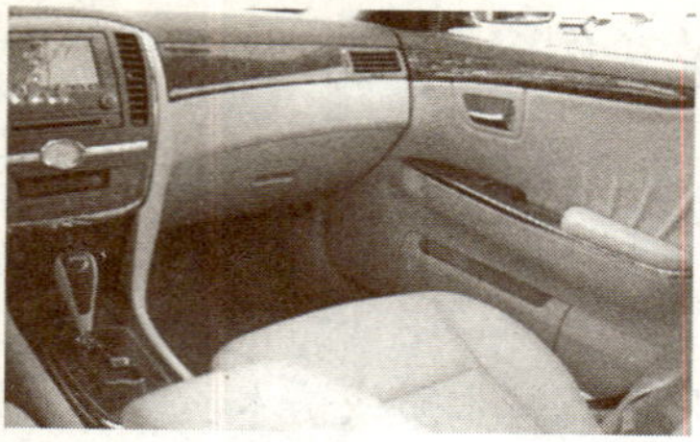

图 4-101　加装的木质内饰

因为木质内饰本来就是起点缀作用的，太多反而不好。一般改装以下几个部件：仪表台（包括仪表盘周边部分），音响控制板，方向盘，换挡手柄，车门玻璃升降器开关，门把手等，如图 4-101 所示。

（2）汽车木质内饰改装实例

汽车改装桃木内饰实例如图 4-102、图 4-103 所示。

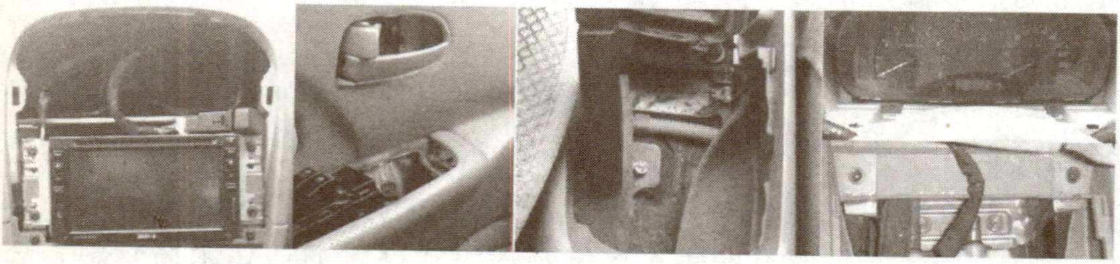

图 4-102　拆下原内饰

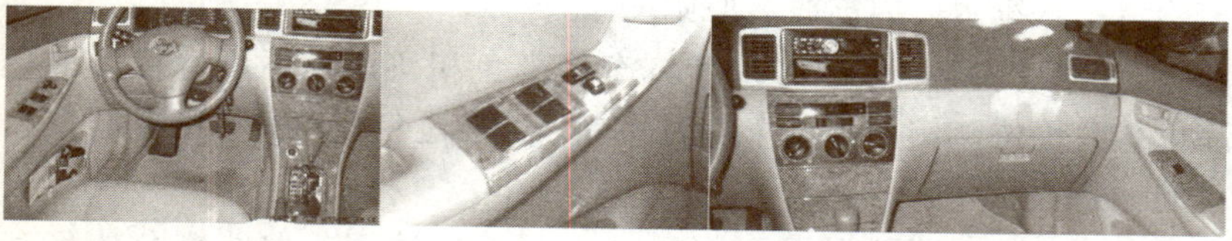

图 4-103　改装后的桃木内饰

4.2.3　后视镜的改装及实例

（1）汽车后视镜的种类

① 按安装位置分　有外后视镜、下后视镜和内后视镜。外后视镜反映汽车后侧方，下后视镜反映汽车前下方，内后视镜反映汽车后方及车内情况。用途不一样，镜面结构也会有所不同。

② 按镜面形状分　一般后视镜镜面主要有两种：一种是平面镜，顾名思义镜面是平的，用术语表述就是“表面曲率半径 R 无穷大”，

这与一般家庭用镜一样，可得到与目视大小相同的映像，这种平面镜常用做内后视镜。另一种是凸面镜，镜面呈球面状，具有大小不同的曲率半径，它的映像比目视小，但视野范围大，好像相机“广角镜”的作用，这种凸面镜常用做外后视镜和下后视镜。

③ 按功能划分　后视镜可分为普通后视镜、防眩目后视镜、大视野后视镜、全景后视镜、智能后视镜等。

普通后视镜盲区大、视野小，在行驶中极易因观察不到而造成交通事故。

防眩目后视镜一般安装在车厢内，有棱形镜和电子式防眩后视镜两种。

大视野后视镜最大限度地扩大了驾驶员的观察视野，无视觉死角，防眩光，防雨雾，抗疲劳，镜面超耐磨，增强对比，视觉更清晰，极大地降低了因观察不到而造成交通事故的概率。

全景后视镜中间 2/3 的面积用平面镜，靠外 1/3 的面积用大弧度的凸面镜，这样驾驶员就能看到车后的全景，消除转弯时的盲点，视野扩大了 200%。

智能后视镜是将可视监控（倒车电子屏）技术与倒车雷达结合在一起使用的新型后视镜。

(2) 改装汽车后视镜选择

汽车后视镜是保证安全行车的主要安全设备，但目前各种轿车上安装的后视镜无论是平面镜、球状凸面镜，都不同程度地存在盲区，而且视野宽度不足，驾驶员在转弯、变道、超车或被超车时，往往要身体前倾或左右扭转头才能发现障碍，因此，始终存在着影响行车安全的隐患。那么如何选装汽车后视镜?

① 确定电加热装置　如果车辆的后视镜是不带电加热装置，可以选装多曲率尊豪大视野后视镜、粘贴式球面境或双曲率大视野后视镜。如果带电加热装置，就可选装多曲率尊豪大视野后视镜、双曲率大视野后视镜。

② 确定结构　第一代的车辆后视镜产品是粘贴式球面镜、单曲率球面镜，不足之处是已过时，且缺点较多。第二代的是双曲率大视

野后视镜，部分车原车装配的即是此种产品，但景物变形、拉伸较大。还有一种是多曲率尊豪大视野后视镜，它的视野大、失真小，景物不变形、不拉伸。

③ 确定材质　普通玻璃材质后视镜有时会使驾驶者感到刺眼、烦躁，但优势是价格低。目前还有一种比较流行的大视野蓝镜，具有防炫目、防水雾、稳定情绪、清静等效果。

④ 确定换装方法　以前一般采用粘贴法，不足是易脱落、镜面增厚，看着不舒服，但成本低、安装简单。目前很多采用的是镶入法，一般同原车后视镜一样美观大方、不增厚、不脱落。

(3) 改装车外后视镜的步骤

① 从车内将塑胶板固定螺钉拆下来。

② 移开塑胶板，将后视镜与车门的固定螺钉拆下。如果是遥控或电动式后视镜，应将电源线和遥控锁拆下来；如果是有除雾功能的装置也要将电源线拆下来。

③ 将新的后视镜从窗外装入，同时将电源线或遥控锁装好。

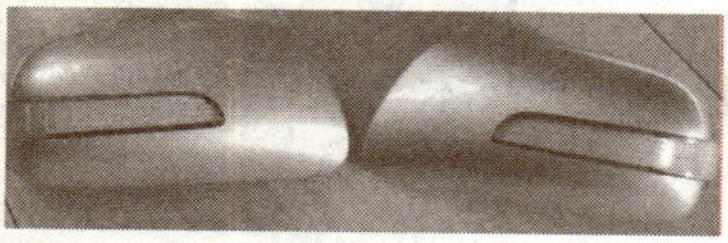

图 4-104　带转向灯外后视镜

④ 锁紧车门固定螺钉，将塑胶板移回原位，再锁紧螺钉。

(4) 外后视镜改装实例

以改装图 4-104 所示的带转向灯的外后视镜为例，介绍改装汽车外后视镜的基本过程，如图 4-105～图 4-108 所示。

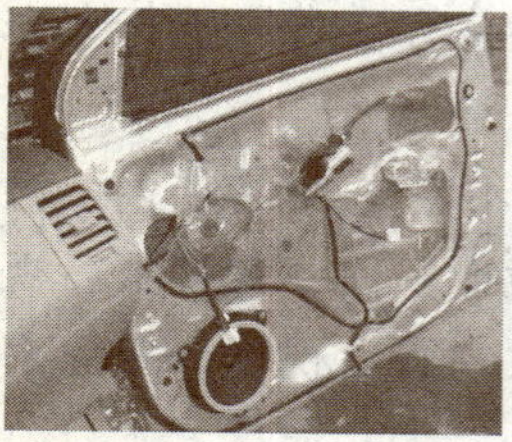

图 4-105　拆开车门，卸下后视镜

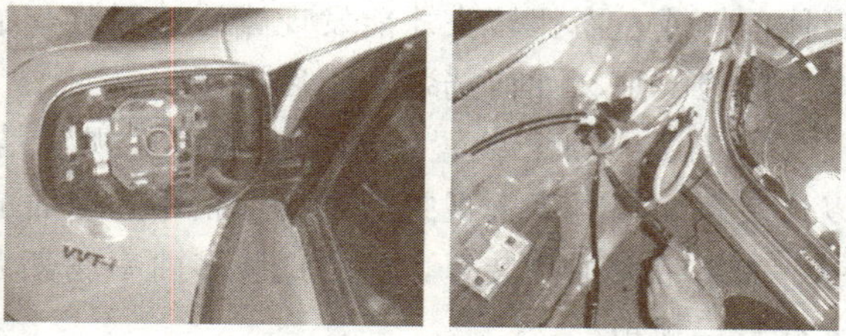

图 4-106　装后视镜及接线

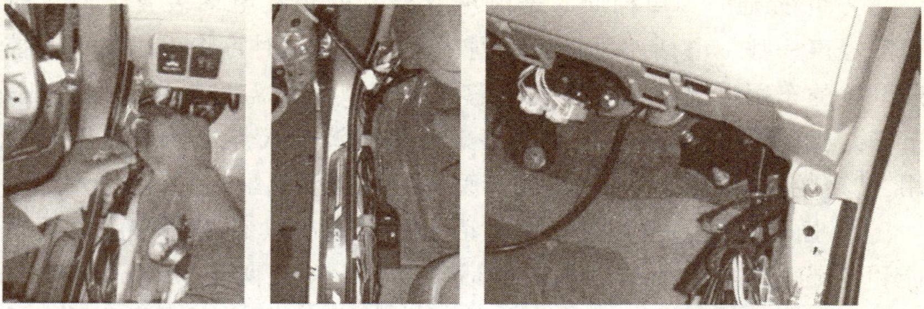

图 4-107　左右布线

图 4-108　改装后

4.2.4 车用手机免提电话的改装

车用通信装置是专门为驾驶员、乘车人提供通信服务的装置，它是移动通信的一个专门领域。车用通信装置主要有车用蜂窝电话、车用免提电话、车用手机免提电话、车载蓝牙免提等。车用手机免提电话是由手机作通话器，配以声控系统，实现免提功能的车用电话。因其具有结构简单、安装方便等特点，是目前使用较多的车用电话。

（1）车用手机免提电话的种类

① 免提王　免提王是一种上车后将手机置入机座内就可以用的免提电话装置。它体积小巧，不影响车内装置，直接接至汽车点烟器，不需改装车内结构，来电话时从高保真扬声器传出。这种产品不仅克服了车用电话和手机是两个不同号码的弊端，而且不需因更换手机而再添加不必要的附件，它适用于任何型号的手机和汽车。

② 声控通　“声控通”是由声音控制的免提电话装置，使用时只需轻声一呼，电话就可自动接通。第一次使用时，将手机与“声控通”上的车用电话机进行呼叫转移设定，以后只需将手机上车关机，下车开机即可。“声控通”装置买来后将电源插入点烟器插口即可使用。“声控通”的缺点是不同的车型、手机需要选配不同的机型产品。

③ 插卡电话　插卡式车用电话是一种同时具有普通车用电话功能和免提声控功能的高档车用电话装置。它可装两个 SIM 卡，用户可选择不同的使用方式，其大功率的设计，大大提高了通信范围和质量，手机所具有的功能它都有，而且操作简便，可满足不同用户的需求，真正为用户建立了一个移动的办公室，如图 4-109 所示。

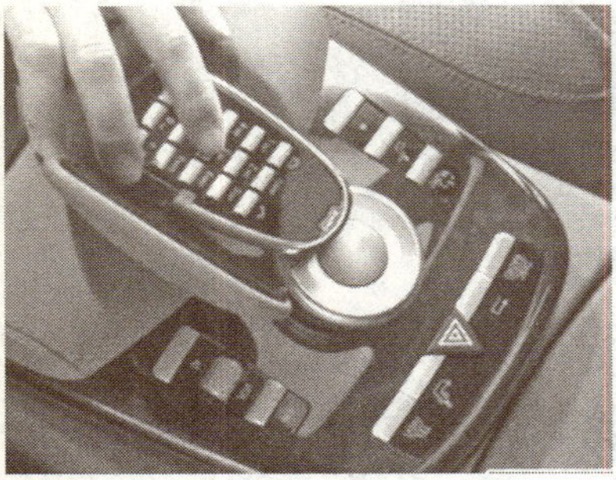

图 4-109　插卡电话

图 4-110　车载蓝牙免提

④ 车载蓝牙免提　最新推出的车载蓝牙免提，如图 4-110 所示，是全免提通话，能让驾驶员彻底解放双手、专心驾车，同时还避免了手机的电磁辐射。适合所有蓝牙手机及各种车辆，不需安装或连线，也不需充电或安装电池，即买即用。只需将其插在点烟器上，然后和蓝牙手机进行对码后便可以马上使用，避免临时没电无法使用的尴尬。内置专业级语音芯片及 DSP 技术，无噪声、无回音、抗干扰。

(2) 车用手机免提电话的安装

摩托罗拉车用免提电话国际 2700 系统安装步骤如下。

① 确定零件安装位置——有足够的空间来插入 SIM 卡。

② 将黑线头连接到电源负极（搭铁）。将红线头通过红色 10A 保

险端头连接于电源正极。将绿色/黑色端头通过绿色 4A 保险端头连接到点火装置输出端头。将黄色或黑色端头与另一黑色端头连接于汽车音响（娱乐设备静音）、照明或喇叭端头上。

③ 将电话手柄连接于转换器的接线端口上。

④ 将读卡器连接于转换器的接线端口上。

⑤ 主控制器与电话手柄及读卡器连接转换器。将主信号线连接于转换器的接线端口上。

⑥ 连接外置扬声器。连接受话器。将主线束连接于主控制器。连接天线。

4.3 汽车天窗的改装

4.3.1 汽车天窗的种类

（1）按驱动方式分

按驱动方式分有手动式和电动式两种。手动天窗结构比较简单，价格也较便宜，且便于安装。电动天窗主要由滑动机构、驱动机构、控制系统和开关等组成。此类天窗档次较高，价格较贵，安装时由于要走线，安装难度较大。

（2）按面板材质分

按面板材质分，天窗有玻璃面板、金属面板和复合材料面板 3 种。

（3）按开启方向分

天窗按开启方向有内藏式、外掀式和敞篷式等。

① 内藏式天窗　其特点是在开启后可以保持不同的弧度，具有防夹和自动关闭功能，配有独立的内藏式太阳挡板，如图 4-111 所示。

② 外掀式天窗　其特点是在开启后向车顶的外后方升起，分电动和手动两种形式，具有防夹和自动关闭功能，配有可折式的遮阳板，如图 4-112 所示。

③ 敞篷式天窗　其特点是开启后天窗完全打开。使用 3 层高品质的特殊材料组合而成，具有防紫外线和隔热的效果。此款天窗非常前卫，适合年轻人。相对于前两款天窗，敞篷式天窗的密闭防尘效果要略差一些，如图 4-113 所示。

图 4-111　内藏式天窗

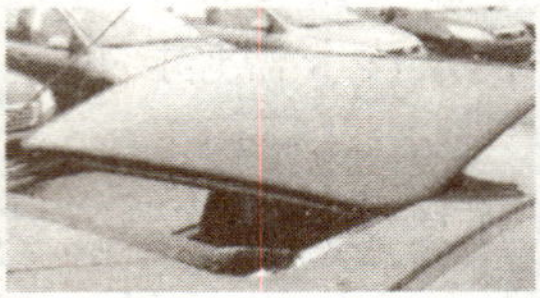

图 4-112　外掀式天窗

图 4-113　敞篷式天窗

4.3.2 汽车天窗改装方法及实例

（1）汽车天窗的安装步骤

选购了好的天窗，还必须进行高质量的安装。如安装质量较差，使用一段时间后，便会出现天窗开启不灵、车顶渗水等现象。

汽车天窗安装有以下几个步骤。

① 准备　首先准备好安装所需要的工具和配件，将汽车清洗干净。

② 检查　打开大灯、音响等电器设备进行检查，以确认汽车电路是否完好。

③ 拆下车内顶　在驾驶室内将汽车的棚顶拆卸下来。

④ 定位　准确测量天窗的安装位置，利用不干胶带将施工图纸精确固定在准备开天窗的位置。利用电钻在车顶钻孔定位（至少 4 个）。

⑤ 剪车顶　用电剪按照施工图纸标线（第一遍一般是沿着内框红线将天窗位置剪出来），如果安装较大的天窗，可能占据车顶安全防颤梁的位置，则应先将安全防颤梁锯掉。

⑥ 精剪　沿着施工图纸标线（外框精确控制线）精确地剪出天窗的安装位置。

⑦ 防锈　将剪出的切口打磨光滑并涂抹防锈剂进行防锈处理。

⑧ 量裁内顶　根据天窗的安装位置，精确测量所需内顶的尺寸并将内顶裁剪下来。

⑨ 安装天窗　将天窗准确安装到车顶，拧紧固定螺钉，固定好排水管和天窗驱动电动机等部件。

⑩ 布线　拆开仪表台，按照说明书的要求接好电线并隐蔽布置。

■ 装复内饰　将汽车内棚顶、仪表台等装回原来的位置，安装电动天窗控制盒。

（2）汽车天窗改装实例

外掀式汽车天窗改装实例如图 4-114～图 4-119 所示。

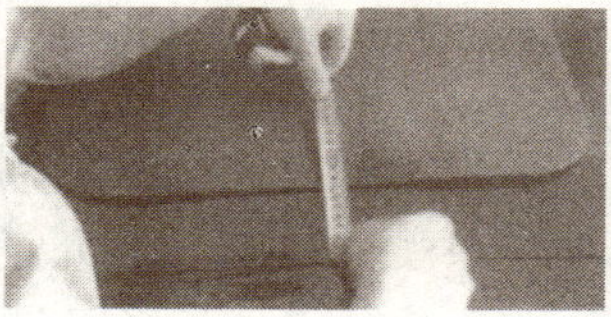

图 4-114　量尺寸

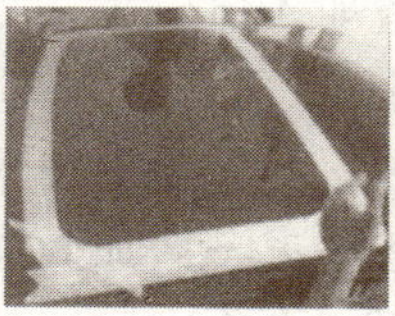

图 4-115　切割车顶

图 4-116　安装天窗

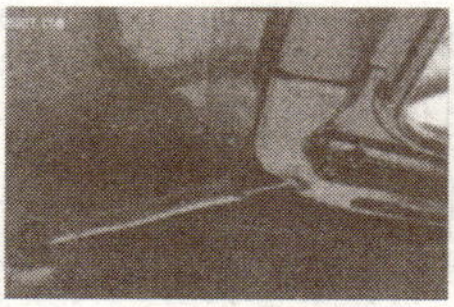

图 4-117　安装排水管

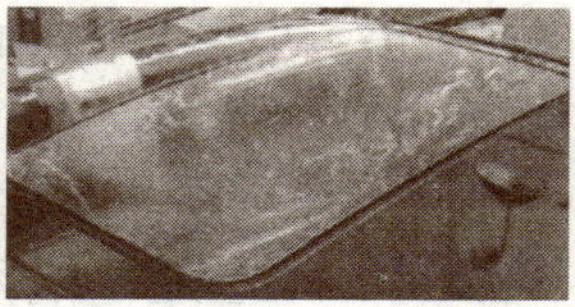

图 4-118　涂密封胶

图 4-119　安装后

4.3.3 汽车天窗改装注意事项

（1）汽车加装天窗的优点

① 改善汽车厢内通风换气的状况　天窗换气利用压力差原理，即汽车在行驶过程中气流在车窗顶部快速流动形成的压力要比车室内空气压力低，车内的空气在压力差的作用下自动排出车外，同时将新鲜空气从车的前部和其他部位吸入车内，可有效地使车内空气流通，保持车内空气的清新，避免车内产生异味，特别是车内有吸烟者时更

为明显。

② 不影响车速　在高速公路上行驶时，打开天窗，享受自然，没有噪声干扰，车速不受影响。

③ 减轻车内压抑感　天窗可使视野开阔，直接感受自然，沐浴阳光，驱除被封闭在车内的压抑感。

④ 可降低车内温度　经测试，阳光暴晒下的车内温度可高达60℃，这时打开天窗比开空调降低车内温度速度快2～3倍，并可节约能耗30%左右。

尽管同一款型的车有天窗与没有天窗的相差几千元，但越来越多的车主还是会选择给爱车增加天窗。

（2）汽车加装天窗与年审

在给自己的爱车安装天窗，为车内带来灿烂阳光和清新空气的同时，车主们也产生了很多的顾虑，后加天窗属于典型的改装，但究竟能否通过年审，可能很多车主都不确定。

目前，考虑到大部分给车辆改装天窗的厂家，根本不具备改装车辆的资质，私自加装天窗会有很多安全隐患，因此，北京市规定只允许车主自行对机动车进行内部装饰、小型车加装前后防撞装置和为货运机动车加装防风罩、水箱、T具箱、备胎件，其他改装行为都是违法的。

全国其他地区的政策不太一样，如上海、成都、广州等地并未严格对加装天窗叫停，但车主需事先向当地交管部门提出改装申请。

因此，在当前的政策下，加装天窗前，最好还是先“打探”清楚，看当地的有关政策和规定是否允许汽车加装天窗，是否有不能通过年检的风险，然后再作决定。

（3）汽车改装天窗与汽车安全性

有观点认为，加装天窗会影响车顶的强度，车顶整体受力会变弱，对车辆的安全有潜在的影响。

车辆在定型、出厂时都会经过试车和碰撞试验，经过国家质量技术监督部门检验合格，如果私改天窗，会改变车辆原车的整体结构和设计的安全技术参数。而出厂时带有天窗的机动车在设计时加装了横、纵梁龙骨，以保证车辆的安全技术性能，并且也是经过有关部门检验的产品。车身设计专家表示，车顶是一整体，横、纵顶梁与侧围成为一体，在车身受力时，力的传递通路已经设计好了，而天窗的切割面积相对较大，切割后势必会对车身的骨架造成破坏，对整体受力造成影响。在加装天窗时，车顶的刚度会大大降低，因力的传输通路改变，会发生很多不可预知的情况，毕竟整体被破坏，会影响到很多方面，而且很多是细微变化不易察觉。

另外，汽车的前后各有一个压溃区，车身整体是一刚性体，加了天窗后，如发生严重的碰撞事故，天窗是无法吸收碰撞能量的，主要因为天窗是固定在车顶，况且加强点又不多，发生碰撞后，天窗往往会脱落下来。

当然了，上述说法也并不是绝对的，天窗的安全性能也与其本身的质量及安装质量有很大的关系。国外有些发达国家每审批认证一款天窗，都要经过多种不同的测试认证，并对经销商进行严格培训，以确保产品安装后具备足够的安全性。而在我国，由于对加装天窗后的汽车还没有一个完善的安全检验标准（包括汽车内部安全、车顶碰撞试验、正面碰撞试验、侧面碰撞试验等），因此相关部门出于对汽车安全性的考虑，对汽车加装天窗予以叫停。

汽车天窗在中国还是个新生事物，国内尚没有相关的管理标准。但随着汽车的普及率越来越高，个性化需求越来越多，市场需求量的逐步增大，相信我国在不久的将来会出台相关法规对这个市场进行规范化管理。

（4）汽车加装天窗要防漏

品质好的天窗与车顶间用特制的胶水和紧固件连接，外倾式天窗玻璃板和框架之间用密封圈防水，内藏式天窗四周设有排水管，会将进入天窗周围的水排走，不会让雨水渗入车内。合格的产品、专业化的安装、正确的使用、定期的保养维护，天窗一般都不会发生漏水的现象。

另外，有的汽车在设计之初，已将所有可能增加的配备做全盘的规划，其中当然包括属于天窗的排水系统。改装天窗时，只需以水管将其连接，即完成排水的动作，而不需做额外无中生有的变更。

不过安装天窗的施工水平对于将来是否漏水是很关键的，粗糙的施工工艺很可能造成日后漏水。

(5) 汽车加装的天窗与行车安全性

目前市场上多数天窗采用了钢化玻璃，无论从钢化效果还是厚度来讲，天窗所用的玻璃都比车辆本身所带玻璃要强。万一破碎后，天窗玻璃会碎成没有锐角的细小圆粒，可以把对乘员造成的伤害降低至最低程度。

(6) 汽车加装天窗与防晒、防尘和防噪

中高档的汽车天窗一般都采用隔热玻璃，能够有效地阻挡紫外线和红外线进入，质量很好的天窗甚至能达到隔绝95%以上红外线。另外，一般的天窗都附加遮阳板遮阳。

天窗采取的是负压换气式原理，和排风扇往外抽吸换气的原理基本相同，与打开侧窗相比，车内进入的灰尘少得多。

质量好的天窗，天窗玻璃与天窗遮阳板皆处于关闭状态对，其隔声效果与车顶其他部位是一样的。而汽车在运动的时候，与车开侧窗相比，汽车天窗所产生的噪声也是微不足道的。

(7) 汽车加装的天窗与原车所带天窗的区别

原装天窗是汽车在生产线上就安装的产品，出于成本考虑，其功能较单一，不能满足所有车主的实际需求。而车主在市场自选加装天窗，可选功能齐全、质量较好、满足相应车型需要的款式。但这样一来价格也要高一些。

(8) 汽车改装天窗施工时注意事项

① 选择适合该车种的天窗进行改装（包括车顶弧度及尺寸大小）。

② 上掀外滑式的天窗应保留较多的车顶横梁。

③ 内收隐藏式的天窗，其排水管必须自然顺畅地排水。

④ 施工时，需保持车内清洁，避免破坏原有的车上设备。

另外，车主尽量不要用加强梁进行补救，虽然加装加强梁后能够减少一些车身的细微变形，但这些加强梁采用的是局部焊接，由于车顶相对较薄，焊点强度一般不会很大，所以对车顶的结构不会起到实质性的加固作用，在发生事故时这些横梁还可能成为一把把利器，会对司乘人员的安全造成直接威胁。

（9）天窗的维护

天窗作为一种结构、做工都非常精密的装置，离不开精心的维护，如果不注意正确使用和保养，尤其是在严冬季节，极有可能出现故障，给车主带来不便。

车主需要详细阅读使用说明及注意事项，并按时按说明书指引保养。应保存好说明书和质量保修卡，回厂保养天窗或保质期内的免费维修服务皆需出示保修卡。

下面几个问题，在养护中应该值得注意。

① 汽车被冰雪覆盖，打开天窗之前一定要确保天窗彻底解冻。如强行打开天窗，易使天窗电动机及橡胶密封条损坏。

② 在极为颠簸的道路上最好不要完全滑开天窗，否则可能因天窗和滑轨之间振动太大而引起相关部件变形甚至使电动机损坏。有很多天窗发生的故障都是使用者的人为因素造成的，如手动式天窗的锁扣或摇柄不慎拧反了方向，对天窗造成损害。

③ 冬季洗车后做好天窗防冻工作。洗车后应打开天窗，确保擦干天窗周围所有部位，以防产生冰冻现象。另外，因天窗密封条表面进行了喷漆或植绒处理，为避免冻住，喷漆处理胶条最好用软布擦干，再涂上些滑石粉。而植绒处理胶条（表面有黑绒）擦干即可，切勿沾上油污。

④ 北方风沙大的地区，电动天窗的滑轨、缝隙中一般会积上不少尘土，如不定期清理，则会磨损天窗各部件。应经常清理滑轨四周，避免沙粒沉积，清理后涂抹少许机油，不要涂黄油。

第5章 汽车电器改装

Chapter 5

5.1 汽车音响的改装

5.1.1 汽车音响改装种类

很多车主以为只要拆下旧音响，换上新的就完成了改装。事实上，改装汽车音响并不是拆了就装那么简单。一般来讲，改装汽车音响分为比赛、展示、实用三种类型。对这些分类有所了解之后，才有可能根据自己的需求，选择适合自己的音响系统。

（1）展示型

展示型音响改装是为了宣传厂商的音响产品。其特点是使用改装器材品种多，造型夸张。这种车辆是厂家或代理商用来做广告和宣传的，改装时将好的产品器材都安装上去，音响系统做得很大，造型夸张，有许多功放和喇叭。这类音响无声场和定位感，也不讲什么音质，总之是用来展示产品的，而不能用来欣赏音乐，如图5-1所示。

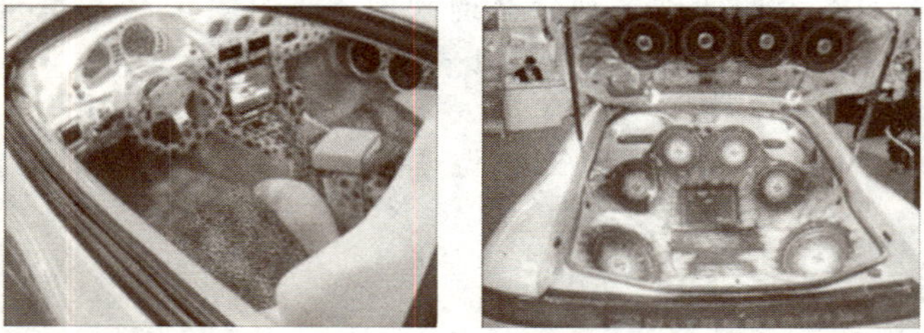

图 5-1　展示型音响改装

（2）比赛型

比赛型音响改装就是大规模地修改汽车内饰，并且加装超量的喇叭，从而产生超过人体承受极限的声音。改装目的是参赛获奖而不是为了欣赏音乐。图 5-2 所示为某音响改装大赛的参赛车照片。

比赛型音响改装与展示型音响改装一样，并不具备实用价值。

（3）实用型

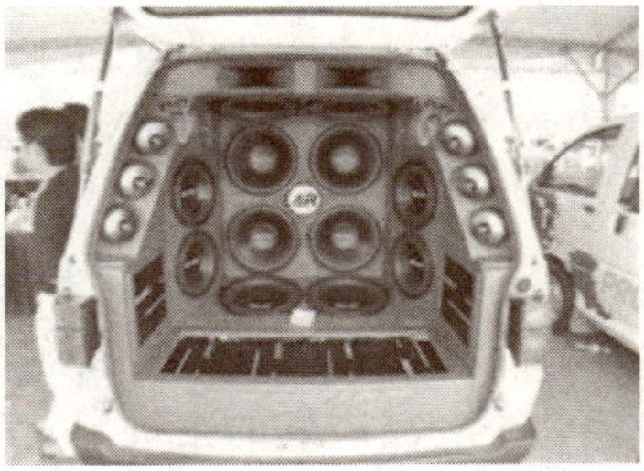

图 5-2　参赛型音响改装

图 5-3　实用型音响改装

实用型音响改装是以日常使用的音响系统为主，经过简单的车内改造达到提升音质的目的。图 5-3 所示的车辆将原车单碟 CD 主机改装成 DAB 收音单碟 CD 主机；将原车前门小功率纸盆喇叭，更换成 6.5in 分体喇叭，加装分体高音；并且在储物盒内安装 6 碟 MD 驱动器，是典型的实用型音响改装。

大多数车主都会选择实用型音响改装。实用型音响改装就是尽量使用原车位置，少改动原车的内饰风格，少占用车内空间。而且实用型音响改装不会减少原车的重要功能，如备胎、工具、灭火器。在这种情况下将音响的音质提高到最佳状态。

根据以上汽车音响改装类型，决定所需音响系统类型后，就可以按照车内的空间和安装位置设计和画出音响系统图。再根据音响系统类型的特点，来选择合适的器材。选择器材时要根据音响系统总的造价，来决定每部分器材的投资比例。音响要安装在汽车上，要考虑到汽车的使用环境恶劣，线路复杂，干扰源多，扬声器的位置不够理想，门板的固定，消除共振，消除杂音，线材的选用等众多因素。所以安装技术及工艺非常重要，这将直接影响音响效果，一定要找专业技术人员安装音响，才能达到理想的效果。

5.1.2 汽车音响改装实用方案

对于一部普通的家用轿车来说，动辄上万元的改装费用显然并不是每位车主都乐于接受的。这时，简单、实用的音响改进方案就变得平易近人了。

目前市场上主流的经济型车内音响改进方法，主要集中在以下几种：更换 CD 主机、加装 MP3 播放器、更换 MD 机头、外挂 MP3 转换器、改进扬声器等。

（1）更换 CD 主机

现在越来越多的汽车在出厂时就已配置了 CD 主机，如果爱车的扬声器效果还说得过去的话，可以考虑换装一套品质好的主机。

优点：能彻底改变爱车的音响效果，机头的显示面板做工精细，目前在这个价位的机头能够有这样的音质也算上品了。

缺点：除了播放 CD 外，没有其他任何功能。

（2）加装 MP3 播放器

如果细数眼下最流行的音乐播放装备，那就非小巧灵活的 MP3 播放器莫属了。其具有体积小、容量大，还可以按自己的习惯播放编辑歌曲等优点。其实，要想让兜里的 MP3 走进汽车并不难，目前国内已经有许多汽车音响制造商推出了可以直接接驳 MP3 的汽车 CD 主机，只需到专业的音响改装店去置换一套新型的音响装备就可以让爱车欣然接纳 MP3 了。

优点：大幅提升了爱车的音响便利度。

缺点：功能多了，音质自然差了不少，而且线路改装比较麻烦，需要到有专业资质的音响店进行改装。

（3）更换 MD 机头

对于那些喜欢自己动手制造些动静的车主来说，没有什么比一套车载 MD 更适合他们了。MD 是一种数码录音格式的光盘，享有高质的反复录音性，极大程度地方便了编制个人音乐等特殊用途。

优点：可将录制的音乐、会议、课堂记录、现场音乐等及时在车内播放出来，还能编辑所有心爱的歌曲于一张 MD 碟并享受数码音质。

缺点：价格高昂，只适合少数发烧友。

(4) 外挂 MP3 转换器

对于既有 MP3 播放器，又已经安装好 CD 机头的消费者来说，要两者“通联”算是车主最大的愿望了，MP3 的车内音响转换器可以解决问题。虽不及 MP3 直播的音质好，但可避免改装车内的线路。

优点：投入小，仅需几十元钱就可以解决从 MP3 到车内音响的转换。

缺点：音质差，和听收音机的效果差不多。

(5) 改进扬声器

对于那些原车已有不错匹配的音响系统来说，车主大可不必再折腾电子设备了。如果只想有针对性地改进一下音质，那可以有选择地更换车内的部分扬声器，或加装功率放大器。不过这就需要到专业的音响店按车的不同量身搭配了。

优点：投入低，见效明显。

缺点：毕竟没有经过系统的匹配，所以使用稳定性上会有顾虑。

5.1.3 汽车音响改装相关事宜

(1) 汽车音响配置原则

汽车音响系统的好坏，关键在于如何组合和搭配。不同品牌的主机、扬声器的组合选配得好，往往会收到比全套服务高出 20%～30%的效果。由子车内空间狭小，同时存在各种噪声以及由驻波引起的共鸣，这就形成了一个相对较差的音响环境。汽车音响配置时需要考虑以下几点。

① 系统的平衡性

a. 价格的平衡性。整个汽车音响系统的档次要和汽车的听音环境相配合。

b. 搭配的平衡性。搭配汽车音响时一定要考虑一套音响各个组成部分的平衡，即主机、功率放大器、扬声器和线材等都要进行恰当选择，合理使用，切忌在使用相差悬殊的设备器材。

② 大功率输出原则　大功率输出原则是指在一套音响系统中，主机或功率放大器的输出功率一定要大。输出功率越大，表明能够控制的音频线性范围越大，也就意味着其驱动扬声器的能力越强。而小功率的功率放大器不仅容易引起声音上的失真，更会导致烧毁功率放大器或者扬声器的线圈。

③ 音质自然重放原则　评判音响的优劣时，会将频响曲线的平滑性作为评价的主要客观参数。例如，阿尔派的汽车音响无论是主机、功率放大器还是扬声器都具有非常平滑的频响曲线。

众多的技术参数不能完全说明音响系统的好坏，只能表明该音响系统的技术特性、指标。衡量一套音响系统好坏的最直接有效的方法就是亲耳试听，即以个人听感为主、技术为辅。在听感方面，一是临场效果要好；二是音乐整体平衡感要强；三是对于移动的声响，有较好的表现，要有层次感。

（2）汽车音响常见几种配置形式

① 主机＋4 扬声器　这种配置的目的是加大内置功率放大器的功率。由于主机内空间的限制，内置放大器的效果还无法达到外置放大器的强劲及高清晰的解析度。

② 主机＋功率放大器＋4 扬声器　这是一套标准的搭配方式，最适合欣赏传统音乐、流行歌曲及交响乐等。

③ 主机＋功率放大器＋4 扬声器＋超低音扬声器　有些 4 声道功率放大器具有无衰减的前级输出，使系统扩展超低音显得轻而易举。装有超低音的系统最适合于爵士乐、摇滚乐、重金属音乐的要求。中档次的车型，为了达到提高低音部分声压级的目的，也可以采用这种搭配。

（3）汽车音响设计、安装流程

汽车音响设计、安装的流程首先要根据车主的要求和车型进行方案配置及个性化设计。经车主认可后，再对汽车内饰进行拆卸并进行隔声处理。对音频信号线和电源线、扬声器线分别布线。对功率放大器、扬声器连线。安装扬声器，最后调试。

（4）汽车音响改装前的准备

① 查看外观有无擦伤、划痕，打开车门看看要拆的部位有无撬痕和其他损伤。查看仪表及各电器是否正常。查看车内饰是否有损伤等。

② 检查准备安装的产品。根据销售清单清点所需安装的产品以确定其完好无损，配件齐全并集中存放、保管。

③ 了解安装的部位及走线部位。制订一个总体计划，绘出配置安全图由车主确认。

④ 做好各项记录，并让车主在汽车音响施工检查表上签字确认。

（5）汽车音响改装前原音响的拆除

安装汽车音响一般需拆除的部分有中控台音源主机位、车门内衬、两侧脚踏板边条、后座平台板、中央通道、座椅等。

① 中控台音源主机位　车型不同拆除的方法也不同。有些车型配备拆主机的工具，将工具塞入主机为拆除留下的缝隙中，感到工具卡上后用力拉出，主机就跟着出来了。有些车型的主机是用螺钉直接固定在中控台上的，外部用装饰件盖住。拆下带有卡扣的装饰件，就可以卸下主机。

在拆除高档车的原车主机时应注意多数都有防盗密码，一旦断电，主机就会被锁住。解决的办法有以下几种。

a. 找到密码，一般放在车内的杂物箱内侧或是行李舱放备胎的地方，输入后即可解锁。

b. 通电 1h 以上，有些车可以自动解码，但必须是原车。

c. 用车钥匙反复开启、关闭车门。

d. 咨询经销商，获得密码。

e. 到专门的主机维修点，去掉机内密码记忆元件或 CPU。

② 车门内饰　如果要在车门上加装或换装扬声器，就要拆除车门内饰板。车门内饰板一般是一块有蒙皮或人造革的纤维板，结构简单，只要把摇窗器把手和门把手拆除，其余的基本上都是塑料卡扣，

只要小心拆开即可。若是高档车型，一般是先拆除装有中控开关、电动窗开关等控制件的面板，拆下面板后可以看到主要的固定螺钉，再用软布包上扁平的螺丝刀，沿边缘插入，找到扣件后依次在靠近扣件的地方撬起。要了解扣件的结构后，再小心拆开。

③ 两侧脚踏板边条　拆除脚踏板边条的目的是布线，大多数布线都这样走。也有从 A 柱上到顶篷走的，布线会较长，有的车型有侧向的安全气囊，走线时会有影响，同时也不易固定。大部分的脚踏板边条都是由卡扣固定的。拆卸的方法是由车的内侧向外侧撬动，若是由外侧向内侧撬动，可能会导致损坏。

④ 后座平台饰板　有些车的扬声器是安装在后座的平台饰板上的。拆除后座后，如果平台上有高位制动灯的，先拆高位制动灯。高位制动灯的安装方法一般有两种：一种是卡子固定，只要用力向后推即可拆下；另一种是用螺钉固定的，到行李舱中找到螺钉拧下就可以拆下来了。拆下高位制动灯后，将平台上的扬声器拆下，再将平台饰板向内拉出。

⑤ 中央通道　如果对音响系统有较高要求，可将 RCA 信号线从中央通道走线，使其受不到布线的干扰。中央通道一般是由螺钉固定的，左右对称。大多数是由 2～3 节组成，应注意拆除顺序，驻车制动和变速杆尽量不要动。

⑥ 座椅　前座一般是不用拆的，如果是要在前座头枕上加装显示器，就要拆了。前座的拆除一般有 3 种方法：第一种是大众车系的，前面有一止推螺钉，后面是滑槽，只要将后面滑槽上的饰块拆下，再将前面的止推螺钉拧开，拉起滑动扳手，将整个座椅向后推出即可。第二种是用 4 颗四角螺钉固定，只要拆开四角螺钉即可。第三种是将一头的螺钉固定，另一头是钩子钩住的。拆下一头的螺钉，将另一头的两个钩子抬出即可。

后座的座椅和靠背是分开的。座椅有些是两颗螺钉固定的，有些是卡扣固定的。卡扣固定的只要抓住卡扣附近用力向上提即可脱出。有几种车不可以直接提出，看一下卡扣上是否有一小拉环，或有可向内按的卡子，若有，则应拉出拉环或按下卡子再向上提。靠

背是由下面一两颗螺钉或铁皮钩子固定的，将其松开后即可向上提出。

⑦ A柱　A柱主要用来安装高音部分。A柱基本全由扣件固定，要小心撬动。

以上各种拆除件应在专门的地方有序放置，有条件的应分类放置，以免因不必要的碰触造成损伤和遗失。

(6) 汽车音响的布线

① 电源线的布线原则　所选用电源线的电流容量值应大于或等于功率放大器相接的熔丝的熔断电流值。若采用低于标准的线材作电源线，会产生交流噪声并严重破坏音质。当用一根电源线分开向多个功率放大器供电时，从分开点到各个功率放大器布线的长度和结构应该相同。当电源线桥接时，各个功率放大器之间将出现电位差，这个电位差会导致交流噪声，破坏音质。将电源插头的脏物彻底清除，并拧紧插头，存在脏污或没有拧紧插头，都会使插头处产生接触电阻，从而导致交流噪声破坏音质。当在汽车动力系统内布线时，应避免在发动机和点火装置附近走线。因为发动机和点火的干扰信号会辐射入电源线，破坏音质。在车体内电源线和音频线的布线原则是一致的。

注意：当电源线超长时，电源线不能卷起，而是要折叠起来，否则会产生电磁波，对音响系统产生干扰。

② 音频信号线的布线原则　用绝缘胶带将音频信号线插头处缠紧以保证绝缘；保持音频信号线尽可能短；音频信号线的布线要离开车载电脑单元和功率放大器的电源线至少200mm，如布线太近，音频信号会受干扰而产生感应噪声。可以考虑将电源线和音频信号线分开布置在驾驶室的两侧，如它们需要交叉时，最好以垂直交叉形式布置。

③ 接地的方法　用砂纸将车体接地点处的油漆去除干净，将接地线固定紧；将音响系统中各个模块的接地线集中于一处，否则存在的电位差会导致噪声的产生；当系统消耗电流很大时，蓄电池接地端一定要牢固；不要靠近车载电脑布线。

尤其要注意的是主机和功率放大器应该分别接地。主机的接地点要远离行车电脑的接地点或固定点。

(7) 汽车扬声器的安装

① 扬声器固定的作用　安装扬声器时应注意使扬声器和固定部分牢固地固定，与安装部分之间不留空隙，并且减少安装扬声器部位周围的振动。如果扬声器本身产生振动，则与其相连的钢板部分也将产生振动，钢板振动而发出的声音，将会影响整体音质。

② 前门部分的安装　先用挡板对扬声器安装的位置进行加固，加固后再把扬声器固定在车门的内侧，减少由于车门内侧钢板的振动带来的噪声。挡板应和车门内钢板接触良好，车门钢板和挡板之间没有空隙。

车门内的内侧钢板一般都预留了大小不等的维修孔，以方便对相应的部件进行检修。为防止扬声器后面声音的漏出对扬声器前面的声音产生影响，在维修孔上可以覆盖铝板或铅板，或者使用其他吸声材料来遮挡。

车门钢板的刚性较软，需要对其进行制振。制振是指减少钢板的振动产生的噪声。一般的方法是在钢板上贴制振材料，以防止振动对音质的影响。

③ 后车窗台部分的安装　加装的挡板与后车窗台的形状基本相同，在安装扬声器的位置预留出安装孔。用螺钉把挡板和后车窗台固定在一起，以抑制挡板的共鸣。螺钉固定的位置应保证能牢固地固定两端，在挡板中间部分的螺钉的紧固数量要增加一些，使得挡板和后车窗台的钢板紧密地连接在一起，这可以使得安装在此位置的低音扬声器不漏声音，低音域将向下延伸，在低频域不会产生低鸣声。

若挡板与后车窗台的钢板之间的缝隙大，就可能产生共鸣。处理的办法一般是调整挡板和后车窗台钢板之间的缝隙，并且在缝隙中填充减振垫。这可以使得音响在中频域声音的清晰度得到提高。

(8) 功率放大器的安装

一般主机的供电电压多为12V，音源内置的功率放大器在低电压状态下工作，信号动态范围小，输出功率受到限制。功率放大器可将12V电压逆变到±（35～40）V，这样信号的动态范围加大，从而增加了输出功率。可以将由共用电源而引起的干扰降到最低，从而保证再现完美的音质。选用外置的功率放大器的功率和阻抗应与扬声器相匹配，两者的灵敏度也要相对应，否则效果会不理想。

对功率放大器进行合理的固定，对延长其使用寿命是十分重要。安装位置的选择：应有足够的空间，并能保持空气流通和防止潮湿，以延长功率放大器的寿命。功率放大器禁止正面朝下固定安装，这样会影响功率放大器的散热，还会启动热保护电路，过多的热量会缩短功率放大器的寿命，还会减小输出的功率。

连接线路：将前面的RCA连接器连接到音源前面的LOW LEVEL（低电平）输出端。将后面RCA连接器连接到音源后面LOW LEVEL（低电平）输出端。把这些RCA连接器连接到下一级放大器的RCA输入端。地线输入是通过一条电源电缆从放大器上直接连接到车辆的底盘上。＋12V输入必须通过一条电源电缆再经过同轴熔丝或自动熔断器直接连接到车辆蓄电池的正极。

远端输入是远端控制功率放大器的开关。当接通时，12V电压就加到放大器上，它可以从音源后面的面板上找到。它以天线的输出端或远端接通端两种形式出现。如果没有提供该输入，可以把线接到ACC的位置上。

5.1.4 汽车音响改装实例

（1）某车音响改装实例（图5-4～图5-8）。

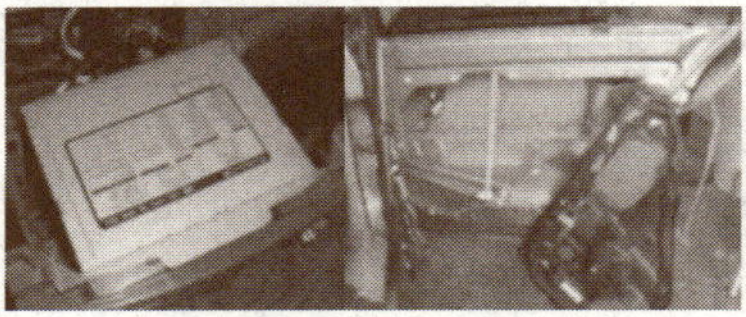

图5-4 拆下原车音响

图5-5 安装左右车门的音响

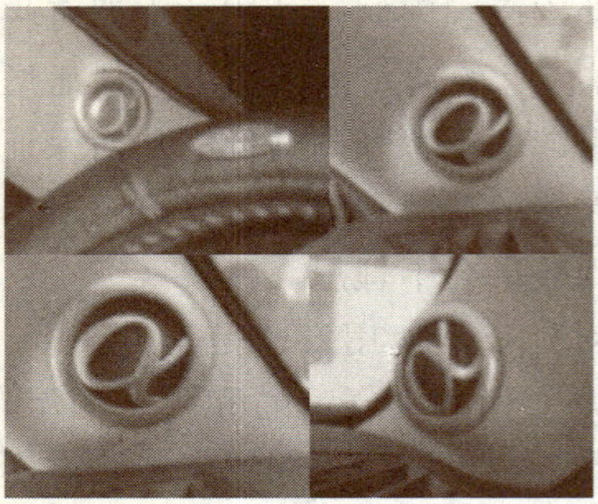

图 5-6　安装前后喇叭

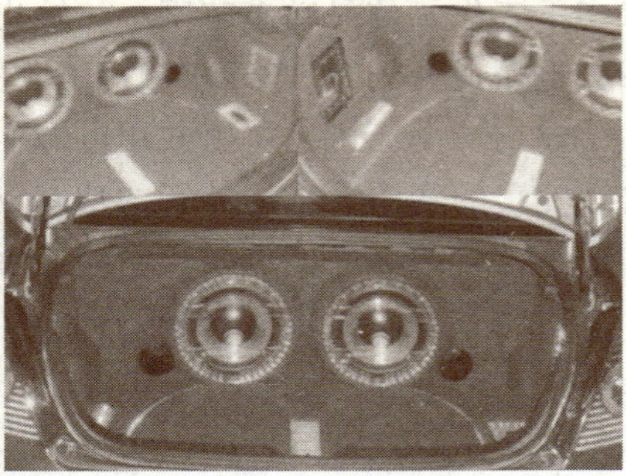

图 5-7　安装超低音功放及喇叭

图 5-8　大众途观改装音响配置

主要配置有：主机一台（飞歌奔腾专用 DVD 导航一体机）、前声场喇叭一对（美国阿尔法 PTC6501 两路分频）、后声场喇叭一对（德国蓝宝 TSC650 两路分频）、超低音喇叭两只（德国蓝宝 GTW120012in 低音）、前后场功放一台（德国蓝宝 GTA480 4×150W 四路功放）、超低音功放两台（德国蓝宝 BGA250/EMA260 两路功放）、隔声一套（赛伦斯全车组盒四门隔声、尾厢隔声）、电容器一只（赛伦斯 1.5F 电容器）、线材一套（嘉利宝）、12in 蓝宝透明喇叭罩一对。

（2）以色列摩雷音响改装实例

途观原车喇叭比较单薄，用料也非常简单，音响效果也就非常普通。因此很多车友都选择进行音响升级来提升爱车音响效果。

以色列 Morel（摩雷）汽车音响，是一家极享盛名的自行制造、生产汽车喇叭商，凝聚所有精力和资源，不断投放到高端单元的研发和设计。因其产品的风格和神韵已引领同业，所以被认为“规范化设计和顶佳之作”。摩雷是全世界知名喇叭单元生产商，拥有三十多年高水平喇叭单元研究、开发生产能力，为音响爱好者们提供了完美音质喇叭单元。

大众途观进行音响改装，具体配置：音源为原车主机配备 Audio contvol IC6I 信号处理器，前声场喇叭采用以色列摩雷意蕾两分频套装喇叭；后声场喇叭采用以色列摩雷听宝两分频套装喇叭；功放 1 采用 ARC KS300. 2 功放；功放 2 采用哈雷 SA-1202 功放。四门采用荣茂隔声材料。后门加装的摩雷听宝两分频套装喇叭配备一台哈雷 SA-1202 功放驱动，通过加装 Audio contvol IC6I 信号处理器从音乐源头上有效提升音质效果，如图 5-8 所示。

摩雷意蕾高音单元 MT-23 采用双钕磁铁和阿克佛勒涂层软球顶构造。直径 28mm 六角技术铝制音圈，支持更大的功率，强劲的双磁铁驱动，结合低的谐振点，使得 MT-23 成为一种极佳的瞬态高频单元，可重现宽阔的音场。

摩雷意蕾中低音单元采用新型的单向流铝合金压轴底盘架，潜沉气动设计，最大限度地减小声音返响失真。大直径 75mm 六角技术音圈支承着整片 DPC 潜沉音盘，既能发挥最好的低频延伸，又能避免高声压时纸盘爆裂和失真。

摩雷听宝高音为全新的内磁式设计 28mm 丝膜球顶高音，具有宽广频率范围，柔顺稳定的演绎和精确的立体声定位。新的高音单元有四种不同的安装配件，使得安装更灵活。

摩雷听宝中低音采用独特的全新高强度粉磁，能增加磁通量，承受更大功率。同时，它的体积比一般的粉磁减小 35%。低音音盆精心制作，以保证在中低频段音圈保持线性运动，既可消除音圈变形，又能增强低频动态。

大众途观摩雷音响改装过程：先进行车门隔声处理，然后确定前、后车门喇叭的安装位置，一般都是按原车位置安装，最后根据车辆具体情况安装主机和功放，具体改装过程如图 5-9～图 5-18 所示。

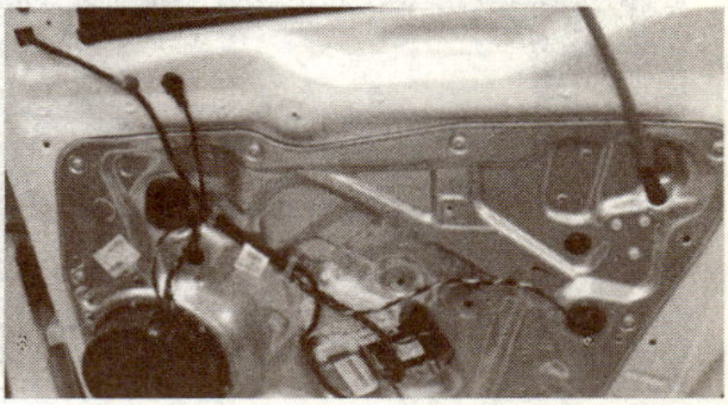

图 5-9　原车前车门内部结构

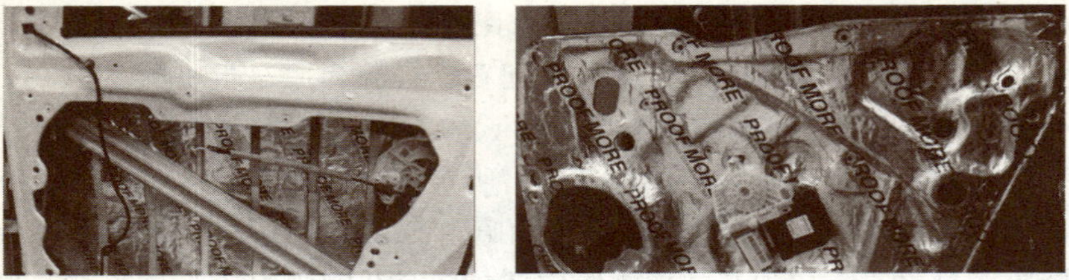

图 5-10　前车门进行双层隔声处理

图 5-11　前门高音喇叭安装位置

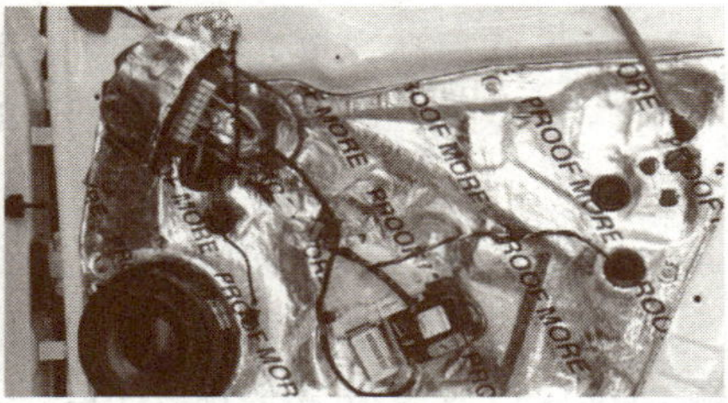

图 5-12　前门重低音喇叭安装位置

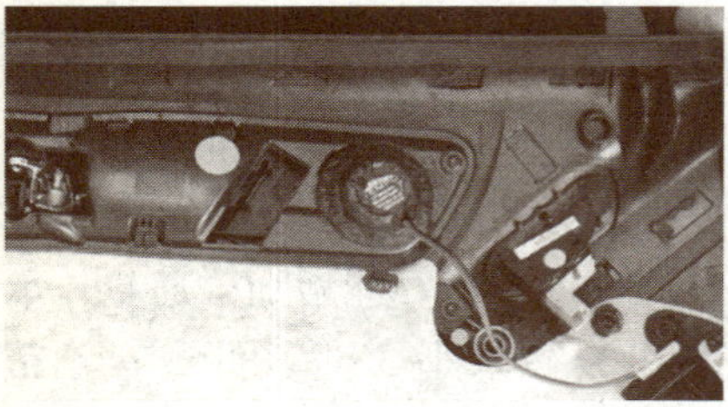

图 5-13　后门高音喇叭安装位置

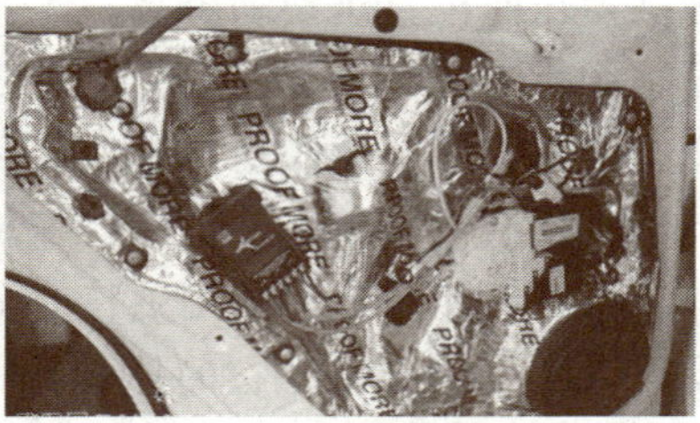

图 5-14　后门重低音喇叭安装位置

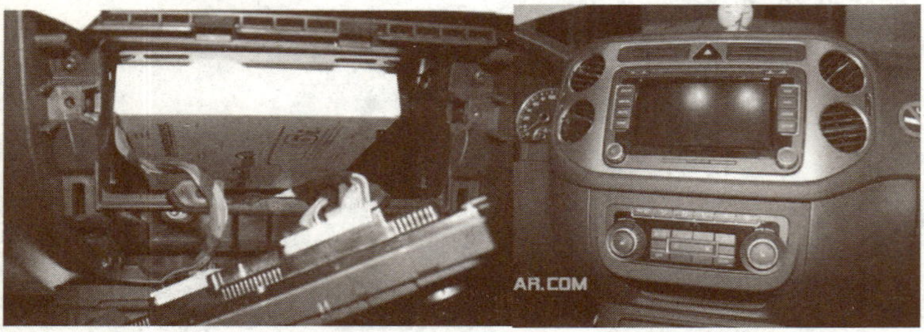

图 5-15　主机和信号处理器的安装及复原

图 5-16　功放安装位置

图 5-17　前车门改装完成效果

图 5-18　后车门改装完成效果

5.2 汽车车灯改装

5.2.1 汽车车灯种类

汽车灯光按照用途分有照明灯和信号灯两大类。

照明灯又分为外照明灯和内照明灯，外照明灯指前照灯、前雾灯、牌照灯。内照明灯有篷顶灯、仪表灯等。

信号灯也分为外信号灯和内信号灯，外信号灯指转向指示灯、制动灯、尾灯、示宽灯、倒车灯，内信号灯泛指仪表板的指示灯，主要有转向、机油压力、充电、制动、关门提示等仪表指示灯。

汽车照明灯光系统的重点是前照灯，各汽车生产大国都对其有严格的标准。目前车速普遍提高，要求改善前照灯的亮度和色温，由于氙气灯的功率小，只有35W左右，亮度却比普通卤素灯高50%，色温达到6000K，接近日光的光色，寿命又远比卤素灯长，因此已经有不少中高级轿车用氙气灯代替卤素灯。

通常所说的氙气灯是指HID高压气体放电（high intensity discharge），其原理是在充有高压惰性气体（氙气）的灯管内，利用高压电击发管内金属离子产生电弧来发光。真正的氙气灯应包括三部分，即作为光源的氙气灯泡、高压电子控制启动装置（整流器）以及专门为氙气灯设计的灯具，三部分合称一个总成，缺一不可。市场上一些经销商为了迎合部分消费者追求时髦又不愿多花钱的心理，将只改灯泡叫做改装氙气灯，故意误导消费者，这是相当危险的。因为氙气灯有着与卤素灯不同的输出功率，如果采用原先线路，可能无法承受大功率输出。再者，氙气灯的灯罩也是经过特殊处理的，使其亮度和穿透力达到较好比例，采用普通灯的灯罩，就会使灯光晃眼。

5.2.2 氙气灯改装前准备

（1）根据车辆情况进行改装

在改装之前首先需要了解一下自己的车型是否适合改装。最直接的方法就是看原卤素灯总成是否使用投射式大灯，即表面是凸透镜，从外表上看是一个玻璃球面。

如果原车使用的是投射式大灯，因为总成里带了透镜，所以改装效果会相对比较好，当然，还是需要技师调校聚光焦距等，很复杂，因为氙气灯灯管长度和卤素灯不同。而且，氙气灯总成的透镜和这种卤素灯透镜还是不一样的，真正做工良好的氙气灯透镜（如德系车用的海拉和博世的总成），除了聚光性能好，色彩变换也相当漂亮，随着路面起伏，远看色彩会闪现紫色和蓝色，近看就是和日光一样色温的纯白光。

如果原车使用的是反射式灯具，或者是那些用了远近光一体的H4灯光总成的车，因为总成中没有带透镜的，那最好不要去改氙气灯，因为传统卤素灯的灯罩完全不能起到聚光的作用，出来的光肯定发散。要想改装的话，只能改装氙气灯总成，那样价格比较昂贵。

(2) 挑选合适的氙气灯

改装氙气灯前，需要先挑选一款合适的氙气灯。目前，市场上的氙气灯良莠不齐，进口的、国产的、贴牌的，有数十种。氙气灯是个工艺和技术十分复杂的零配件，不好的氙气灯往往寿命很短，灯泡很容易烧坏，而且色温、亮度和散射角度也往往不符合要求，所以最好选择有一定知名度的大厂产品。在过去，全球具有实力的汽车氙气灯制造商屈指可数，在技术上一直以欧洲品牌为代表，如飞利浦、欧司朗、博世、海拉等。而这两年，国内的氙气灯开始起步，经过一段时间的优胜劣汰，越来越多的国产品牌开始被广大车主认可，如新光阳、海迪、嘉斯蒙、金华达等。

(3) 选择合适的色温

挑选完品牌后再选择氙气灯的色温。氙气灯最佳色温应该是在4300～4500K之间，这个时候灯的亮度与光线穿透力比较适中，尤其在阴雨天气，这个范围的灯更能保障行车安全。

氙气灯并非越亮越好，实际上原厂的氙气灯只有4000K左右，还不如传统卤素灯刺眼，但效果却要好得多。市面上出售的氙气灯，色温范围从3000～12000K都有，许多车主认为色温越高效果越好，其实不然。当色温低时，光线的颜色呈黄色，就如普通暖光灯的颜色，而当色温升高时，颜色就会发白，而色温超过10000K时，光线颜色会由白变蓝、变紫。色温与光线穿透率并非成正比，黄光在雨、雪、雾天气条件下穿透能力最强，而色温超过6000K后，穿透力就将逐渐减弱，白色或蓝色的光线在雾天能见度极差。而当色温高于10000K时，实际照明度与卤素灯差不多，甚至效果更差。

(4) 氙气灯要由专业技师改装

由于氙气灯管在出厂时都做了严格的焦距调校，所以灯管在安装时如果安装不到位就有可能出现焦距不准、光线发散等问题。安装时如果密封不好，容易造成灯罩进水、进灰。安装不当容易造成干扰收音机信号。某些车型由于原车带有自检设备，改装时如果不由专业技师安装，会出现故障灯报警、频繁烧毁保险、行进中突然熄灭等现象。某些车型由于大灯线路的特殊性，安装不当会造成无法变光或变光熄灭的现象。某些车型在打开远光灯时近光灯会熄灭，对于这些车型可以将其近光灯改为常亮，这样就大大增加了远光灯的亮度，但它要求的技术精度更高，必须到专业店由专业技师改装。

5.2.3 氙气灯安装注意事项

安装 HID 氙气灯（汽车前大灯）的注意事项如下。

① 氙气灯泡安装前不要拆下安全筒和用手接触灯泡。

② 整流器输出瞬间电压为 23kV，注意不要剪接高压线。

③ 整流器不利于装在车内过热的地方，因为整流器内部的电子元件最佳的工作环境为－20～75℃之间，而车子引擎室的工作温度通常都在 90℃以上。

④ 整流器不要安装在离水源较近的地方，如水箱附近。过度的潮湿会导致整流器的漏电和老化。

⑤ 安放于透气性较好的位置，以便让空气流动来降低整流器的温度。

⑥ 整流器与灯泡的摆放距离不宜过远，以避免由于线路分压而造成的灯泡不亮现象。

⑦ 整流器的高压线部分不宜缠绕，以免产生过大的磁场，而影响汽车电器设备。

⑧ 将原车的大灯 10A 的保险丝换为 15～20A，以避免启动时过大的电流将原车保险丝熔断。

⑨ 灯泡点燃后，不能用手调校灯泡，以免灼伤和触电。

⑩ 每个氙气灯启动时电流有 8.5A，可能对敏感电器造成短暂保护。

▌点燃后不要直视灯光，以免造成眼睛疼痛及视力等障碍。

5.2.4 氙气灯改装实例

某车氙气灯改装实例如图 5-19～图 5-22 所示。

图 5-19　要改装的氙气灯

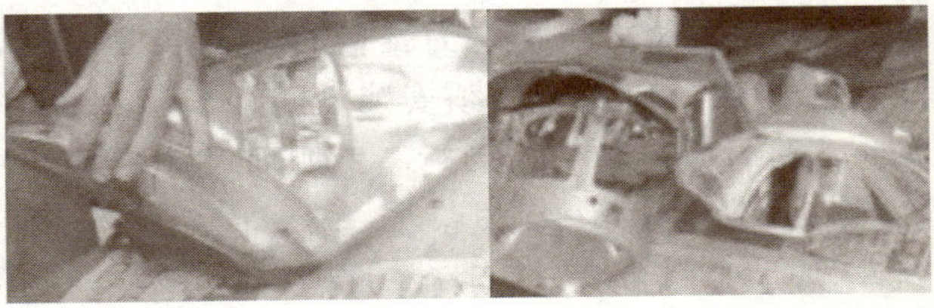

图 5-20　拆下的原卤素灯

图 5-21　安装氙气灯

图 5-22　安装后效果

5.2.5 日间行车灯改装

日间行车灯是指使车辆在白天行驶时更容易被识别的灯具，装在车身前部。也就是说这个灯具不是照明灯，不是为了使驾驶员能看清路面，而是为了让别人知道有一辆车开过来了，是属于信号灯的范畴。

日间行车灯的最大功效，不是在于美观！而是在于提供车辆的被辨识性，在国外行车开启头灯，可降低 12.4%的车辆意外，同时也可降低 26.4%的车祸死亡概率。为提高行车安全性，欧盟规定自 2011 年起，欧盟境内所有新车必须安装日间行车灯。日间行车灯不同于普通的近光灯，是专门为白天行车照明而设计。使用了 LED 技术的日间行车灯，节能效果得到进一步提升，能耗仅为普通近光灯的 10%。当汽车发动机一启动，日间行车灯则自动开启，以引起路上其他机动车、非机动车以及行人的注意。当夜晚降临，驾驶者手动打开近光灯后，日间行车灯则自动熄灭。

（1）日间行车灯安装方法

① 安装数量为 2 个。

② 安装位置选在车头处的合适位置（由车型而定）并且尽可能避开高温和易于积水的地方。根据日间行车灯安装说明书，在车上用钻头开日间行车灯固定孔。开好后将日间行车灯用螺钉固定在车上。安装距离要求：两灯间距一般要大于 600mm，如车宽小于 1300mm，间距可减小到 400mm；离地距离为 250～1500mm。

③ 当启动汽车时，日间行车灯能自动打开，当汽车前大灯工作时，日间行车灯能自动关闭。

④ 线路安装：检查日间行车灯的线束，分别找出黑色、棕色、灰色线三根线，将黑色线接于车的点火开关输出端，棕色线接电源负极，灰色线接于大灯开关的输出端，接好后对过长的线束整理并固定在车上，车内走线应避免线束扎在高温的地方（如发动机）。

（2）注意事项

① 选择安装位置时，日间行车灯应安装在温度不高于 80℃且不

易积水的地方。

② 线路安装时，注意线束的接口与日间行车灯接口的方向（参考日间行车的说明书）及线束中各颜色线的安接在汽车线路中的位置（参考线路安装说明书）。

③ 汽车电瓶电压为10～30V。

（3）日间行车灯常见问题及解决方法

① 日间行车灯常亮。汽车点火开关未打开，日间行车灯就开启的情况下应检查：线束的黑色线是否接对（将线束的黑色线接于点火开关的输出端）。

② 开启近光灯开关，日间行车灯不能关闭。

a. 打开近光灯开关后，检查日间行车灯及其线束，进行更换。

b. 打开近光灯开关后，如其中一个日间行车灯内有2个或3个LED灯不能关闭，则须更换。

c. 近光灯开启且近光灯不亮，日间行车灯不能关闭。用万用表检查近光灯开关输出端是否有10～30V的供电电压输出。有电压输出且正常，须重新接线并安装牢固，没有电压输出，应检查近光灯开关和近光灯供电电路是否正常。

d. 近光灯开启且常亮，日间行车灯不能关闭。取下灰色线，将灰色线接于汽车电瓶的正极，查看日间行车灯是否关闭。日间行车灯能关闭，则灰色线未接牢固，应重新安装；日间行车灯不能关闭，则更换日间行车灯线束。

③ 日间行车灯不能开启。打开汽车点火开关，在近光灯开关关闭的情况下，日间行车灯不能正常工作，应检查以下几项。

a. 将灰色线悬空（不接）后，重新打开汽车点火开关，检查日间行车灯是否常亮。如果常亮，则灰色线接法错误，重新检查灰色线是否正确接于近光灯的输出端。

b. 检查日间行车灯线束接线是否安装正确，黑色线应接于点火开关输出端，棕色线应接汽车电瓶负极，灰色线应接于近光灯开关的输出端。

c. 检查汽车点火开关输出端的供电电压是否正常（10～30V）。

d. 以上检查均无误后，将黑色线接汽车电瓶正极，棕色线接电瓶负极，灰色线悬空，检查日间行车灯是否正常点亮。日间行车灯能点亮，则重新检查安装线路（参考线路安装进行），日间行车灯不能点亮，则须更换线束或日间行车灯。

（4）日间行车灯改装实例

日间行车灯在改装时，要根据实际车型具体考虑安装位置、测距、打孔等问题，如安装不正确会产生漏电、密封不严等后果，带来不必要的麻烦。某车型的日间行车灯改装过程如图 5-23～图 5-30所示。

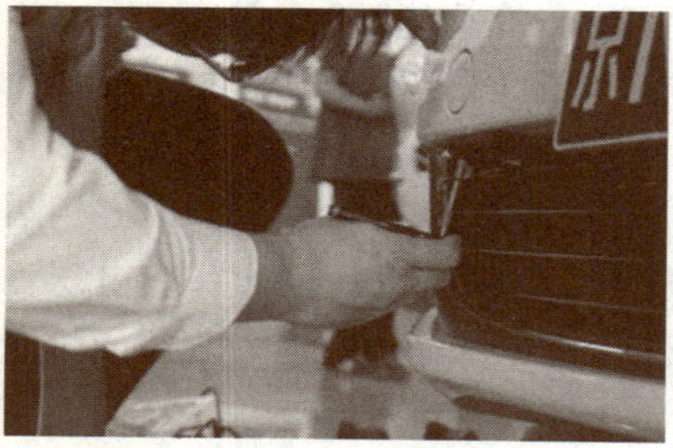

图 5-23　根据车型确定安装位置

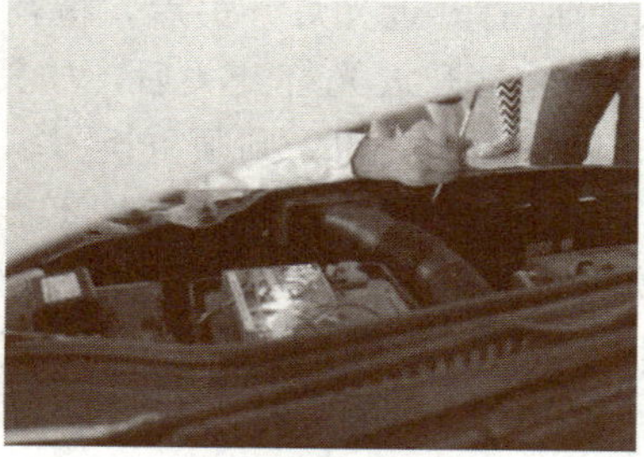

图 5-24　从进气栅格后确定走线

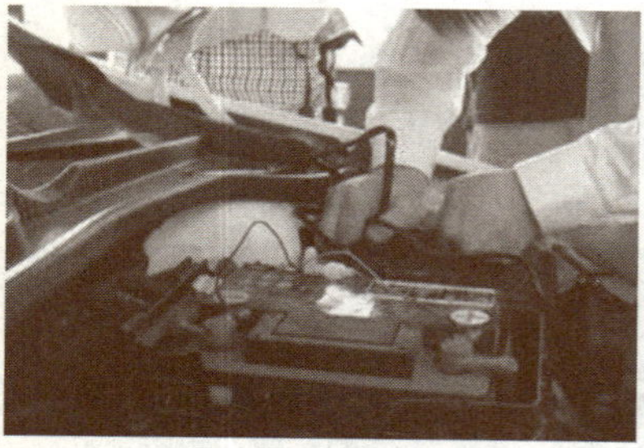

图 5-25　将线与模块相连

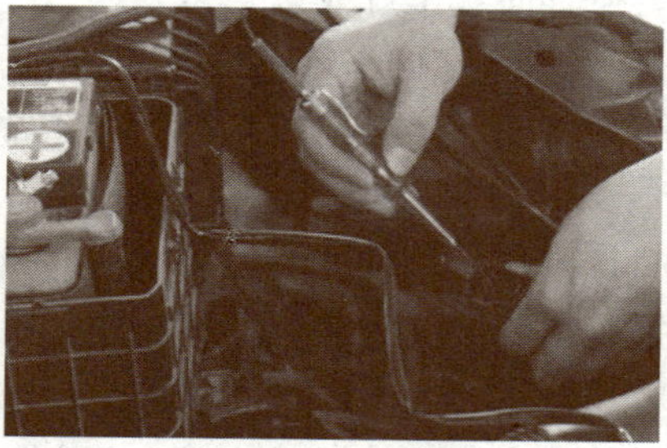

图 5-26　用万用表找出正极

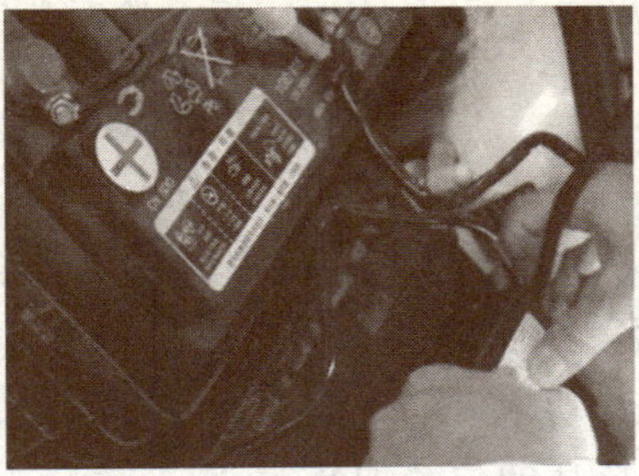

图 5-27　确定控制盒放置位置

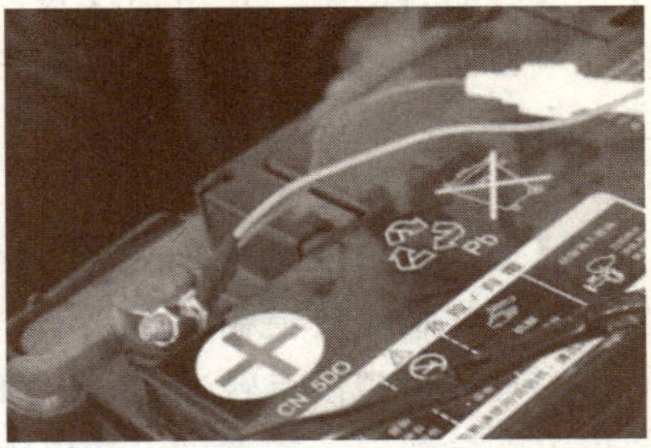

图 5-28　正极连到电瓶正极上

图 5-29　测试日间行车灯

图 5-30　改装完成效果

确定安装位置时，要根据具体车型前保险杠结构而定，同时考虑是否需要拆下保险杠。部分日间行车灯是采用胶粘到进气栅格上的，此时，要在背面加装螺钉进行固定。引线时要注意不要将线靠近发动机或其他发热部件，否则，电线皮会受热熔化而造成短路。连接模块时要注意将模块置于通风处，因为模块会发热。一些带转向、爆闪、减光功能的日间行车灯一定要注意接线方法，要严格按照产品说明安装。一般情况下不要使用带遥控的日间行车灯，因为无线遥控很可能干扰安全气囊和收音机的正常工作。

5.3 汽车仪表的改装

5.3.1 汽车仪表改装种类

汽车仪表的改装主要是根据车辆的情况对车辆的显示系统进行改

装，改装的目的：一是增加仪表显示信息的全面性；二是对仪表显示系统风格的改变，使之更符合车主的要求。对于大多数车主来说，大多进行仪表风格的改装。

（1）仪表信息全面性改装

仪表是车辆信息全面反映的装置，在有些型号的车辆上，仪表系统反映的信息比较模糊甚至没有，需要对车辆的仪表系统进行改装。例如，有的车型没有转速表、电流表、功率表等，需要在原有的仪表系统中直接加装，或者可以在仪表外合适的位置加装。

在原有仪表上进行加装，应考虑在不影响原有仪表的前提下进行。一些仪表是整体安装的，需要对仪表板解体。有些仪表板的信号是由传感器传输来的，需要加装的仪表部分可能会在仪表的同一处取信号，由于加装的仪表会有自身的电阻和需要的电压，在加装的时候可能会使节点处的电压或电流发生变化，可能会对其他采样信号的精度有影响。

（2）仪表显示风格的影响

原车的仪表显示的颜色、风格和亮度等与车主喜欢的有差距，需要进行改装。原车仪表的改装可以整体更换，也可以对仪表的指示部分和照明部分进行改变。整体更换仪表盘要求新的仪表盘对原车的信号能够转换并且精度能够满足要求。更换的仪表盘应该能够装在原车的仪表盘框体内，显示的信息不能少于原有信息。对仪表的指示部分和照明部分的改变：可以对仪表的指示和照明的颜色、仪表的指示部分进行变换。

5.3.2 汽车仪表改装实例

图 5-31～图 5-36 所示为汽车仪表改装实例。将原车的白光带黄的 LED 灯换成超亮冷光 LED 灯。

图 5-31　拆下仪表

图 5-32　拆下外壳及表盘

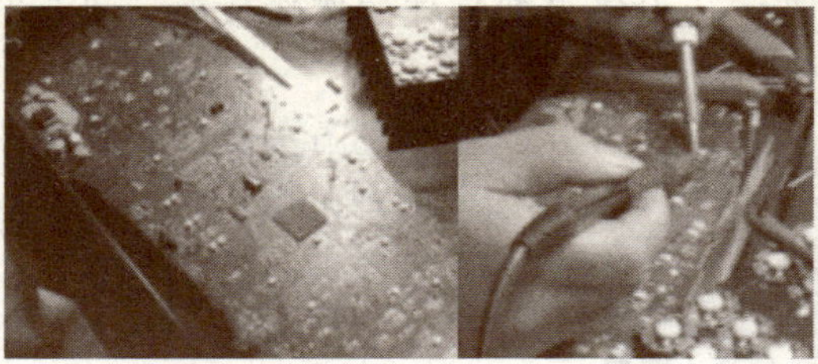

图 5-33　取下电路板上老 LED 灯

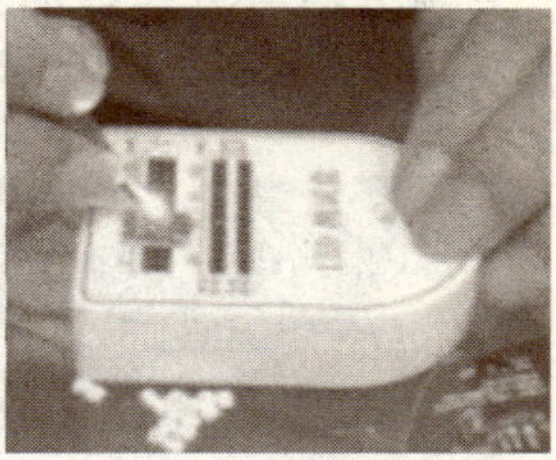

图 5-34　测试新的 LED 灯

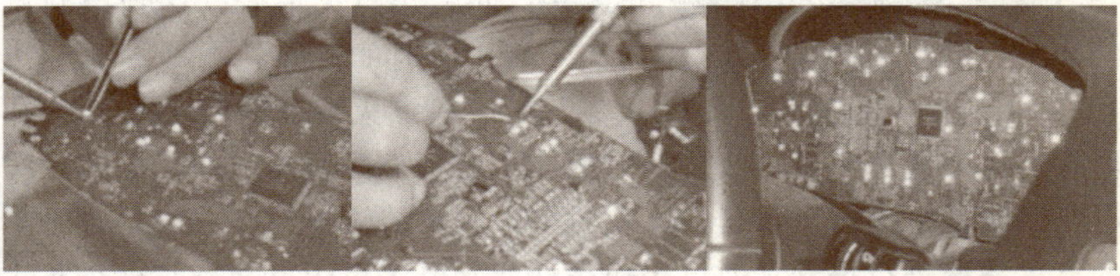

图 5-35　焊上新 LED 灯并测试

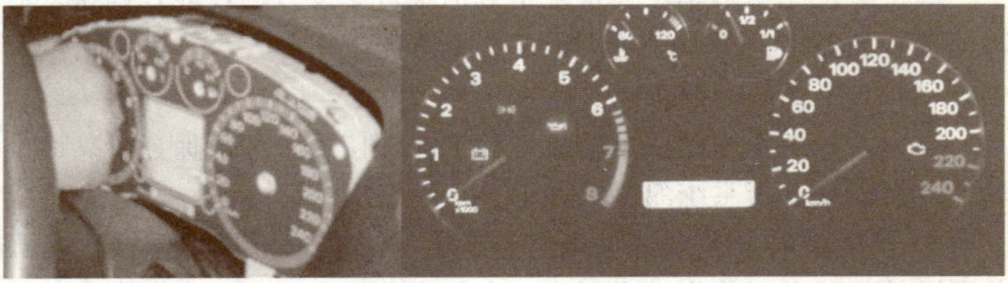

图 5-36　安装后效果

5.4 点火系统的改装

5.4.1 点火系统改装技术

点火系统在引擎运转时所扮演的角色是在任何引擎转速及不同的引擎负荷下，均能在适当的时机提供足够的电压，使火花塞能产生足以点燃汽缸内混合气的火花，让引擎得到最佳的燃烧效率。图 5-37 所示为点火系统。

图 5-37　点火系统

现代的点火提前装置已改由引擎管理电脑所控制，电脑收集引擎转速、进气歧管压力或空气流量、节气门位置、电瓶电压、水温、爆震等信号，算出最佳点火正时提前角度，再发出点火信号，达到控制点火正时的目的。

点火系统的改装是为弥补原有点火系统之不足，改装的目的在于缩短充磁所需时间，提高二次电压，降低跳火电压，延长火花时期，减少传输损耗。一般是对原车的点火系统进行提升，通过更换高性能导电多组线束和特制火花塞让座驾起步和加速更加凌厉。这也是最简单、最省钱的办法。

车主必须先了解车点火系统是否仍维持原设计的性能，确认之后再谈改装的需求。其方法可由以下几个方向着手。

(1) 点火系统的要求

点火系统的作用是在发动机各种工况和使用条件下保证可靠而准确地点火。对点火系统的要求如下。

① 产生足以击穿火花塞间隙的电压　火花塞电极之间产生电火花所需的最低电压称为击穿电压。它与火花塞电极间隙、混合气的压力与温度、电极的形状和温度，以及发动机的工作情况等因素有关。

② 火花应具有足够大的能量　为保证可靠点火，一般应保证有 50～80mJ 的点火能量。现代发动机为了提高经济性，采用稀薄混合气，同时为了达到排气净化的要求，都迫切需要提高点火能量。目前采用的高能点火装置的点火能量一般都要求超过 80～100mJ。

③ 点火时刻应适应发动机的工作工况　点火时刻适当，燃烧最大压力出现在上止点后 10°～15°时，发动机产生的功率最大。不同发动机的最佳点火提前角不相同，并且同一发动机在不同工况和使用条

件下的最佳点火提前角也不相同。最佳点火提前角不仅与压缩比和火花塞型号及数量等结构因素有关，而且与发动机转速、负荷、混合气的成分、进气压力、冷却水温及汽油的辛烷值等使用因素有关。因此，点火系统必须具备根据上述工况参数的变化而自动调节点火提前角的能力，使发动机工作时的点火时刻始终处于最佳点火提前角的状态。

在发动机里，要使汽油燃烧得充分，发挥出最多的能量，必须要有足够的点火能量和准确的点火时间去配合。若点火能量不足，混合气就不能充分燃烧，爆炸力就会减弱，这样不但浪费能源，更令这个冲程里产生的能量减少，即发动机的动力性不能完全发挥。

若点火时间过早，燃烧的气体会阻碍活塞向上运动，即做了负功；点火时间太迟的话，活塞在做功行程时，燃烧的气体才产生最大的爆炸力，推动曲轴旋转的力矩就小了，因此点火时间早或晚都会减少发动机的动力。

(2) 点火系统的改装方法

点火系统的基本装置包含了电源（电瓶）、点火触发装置、点火正时控制装置、高压产生器（高压线圈）、高压电分配装置（分电盘）、高压导线及火花塞。现代的点火提前装置已改由发动机管理电脑所控制。

点火系统改装之前，必须先了解车辆的点火系统是否能够维持原设计的性能，火花塞是否定期更换，火花塞的冷热值正确与否，高压导线是否破损漏电，电瓶的电压是否充足，点火正时是否进行了正确的调整。

其改装方法可由以下几个方向着手。

① 火花塞　改装点火系统最容易也是最便宜的方法是更换火花塞。火花塞的基本作用是使点火绕组产生的高压电流通过一个电极间隙时产生火花来点燃汽缸燃烧室内的可燃混合气，因此对火花塞的性能要求是越强、越稳定越好。现在高质量的火花塞大都是采用铱或铂等贵金属来制造电极，使火花更强更稳定之外，火花塞也更耐用。图5-38所示为铱合金火花塞。

图 5-38　铱合金火花塞

另外，火花塞的又一重要作用是可以把汽缸内的一部分热量传递给冷却系统或外界的空气，使热量散发掉，并能够使自身维持在一个适当的温度下工作。如果温度太高会损坏火花塞的电极和绝缘体，而被烧红了的火花塞会引发早燃和爆震现象；如果温度太低，附着在火花塞表面的油就不能充分燃烧，容易形成积炭，使火花塞产生不了火花。因此不同冷热度的火花塞用于不同特性的发动机上。在一般的轻微改装下不需要改动火花塞的冷热度，只有重改装后发动机经常在高温下运作时，才需要改用冷度较高的火花塞，随便改用赛车用的火花塞只会制造积炭，令发动机出现乏力和转速不顺的现象。

火花塞的更换是一定要注意的。火花塞若选择不对，不仅不能提升发动机的工作效率和车辆的动力，还会造成发动机功率下降、怠速不稳、急加油时油门跟不上的现象。因此，更换火花塞，要根据发动机的类型和原车火花塞的工作温度进行选择。火花塞的热值是衡量热负荷能力的指标，它必须和发动机的性能相匹配，最简单的方法就是采用与原车相同热值型号的改装火花塞进行更换。如果更换的火花塞的热值与原车的不匹配，会造成火花塞的工作温度过高或过低。火花塞的工作温度过高，混合气在进入燃烧室时会被过热的火花塞点燃，形成过早点火；火花塞温度过低，火花塞绝缘体很快会被燃烧不完全的沉积物所污染，使绝缘体裙体表面的绝缘电阻降低，减弱点火火花的能量，严重时会出现缺火现象。更换火花塞需要拆除发动机的一些外围部件，如果不是非常有经验，最好还是到改装店进行更换。

火花塞热值为 5°～13°，数值越大，火花塞就越“冷”，即冷型，适合高转速、高压缩比的发动机使用；数值越小，火花塞越“热”（热型），适合低压缩比发动机使用。较冷的火花塞的制作比一般产品更加精良，所以在发动机高转速时，它能保证点火的准确性和质量，从而保证发动机极限时的最大功率。另外其电阻也被控制得非常小，点火次数丝毫不因转速的升高而有所遗缺，所以使用较高度数的火花塞对习惯拉高发动机转速换挡或竞技运动型的驾驶员是大有益处的。但是如果改用热值过高的火花塞，就会出现启动困难、低速不稳的情况。具体而言在广东这种亚热带气候下，5°～8°的火花塞比较合适（普通汽车使用0°～6°，可改为6°、7°、8°，具体要视实际装车后反应而定，市区使用一般车建议最高为7°），而0°以上的则只有在酷热的天气下的赛车才用得上。

② 电容放电系统　火花塞用的高压电源来自车上的点火绕组。原厂系统大都是电感绕组放电系统，这种放电系统设计的弱点是储存电能需要一个较长时间，在高转速时系统会因充电时间不足而使火花塞能量变弱，令车子损失动力，针对这一点最根本的改善方法是换成电容放电式点火系统，电容放电式点火系统就是利用每次的点火间隔，将点火能量储存于电容器的电场中，点火时再一次释放，因此比传统的点火系统能产生更大的点火能量。

③ 高压线圈　前面所提的火花塞和火花能量的改装应算是对点火系统的强化工作，点火系统的改装应从高压线圈开始算起。点火用的高压电流是由高压线圈所产生的，改用材质较佳或一、二次绕组圈数比值比较高的高压线圈，均能产生较高的高压电流，并且能承受较高的电流输出负荷。点火电压的提高对火花时期的延长有直接、正面的影响。目前有许多种都将分电盘和高压线圈设计在一起，若要改装高压线圈则必须将原有高压线圈的线路外接，另外装一组改装用线路。

④ 高压线　高压线肩负着传输由高压线圈所发出的高压电流到火花塞的任务。一组优良的高压线必须具备最少的电流损耗及避免高压电传输过程产生的电磁干扰。

改装高压线是点火系统改装最常见的改装项目之一。改装高压线的目的是减低高压线圈所发出的高压电流输送到火花塞过程中的损失。一套优良的高压线拥有最少的电流损耗，同时能避免高压电传输过程中所产生的电磁干扰影响车上收音机和其他电器的操作。高性能的高压线在控制电磁干扰之外还可改善电阻。

更换高性能高压线和火花塞，是提升车辆动力最直接、最简单、最经济的办法。因此，这也成为汽车性能提升中最基本的、也是最受欢迎的一个改装项目。

一般车上的高压线由于包覆材质所限，因此设计成约有 5kΩ 的电阻值，以防止电磁干扰，但这电阻值却会降低导线的传输效率，造成电流的损耗。

要注意的是更换高性能高压导线不能盲目进行。有很多车型，例如宝来、高尔夫、捷达、佳美、千里马等，在更换了高压线后常会出现漏电、怠速不稳，甚至发哽的现象，这是因为不同发动机对电阻的要求是不一样的。因此，在更换高压线的时候，要根据不同车型发动机的特点，为其选择符合要求电阻的高压线和相匹配的火花塞，才能在不影响发动机寿命的情况下，达到提升动力的目的，这样才能保证在车辆安全的同时获得理想的效果。

⑤ 其他系统的配合　点火系统改装后可能会面临供油量不足的问题，尤其是在高转速时，若不能解决则可能导致发动机的过热问题，因此供油系统必须视点火系统改装的程度，适度地提高供油量。以 MSI（多重火花放电）的改装为例，其附属配件就是一个调压阀，在不对供油系统其他组件变动的情况下增加供油量。任何改装的成败及优劣，决定于改装后与其他系统的配合程度，单方面地加强某一部分，只会加速其他部分的损耗。成功的改装是促成各机件均衡协调运作，不但要高效率，更要高度平衡性。

⑥ 注意事项　点火系统的改装首先要考虑点火系统各个部件的改装与发动机性能之间是否匹配；其次要考虑点火系统的各改装部分是否符合原系统的要求；最后还要考虑点火系统需要与系统的其他部分相匹配才可以有好的效果。

5.4.2 点火系统改装实例

(1) 更换铱合金火花塞

图 5-39、图 5-40 所示为更换铱合金火花塞实例。

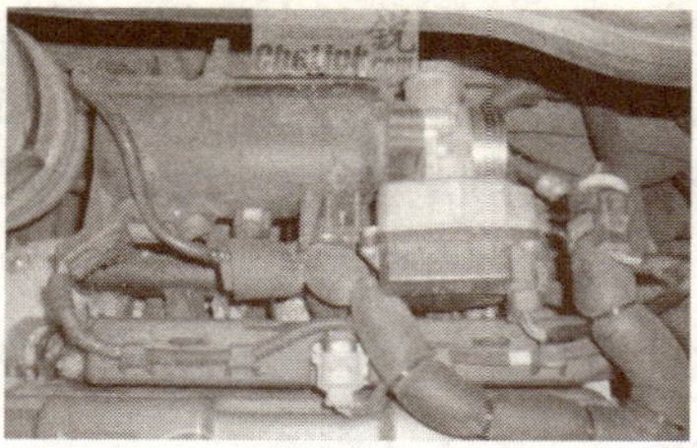

图 5-39　原车一体点火线圈

图 5-40　更换点火线圈下的火花塞

（2）高压线圈及高压线更换

图 5-41、图 5-42 所示为改装高压线圈实例。

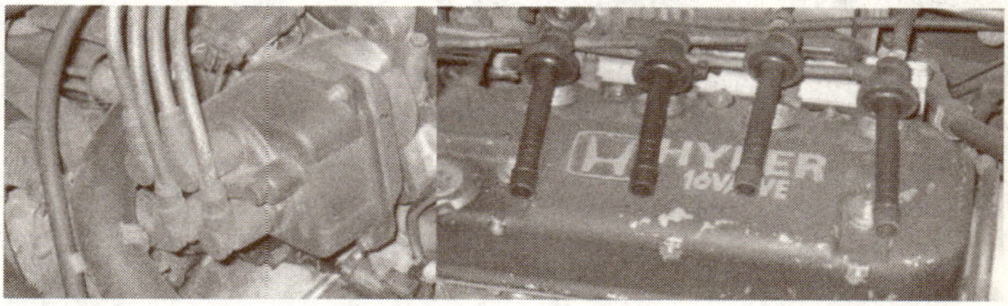

图 5-41　原车高压线及高压线圈

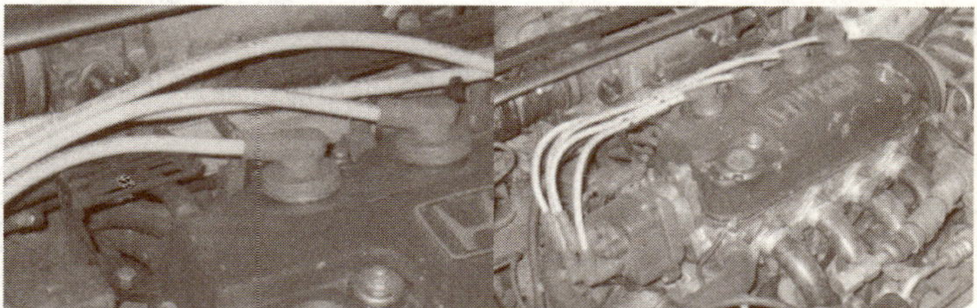

图 5-42　改装后的高压线及高压线圈

（3）多重点火器改装

多重火花（multi spark discharge）是一个划时代的点火方式，它在行车电脑 ECU 输出一个点火信号时，不是一次点火放电，而是连续多次地高压放电，可以达到 6 次放电，产生 6 次高能量火花。单从点火时间来看，可以是传统电感式放电的 6 倍，点火时间可以持续100μs（微秒）

以上，而电感式放电也就在10μs左右，这样大大延长了点火时间，可以将电喷产生的燃油尤其是高浓度燃油完全燃烧，另外从点火能量来看，6次火花每次火花能量在115mJ，总点火能量可以达到电感式放电的10倍，所以多重火花一是可以将燃油完全燃烧，起到节油的效果；二是爆发力增强，起步快，提速快，响应敏捷；三是可以减少积炭，延长发动机的寿命，减少废气的排放，起到环保的作用。

图 5-43　改装多重点火器车辆

多重火花点火器全称应是多重火花电容放电系统，是最强大的点火系统，这是目前所能做到的最高级的点火系统。多重火花点火器，起初是美国人发明用在直线赛上的点火方式，用以发挥赛车动力强大的作用，而在油价攀升的时代，越来越多的车主正利用其完全燃烧的原理，来起到节省燃油的目的，当然也有利于环保。图 5-43 所示为改装多重点火器的车辆。

图 5-44、图 5-45 所示为原车接线图和改装多重点火器的接线图。

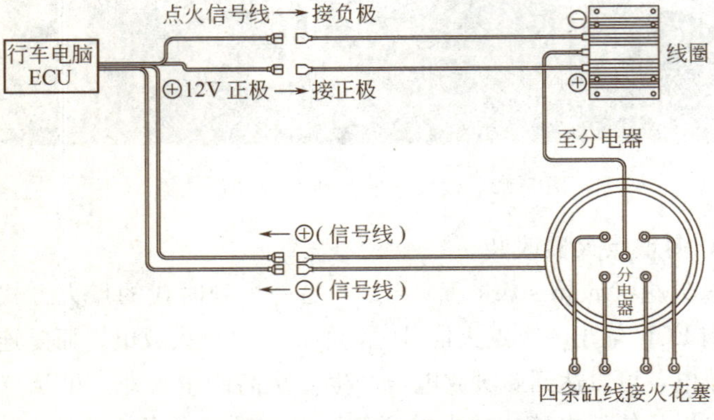

图 5-44　原车接线图

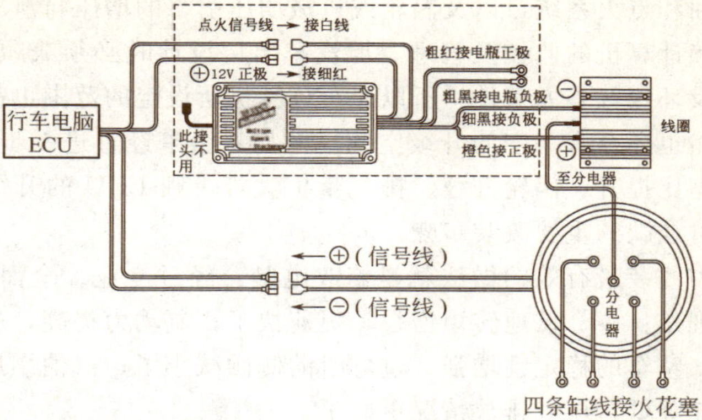

图 5-45　改装多重点火器接线图

5.5 汽车电脑的改装

5.5.1 汽车电脑改装概述

汽车电脑（电控单元 ECU）改装，简单地说，就是改变原车计算机内所设定的程序，以变更计算机对于引擎各部的管理与控制范围，达到动力提升的一种改装手法。图 5-46 所示为汽车电脑。

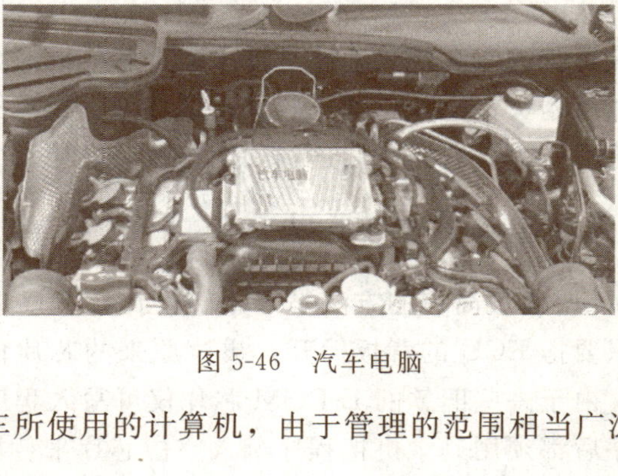

图 5-46　汽车电脑

时下汽车所使用的计算机，由于管理的范围相当广泛，例如最基本的供油和点火系统，以及涡轮或机械增压引擎的增压与泄压等，都必须仰赖计算机的监控及管理。但汽车出厂设计时必须兼顾到耐用、经济以及环保等多方条件，所以原车计算机所设定的范围也都比较保守，当然也还存有一定的升级空间。而如果引擎经过进一步的改装，例如压缩比提升、涡轮升级、排气量扩大等，则 ECU 的升级便更加成为不可或缺的重要改装步骤。

动力改装最有效的做法就是修改电脑，经过专业、全面改装后，车辆表现是：中、低速转矩增强，提速快了；制动力提高，刹车距离缩短了；整车的稳定性增强，过弯时的侧倾减小了；汽油燃烧得更充分，油耗降低，尾气排放情况更好了。

经常说的改装，如加冬菇头、换高压调压阀、改火花塞、换点火线、加二次进气、加涡轮增压等，这些改装最终的效果都是为了增加进气量或缩短点火正时。如果这些改装用在以前的化油器时代的汽车应该有一定的效果，因为汽车没有使用闭环的燃油控制系统。但是如果用在现在的闭环控制的电喷汽车上，这些改装虽然在物理上达到了增加进气量或缩短点火正时的效果，但由于现代汽车电脑使用的是闭环控制系统，最终抑制了预期的效果，如加大进气效果的冬菇头，虽然在单位时间上进气增大了，改变了混合比，但在汽缸燃烧后，氧传感器发现与预期的参数不同就调整了燃油的供应，最终使汽缸内的混合比恢复到预设的混合比，这样最终失去了改装的意义。

所以，最正统的汽车改装应该是在改装电脑的同时配合其他硬件的改装，如加冬菇头、换高压调压阀、改火花塞、换点火线、加二次进气、加涡轮增压等，这样才会达到预期的改装效果。

5.5.2 汽车电脑的改装方法

汽车 ECU 改装最简单的方法是采用转换储存程序芯片方式，更换芯片时，只要把 ECU 的背板拆开，拔掉原来的芯片再换上新的芯片便完事了，由于一些旧款的 E-ROM 芯片仅可写入程序一次，因此每次修改程序后都须用刻录机把程序刻入空白芯片来替换出原来的芯片。近年很多新车的ECU使用了可以多次重复读写的FLASH-ROM（快闪记忆）芯片，在修改程序时不用更换空白芯片便可直接加载，较E-ROM方便多了。

但不论是哪种形式的芯片，原厂和芯片改装商设计时都会加入保护设计来防止被译码和盗拷，因此在改装时，芯片改装经销商先要把每台车的数据上传到芯片改装商去认证车身号码、ECU编号、年份/规格。在数据确定后，相关的程序才下传到经销商的电脑，技师再用刻录机把数据写入空白芯片或经原来用作连接原厂检测电脑的插口，把ECU内的FLASH-ROM芯片程序更新。这种形式的ECU改装方法不会给予车迷任何的调整空间，但好处是省心省时，适合一些没有或只是轻度改动过发动机（包括进排气系统）的原装车。

需要注意的是，大部分人在谈到ECU改装时都只是盯着硬件上的搭配，好像换上某名牌ECU后车子便会有立竿见影的动力性能提升，这实是改装上的一大误区。ECU只是一件工具，不同的类别和品牌的差异要看你实际的需要。归根究底，改装ECU的效果要看编程人员的功力和是否有足够的测试设备（如专业用的空燃比表、测功机等）。

事实上改装ECU的最大成本并不在硬件而是在软件，要开发一套完全根据欲改装车情况量身定做的ECU程序，需要一名资深编程员连同其他技术人员在测功机上工作一整天甚至是更长时间。说到底，如果调校技术不过硬，或是专业设备不足，应采用一些著名品牌的芯片或沿用外挂式附加电脑的随机程序，这些可能并不是最理想的ECU改装，但绝对是最保险和最合乎成本效益的方法。

5.5.3 汽车电脑改装常见问题

有关汽车电脑芯片改装升级的一些问题。

（1）改装升级ECU的好处

自然进气形式发动机可增加10%～15%的动力；TURBO车型可增加30%以上的动力；引擎转速的提升速度，是改装升级前的2～3倍以上；自动挡车型换挡时更平顺、动力衔接更顺畅，在急加速时亦会延迟换挡时间；可解决许多原厂无法解决的问题，如怠速过低易熄火、区段引擎爆震问题、自排变速箱换挡震动等问题。

（2）改装 ECU 可以提高车辆马力

只要您想增强马力，又不增加油耗，改装升级 ECU 芯片是您最佳的选择，也是与国外改装科技同步的最正统的改装方法，想提高动力性，改装升级 ECU 芯片是必要的步骤，也是最直接的，其他换装的改装部件的硬件才能发挥 100%的性能；另外，如果不改装升级 ECU 芯片，要想获得 20～50hp，估计硬件的改装费用为（1～3）万元，花费很高。

（3）改装升级 ECU 后可节省油耗

改装升级 ECU 后可节省 5%～10%的燃油，原因很简单，引擎动力输出增强了，引擎运转速度提升了，相对踩踏油门的时间短了。

（4）相同车型的改装升级 ECU 程序有不同版本

以 BORA1.8 为例，目前已经发现这个车型六种电脑的版本，电脑 ECU 的产地是不同的，出现这个问题的原因，主要是车厂的行车电脑来自不同的代理生产厂商。改装时要根据车辆电脑外壳上的 ECU 标号来进行准确的 ECU 程序的改装与升级。

（5）改装升级 ECU 增强性能后，对引擎没有伤害

引擎最大的伤害莫过于疏忽保养，不管改装升级 ECU 与否，如果不注意引擎的保养或者经常在引擎最大峰值下驾驶，都会造成引擎的磨损和伤害；改装升级的 ECU 程序，只是提高了行车 ECU 中燃烧部分的精准度和加速 ECU 的运算速度，主要还是看驾驶员对车辆的掌控和保养的情况，因此，改装升级 ECU 不会对引擎有任何的伤害，新车的磨合期也可安装。

（6）改装升级 ECU 可增强原车的性能输出

汽车 ECU 的生产厂商（BOSCH、SIEMENS 等）均为跨国企业，生产产品均销售至世界各地。因每个国家汽油品质、温度、大气压力、湿度、引擎形式上的差异，ECU 程序软件须根据不同的条件来设定，故改装空间较大。

（7）改装升级行车 ECU 中芯片的性能不会对行车电脑 ECU 有

伤害

由于只是对 ECU 中动力程序芯片的重新改写，只是将引擎燃烧计算得更精准及加速燃烧 ECU 芯片的运算速度，只会提高管理引擎燃烧芯片的效率，因此，对整个 ECU 不会有任何伤害，另外，改装升级的 ECU，仅仅是在动力芯片上进行升级和调校，没有对 ECU 中任何的其他相关部件及芯片进行任何改动，所以，不会对行车电脑 ECU 有任何伤害。

(8) 改装升级 ECU 不会出现电脑故障，也可送回原厂诊断。安全防盗系统功能也不会丧失

改装升级 ECU 采用车辆量身定做的方式，拥有专业改装升级设备，可将原车程序读下后传送至程序生产厂商总部，总部会根据改装车的车况将改装程序传回安装，故不影响原车功能设定上的改变，此方法为改装 ECU，而不是去欺骗 SENSOR 给 ECU 错误信息，所以原厂诊断计算机不会有无法消除的故障码出现，相应的安全防盗系统也会保留。

(9) 改装升级 ECU 的寿命

汽车行车电脑（ECU）的运算逻辑不像一般家用计算机，它只有“0”与“1”的选择，即只有不能使用与可以使用的两种情况，即使汽车被水浸，原车 ECU 损坏，改装升级的芯片仍会完好如初，只要不经外力破坏，用到车子报废，改装升级的芯片依然可用。

(10) 需进行 ECU 软件升级与更新的情况

当车做了引擎机械结构上的改装时，例如，排气头段、中段与 CAT（三元）移除、凸轮轴（CAMS）改装与镗缸，或加装涡轮与机械增压时，则需更新芯片与软件（采用量身订做方式）。

5.5.4 汽车电脑改装实例

(1) 进口迈腾（3.2FSI）发动机电脑 ECU 改装实例

鉴于此款车在出厂时设定较为保守，无法体验真正的动力表现，所以使用现在汽车改装最为简单且稳定的电脑升级改装来让它发挥到最佳工作表现。实例如图 5-47～图 5-50 所示。

图 5-47　拆下汽车电脑

图 5-48　解体汽车电脑

图 5-49　连接电脑，使用 BDM 软件读取原车程序

图 5-50　重新输入优化的程序

(2) 起亚千里马 1.3 汽车电脑升级

起亚千里马使用的是 Bosch 公司生产的 ECU。在内部会有一枚 44 个端子的 200BB 的 AMD 芯片，发动机的工作数据全部都存储在这枚芯片里面，如图 5-51 所示。

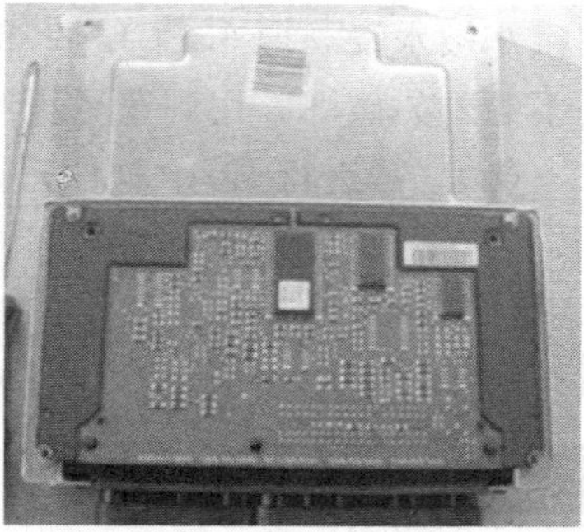

图 5-51　汽车电脑芯片

① 取下汽车电脑芯片　改装程序工作的第一步就是取下这枚芯片，需要在这枚芯片的底脚周围贴上隔热胶带，防止热风吹到其他元件，如图 5-52 所示。

然后用专用的芯片叉串在芯片底脚下，为的是可以轻轻抬起芯

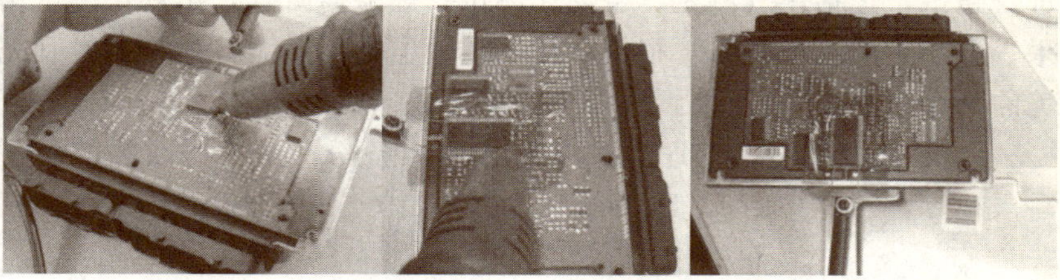

图 5-52 热风吹开焊点

片，如图 5-53 所示。

图 5-53 取下芯片

取下芯片后，用专用的吸锡条把电脑板和芯片上面的焊锡去掉。

② 读取原车文件 使用编程器读出芯片内部的文件，就像用读卡器读出内存卡内的文件一样，如图 5-54 所示。

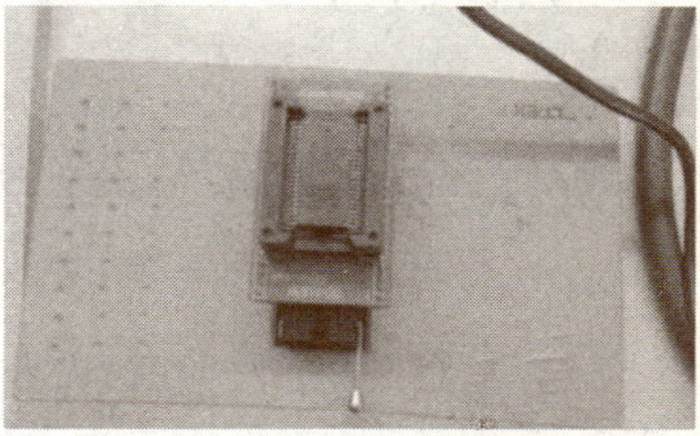

图 5-54 读取原车文件

读取后把文件保存好。然后做一个 TXT 档案，内容是车型、年份、原车功率及转矩、发动机电脑 ECU 的编号、Bosch 的标号等身份识别信息。然后把这两个文件发给远在瑞士的工程师，由他们进行下一步的编程工作，这时要把当地的油品情况、气候情况，包括驾驶员的驾驶习惯以及车子本身做了哪些硬件改装项目传达给瑞士的工程师，他们会根据提供的情况进行程序设定。并且在模拟软件上进行模拟试验，之后把测试成功的程序发给我们，我们装车后进行路试，包括尾气测定、空燃比测试、爆振监听等，然后把测试结果告诉瑞士的工程师，再根据具体测试数据进行微调，最终，得到完美的升级程序。

③ 写入改装后的程序　原车的程序做备份，然后将改装的程序写入芯片，再焊接回 ECU 本体，装车，如图 5-55 所示。

图 5-55　写入改装后程序

（3）宝马 Z4（3.0）汽车电脑改装实例

图 5-56 所示为要改装汽车电脑的宝马 Z4。

图 5-56　要改装电脑的宝马 Z4

① 拆下汽车电脑　电脑安装在极其容易拆下的部位，打开盖子就见到了，拔下插头，取下汽车电脑，如图 5-57 所示。

② 读取汽车文件　取下的电脑是西门子的 msv70 电脑，如图 5-58 所示。

打开后盖，找到读取点，使用专门设备 BDM（background debug monitor）进入 ECU 内部系统，读取汽车文件，如图 5-59 所示。

在读取和写入文件时，ECU 要接通电源。

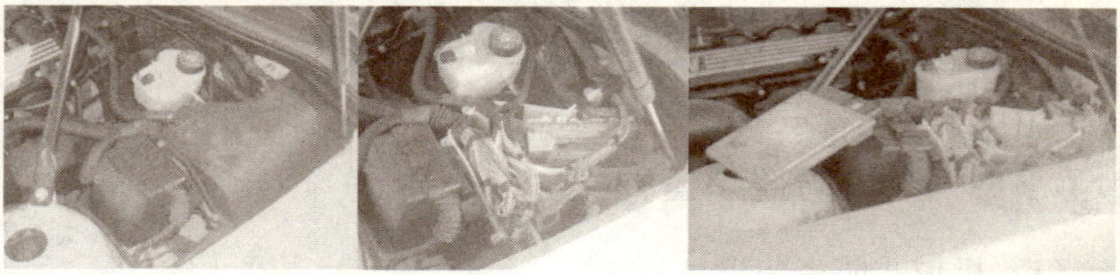

图 5-57　拆下汽车电脑

图 5-58　取下的汽车电脑

图 5-59　读取汽车文件

读取只要几分钟，然后我们把得到的程序发给国外改装车厂，要那边的工程师重新编写各项控制参数，差不多 40min～1h 之后，升级的程序传回。

③ 写入程序　图 5-60 所示为汽车文件。第一个是程序身份证，国外工程师要知道车子的年代和驾驶员的开车习惯等数据，然后根据这些来写新的程序。第二个就是原车的程序，刚刚读取出来的。后面一个就是传回来的升级程序，所有程序只能针对一个 VIN 码的车子，所以杜绝了盗版。写入升级后程序如图 5-61 所示。

图 5-60　汽车文件

图 5-61　写入升级后的程序

5.6 汽车防盗装置改装

5.6.1 汽车防盗装置种类

（1）机械式防盗装置

机械式防盗装置主要原理是锁住汽车上的某一机构，使其不能发挥其应有的作用。现有多种方式如变速器挡把锁、方向盘锁、制动踏板锁、离合踏板锁等，带来的麻烦是机械锁的体积较大，车主又要随身多带一把钥匙。图 5-62 所示为方向盘锁。

（2）电子防盗装置

电子防盗装置是目前汽车市场上最为流行的防盗装置。启动防盗系统可将点火线圈或供油回路切断，只有在解锁钥匙的控制下才能正常解除防盗。图 5-63 所示为电子防盗装置。该种防盗装置的核心技术是电控液压单向阀，安装时将其串联在制动油管系统上，工作时系统形成单向阀，车主既可以将汽车锁定在原地，也可以只启动而不把车锁定在原地（窃贼偷车时只要踩动刹车踏板 2～3 次就会锁定汽车）。锁定后，用原车钥匙也开不走汽车，破坏防盗电子系统，单向阀仍然处于工作状态，窃贼也不敢偷走。不工作时不改变原车制动状态，又不影响刹车功能。

图 5-62 方向盘锁

图 5-63 电子防盗装置

这类方式品种繁多；国内外大部分汽车在出厂时就配置了钥匙芯片防盗系统。利用钥匙中的无线电发射芯片与本车的ECU通信后才能启动汽车发动机。还有声光报警系统，汽车仪表盘上装有发光二极管，既可以让车主知道系统的工作状态，也可以对窥探车厢的偷车贼起到阻吓作用。当汽车由于外力发生震动，或车门、后备厢盖、前机舱盖被强行开启时，系统发出报警声，以阻吓盗车贼。更有双向报警系统，比单纯的闪光和声响报警系统多了一个能通知车主的功能，当汽车遭到外界侵扰时，在附近的车主能通过随身携带的液晶显示钥匙知道汽车的状态。

但是带来的麻烦是误报率较高，特别是大车经过、鞭炮响起、雷雨交加时，刺耳的报警声会影响居民的休息，引起民愤。将车停在地下停车场或距离停车距离较远时，还接收不到反馈信号。目前已有法规禁止此类产品。

(3) 网络式防盗系统

主要依靠社会的公共网络监控车辆的行驶。

① GPS卫星定位防盗系统　它通过GPS卫星定位系统，确定车辆的位置，再通过GSM网将位置和报警信息传送到报警中心。报警中心通过GSM网控制汽车断电、断油，如图5-64所示。

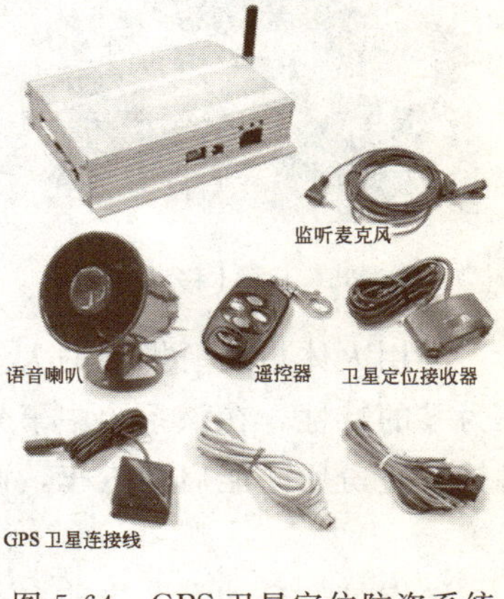

图5-64　GPS卫星定位防盗系统

缺点是：价格较高；需要经常支付服务费；系统运行的功率较大；隐私性会受到侵扰；车辆长期放置不使用会耗尽电瓶电量。车停在地下、树下、大厦旁、室内时系统都不起作用。

目前盗贼的手段是使用手机信号干扰器，阻断车辆与报警中心的联系，防盗系统失效。

② GSM、GPRS移动防盗器　GSM移动防盗器依托GSM通信

网络，进行手机与汽车的智能联动防盗，具有防盗、监控、远程控制、远程报警、定位、反劫等多种功能，是维护社会治安、保护车主利益的有效手段。与同类产品相比，该系统还具有安装更隐蔽、技术更先进、性能更可靠等特性，不须建基站、报警不受距离限制。图 5-65 所示为 GSM 移动防盗器。

缺点是：需要缴纳 GSM 号码的月租费；依赖 GSM 网的覆盖。

盗贼的手段也是使用手机信号干扰器，阻断车辆与报警中心的联系，防盗系统失效。

（4）生物识别防盗系统

利用人体特征作为唯一解锁的钥匙，锁止汽车发动机。具体产品有汽车指纹启动控制器（图 5-66）和静脉扫描控制器，如图 5-66 所示。

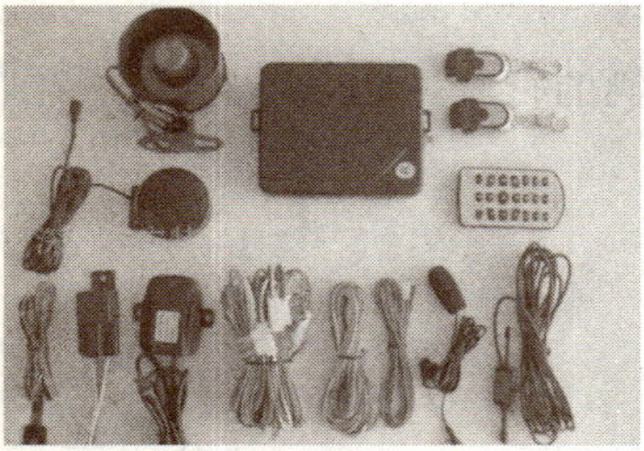

图 5-65　GSM 移动防盗器

图 5-66　指纹启动控制

利用人体指纹所携带的大量信息，以及每个人的指纹的重合率几乎为零的特性，在该系统中事先存放车主指纹的信息，通过指纹的比对核实身份后才能启动汽车，即便盗车贼将汽车钥匙全部偷走也束手无策。

缺点是：启动汽车之前多一个比对指纹的动作，需要花时 2s。

5.6.2　汽车防盗装置改装实例

（1）雪佛兰景程改装防盗装置实例

原车配有防盗钥匙，锁车闪灯，喇叭声音提示，开锁闪灯，喇叭不提示。原车提供入侵防盗，车门打开或启动喇叭会鸣叫。

改装掌上汽车（GSM＋GPS）防盗器一套，含赠送的选配件：自动设防、解防线束、远程熄火暗锁套件。最看重就是专车专用线束，整个安装过程没有影响原车任何线路（选装的远程熄火功能除外）。

实现功能：使用原车遥控自动设防/解防；可短信查询车辆是否锁车、车内是否有人、是否设防等信息；设防、解防均有声音提示（不喜欢还可设置取消声音提示）；有人碰车喇叭鸣叫（抗干扰，打雷放炮不会响）并发送短信（可设置屏蔽振动）；有人撬尾厢、砸玻璃马上短信、电话同时报警，车主电话无法接通会马上打车主设定的备用号码；可通过 GPS 定位随时查询车辆位置（完全免费哦）；遇到危险情况可一键求救，群发 SOS 短信，并循环拨打亲友电话；增加用手机控制的汽车暗锁功能，遇到特殊情况，发个短信就能熄火。熄火功能还可安装成断开主机熄火和断开主机不熄火两种模式，断开主机熄火模式：即使拆掉主机，车辆也无法启动。

雪佛兰景程改装防盗装置实例如图 5-67～图 5-69 所示。

① 打开接线盒下盖，如图 5-67 所示。

② 打开塑料下盖，安装自动设防、解防线束所需要的 3 根信号线全部在这个 PP1 插头上，PP1 的插头上可以找到自动设防所需要的 3 根线，分别是粉红、棕色、白色，直接插进去就可以了，PP5 就是＋12V 的电源线，也是插片直接插进去，固定好防止脱落，如图 5-68 所示。这样，除了一根地线外，所有与车的线路连接完毕，接好线路如图 5-69 所示。

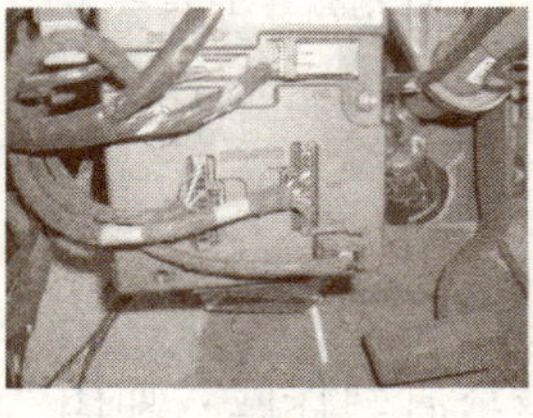

图 5-67　打开线路盒

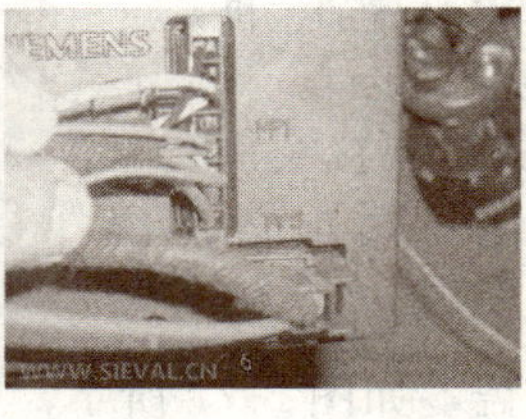

图 5-68　接线

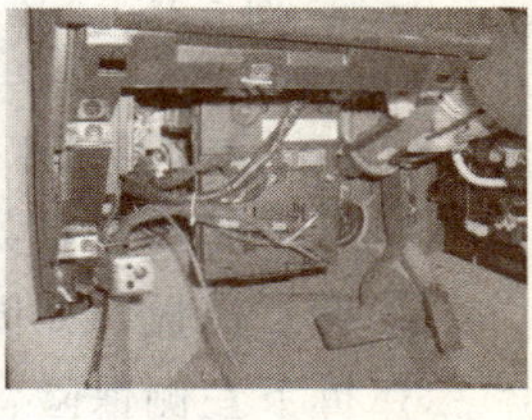

图 5-69　接好线路

③ 尾厢检测。用光敏检测探头来检测尾厢是否被开启，如图 5-70 所示。光敏检测探头位置安装在尾厢灯旁边就可以了。固定好探头，避免移动。

④ 气流超声波传感器：放在中控台中间，可以监控扫描整个车厢，设防后蓝灯会闪烁，如图 5-71 所示。喇叭就固定在这里，粉红色的线插在防盗装置的主机上，如图 5-72 所示。

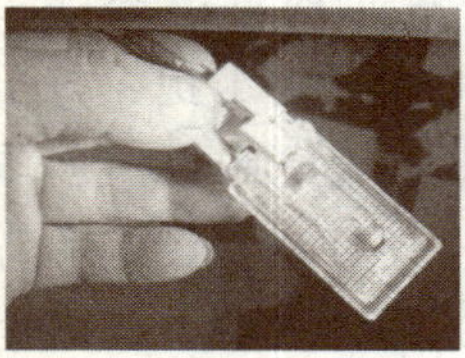

图 5-70　光敏检测探头

图 5-71　气流超声波传感器

图 5-72　喇叭安装

⑤ 固定好主机。图 5-73 中右边蓝色的是汽车防盗装置的主机。红黑线是紧急按钮线，开关装在挡板上，至此，汽车防盗装置安装完毕，如图 5-74 所示。测试，已经可以实现用原车遥控设防、解防以及短信查询、短信、电话报警等。

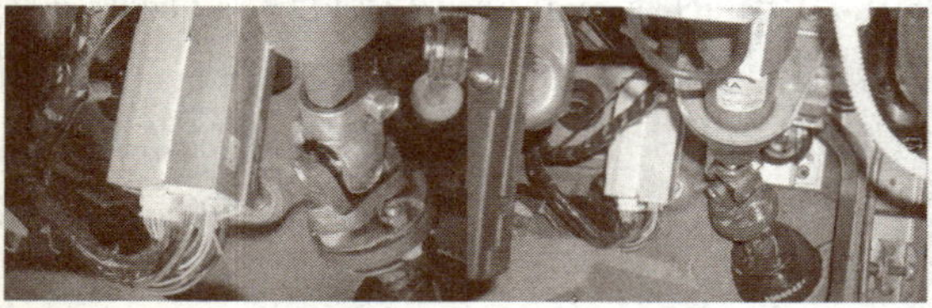

图 5-73　汽车防盗装置的主机

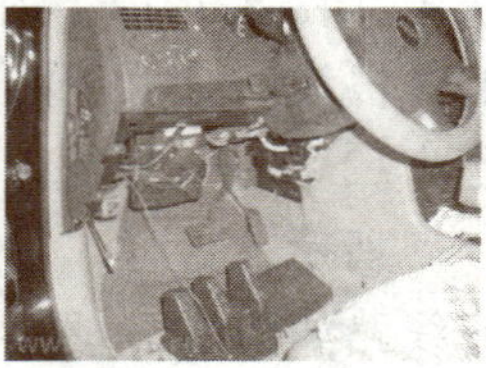

图 5-74　安装完成

（2）大众迈腾安装防盗装置实例

① 拆下储物盒，如图 5-75 所示。

② 拆下挡板，如图 5-76 所示。

③ 拆下左侧保险盒盖，如图 5-77 所示。最终看到保险，如图 5-78 所示。

④ 拆下左下侧挡板，如图 5-79 所示，看到接地端子，如图 5-80 所示。

⑤ 接入正电源线，并固定，如图 5-81 所示。

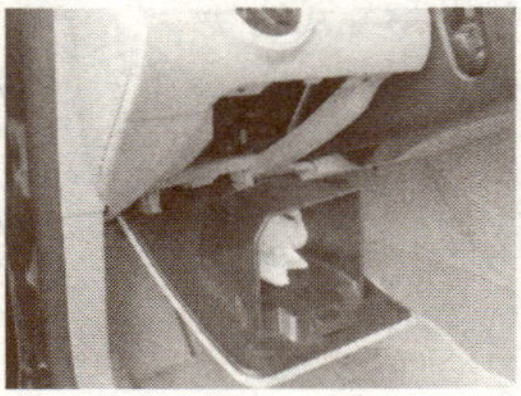

图 5-75　拆下储物盒

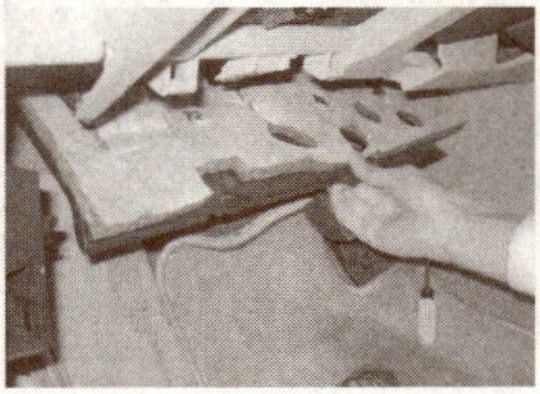

图 5-76　拆下挡板

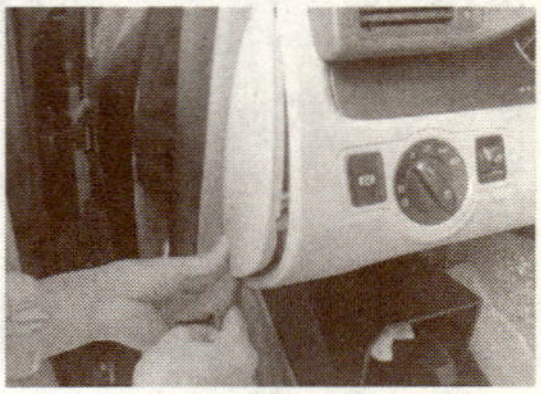

图 5-77　拆下保险盒盖

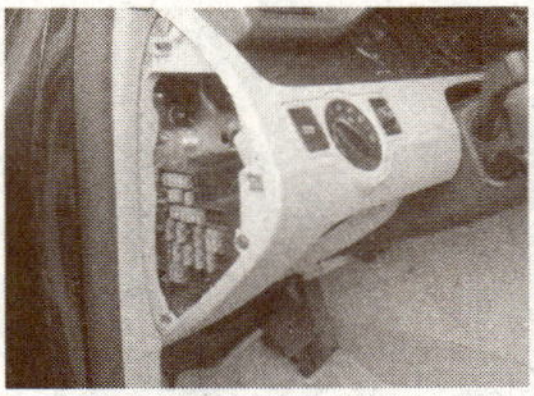

图 5-78　保险

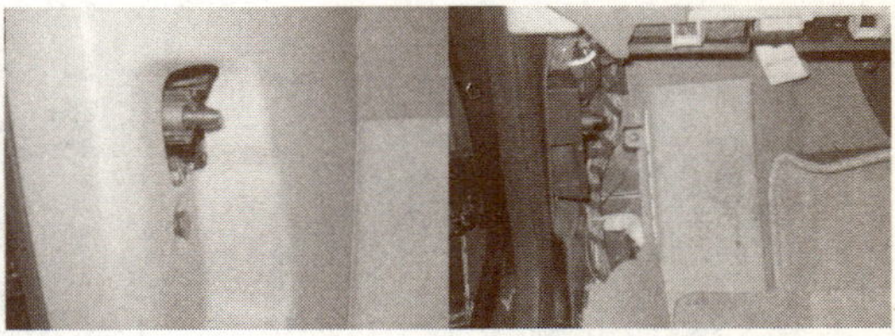

图 5-79　拆左下侧挡板

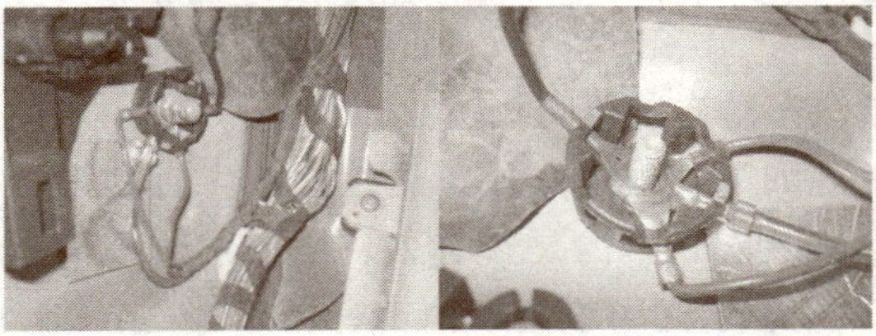

图 5-80　接地端子

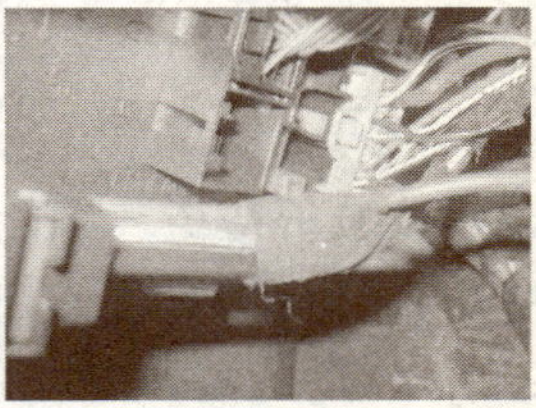

图 5-81　接正电源线

⑥ 安装喇叭线，如图 5-82 所示。

⑦ 安装后备厢检测探头，只要把探头防盗灯罩里面固定好就可以了，注意不要接触灯泡，如图 5-83 所示。

⑧ 车门处安装气流超声波传感器，如图 5-84 所示。

⑨ 中控台安装气流超声波传感器，如图 5-85 所示。

⑩ 最后安装紧急开关，如图 5-86 所示。

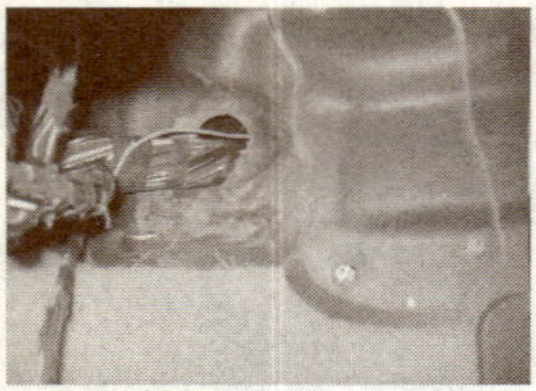

图 5-82　安装喇叭线

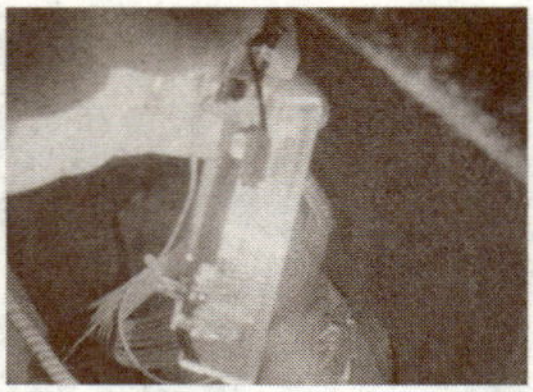

图 5-83　安装后备厢检测探头

图 5-84　安装车门气流超声波传感器

图 5-85　安装中控台气流超声波传感器

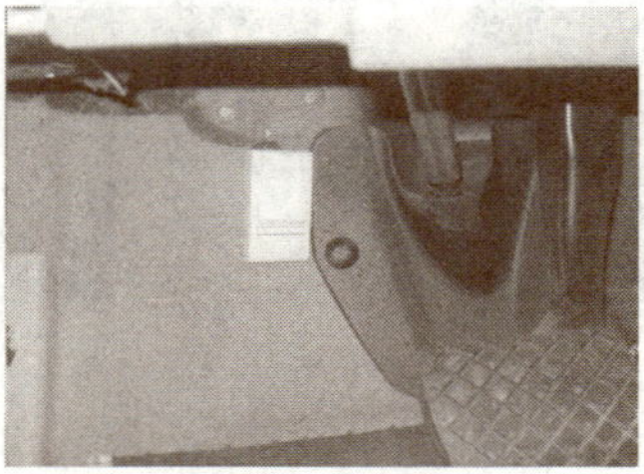

图 5-86　安装紧急开关

(3) 雪铁龙世嘉安装汽车防盗装置实例

改装的防盗装置能实现如下功能：和原车遥控同步，自动设防/解防；可短信实时查询车辆状态、车内是否有人、是否设防等信息；设防/解防均有声音提示（不喜欢还可设置取消声音提示）；有人碰车喇叭鸣叫（抗干扰，打雷放炮不会响）并发送短信（可设置屏蔽振动）；有人撬尾厢、砸玻璃马上短信、电话同时报警，车主电话无法接通会马上打车主设定的备用号码；如果车窗忘记关闭，一旦有大的气流通过（或有手伸入车窗），马上会报警通知车主；可通过 GSM 和 GPS 双重定位随时查询车辆位置。另外，最新的版本增加了强大的自定义位置功能，类似手机电话本功能，定位更方便，更直观；可远程控制汽车，通过短信切断油路，使车无法移动；遇到危险情况可一键求救，群发 SOS 短信，并循环拨打亲友电话。

改装步骤如图 5-87～图 5-93 所示。

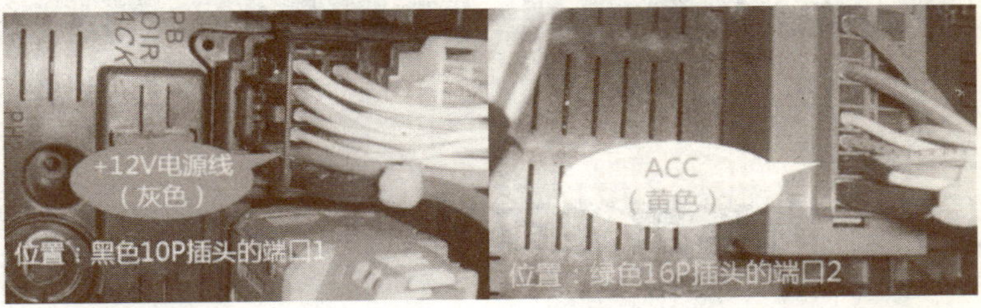

图 5-87　接电源线

图 5-88　接设防、解防控制线

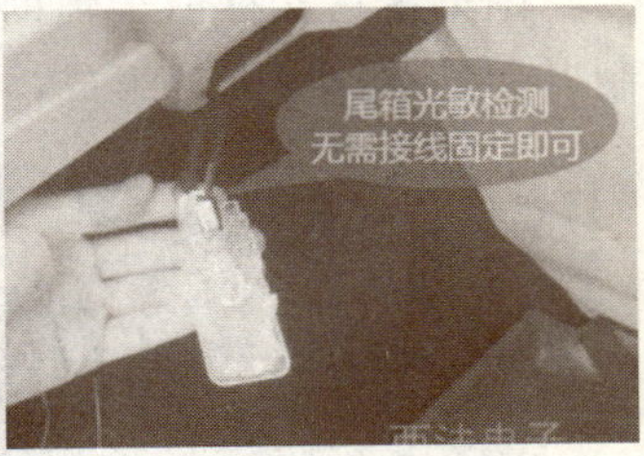

图 5-89　安装后备厢探头

图 5-90　安装喇叭

图 5-91　接远程熄火控制性

图 5-92　独立控制线

图 5-93　安装超声波传感器

5.7 倒车雷达改装

5.7.1 倒车雷达的功能和种类

倒车雷达又称泊车辅助系统，由超声波传感器（俗称探头）、控制器和显示器等部分组成，如图 5-94 所示。

图 5-94　倒车雷达

现在市场上的倒车雷达大多采用超声波测距原理，驾驶员在倒车时，将汽车的挡位推到倒挡，启动倒车雷达，在控制器的控制下，由装置于车尾保险杠上的探头发送超声波，遇到障碍物，产生回波信号，传感器接收到回波信号后经控制器进行数据处理，判断出障碍物的位置，由显示器显示距离并发出警示信号，从而使驾驶员倒车时做到心中有数，使倒车变得更轻松。

（1）倒车雷达的功能

最新的倒车雷达可具有以下功能。

① 雷达测距　嵌入式雷达测距，数码显示，使泊车更容易，更安全。

② 语音报距　能及时报出与障碍物之间的距离。

③ 警示音　根据不同的距离发出不同的警示音。

④ 车载免提　开车打手机，不用拿起手机，即可完成通话。

⑤ 录/放音　通话时，可随时录下谈话的重要内容，免去找纸笔之烦恼。

(2) 倒车雷达的种类与选购

倒车雷达由探头、主机和显示器3部分构成，探头可以根据需要安装不同的数量，目前比较常见的是4探头（安装于后保险杠上）、6探头（前面2个、后面4个）和8探头（前面4个、后面4个）的。

目前市场上的倒车雷达品牌可谓是种类繁多、鱼龙混杂，有铁将军、北华三松、固地、博视、奇真、中国台湾俊邦、豪迪等几十种品牌，价格也是几百、上千元不等，有些厂家还根据车型的不同，设计专用的倒车雷达。

面对种类繁多的倒车雷达，要注意以下几个问题。

① 质量方面　可按照产品的说明书对倒车雷达进行距离测试(用尺子去测量车尾与障碍物之间的实际距离，看其与倒车雷达显示的数据是否一致)，即看一看当障碍物处于说明书中所说的各个区域时，雷达的反应是否与说明相符合，雷达是否敏感，有无误报等问题；其次要对探头进行防水测试（用矿泉水或用水龙头的水去冲探头)，看看在雨雪和较湿润的天气里雷达能否正常工作。

优质产品提供的服务较好，承诺的保修期较长，因此最好选购保修期在2年以上的产品。

② 功能方面　从功能方面区分，倒车雷达可分为距离显示、声音提示报警、方位指示、语音提示、探头自动检测等，一个功能齐全的倒车雷达应具备以上这些功能。有的产品还具备开机自检功能。

③ 性能方面　性能主要从探测范围、准确性、显示稳定性和捕捉目标速度来考证。探测范围至少在0.4～1.55m间（将障碍物通过不同角度切入探头的测试范围进行测试，一个探头的正常测试范围的夹角为90°)。准确性主要看两个方面，首先看显示分辨率，一般为

10cm，好的能达到1cm；其次看探测误差，即显示距离与实际距离间的误差，好产品的探测误差低于3cm。显示稳定性指在障碍物反射面不好的情况下，能否捕捉到并稳定地显示出障碍物的距离。捕捉目标速度反映倒车雷达对移动物体的捕捉能力。倒车雷达性能方面的要求是：测得准、测得稳、范围宽和捕捉速度快。

④ 外观工艺方面　作为汽车的内外装饰件，显示器和传感器安装后应美观大方，与汽车相协调。例如传感器的颜色是否与保险杠的颜色相一致，尺寸的大小是否合适。外形上，传感器一般有融合式和纽扣式两种，融合式传感器表面有造型变化，追求与前后杠的自然过渡，而纽扣式传感器的表面一般是平的。显示器一般根据车主的习惯，分前置式和后置式两种，主要以清晰美观为标准。

5.7.2 倒车雷达的改装技术

(1) 倒车雷达的安装方法

倒车雷达的安装方式有粘贴式和开孔式两种。

① 粘贴式安装　它仅限于具有粘贴性探头的报警器，这种方法不需在车体上开孔，只需将报警器粘贴在适当位置即可，这种报警器一般安装在尾灯附近或行李厢门边，探头安装的最佳宽度为0.66～0.8m，安装的最佳离地高度为0.55～0.7m，如图5-95所示。具体的安装方法如下。

图5-95　粘贴式倒车雷达

a. 将附带的橡胶圈套在感应器（探头）上，引线向下并与地面垂直。

b. 确定感应器（探头）安装位置。

c. 将感应器（探头）沿垂直方向贴合。

d. 用电吹风给双面贴加热，然后撕去面纸，贴到确定部位。

e. 将报警器的闪光指示灯安装在易被驾驶员视线捕捉的仪表

台上。

f. 将控制盒安装在不热、不潮和无水的行李厢侧面。

g. 将蜂鸣器安装在后风挡玻璃前的平台上。

h. 将感应器（探头）屏蔽线隐蔽铺设，以防压扁、刺穿，并起到美观的效果。

② 开孔式安装　它适用于具有开孔式探头的报警器，如图 5-96 所示，探头安装在汽车尾部或保险杠上；其他部件的安装方式与粘贴式安装相同。开孔式倒车雷达的安装方法如下（以 4 探头为例）。

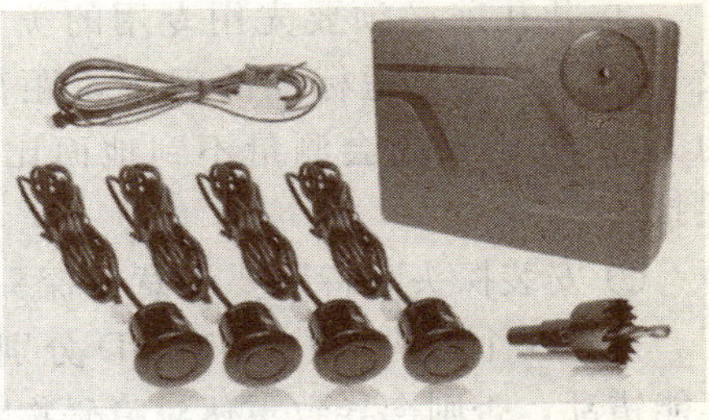

图 5-96　开孔式倒车雷达

a. 选点。A、B、C、D 这 4 个探头的钻孔点须在同一水平线上。距地面高度为 45～65cm，推荐为 50cm。须选在汽车保险杠垂直、平整且无金属构件的地方。为确保系统的最佳探测角度，A、D 两个探头应在距角边两侧 8～13cm 处选点，推荐为 11cm。

b. 根据车型取合适的值，确定 A、D 两个探头的钻孔位，并做相应标记。测量 A、D 两探头的距离 L 的值。将 L3 等分，A、D 中间的两个等分点为 B、C 探头的位置，做下标记。

c. 先用丝锥或钻头打点定位，以防钻头滑位。使用原配的金属开孔钻头，对准已定位点钻孔。

d. 把探头逐个塞入孔内，并预留大约 10cm 的探头线。根据各种车型，进行隐蔽铺线。

e. 把显示器底座粘贴在车前仪表板上方的平台上。主机盒安装于后行李厢内安全、不热、不潮、无溅水的位置。

f. 引出倒车灯电源，把主机电源线与倒车灯电源线并接。将各控制线与主机一一对接牢固，最后接上电源线。将主机包扎好，安置于后备厢内侧不受挤压的位置。

g. 安装完毕进行测试。

其他部件的安装方式与粘贴式相同。

（2）安装注意事项

安装倒车雷达需要注意的地方有以下几点。

① 探头安装必须要和车身比例协调，开孔间距要均匀，左右要保持水平。

② 开孔前必须要先用专用的美容纸在开孔处贴上，然后再用尺子测量计算合适标准的间距，距离地面的垂直高度根据车型大约为50cm，太高会测量不到地面比较低的障碍物，太低又会造成误报。

③ 安装探头时特别要注意，探头内侧表面有一个表示向上的标记。另外4个探头A、B、C、D分别按从左到右的顺序排列，一定不能错乱，否则会导致雷达对障碍物距离和方位的识别错乱。

④ 内部排线一定要隐蔽，对于比较长而需要卷起来的线束，一定要先理顺，然后有条理地包扎好，安置于后备厢侧边内部，固定好。

⑤ 探头线必须远离排气管，因为排气管温度很高，距离很近会引起电路短路，烧坏雷达主机。

⑥ 连接倒车灯一定要包扎好破口连接处，以免造成短路。搭铁线必须牢固。

（3）使用倒车雷达时应注意的问题

① 盲区问题　千万不要以为装了倒车雷达就万无一失了，它只能作为一种参考。因为雷达的探头也有盲区，装两只探头的车主，特别要注意车后的中间地带。

② 适应问题　倒车雷达的使用需要一个适应过程。一般在刚开始使用时，尽量要多下车看看，以便准确了解雷达显示的数值与实际目测距离的差别，由于雷达测量角度的关系，总有一些误差。

③ 目测结合问题　碰到光滑斜坡、光滑圆形球状物，花坛中伸出的小树枝时，要加以目测，因为这时的探头探测能力下降，提供的数据就不会非常正确了。碰到天气过热、过冷、过湿，路面不平或沙

地时，也不能掉以轻心，要多回头看看后面的情况。

④ 进退问题　听到蜂鸣器连续音时，应当及时停车，因为车已到危险区域。倒车时，车速一定要慢，以免车子因惯性碰到障碍物。

⑤ 注意清洁和保养　探头要经常清洁，特别是雨雪天后，泥水和冰雪会覆盖住探头，有附着物存在肯定会影响探测精度。

5.7.3 倒车雷达的改装实例

（1）卡罗拉改装倒车雷达实例

图 5-97～图 5-102 所示为卡罗拉加装四眼倒车雷达实例。测试结果如图 5-103、图 5-104 所示。

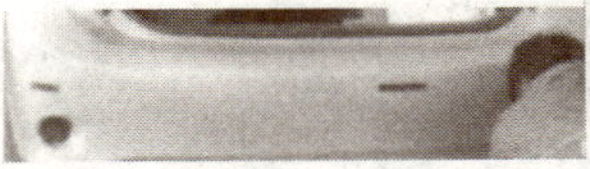

图 5-97　量位置，划线

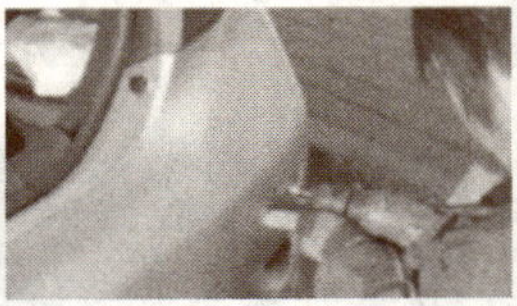

图 5-98　钻孔

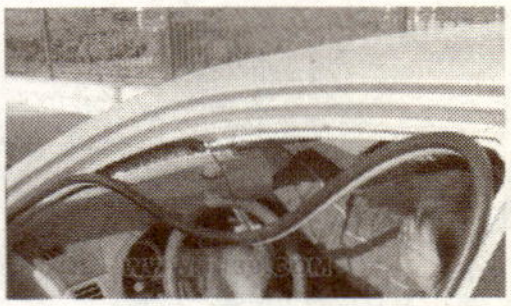

图 5-99　布线

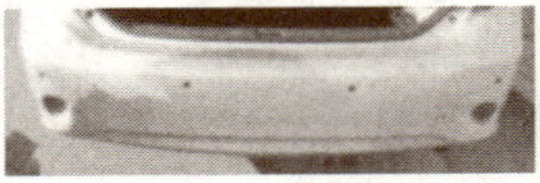

图 5-100　钻完的四个孔

图 5-101　安装带有显示屏的后视镜

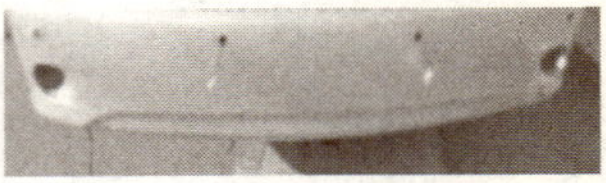

图 5-102　安装倒车雷达

图 5-103　测试障碍物距离为 0.43m

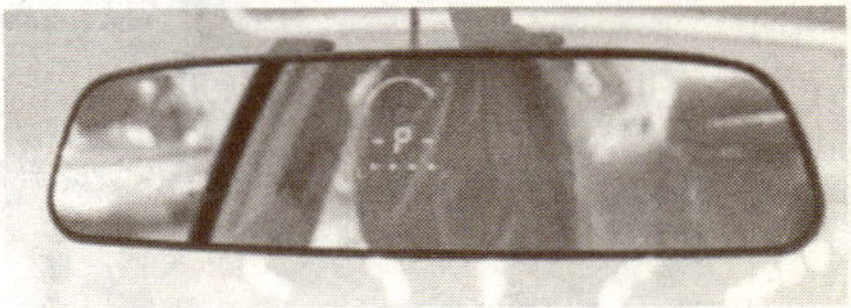

图 5-104　测试障碍物距离小于 0.3m，应停车

（2）路虎改装可视倒车影像系统

路虎改装可视倒车影像系统如图 5-105～图 5-112 所示。

图 5-105　原车无显示屏

图 5-106　拆下储物盒

图 5-107　专用显示屏

图 5-108　导航盒安装在储物盒后

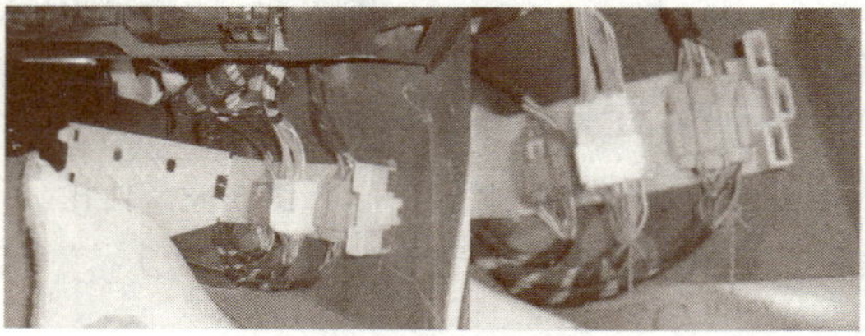

图 5-109　接线

图 5-110　安装显示屏和喇叭

图 5-111　导航界面

图 5-112　倒车影像界面

（3）两厢福克斯可视化倒车改装实例

两厢福克斯可视化倒车改装实例如图 5-113～图 5-118 所示。

图 5-113　原车 CD 面板及布线形式

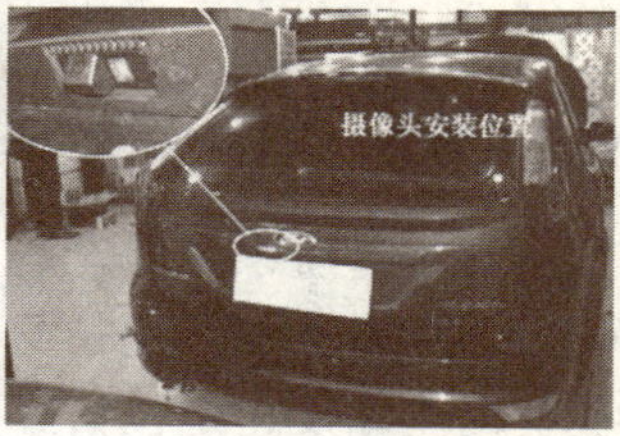

图 5-114　安装摄像头，布线按原车布线

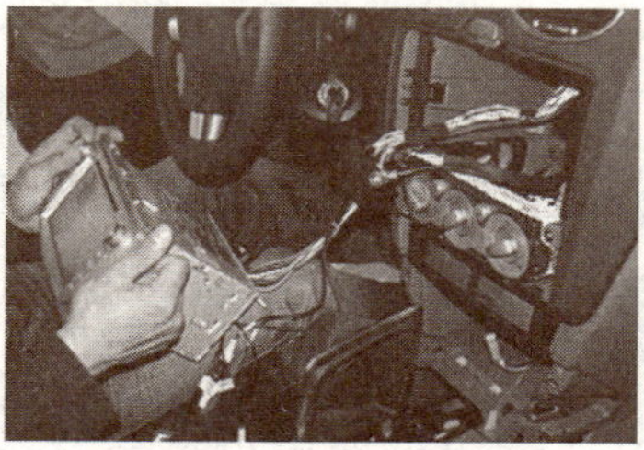

图 5-115　安装主机并测试

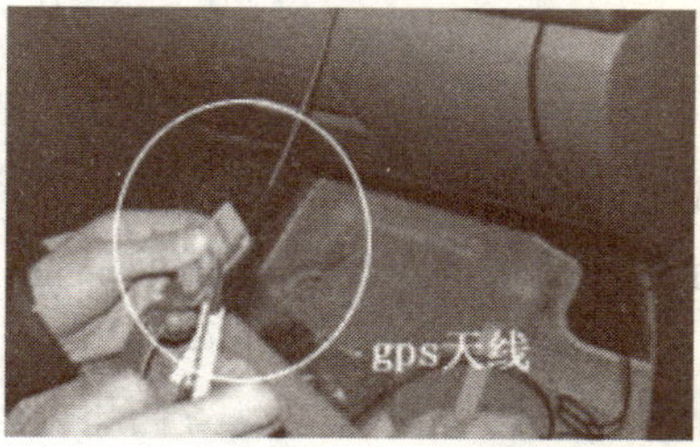

图 5-116　安装主机 GPS 天线

图 5-117　安装后的导航系统

图 5-118　安装后的倒车影像显示

5.8 汽车导航系统的改装

5.8.1 汽车导航系统概述

汽车导航系统是全球卫星定位技术（global positioning system，GPS）应用于汽车定位导航的电子产品。来自太空的 GPS 卫星 24h 免费向全球发送定位信号，使之成为定位导航应用中最方便廉价的信息源。汽车导航系统主要由全球定位系统（GPS）和液晶显示器（LCD-DISPLAY）两部分构成。内置的 GPS 天线会接收到来自环绕地球的 24 颗 GPS 卫星中的至少 3 颗所传递的数据信息，由此测定汽车当前所处的位置。

GPS 定位系统就是能够帮助用户准确定位当前位置，并且根据既定的目的地计算行程，通过地图显示和语音提示两种方式引导用户行至目的地的汽车驾驶辅助设备。

光有 GPS 系统还不够，它只能够接收 GPS 卫星发送的数据，计算出用户的三维位置、方向以及运动速度和时间方面的信息，没有路径计算能力。用户手中的 GPS 接收设备要想实现路线导航功能还需要一套完善的包含硬件设备、电子地图、导航软件在内的汽车导航系统。

GPS 导航仪硬件包括芯片、天线、处理器、内存、屏幕、按键、扬声器等组成部分。但就目前情况看来，市场中的 GPS 汽车导航仪在硬件上的差距并不大，主要区别还是集中在内置的软件和地图上。在这里需要提醒大家注意一点，人们习惯上总是关心导航仪内预装何种地图，实际上这是混淆了地图和软件两者的区别。地图其实只是数据，而软件是搜索引擎。地图中各种地理信息综合在一起的庞大数据如何被用户所应用？如何才能反应到导航界面中？这就要借助于软件来实现了。因此导航地图离不开软件的支持，反过来再优秀的软件系统如果没有详细的地图数据也是白搭。

总结一下，一部完整的 GPS 汽车导航仪是由芯片、天线、处理器、内存、显示屏、扬声器、按键、扩展功能插槽、电子地图、导航软件10个主要部分组成，如图5-119所示。

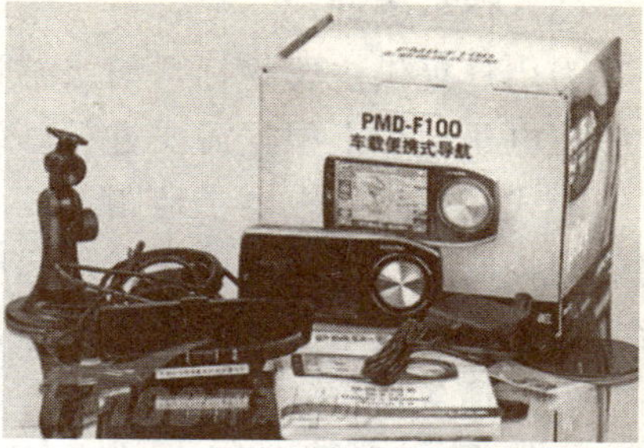

图5-119 汽车导航仪

判断GPS导航仪的优劣，导航仪所能接收到的GPS卫星数量和路径规划能力是关键。导航仪所能接收到的有效卫星数量越多，说明它当前的信号越强，导航工作的状态也就越稳定。如果一台导航仪经常搜索不到卫星或者在导航过程中频繁地中断信号影响了正常的导航工作，那它首先质量就不过关，更谈不上优劣了。

5.8.2 汽车导航系统功能

GPS导航系统与电子地图、无线电通信网络及计算机车辆管理信息系统相结合，可以实现车辆跟踪和交通管理等许多功能，这些功能包括以下几种。

（1）车辆跟踪

利用GPS和电子地图可以实时显示出车辆的实际位置，并任意放大、缩小、还原、换图；可以随目标移动，使目标始终保持在屏幕上；还可实现多窗口、多车辆、多屏幕同时跟踪。利用该功能可对重要车辆和货物进行跟踪运输。

（2）提供出行路线规划和导航

提供出行路线规划是汽车导航系统的一项重要辅助功能，它包括自动线路规划和人工线路设计。自动线路规划是由驾驶者确定起点和目的地，由计算机软件按要求自动设计最佳行驶路线，包括最快的路线、最简单的路线和通过高速公路路段次数最少的路线等的计算。人工线路设计是由驾驶者根据自己的目的地设计起点、终点和途经点等，自动建立线路库。线路规划完毕，显示器能够在电子地图上显示设计线路，并同时显示汽车运行路径和运行方法。

（3）信息查询

为用户提供主要物标，如旅游景点、宾馆、医院等数据库，用户能够在电子地图上根据需要进行查询。查询资料可以文字、语言及图像的形式显示，并在电子地图上显示其位置。同时，监测中心可以利用监测控制台对区域内的任意目标所在位置进行查询，车辆信息将以数字形式在控制中心的电子地图上显示出来。

（4）话务指挥

指挥中心可以监测区域内车辆的运行状况，对被监控车辆进行合理调度。指挥中心也可随时与被跟踪目标通话，实行管理。

（5）紧急援助

通过 GPS 定位和监控管理系统可以对遇有险情或发生事故的车辆进行紧急援助。监控台的电子地图显示求助信息和报警目标，规划最优援助方案，并以报警声光提醒值班人员进行应急处理。

现在车载 GPS 的功能已经集合了数码技术，功能上更倾向于娱乐功能。一般包括 GPS 导航、音乐欣赏、图片欣赏、电影欣赏、动画、录音机、文件管理等功能。安装容易，使用方便，有交、直流变压器，离车后也可以使用。在车载 GPS 功能上，一般有地图视图、路径规划、地址簿管理、路径管理、轨迹管理等功能，并可以对系统的参数进行修改。

5.8.3 汽车导航系统分类

时下，GPS 已经与汽车时代的时尚生活密不可分，面对良好的市场发展前景，越来越多的厂商加入了角逐，市场上的 GPS 车载导航产品也逐渐丰富起来，目前，GPS 汽车导航产品根据其配置方法，有如下分类。

（1）手持型

大多没有地图，有地图也大多是单线地图，没有语音导航，价格一般比较便宜，但更适合爬山、探险等户外运动用，车中需要外加天线，如图 5-120 所示。

（2）原装车载

高端的轿车往往配置，一般需要借助插入的光盘提供导航地图，屏幕大，整合 DVD 等影音功能，有些有语音导航功能，如图 5-121 所示。

（3）改装车载

车辆购买后重新加装的，有嵌入式、外置式。新加装的汽车 GPS 导航在市场上呈现快速增长势头，一般有技术先进、外形美观、使用便捷、安装方便、导航精确等特点，如图 5-122 所示。

图 5-120 手持型汽车导航仪

图 5-121 原装车载导航仪

图 5-122 改装车载导航仪

（4）GPS+PDA

分为连线型、CF 卡型、蓝牙型等，可以有语音导航功能，主要优点在于携带方便。图 5-123 所示的是采用 Microsoft Windows Mobile 5.0 操作系统的 GPS+PDA，造型轻巧、精致却拥有超强功能，集成了全球 GPS 定位和导航、个人掌上电脑、多媒体终端等多重功能。

（5）GPS+笔记本电脑

可以用国产导航软件和地图数据，也可以用 OZI 软件+扫描的地图，可以有语音导航，除了放置不便这个缺点外，其他性能都比较优越，如图 5-124 所示。

（6）防盗型黑匣子

内含 GPS、控制部件、通信模块，有些含显示屏、电话手柄，有些可以通过短消息控制断油断电锁止门窗，一般应用于防盗，如图5-125所示。

图 5-123　GPS+PDA

图 5-124　GPS+笔记本电脑

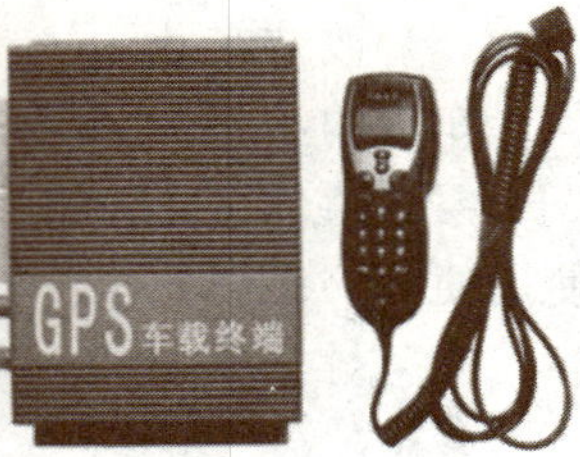

图 5-125　防盗型黑匣子

随着中国道路和汽车拥有量的高速发展，汽车和导航产品的联系越来越紧密。选择一款适合车型的车载导航 GPS，会给您带来不一样的驾乘感受和全新汽车生活体验。

5.8.4 汽车导航系统安装方法及注意事项

（1）安装方法

一般的车载 GPS 都是额外加装的，车载 GPS 的包装盒内一般有支架、车载充电器、交流充电器、数据连接线、系统设定和电子地图光盘等。

图 5-126　外置式导航仪安装

首先，在驾驶员视线好的中控台上或前风挡玻璃的合适位置上安放好车载 GPS 支架，再对车载 GPS 进行系统参数的设定，检索目的地后，进行模拟导航。根据系统计算的路线，并根据驾驶员的要求输入回避地点和途经的地点，最终确定行车路线。最后把 GPS 牢固地加装在支架上，就可以使用了，如图5-126所示。

（2）注意事项

不同 GPS 供应商的最大区别在于售后服务上，特别是电子地图，各家电子地图的准确性和更新速度是衡量其产品好坏的最关键因素。在电子地图好的前提下，可以考虑购买价格便宜的产品。

由于城市的道路变化很快，购买 GPS 并非一劳永逸的事情，要定期升级电子地图，因此在选择一款 GPS 的同时，就要考这款产品升级地图的难度和成本。有免费升级的可以省下以后的很多开销。

GPS 系统的附加功能很多，在购买前要详细了解，只选自己有用的那些功能，以降低价格。

5.8.5 汽车导航系统改装实例

（1）马自达 3 改装专用 DVD＋导航系统一体机实例（图 5-127～图 5-130）

图 5-127 原车中控台

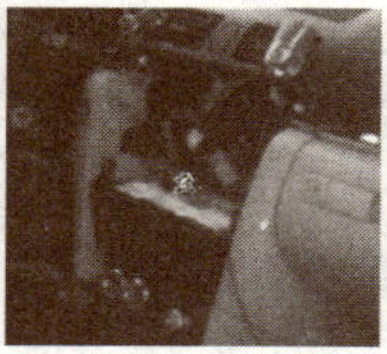

图 5-128 拆下中控台

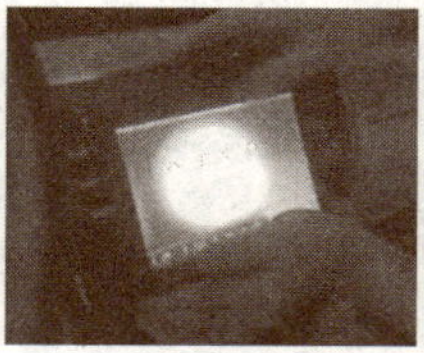

图 5-129 安装主机

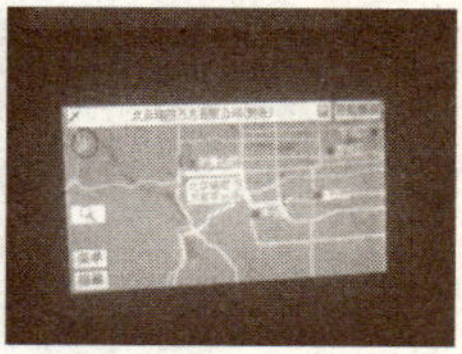

图 5-130 安装后效果

（2）朗逸改装 DVD 导航仪实例（图 5-131～图 5-138）

图 5-131 原车中控台

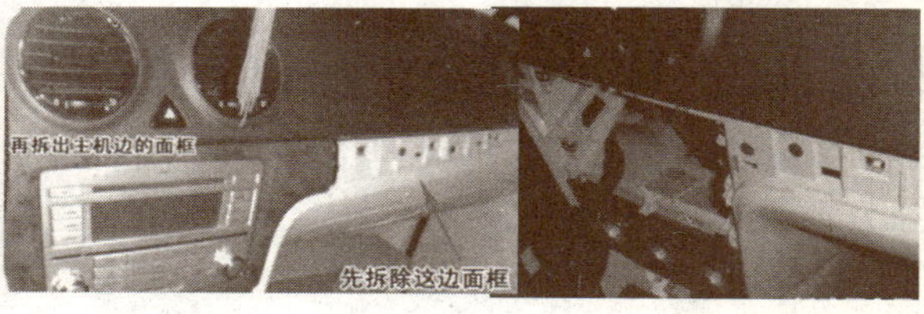

图 5-132 拆除面板及 CD，注意顺序

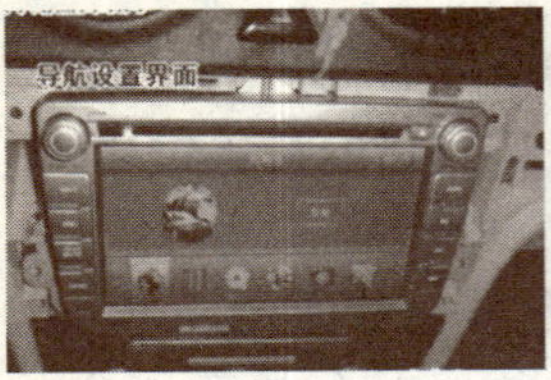

图 5-133　接线调试

图 5-134　操作主界面

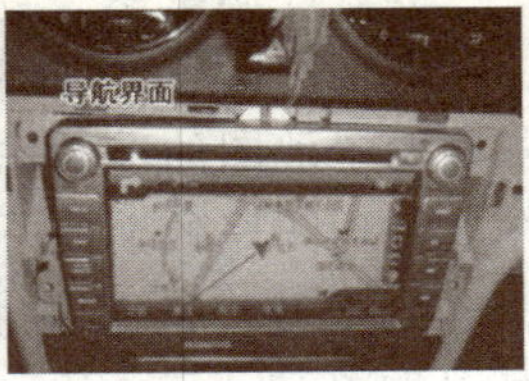

图 5-135　导航界面

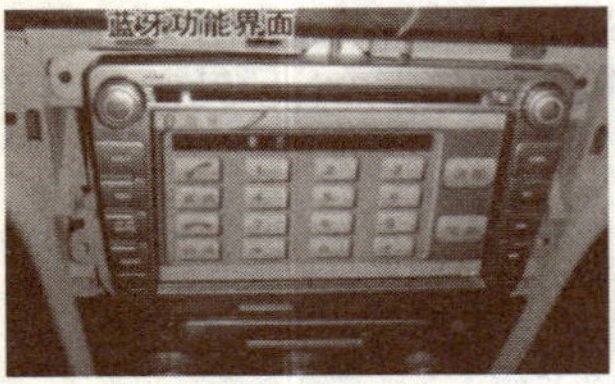

图 5-136　蓝牙设置界面

图 5-137　调频界面

图 5-138　安装后效果

第6章 汽车改装验收

Chapter 6

6.1 汽车改装合同

6.1.1 汽车改装合同的形式

为加强汽车维修行业管理，维护汽车维修经营活动的正常秩序，保障承、托修方当事人的合法权益，交通部和国家工商局根据《中华人民共和国经济合同法》的有关规定，1992 年 2 月 14 日颁布了《汽车维修合同实施细则》。该规定于 1992 年 3 月 1 日实施，对汽车维修合同进行了详细的规定。

汽车维修合同是承揽人为定作人进行汽车维护、修理，定作人给付报酬的协议。在汽车维修合同中，承揽人叫承修方，定作人叫托修方。

汽车改装在我国出现的时间比较短，我国目前还没有关于汽车改装合同内容以及合同当事人权利与义务的要求，因此，我们参照汽车维修合同的相关内容，草拟以下有关汽车改装合同的内容，仅供大家参考。

由于我国目前从事汽车改装的企业大多数是汽车维修企业，因此为了方便理解，在下述的汽车改装合同中，我们仍将承揽人叫承修方，定作人叫托修方。

（1）承修人的限制

汽车是大型交通工具，它不仅关系驾驶者的安全，而且还可能危及大众的人身、财产安全，为加强管理、确保安全，我国法律对汽车维修合同承修方的资格是有限制规定的，也就是说不是任何人都可以成为汽车维修合同的承修方。

在我国汽车维修的承修方必须是：在中华人民共和国境内已取得当地交通主管部门核准的技术合格证，并具有工商行政管理机关核发的营业执照的各类汽车修理专业户。

对汽车维修的托修方则没有限制，可以是汽车的所有者或者使用者。

据此，对汽车改装合同承修方的资格也应该有严格的限制规定，也就是说不是任何人都可以成为汽车改装合同的承修方。

汽车改装合同的托修方应是汽车的所有人或者受汽车所有人委托的汽车使用人。

（2）汽车改装合同的形式

汽车改装合同的形式有口头合同和书面合同两种。

汽车改装合同涉及的金额有大有小，对于数额较大的改装订立书面的合同，对明确双方当事人的权利义务有积极的意义。参照《汽车维修合同实施细则》的要求，在签订的汽车改装合同预算在1000元以上时，最好签订书面的汽车改装合同。

应该强调的是，涉及汽车安全性能的改装，一定要签订书面的汽车改装合同，以明确双方当事人的责任。

对于应当签订书面合同而当事人不签合同的，交通主管部门可对改装企业予以警告和罚款，每次罚款额按实际发生或额定的改装费用总额的2%（至少20元）计。因没有书面汽车改装合同而引起的车辆改装质量或经济方面的纠纷，管理部门不予受理。

当然，当事人不一定非要订立书面改装合同。特别是对于数额较低可以及时结清的改装，或者虽不能及时结清但汽车也不需要在承修方处过夜的改装，或者只是装饰性的小改装，必须订立书面改装合同就显得过于繁琐了。

6.1.2 汽车改装合同的主要内容

（1）承修方、托修方的名称

任何合同都必须要有上述内容，这是合同双方当事人条款，是合同权利义务的承担者，当然汽车改装合同也不例外。

（2）送改车辆的车型号

承修方与托修方根据需要可签订单车或成批车辆的改装合同。合同必须写明以下内容（这些内容可以保证送改的汽车特定化，以区别于其他汽车。因为，多数的汽车都是批量生产的，在外观上没什么区别，所以订立汽车改装合同时要确保送改汽车不与其他汽车混淆，不能用其他汽车替代）。

① 车种　汽车的种类，如货车、客车、轿车、两用类、特种车辆等。在汽车改装合同中这是首先要明确的。

② 车型　每个品牌的汽车都不是仅生产一种型号的汽车，型号不同的汽车其外观差异是比较大的。而且不同品牌的汽车即使车型相同，汽车的外形也不同，所以车型靠品牌、型号两方面确定。汽车改装合同要写明车辆的品牌以及型号，可以使得汽车的式样明确，如奔驰 600、奥迪 A6 等。但同样的车种、车型的汽车还是有许多，所以还需要从下面的项目将送改汽车进一步特定化。

③ 牌照号　牌照号是交通管理部门颁发的汽车牌照的号码。汽车的牌照号犹如人的身份证，每辆汽车都有自己的牌照号，不同的汽车其牌照号是不同的，所以在汽车改装合同中记载牌照号就是必要内容。

④ 底盘（车架）号　底盘（车架）号是在车辆出厂时，生产者在汽车底盘上打印的钢印号码。每一辆汽车都有生产者自己所编制的底盘（车架）号。

⑤ 发动机型号（编号）　是指发动机的型号以及生产者在发动机机身打印的钢印号码，发动机型号也是每车各不相同。

⑥ 汽车 VIN 识别代码　车辆识别代码 VIN 是汽车的身份证明。VIN，其英文意义为 vehicle identification number 即“车辆识别号码”。该号码的生成有着特定的规律，一一对应于每辆车，并能保证 30 年内在全世界范围内不重复出现。

17 位的 VIN 码可以根据其各自代表的含义划分成 3 个部分，它们分别是世界制造厂识别代号（WMI）、车辆说明部分（VDS）和车辆指示部分（VIS）。

第 1～3 位（WMI）：制造厂、品牌和类型。

第 4～8 位：车辆特征。

第 9 位：校验位，按标准通过加权计算得到，防止输入错误。

第 10 位：车型年份，不一定是实际生产的年份，但一般与实际生产的年份之差不超过 1 年。

第 11 位：车辆装配厂。

第 12～17 位：顺序号。一般情况下，汽车召回都是针对某一顺序号范围内的车辆，即某一批次的车辆。

上述内容都是使送改汽车特定化所必需的内容。

（3）改装类别及项目

改装类别及项目是指汽车需要改装的种类、部位以及项目明细。

一般来说，当汽车需改装时，托修方与承修方都能对改装的类别及项目有所了解。

首先托修方自己知道改装内容、改装部位、改装目的以及改装后要达到的要求等；而承修方从托修方的叙述中也会了解上述内容。所以，在汽车改装合同中，应当明确改装类型及项目、改装部位、改装目的以及改装后要达到的要求等，如天窗改装、尾翼改装、进排气系统改装等。在改装时需要更换、添加零件的，应详细写明。在改装过程中，未经托修方的同意，承修方不可擅自增加改装项目。

（4）车辆交接期限等事宜

在汽车改装合同中存在两个车辆交接期限。一为送车期限，即托修方将需改装的车辆送交承修方，以便承修方开始履行合同的时间；一为接车期限，即承修方将改装好的车辆交给托修方的时间。这两个期限都直接关系到合同能否履行、能否正确履行，所以都必须明确、详细规定。

对于送车、接车的方式和地点，一般由双方根据实际情况约定。通常情况下，是托修方将待改车辆驶至承修方的改装场所，也存在承修方将待改车辆接走的情况。接车时，通常为托修方到承修方的改装场所接车，并当场试车验收。

（5）预计改装费用

我国《合同法》第 252 条规定："承揽合同的内容包括承揽的标的、数量、质量、报酬、承揽方式、材料的提供、履行期限、验收标准和方法等条款。"汽车改装"费用"，不仅包括托修方向承修方支付的劳务费（也叫工时），还包括使用承修方的材料费。因为一般情况下，汽车改装合同的托修方使用的是承修方的材料，所以需要支付承修方的不仅有劳务费，还有材料的价款。在汽车改装费用中，托修方一般使用承修方的材料，包括改装的原材料、辅助材料费，如零配件、清洗剂、润滑剂等，对此价款托修方都要支付。

（6）材料、配件的提供与质量

材料、配件关系到改装的质量，由于改装需要材料和配件，所以材料、配件的提供可以决定改装的质量。

目前我国汽车种类繁多，汽车零部件的供给也就比较复杂，特别是改装配件大部分是进口的，而且有些零配件供给市场不明，进口零配件的质量、价格也参差不齐，改装合同有必要约定：哪一方提供材料、配件、材料名称、规格型号、牌号商标、质量、数量、价格及提供时间等。

使用承修方提供的材料、配件时，因装配使用有质量问题的配件、材料所引起的质量责任由承修方负责。需要特别强调的是，使用托修方提供的材料、配件的，一定要明确使用后责任的承担者，否则装配使用托修方自带材料、配件且改装合同中未明确责任的，根据交通部 1998 年 6 月 12 日颁布、1998 年 9 月 1 日实施的《汽车维修质量纠纷调解办法》第 15 条的规定，所引起的质量责任还是由承修方负责。

（7）质量保证期

汽车改装的目的在于能使改装后的汽车美观、有个性，汽车的某些性能有所提高，而且要安全、正常使用一段时间。但是托修方在接车时，对汽车改装后的性能是否真的提高，是否能正常使用一定时间一般是不能确定的，必须经过使用才能确定。因而汽车改装合同须约定质量保证期，即应当约定改装后汽车的性能达到改装的目的，改装后的汽车在一定的时间内，改装的部位不发生故障。

质量保证期的约定通常有两种方法，一是约定该汽车正常行驶多少天内改装部位无故障或达到性能要求；二是约定汽车正常行驶多少公里内改装部位无故障或达到性能要求。在质量保证期内出现改装部位故障，承修方应负责维修。对没有达到改装目的、没有达到性能要求的，承修方应负责重新改装。

（8）验收标准及方式

由于汽车改装部位的差异、改装目的的不同，使得改装质量标准很难掌握，因此，在合同签订时，双方应就改装后所达到的质量要求约定一个共同认可的标准作为验收依据。同时，还应明确验收的方式。

（9）结算方式及期限

与其他合同相似，汽车改装合同的结算方式，也有两种：一是现金结算；二是银行结算。

改装合同应当对结算期限明确、具体约定。在改装费用较高，双方约定分期付款时，应约定每一期付款的数额、时间及付款方式等。

（10）其他条款

① 违约责任　违约金、滞纳金金额可由双方商定。对违约金支付的时间如双方没有商定，交通部 1998 年 6 月 12 日颁布、1998 年 9 月 1 日实施的《汽车维修质量纠纷调解办法》第 14 条规定违约金、赔偿金应在明确责任后 10 日内偿付，否则按逾期付款处理。

② 纠纷解决方式　承、托修双方对履行合同中可能发生的纠纷，可以事先协商解决途径。如改装车辆在质量保证期内发生质量问题，当事人先到所在地交通主管部门提请调解处理。也可以约定合同纠纷解决途径为仲裁，或者向当地人民法院提起诉讼解决。

③ 合同变更后的责任　我们知道承揽合同的定作人在合同签订后、履行完毕前是可以要求变更、解除合同的，但是定作人要赔偿承揽人的损失。

《汽车维修合同实施细则》第 11 条对汽车维修合同签订后的变更和解除的规定为：“汽车维修合同签订后，任何一方不得擅自变更或解除。当事人一方要求变更或解除维修合同时，应及时以书面形式通知对方。因变更或解除合同使一方遭受损失的，除依法可以免除责任的外，应由责任方负责赔偿。”从理论上来说，《合同法》实施后，一切与其有着相反内容的法规或者法规中的条款就失去了效力，但《汽车维修合同实施细则》并没有否认定作人变更、解除合同的权利，该条款可作为特殊要求看待。也就是说，汽车维修合同双方当事人都有要求变更、解除合同的权利；而且汽车维修合同的当事人一方要求变更或解除维修合同时，要用书面形式通知对方。因变更或解除合同使一方遭受损失的，除依法可以免除责任的外，应当由责任方负责赔偿。

汽车改装合同也应参照上述条款执行。

6.1.3 汽车改装合同承修方的主要权利义务

（1）按照有关汽车修理技术标准（条件）改装车辆

汽车维修有着严格的技术标准（条件），承修方对此应当严格执行，因为这关系汽车维修后的质量，对汽车今后的安全行驶有着重要作用。

交通部于2005年6月3日经第11次部务会议通过，自2005年8月1日起施行的《机动车维修管理规定》第二十三条规定：机动车维修经营者不得擅自改装机动车，不得承修已报废的机动车，不得利用配件拼装机动车。

托修方要改变机动车车身颜色，更换发动机、车身和车架的，应当按照有关法律、法规的规定办理相关手续，机动车维修经营者在查看相关手续后方可承修。

第三十条规定：机动车维修经营者应当按照国家、行业或者地方的维修标准和规范进行维修。尚无标准或规范的，可参照机动车生产企业提供的维修手册、使用说明书和有关技术资料进行维修。

由于我国目前尚无关于汽车改装的法律、法规，因此，汽车改装只能参照上述汽车维修的有关规定、条例执行。

（2）向托修方提供维修工时、材料明细表

汽车的改装是复杂的工作，某些改装可能需要大量的材料，所以改装工作结束时，承修方应当实事求是地向托修方提供改装工时、材料明细表。

（3）妥善保管车辆

汽车改装工作是在承修方的工作车间完成的，这样汽车就要脱离托修方而在承修方的占有之下，在改装期内承修方就有妥善保管汽车的义务，并且保管是无偿的。否则，因为承修方保管不善造成汽车毁损、灭失的，承修方有赔偿的责任。

这里我们强调承修方妥善保管汽车的责任是发生在合同履行期内，如果托修方不按合同约定期限接收汽车，承修方虽然也要妥善保管汽车，但是这时有权收取保管费。托修方逾期半年以上不接收的，承修方有权将车辆提交有关部门依法处理。

（4）在约定的时间内完成改装工作

汽车是交通工具，是具有实际使用功能的工具，所以按时完成改装对于托修方非常重要，承修方不得任意增加合同履行时间。当承修方由于不能按时完成改装工作而必须延期时，要及时通知托修方，经双方协商，托修方同意才能延期，否则承修方要承担违约责任。

（5）改装过程中不得偷换车辆其他零配件

在改装过程中，承修方对不需要更换的配件不得更换，否则会增加托修方的负担。如果承修方将汽车不需更换的原有配件更换为其他配件，即为偷换。一般偷换上的配件肯定比托修方原来的配件质量差、价格低，不然承修方是不会去做的，然而这样的做法不但损害了托修方的利益，而且还留下了事故的隐患，其一切后果由承修方负责。

（6）向托修方提供改装车辆的有关资料及使用注意事项

在汽车维修过程中，交通部、工商管理部门规定承修方要建立承修车辆维修技术档案。交付维修后的汽车时，还要向托修方提供维修车辆的有关资料及使用注意事项，这对于检验承修方的工作、方便以后汽车的维修、安全驾驶都有着重要意义。

汽车改装也应照此执行。

(7) 保证改装质量，向托修方提供完工出厂合格证

承修方必须执行车辆出厂质量保证期制度。至于质量保证期，交通部颁布的《汽车维修质量管理办法》第13条规定："各级汽车维修行业管理部门应根据本地区情况，制定汽车维修质量保证期制度的具体规定。"

在质量保证期内，因改装质量造成的车辆故障或损坏，承修方应负责及时返修，由于改装质量问题而造成的车辆异常损坏或车辆机件事故，由承修方负责。由于托修方违反使用规定或驾驶员违反操作规程造成的车辆故障或损坏，不属于改装质量问题，后果由托修方自负。

质量合格的标志是合格证，它对于解决日后可能出现的纠纷有重要作用。我国汽车维修完工出厂实行出厂合格证制度（汽车小修和部分专项修理除外），维修质量不合格的车辆不准出厂。承修方在车辆维修完工出厂时必须按完工出厂技术条件进行检测并向托修方提供由出厂检验员签发的汽车维修完工出厂合格证。承修方使用的汽车维修完工出厂合格证由汽车维修行业管理部门统一印制和发放。

汽车改装行业主管部门也应该统一印制和发放汽车改装完工出厂合格证。

(8) 保证改装后车辆的安全性

我们知道，原厂车的整体结构是经过汽车安全性能检验的，是符合安全标准的。汽车改装不同于汽车修理，大多数汽车改装都对原厂车的结构做了改动，汽车又是重要的载人交通工具，因此，改装后汽车的安全性能是非常重要的。无论托修方提出什么要求，承修方都必须掌握一个标准底线，那就是对汽车安全性能产生不利影响的坚决不能改。如果承修方明知改装存在不安全因素，但在利益的驱动下为托修方改装了汽车，就算是在合同中托修方承诺出现安全事故由自己负责，承修方也坚决不能答应。因为这样改装后的车辆一旦出现安全事故，承修方是脱不了责任的。

6.1.4 汽车改装合同托修方的权利与义务

（1）按照约定送交汽车及有关资料

当改装合同规定是托修方送交汽车时，按照约定的时间送交汽车就是托修方的最基本义务。只有汽车交付承修方，改装合同才能开始履行。托修方在按合同规定时间送车时，还要提供车辆的有关情况，包括送改车辆的基础技术资料、技术档案等，以方便承修方改装。

因托修方的原因没有按照约定的时间送交汽车的，承修方可以延期履行改装合同。

（2）按合同规定的时间、方式、数额交付改装费用

汽车改装合同是双务合同，承修方之所以接受改装汽车的任务，其目的在于得到改装费用，所以按照约定交付改装费用是托修方的主要义务。在这里，按照约定意味着：依照改装合同约定的时间、方式和数额交付。

《汽车维修合同实施细则》第13条要求："托修方不按合同规定交付维修费，从应付费次日起，每日按不超过维修费的0.1%向承修方交纳滞纳金。"

汽车改装合同也应按此条款执行。

（3）按合同规定的时间接受、验收改装车辆

在改装合同约定的接受时间，托修方应当接受汽车，并且要验收。托修方不能按期接受车辆的，应承担违约责任。

汽车改装合同都要约定一个改装期限，并给定托修方接受汽车的时间。由于汽车占地面积较大，价值也高，承修方有一定的管理费用，所以托修方没有在合同期限内接受汽车的，应支付给承修方车辆的保管费，对于汽车的自然损伤托修方自己承担责任。如果托修方逾期超过半年以上拒不接受的，根据《汽车维修合同实施细则》第15条的规定承修方有权将车辆提交有关部门依法处理。

6.1.5 汽车改装合同参考文本

《汽车改装合同》文本可参照国家工商管理局发布的GF-92-0304

《汽车维修合同》示范文本制定。

6.2 汽车改装检验评定相关文件

由于汽车改装目的的不同、改装部位的差异，使得改装质量验收标准很难掌握。目前，我国还没有出台一个权威性的汽车改装质量验收标准。因此，在当前的形势下，在合同签订时，改装双方应就改装后所达到的质量要求约定一个共同认可的标准，作为验收依据。同时，还应明确验收的方式。

为了方便汽车改装承、托修双方制定汽车改装质量验收标准，我们参照《汽车发动机大修竣工质量评定标准》和《汽车车身大修修理质量检查评定标准》等制定了汽车改装质量验收标准，仅供参考。

6.2.1 汽车改装进厂检验单

(1) 评定技术要求

汽车改装进厂检验单应包括下列内容：进厂编号、牌照号、厂牌、车型、托修单位（人）、车辆状态、车身附件清点记录、车身检查记录、检验日期、检验员签字。检验单中字迹应清晰，项目应齐全、完整，填写真实、正确。

(2) 检查方法与手段

查阅。

(3) 评定方法

检验单中各项有一处不符合要求，则计一项次不合格。

6.2.2 汽车改装工艺过程检验单

(1) 评定技术要求

汽车改装工艺过程检验单应包括下列内容：进厂编号、厂牌、车型、检验项目、检验结果记录、检验结论、改装方法、改装师签字、检验员签章及日期等。检验单中字迹应清晰，项目齐全、完整，填写真实、正确。

（2）检查方法与手段

查阅。

（3）评定方法

检验单中各项有一处不符合要求，则计一项次不合格。

6.2.3 汽车改装竣工检验单

（1）评定技术要求

检验单中内容应包括：进厂编号、托修单位、承修单位、牌照号、厂牌、车型、底盘号、车辆识别代码（VIN）、车辆装备状况、车辆改装改造状况、检验记录、检验结论、检验员签章及日期等。

检验单中字迹应清晰，项目齐全、完整，填写真实、正确。检验项目、要求、方法、名词术语和计算单位应符合国家、行业有关标准及相关技术文件的有关规定。

（2）检查方法与手段

查阅。

（3）评定方法

检验单中各项有一处不符合要求，则计一项次不合格。

6.2.4 汽车改装合格证

目前，我国没有行业主管部门印制并发放的汽车改装合格证，因此，汽车改装承修单位可根据本单位实际情况，参照汽车维修合格证制定本单位的汽车改装合格证。

（1）评定技术要求

汽车改装合格证内容应包括：进厂编号、牌照号、厂牌、车型、底盘号、车辆识别代码（VIN）、改装合同号、出厂日期、总检验员签章及日期、承修单位质量检验部门盖章、保证期规定。

合格证中字迹应清晰，项目齐全、完整，填写真实、正确。合同中名词术语应符合国家及行业有关标准中的规定。

（2）检查方法与手段

查阅。

（3）评定方法

合格证中各项有一处不符合要求，则计一项次不合格。

6.3 汽车改装质量评定

6.3.1 外观质量

（1）车身蒙皮及护板

① 蒙皮

评定技术要求：车身蒙皮应形状正确、平整、曲面圆顺、无松弛和裂损。

检查方法与手段：检视。

评定方法：有一处以上缺陷为不合格。

② 铆、螺钉

评定技术要求：车辆周身铆钉及螺钉应平贴、紧固。

检查方法与手段：检视。

评定方法：有 5 处以上缺陷为不合格。

③ 护板

评定技术要求：车辆护板应平整、曲面圆顺、无凸凹变形和裂损。

检查方法与手段：检视。

评定方法：有 2 处以上缺陷为不合格。

④ 护板及压条

评定技术要求：车辆蒙皮及护板压条应密合牢固，且应平直，不应有扭曲变形。

检查方法与手段：检视。

评定方法：有 2 处以上缺陷为不合格。

（2）面漆

① 面漆表面

评定技术要求：漆表面应无流痕、起泡、裂纹、皱皮、脱层、缺漆。

检查方法与手段：检视。

评定方法：有2处以上缺陷为不合格。

② 面漆边界

评定技术要求：面漆异色边界应分明、整齐。

检查方法与手段：检视。

评定方法：有2处以上缺陷为不合格。

③ 漆膜光泽

评定技术要求：车身蒙皮漆膜光泽度，客车应不低于90%。

检查方法与手段：用漆膜光泽测量仪按GB 1743中的规定测量。

评定方法：不符合规定为不合格。

④ 漆硬度

评定技术要求：漆表面硬度应符合JB/Z 111中的规定。

检查方法与手段：按JB/Z 111规定检验。

评定方法：不符合规定为不合格。

(3) 装饰件

① 内外装饰件外观

评定技术要求：内外装饰件外观应平顺贴合、无凹陷、凸起或弯曲，拐角圆顺，表面无划痕、锤击印。紧固件排列整齐、安装牢固。

检查方法与手段：检视。

评定方法：有2处以上缺陷为不合格。

② 外装饰带

评定技术要求：外装饰带分段接口处应平齐，接口间隙不大于0.5mm，并与窗下沿平行，其平行度误差在全长内不应大于5mm。

检查方法与手段：用厚薄规测量接口间隙，钢直尺测量平行度。

评定方法：有1处以上缺陷为不合格。

③ 电镀装饰件

评定技术要求：电镀装饰件应光亮、无锈斑、脱层、划痕，铝质装饰件表面应抛光，并经氧化或电化学处理。

检查方法与手段：检视。

评定方法：有 2 处以上缺陷为不合格。

6.3.2 车身质量

（1）外形尺寸

评定技术要求：应符合原设计规定。

检查方法与手段：测量外部尺寸时，可以用钢卷尺按 GB/T 12673 中规定的外部宽度、高度、长度等测量项目进行，测量内部尺寸按 JB 4100 中规定的测量项目进行。

评定方法：不符合规定为不合格。

（2）内、外部凸出物

评定技术要求：车身内外部不应有任何使人致伤的尖锐凸出物。

检查方法与手段：检视。

评定方法：有 1 处以上缺陷为不合格。

（3）车门

评定技术要求：车门应启闭轻便、锁止可靠；门缝均匀，密封条有效。

检查方法与手段：检视。

评定方法：不符合规定为不合格。

（4）车窗（风窗、后窗）

① 外形

评定技术要求：侧窗、角窗及顶风窗无翘曲变形。

检查方法与手段：检视。

评定方法：有 2 处以上缺陷为不合格。

② 开启

评定技术要求：可开窗应启闭轻便、关闭严密、锁止可靠，电动升降机、摇窗机灵活有效。

检查方法与手段：检视。

评定方法：有 2 处以上缺陷为不合格。

③ 密封条

评定技术要求：密封条应齐全，无老化、破损，粘接牢固、有效。

检查方法与手段：检视。

评定方法：有 2 处以上缺陷为不合格。

（5）玻璃

评定技术要求：门窗玻璃应采用安全玻璃，前风挡玻璃应采用夹层玻璃或部分区域钢化玻璃；其他门窗可采用钢化玻璃，并应齐全、完好、透明。前风挡玻璃应不炫目。

检查方法与手段：检视。

评定方法：有 2 处以上缺陷为不合格。

（6）发动机罩

评定技术要求：应无裂损、凹凸变形，盖合严密、边缝均匀，附件齐全有效、开启灵活、锁止可靠。

检查方法与手段：检视。

评定方法：有 2 处以上缺陷为不合格。

（7）行李厢盖

评定技术要求：无裂损、变形，开启灵活、盖合严密、边缝均匀、锁止可靠、支起牢固。

检查方法与手段：检视。

评定方法：有 2 处以上缺陷为不合格。

（8）座椅

① 间距

评定技术要求：座椅间距应符合原厂设计规定或符合改装改造技术要求的规定。

检查方法与手段：用钢直尺测量。

评定方法：有 2 处以上缺陷为不合格。

② 椅架

评定技术要求：座椅架应无裂损、变形、锈蚀，安装牢固。

检查方法与手段：检视。

评定方法：有2处以上缺陷为不合格。

③ 调节机构

评定技术要求：座椅调节机构灵活、有效、锁止可靠。

检查方法与手段：检视。

评定方法：有2处以上缺陷为不合格。

(9) 仪表盘

评定技术要求：无裂损、凹凸变形，安装可靠，仪表齐全、完好、准确。

检查方法与手段：检视。

评定方法：有1处以上缺陷为不合格。

(10) 后视镜

评定技术要求：成像清晰，调节灵活，支架无裂损及锈蚀，装置牢固。

检查方法与手段：检视。

评定方法：有1处以上缺陷为不合格。

(11) 刮水器

评定技术要求：工作可靠，有效刮面达到原设计要求。

检查方法与手段：检视。

评定方法：不符合要求为不合格。

(12) 防雨密封性（关键项）

评定技术要求：防雨密封性限值应符合GB/T 12481中的规定。

检查方法与手段：按GB/T 12480中的规定测量。

(13) 防尘密封性（关键项）

评定技术要求：防尘密封性限值应符合GB/T 12479中的规定。

检查方法与手段：按GB/T 12478中的规定测量。

评定方法：不符合要求为不合格。

(14) 车内噪声（关键项）

评定技术要求：汽车最大允许噪声应符合GB 1495的有关规定。

检查方法与手段：按GB 1496的规定测量。

评定方法：不符合要求为不合格。

6.3.3 发动机质量

(1) 装备与装配

评定技术要求：发动机装备齐全、有效、装配符合 GB 3799 中的有关规定。

检查方法与手段：检视。

评定方法：有 1 处以上缺陷则为不合格。

(2) 进气管真空度

① 真空度数值

评定技术要求：汽油发动机怠速时，进气歧管真空度应在 57～70kPa 范围内。增压发动机应符合增压要求。

检查方法与手段：用转速表、真空计、气压计检查（大气压强以海平面为准）。

评定方法：不符合规定为不合格。

② 真空度波动范围

评定技术要求：发动机怠速时，进气歧管真空度波动，6 缸汽油机不超过 3kPa，4 缸汽油机不超过 5kPa。

检查方法与手段：用转速表、真空计检查（大气压强以海平面为准）。

评定方法：不符合规定为不合格。

(3) 汽缸压力

① 压力数值

评定技术要求：汽缸压缩压力应符合原设计规定。

检查方法与手段：用转速表、汽缸压力表检查。

评定方法：不符合规定为不合格。

② 各缸压力差

评定技术要求：每缸压力与各缸平均压力的差——汽油机不超过 8%，柴油机不超过 10%。

检查方法与手段：用转速表、汽缸压力表检查或用发动机分析仪测量。

评定方法：不符合规定为不合格。

（4）发动机运转情况

① 怠速

评定技术要求：发动机怠速运转稳定，其转速符合原设计规定。转速波动不大于 50r/min。

检查方法与手段：用转速表进行运转试验或用发动机综合分析仪测量。

评定方法：不符合规定为不合格。

② 改变转速

评定技术要求：发动机改变转速时应过渡圆滑。

检查方法与手段：用发动机转速表测量。

评定方法：不符合要求为不合格。

③ 加速或减速

评定技术要求：发动机突然加速或减速时不得有突爆声，转速变化均匀，不得有断火、爆震现象。

检查方法与手段：检视。

评定方法：不符合要求为不合格。

（5）异响

评定技术要求：发动机在正常工况下运转时，不得有异常响声。

检查方法与手段：检视或用发动机异响分析仪检查。

评定方法：不符合要求为不合格。

（6）机油压力

评定技术要求：发动机机油压力应符合原设计规定。

检查方法与手段：用机油表进行运转试验。

评定方法：不符合规定为不合格。

（7）水温、油温

评定技术要求：发动机水温、油温应符合原设计规定。

检查方法与手段：用水温表、油温表进行试验。

评定方法：不符合规定为不合格。

（8）四漏情况（关键项）

评定技术要求：发动机应无漏水、漏油、漏气、漏电现象。

检查方法与手段：检视。

评定方法：不符合要求为不合格。

（9）涂漆

评定技术要求：发动机应按规定涂漆，涂层均匀、不得有漏涂现象。

检查方法与手段：检视。

评定方法：有 2 处以上缺陷为不合格。

6.3.4 汽车性能指标与评定

许多汽车改装是以提升或改善汽车使用性能为目的的。我国目前采用的汽车使用性能指标主要有汽车动力性、汽车燃料经济性、汽车行驶安全性、汽车的环保性、汽车的通过性和汽车的平顺性等。通过对汽车性能指标的认识，可以对汽车性能有更深入的理解。

（1）汽车性能的指标与评价

① 汽车使用性能指标与评价　在一定的使用条件下，汽车以最高效率工作的能力，称为汽车的使用性能。它是决定汽车利用效率和方便性的结构特性的表征。

评价汽车工作效率的指标是汽车的运输生产率和成本，基于运输生产率、成本与汽车的结构之间的内在联系的研究，可以确定汽车的主要使用指标。

我国目前采用的汽车使用性能指标如表 6-1 所示。

② 汽车动力性指标与评价　汽车动力性能通常以汽车的加速性能、最高车速、爬坡性能等作为评价指标。

汽车的最高车速指汽车在良好的水平路面上能达到的最高行驶速度。

汽车的加速时间常用汽车的原地起步加速时间和超车加速时间来评价。汽车的原地起步加速时间是指汽车原地起步后以最大加速度到某一预定距离或车速所需要的时间。超车加速时间指汽车从某一较低车速全力加速至某一较高车速所需要的时间。

表 6-1　汽车使用性能指标

使用性能		量标和评价参数
容量		额定装载质量(t);单位装载质量(t/m^3);货厢单位有效容积(m/t);货厢单位面积(m/t);座位数和可站立人数
使用方便性	操纵方便性	每百公里平均操纵作业次数;操作力(N);驾驶员座椅可调程度;照明、灯光、视野、信号完好
	出车迅速性	汽车启动暖车时间
	乘客上下车和货物装卸方便性	车门和踏板尺寸及位置;货厢地板高度;货厢栏板可倾翻数;有无随车装卸机具
	可靠性和耐久性	大修间隔里程(km);主要总成更换里程(km);可靠度;故障率 ($1000km^{-1}$);故障停车时间(h)
	故障停车时间/h	维护和修理工时、每千公里维修费用、对维修设备的要求
	防公害性	噪声级;CO、HC、$N0_x$ 排放量;电波干扰
燃料经济性		最低燃油消耗量[L/(100t·km)];平均最低燃料耗量(L/100km)
速度性能		动力性、平均技术速度(km/h)
越野型、机动性		汽车最低离地间隙、接近角、离去角、纵向通过半径、前后轴荷分配、轮胎花纹及尺寸、轮胎对地面单位压力、前后轮辙重合度、低速挡的动力性、驱动轴数、最小转弯半径
安全性	稳定性	纵向倾翻条件;横向倾翻条件
	制动性	制动效能;制动效能恒定性;制动时的方向稳定性
乘坐舒服性	平顺性	振动频率;振动加速度及变化率;振幅
	设备完备	车身类型;空气调节指标;车内噪声指标(dB);座椅结构

汽车所能爬的最大坡度是指汽车在良好路面上满载时的最大爬坡度，表示汽车的上坡能力。上述指标可通过测量试验来测量。

道路试验标准如下：汽车动力性道路试验基本规范可按照 GB/T 12534—1990《汽车道路试验方法通则》进行；汽车最高车速试验按照 GB/T 12544—1990《汽车最高车速试验方法》的有关规定进行；

汽车加速性能试验按照 GB/T 12543—1990《汽车加速性能试验方法》的有关规定进行；汽车爬陡坡试验按照 GB/T 12539—1990《汽车爬陡坡试验方法》的有关规定进行；汽车牵引力性能试验按照 GB/T 12537—1990《汽车牵引力性能试验方法》的有关规定进行。

③ 汽车燃料经济性与环保性评价指标

a. 汽车燃料经济性的评价指标。燃料经济性是指汽车以最少的燃料消耗完成单位运输工作量的能力，它是汽车使用的主要性能之一。

汽车发动机的燃料经济性通常用有效燃料消耗率或有效效率来评价。因其未能反映发动机在具体汽车上的功率利用情况及行驶条件的影响，所以，它不能直接用于评价整车的燃料经济性。

评价汽车的燃料经济性，通常用单位行程的燃料消耗量，即 L/100km，或单位运输工作的燃料消耗量即 L/（100t·km），作为评价指标。前者用于比较相同容量的汽车燃料经济性，也可用于分析不同部件（如发动机、传动系等）装在同一种汽车上对汽车燃料经济性的影响；后者常用于比较和评价不同容载量的汽车燃料经济性，其数值越大，汽车的经济性越差。

汽车燃料经济性也可用汽车消耗单位量燃料所经过的行程 km/L 作为评价指标，称为汽车的经济性因数，例如，美国采用每加仑燃料能行驶的英里数，即 MPG 或 mile/USgal。其数值越大，汽车的燃料经济性越好。

b. 汽车环保性能的评价指标。汽车的公害包括 3 个方面：汽车排气对大气的污染；噪声对环境的危害；汽车电气设备对无线电通信及电视广播等的电波干扰。在三者之中，排气污染对人们的生活环境影响最大（被认为是第一公害），其次是噪声公害，而电波公害由于不直接影响人体健康，并且是局部性问题，所以没有前两者重要。

除此而外，制动蹄片、离合器片和轮胎的磨损物，以及车轮扬起的粉尘也会引起环境污染，但这种影响只是在交通密度大的车流附近较为凸出。

ⓐ 排气。汽车发动机排出的有害成分主要有 CO、HC、NO_x、碳烟等。这些有害物质散发到空气中达到一定浓度后，将对人和生物造成危害。

CO 是燃烧不完全的产物。HC 包括未燃和未完全燃烧的燃油和机油蒸气。NO_x 主要指 NO 和 NO_2，产生于燃烧室内高温富氧的环境中。

发动机排气中的有些成分如 CO_2 虽然不会对环境造成直接污染，但由于 CO_2 的大量积聚会对地球环境造成不良影响，即“地球温室效应”，将使全球气候变暖，极地冰层融化，海平面上升，土地盐碱化、沙漠化等。

未燃碳氢化合物 HC 和氮氧化合物 NO_x 在一定环境条件下，会发生十分复杂的化学反应，诱发新的有害物，这就是二次有害排放物。光化学烟雾是 HC 和 NO_x 在太阳光紫外线作用下产生光化学反应生成的，它的主要成分是臭氧、醛等烟雾状物质，对人和环境的危害较大。

ⓑ 噪声。噪声就是使人烦躁的、讨厌的、不需要的声音，并希望利用一定的控制措施消除掉的声音的总称。即使是给人以愉快感觉的音乐，如果它妨碍了人的正常工作，亦会变成噪声。因此，噪声不仅有声学方面的性质，而且还具有生理学、心理学方面的含义，即包括声音产生的不舒适程度和对人体影响程度的内容。噪声是一种声波，具有一切声波运动的特点和性质。

汽车噪声主要来自发动机噪声和轮胎噪声；此外，还有车体振动、传动系统噪声、车身干扰空气噪声及喇叭声等。

机动车噪声一般都是 60～90dB 的中强度噪声，但是由于影响面广，时间又长，所以危害很大。80dB 以下的环境噪声一般认为不至于造成明显的永久性听力损伤，仅使人的听力产生暂时性下降，在 85dB 的环境中，会有 10％的人可能产生耳聋；在 90dB 的条件下，则只能保持 80％的人不会耳聋。

高于 70dB 的噪声会使人心情不安、烦躁、疲倦、工作效率下降和谈话、通信困难等，从而产生头晕、头痛、失眠等各种病症。噪声还会使人血液中的肾上腺素增加，因而引起心率改变和血压升高，同时还刺激脑下垂体和副肾质产生内分泌失调。此外，长时间处于噪声环境的人，还会导致胃病和神经官能症。

试验结果表明：在88dB时，驾驶员的注意力下降10%；在90dB时，下降20%。因此，汽车的高噪声不仅会影响周围环境，而且还会使驾驶员工作效率下降，反应时间延长，导致公路交通事故增加。

ⓒ 电波。在汽车电气设备中有很多导线、绕组等电气元件，它们具有不同的电容和电感。而任何一个具有电感和电容的闭合回路都会形成振荡。因此，在汽车的电气设备中有很多的振荡回路。当火花放电时，就会产生高频振荡并以电磁波的形式发射到空中，切割无线电、电视广播等通信设备的天线，从而引起干扰。在汽车的电气设备中，点火系统的干扰最为严重，此外还有发电机、调节器、刮水器以及灯光开关等。

控制电波公害主要是限止汽车点火系产生的电波杂音强度。为此，很多国家对汽车（或汽车内燃机）点火系统的电波杂音强度制定了标准，在标准中，还规定了测量仪器和测量方法。

④ 汽车行驶安全性与通过性及平顺性的评价指标　汽车安全性一般分为主动安全性和被动安全性。主动安全性是指汽车本身防止或减少道路交通事故发生的性能。被动安全性是指发生事故后，汽车本身减轻人员受伤或货物受损的性能。

a. 汽车行驶安全性的评价指标

ⓐ 制动性。汽车的制动性能是汽车的主要性能，通常从制动效能、制动效能恒定性和制动时的方向稳定性3方面来评价。

制动效能用汽车在坚实、平坦的路面上以一定初速度制动到停车的制动距离与制动减速度来评价，是汽车制动性能的最基本的评价指标。

制动距离是指从驾驶员踩制动踏板开始到汽车完全停止所驶过的距离，它包括制动起作用和持续制动两个阶段汽车驶过的距离。制动距离与制动踏板力（制动系统中的压力），路面种类、状况，制动器热状态及胎压大小，胎面质量有关。

制动减速度反映地面制动力的强弱，它与制动器制动力（车轮滚动移时）及附着力（车轮抱死滑移时）有关。

制动效能的恒定性即汽车在高速高强度制动或下长坡连续制动等工况下，保持冷态时制动效能的特性。这一性能用抗热衰退性表示。这是因为在汽车制动过程中，制动器将汽车行驶的动能变为热能并吸收，使制动器摩擦材料受热后性能下降，导致了制动效能降低。制动器抗热衰退性通常用一系列连续制动效能的保持程度来衡量，如 ISO 6597 中规定在一定车速制动 15 次，每次制动减速度不小于 3m/s。最后的制动效能不得低于冷态效能的 60%，否则，制动效能的恒定性（抗热衰退性）不符合要求。

制动时的方向稳定性指汽车制动时不发生跑偏、侧滑及失去转向能力的特性。通常用制动时汽车按给定轨迹行驶的能力来评价。

要全面考查汽车的制动性能，通常需要进行磨合试验、冷态效能试验、热态效能试验、制动管路失效试验、热衰退性能试验、涉水恢复试验、制动系统时间特性试验、驻车制动试验等。装有防抱制动系统的车辆，还要进行防抱制动性能试验。

ⓑ 操纵稳定性。汽车的操纵性是指驾驶员以最少的修正而能维持汽车按给定的路线行驶，以及按驾驶员的愿望转动转向盘以改变汽车行驶方向的性能。

可通过考察下列关系来评价操纵性能的好坏。

· 在额定车速下，车辆质心曲线轨迹与转向盘的关系。

· 以额定角速度迅速转动转向盘以后，车辆转向角速度随时间的关系。

· 车辆在圆周行驶时其转向盘上的作用力与车辆侧向加速度的关系。

· 为保证以额定车速行驶的车辆其轨迹曲率半径能按额定要求变化，必须在转向盘上施加作用力。

汽车操纵稳定性是指汽车抵抗力图改变其位置或行驶方向的外界影响的能力。汽车操纵稳定性包含两方面含义，一是操纵性，即汽车执行驾驶员指令的准确程度；二是稳定性，即汽车在受到路面凹凸不平或侧向风干扰时其自身的稳定性及恢复原来直线行驶的能力。操纵性和稳定性不可分开而论，两者是相辅相成的。

汽车在行驶过程中，受到外界的干扰会产生运动参数的变化。如果这一干扰消失后，车辆的运动参数能恢复到原来的状态，即称这种运动状态是稳定的。对于一定结构的车辆，其运动状态稳定与否和它的车速有密切的关系，所以我们可以用临界车速来衡量它的稳定性好坏。超过临界车速，它的行驶就处于不稳定状态。

b. 汽车的通过性的评价指标

在一定载质量下，汽车能以足够高的平均车速通过各种坏路及无路地带和克服各种障碍的能力，称为汽车的通过性。前者主要是指松软土壤、沙漠、雪地、沼泽等松软地面及坎坷不平地段；后者是指陡坡、侧坡、台阶、壕沟等。

汽车的通过性可分为轮廓通过性和牵引支承通过性。前者是表征车辆通过坎坷不平路段和障碍（如陡坡、侧坡、台阶、壕沟等）的能力；后者是指车辆能顺利通过松软土壤、沙漠、雪地、冰面、沼泽等地面的能力。

在越野行驶时，由于汽车与不规则地面的间隙不足，可能出现汽车被托住而无法通过的现象，称为间隙失效。间隙失效主要有顶起失效、触头失效或托尾失效。顶起失效是车辆中间底部的零件碰到地面而被顶住的间隙失效。触头失效（或托尾失效）是汽车前端（或车尾）触及地面的间隙失效。

汽车通过性的几何参数是与防止间隙失效有关的汽车本身的几何参数。主要包括最小离地间隙、接近角、离去角、纵向通过半径和横向通过半径等。

另外，汽车的最小转弯直径和内轮差、转弯通道圆及车轮半径也是汽车通过性的重要轮廓参数。

车辆支承通过性的主要评价指标包括附着质量及其系数、车轮接地比压。附着质量是指轮式车辆驱动轴载质量。车辆附着质量与总质量之比称为附着质量系数。显然，附着质量和附着质量系数大，有利于汽车在坏路面上行驶，丧失通过性的可能性就小。车轮接地比压是指车轮对地面的单位压力。车辆在松软地面上行驶的滚动阻力系数和附着系数都与车轮接地比压直接有关。车轮接地比压小，轮辙深度小，车轮的行驶阻力就小，车轮沉陷失效的概率就小。

c. 汽车行驶的平顺性的评价指标

汽车行驶平顺性是指汽车在一般行驶速度范围内行驶时，能保证乘员不会因车身振动而引起不舒服和疲劳的感觉，以及保持所运货物完整无损的性能。由于行驶平顺性主要是根据乘员的舒适程度来评价的，所以又称为乘坐舒适性。

汽车行驶平顺性的评价方法，通常是根据人体对振动的生理反应及对保持货物完整性的影响制订的，并用振动的物理量，如频率、振幅、加速度、加速度变化率等作为行驶平顺性的评价指标。

目前常用汽车车身振动的固有频率和振动加速度来评价汽车的行驶平顺性。

（2）汽车改装性能的评价

① 启动性能

a. 冷车启动（关键项）

评定技术要求：在环境温度不低于−5℃时，应启动顺利，允许连续启动不多于 3 次，每次启动时间不多于 5s。

检查方法与手段：检视。

评定方法：启动超过 3 次或多于 5s 均为不合格。

b. 热车启动

评定技术要求：在发动机正常工作温度下 5s 内能启动。

检查方法与手段：检视。

评定方法：不符合要求为不合格。

② 动力性能

评定技术要求：以动力提升为目的的改装，改装后的动力性能应提高明显并达到约定的指标。非动力提升改装，改装后发动机最大功率不得低于原设计的规定值。

检查方法与手段：最高车速、加速时间、最大爬坡度 3 项指标可任选其一测量。有条件的可用测功机（仪）按有关规定测量。

评定方法：不符合要求为不合格。

③ 燃料经济性

a. 燃料消耗率（关键项）

评定技术要求：发动机最低燃料消耗率不得高于原设计要求。

检查方法与手段：用油耗计、测功机（仪）按有关规定测量。

评定方法：不符合要求为不合格。

b. 百公里油耗

评定技术要求：汽车百公里油耗不得高于原设计要求（提高发动机功率的改装除外）。

检查方法与手段：实际驾车测量。

评定方法：不符合要求为不合格。

④ 制动性

评定技术要求：汽车制动性应符合 GB 12676—1999 的规定。防抱死制动系统的性能应符合 GB/T 13594—2003 的规定。

检查方法与手段：按 GB 12676—1999、GB/T 13594—2003 的规定测量。

评定方法：不符合要求为不合格。

⑤ 环境保护性

a. 排放（关键项）

评定技术要求：汽油机排放应符合 GB 14761.5—1999 的规定；柴油机排放应符合 GB 14761.6—1999 的规定。

检查方法与手段：按 GB/T 3845—1999、GB/T 3846—1999 的规定测量。

评定方法：不符合规定为不合格。

b. 噪声（关键项）

评定技术要求：汽车加速行驶车外噪声须符合国家标准 GB 1495—2002，车内噪声应符合 GB 7258—2004 的规定。

检查方法与手段：车外噪声按 GB 1496—2002 的规定测量，车内噪声按 GB/T 18697—2002 的规定测量。

评定方法：不符合规定为不合格。

c. 无线电骚扰

评定技术要求：汽车无线电骚扰特性应符合 GB 14023—2006《车辆、船和由内燃机驱动的装置无线电骚扰特性限值和测量方法》的规定。

检查方法与手段：按 GB 14023—2006《车辆、船和由内燃机驱动的装置无线电骚扰特性限值和测量方法》的规定测量。仪器类型测量仪器应符合 GB/T 6113.1《无线电骚扰和抗扰度测量设备规范》的要求。

评定方法：不符合规定为不合格。

⑥ 操纵稳定性

评定技术要求：汽车操纵稳定性应符合 GB/T 6323 中的要求。

检查方法与手段：按 GB/T 6323 中的规定测量。

评定方法：不符合规定为不合格。

⑦ 平顺性

评定技术要求：改装后汽车的平顺性应不低于原车设计标准。

检查方法与手段：可按 GB/T 4970 中的规定测量。

评定方法：不符合规定为不合格。

⑧ 通过性

评定技术要求：改装后汽车的最小离地间隙、接近角、离去角应符合原设计要求。

检查方法与手段：实际测量。

评定方法：不符合规定为不合格。

⑨ 可靠性

可靠性无法进行检验，只能通过保修期来保证。

⑩ 整备质量

评定技术要求：改装后汽车整备质量及轴荷分配不得超过原设计的 3%。

检查方法与手段：用汽车平衡或汽车轮轴质量仪测量。

评定方法：不符合规定为不合格。

以上只是一部分内容，现实当中汽车改装的项目很多，不可能一一列举。而且上面所列的检验方法中，有些太专业化，有些只能在试验室进行，可操作性不强，在此提出来，仅供参考。

在实际改装过程中，改装双方在制定改装合同时，应根据实际情况协商出一个双方都认可的、可操作的质量验收标准。

第7章 典型汽车改装实例分析

Chapter 7

目前，世界各著名汽车厂商相继推出了它们的专业改装厂和改装品牌。较为著名的汽车改装公司有：为奔驰汽车改装的 AMG、BRABUS 和 LORINSER；为宝马汽车改装的 ACSCHNITZER；为大众汽车和奥迪汽车改装的 ABT；为本田汽车改装的 HRC、MU-GENT；为丰田汽车改装的 TOM'S 和 TRD；为富士汽车改装的 STI 和 TEIN；为日产汽车改装的 NISMO；为三菱汽车改装的 RALL-LART 等。著名的越野车改装公司和配套产品厂家有 JAOS、AIBA-WORKS、TJM、ARB 以及 WARN 等。如今，这些改装品牌都已成为高品质的标志，引领改装车的潮流。

7.1 英美车系典型改装实例分析

7.1.1 路虎揽胜极光汽车改装

在 Range Rover Evoque（路虎揽胜极光）上市以来，欧洲许多知名改装厂都针对这辆外型趋近完美的时尚休旅车，推出一系列的改装套件，德国老牌改装厂 Loder1899 也推出名为 Horus（古埃及太阳神的名字）的 Range Rover Evoque 改装车，整车色调以红色和黑色为主。

（1）动力改装

由 Loder1899 所推出的动力加强套件是针对 Evoque 2.2 升涡轮柴油引擎所推出的，在经过动力套件加持之后，这辆 Horus 马力输出由原本的190hp增加到220hp，扭力也增加了将近20%，极速由原本的195km/h增加到210km/h，配备315/35R23米其林Pilot Sport轮胎和更低的悬挂，0～100km/h加速时间为8.2s。

（2）外观改装

外观方面，Loder1899为揽胜Evoque提供了一整套前、后保险杠及向两侧凸起的红色轮罩，使得其增添了些许霸气。这辆原本就具有宽车体设计的时尚休旅车，在经过Loder1899的巧手改装之后，不但针对前后轮拱进行更为夸张的改装，所呈现出的视觉效果更让车迷们惊艳，除此之外全新设计的后尾翼与后下扰流让这辆Horus看起来更显霸气，另外搭配上了23in铝圈视觉效果十足。Loder1899改装Range Rover Evoque Horus效果如图7-1所示。

图7-1　Range Rover Evoque Horus改装效果

7.1.2　阿斯顿马丁V8 Vantage汽车改装

英国著名跑车——阿斯顿马丁V8 Vantage或许是最不需要改装的车型，但德国专业改装厂Hamann却为其开发了一系列碳纤维附件及性能升级套装。Hamann将原车搭载发动机的电子控制单元进行重新调校，使这台4.7L V8的发动机功率提高了22kW，另外改装厂还通过加装不锈钢运动排气管使发动机的功率从313kW提高到338kW，使改装车的动力更为强劲。与动力系统同时进行升级的还包括车身的空气扰流组件和操控系统，其中包括集成碳纤维侧面装饰板的双片前扰流器、车顶散热孔、侧裙以及专门开发的尾翼。这些车身空气扰流组件由玻璃纤维或碳纤维制成。除此之外，Hamann还提供了21in的合金轮辋，为了增加高速行驶的稳定性和驾驶乐趣，改装厂将前悬架弹簧高度调低了30mm，后悬架弹簧高度调低了20mm。如果需要；车厢内部还可更换铝制踏板和真皮装饰。

阿斯顿马丁V8 Vantage改装车相比于量产车不仅功率和动态性能获得提升，而且更低的车身重心提高了驾驶乐趣，全新的车身空力套件不仅使改装车看上去更威猛，而且改善了车辆空气动力学布局。Hamann改装的阿斯顿马丁V8 Vantage效果如图7-2所示。

图7-2

图 7-2　阿斯顿马丁 V8 Vantage 改装效果

7.1.3　新嘉年华 Mountune 汽车改装

新嘉年华上市之后，以其时尚运动的设计在英国市场上大获成功，来自英国 Mountune 改装厂已经抢先一步联手福特 RS 改装部门，推出了新嘉年华 Mountune 改装车型。

(1) 动力改装

Mountune 汽车的升级套件针对英国销售的嘉年华 Zetec-S 和 Titanium 车型开发。这两款车型均采用 1.6L Duratec Ti-VCT 汽油发动机。经过 Mountune 的调校，这台发动机的最大功率升至 105kW (6750r/min)，最高转矩达到 170N·m (4250r/min)。从数据上可以看出这台发动机偏向于高转，这也是小排量发动机提升动力惯用的手法。原厂的数据分别为 90kW 和 152N·m。0～100km/h 加速时间为 7.9s，比原厂数据提升了 2s 之多。发动机的升级包括高速进气系统、带高速三元催化转化器的高性能排气管等。

(2) 外观改装

外观上 Mountune 汽车改装版新嘉年华也与发动机的升级相适应，让整个外观显得更具运动感；全新的车身空气扰流组件包括前扰流板、侧裙以及后尾翼，此外还有尾部气流扩散器，同时采用特制的双排气管设计。白色的车身、黑色的格栅以及黄色轮辋，再加上黄色的后视镜和车身装饰，让这台新嘉年华体现出更清晰的动感。新嘉年华 Mountune 改装车效果图如图 7-3 所示。

图 7-3　新嘉年华 Mountune 改装效果图

7.1.4　福特蒙迪欧-致胜汽车改装

来自德国的知名改装厂 Loder1899 对致胜进行了改装之后，这款平凡的轿跑车平添了更多的时尚气息，使车迷朋友眼前一亮。

（1）动力改装

配备上 Loder1899 的发动机管理系统和高流速的运动排放系统之后，动力提升了 50hp，达到了 270hp。如果还想提升动力性能，可以加装涡轮增压器。

（2）外观改装

加装适合车型款式的碳化纤维套件、精密的车顶扰流翼、后扩散器和一套不锈钢排放系统，添加一些精密的空气动力增强套件，目的是赋予这款轿跑车时尚的车身线条，配备有一套 20in 铝合金轮毂，颜色为光亮的银色或黑色，配备的新悬架可随意调整驾乘高度、压力水平和坡度。

动感外形套装包括前保险杠下方的扰流片、保险杠进气口的银色外框装饰、车身侧裙边、排气管处扰流板的银色涂装，以及造型贴身的一体化尾翼，这些运动部件对车辆的外观起到了画龙点睛的作用。福特蒙迪欧-致胜改装车效果图如图 7-4 所示。

图 7-4　福特蒙迪欧-致胜改装效果图

7.2 德国车系典型改装实例分析

7.2.1 欧宝 Antara 改装

（1）外形改装

出于多元化思想设计而成的欧宝 Antara 汽车，除了外形极具时尚风格以外，更融合了轿车的功能，也许感觉在它“斯文”的造型下，还应该增添些“粗犷”的感觉，为此，专业越野车改装厂 Cobra Tchnology&Lifestylc 为 Antara 设计了两套分别为入门版和升级版的越野套件，如图 7-5、图 7-6 所示。

图 7-5　欧宝 Antara 入门版

图 7-6　欧宝 Antara 升级版

在入门版套件中，针对车头前下护板与后方护杆两侧加装了粗壮的防撞杆，车侧也加装了同样合金材质的外挂式迎宾踏板，轮辋则换上了多辐内凹式样，展现出与原厂截然不同的气质。

在升级版套件中，虽然车尾防撞杆与入门版相同，不过车头则换装了凸形的大型防撞杆，车侧则换上直径更大的防撞杆，并于乘客上下车处以整平化处理，同样可便利乘客上下车动作。轮辋与入门版相同，皆搭配 18in 多辐内凹式轮辋。

(2) 音响改装

对欧宝 Antara 原车音响也进行了提升改装。处理器采用日本阿尔派 H65O，前扬声器采用德国 RS-PRO165，前功率放大器为意大利诗芬尼 AMPLI50.2X，后扬声器为德国 RS-发现 130，后功率放大器为德国蓝宝 VA 475 两声道功率放大器，低音选用美国 POWER BASS 3XL121D 12in D 级超低音扬声器，功率放大器为美国 POWER BASS ASA1500.1DX 专业低音功率放大器。

（3）加装隐形汽车架

对于喜欢旅行的爱好者来说，加装隐形汽车架是个相当贴心的改装，可以不必把自行车装入行李舱，剩下的空间可以用来装其他物品，不用的时候可以折叠放入车体内。在你的自行车遮挡行李舱车牌的时候，还有一个自动立起的车牌起作用，避免交警认为你无牌驾驶。加装隐形汽车架的效果如图 7-7 所示。

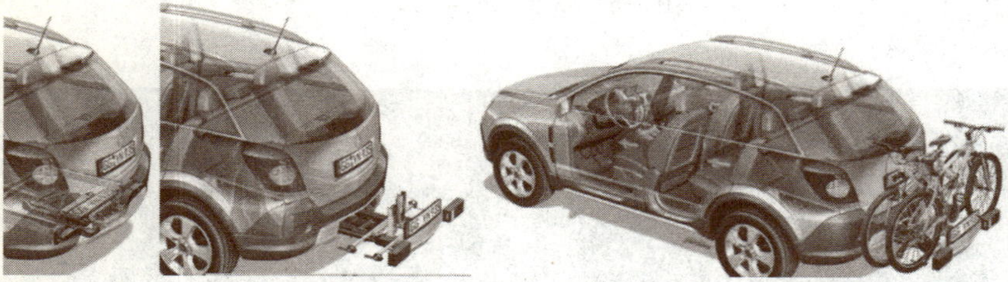

图 7-7 欧宝 Antara 加装隐形汽车架的效果

7.2.2 保时捷 911 改装

（1）动力改装

新研发的涡轮增压系统、高效能进排气系统等换在保时捷 911 Turbo 车上，使得原本的 3.6L 水平对置发动机可以发挥出约 440kW 的最大功率与 781N·m 的峰值转矩，有了更加强劲的“心脏”之后 911 Turbo 可以在 3.3s 内完成 0～100km/h 的加速过程，0～200km/h 加速也仅需 10.6s，最高车速更是可以达到 338km/h。为了让动力如此强劲的车能有良好的附着性能，还要重新编写四轮驱动的 ECU 监控程序，同时还配备了可降低车身高 20mm 的专属改装悬架系统与 20in 的轮辋。

(2) 外观改装

为进一步提升保时捷 911 Turbo 的外观，采用碳纤维打造的车外后视镜外壳来进行装饰。为了让自己的爱车看起来更舒适，可以用金色碳纤维材料装饰真皮内饰，使爱车更显奢华，更具高贵品质。保时捷 911 Turbo 这些部位改装后的效果如图 7-8 所示。

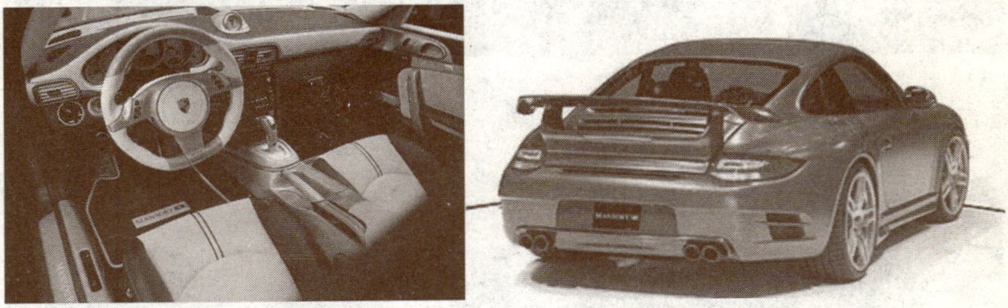

图 7-8　保时捷 911 Turbo 改装后的效果

7.2.3　宝马 X6 xDrive 35d 改装

德国 MCCHIP 专业改装厂，针对宝马 X6 xDrive 35d 柴油版车型进行了改装，加装了 ECU 升级软件，同时对车身悬架进行专业调教，使这款原本已动力澎湃的宝马 X6，拥有更强劲的动力和操控性能。

宝马 X6 xDrive 35d 增压柴油机的最大功率和转矩分别为 254kW 和 660N·m，但在加装白鲨 ECU 升级软件后其最大功率和转矩分别提升了 34kW 和 80N·m，使其最大转矩达到了 740N·m。此外，经过改装后的宝马 X6 xDrive 35d 的时速也由原来的 238km/h 提升至 251km/h。

除了动力提升外，宝马 X6 xDrive 35d 改装版车型还分别将前悬架与后悬架降低 40mm 和 30mm。此外为了配合整车颜色，宝马 X6 xDrive 35d 改装版车型还将原车 20in 轮毂涂成了黑色，并配备了全新进气格栅。宝马 X6 xDrive 35d 改装后的效果如图 7-9 所示。

图 7-9　宝马 X6 xDrive 35d 改装后的效果

7.2.4　奔驰 ML 改装

德国知名汽车改装品牌 Lorinser（劳伦士）是梅赛德斯-奔驰的“御用”改装厂之一，与大家较为熟悉的 AMG 不同的是，Lorinser 的改装相比之下较为内敛优雅。Lorinser 于 2012 Tuning World Bodensee（欧洲最大汽车改装秀），展出 M. Benz ML 系列的宽体版。这部名为 Lorinser ML W166 可不简单，Lorinser 将其高工艺美感与永不妥协的上等材料做结合，以整体和谐设计为出发点所打造的空力套件，换上引人注目的轻合金轮毂，内饰设计部分也重新内搭高品质配件，相当具时尚感。

前保险杆、后保险杆、侧裙皆已换上轻量化组件，Lorinser 宽体空力套件赋予了更视觉系的外型，为了增加进气量，新鲜的空气也透过新设计的前大进气口随时保持在最佳流量的状态。以换取最大的操控极限为前提，爆龟的前、后叶子板也是为了装上巨大的 22in 轮毂，轮胎尺寸为 295/30 ZR22，悬挂系统的部分换上短弹簧且前、后轴均增宽 40mm，以提升过弯稳定性和抓地力。此外 Lorinser 为了尽可能满足车主，提供个性化的地板踏垫、真皮内饰装设，所有的配件均以最高规格来打造。Lorinser 表示，经过实际测试之后操控性已全面提升，排气声浪也狂野了不少。Lorinser 版奔驰 ML 改装效果如图 7-10 所示。

图 7-10　Lorinser 版奔驰 ML 改装效果

当然，Lorinscr 版奔驰 ML，并不是徒有其表，在动力系统上搭载了 320CDI 柴油发动机，经过改装后最大功率上升至 192kW，转矩更是达到了 580N·m。

7.2.5　奥迪 Q7 改装

著名改装公司 ENCO Exclusive 发布了一款奥迪 Q7 的改装套件，对这款豪华 SUV 的外形和内饰都进行了一些升级。

外形方面，ENCO 为 Q7 装上了新款进气隔栅和 LED 日行灯，碳纤维发动机罩上开设了通风口。另外 23in 黑色合金轮毂和邓禄普 SP Sport Maxx 轮胎，奥迪 V12 发动机的 OEM 整体转换套件使车身外观更宽。另外安装了奥迪的运动大灯和尾灯，以及 ENCO 自产的碳纤维发动机罩，部分碳处理的转向盘，更低的悬挂，多媒体系统以及碳-铜内饰，都增加了这款车的运动风格。除此之外，为提升运动性能，ENCO 还为这款车装上了黄色的陶瓷制动盘，并降低了悬架高度，改装中还包括了黑丝磨砂喷漆，改装效果如图 7-11 所示。

图 7-11　ENCO 改装奥迪 Q7 效果

7.3 日系车典型改装实例分析

7.3.1 讴歌 MDX 改装

Mugen（无限）作为本田的御用改装品牌，成立于 1973 年。无限是为了一直强大的赛车队而生的，目前的主要任务之一依然是调教本田在超级 GT 赛事中的赛车。由于是本田的御用改装厂，所以 Mugen 也当然有了自己的特权，本田的新车推出后，Mugen 也会在短时间内甚至是同时推出 Mugen 改装版的高性能车型以满足那些改装狂热分子的需求。

Mugen 对讴歌 MDX 标准版与舒适版进行改装升级成尊享运动版，变化方面全部体现在车辆外部，包含双条幅式进气格栅、运动化前后包围、19in 镀铬轮毂以及金属质感行李架所组成的运动化套件。加装了外观套件，最直观的感觉是 MDX 更具视觉性与动感，除去美观性方面，无限公司所推出的这套产品也是为 MDX 专门打造的，对于该车的空气动力学方面也有进一步的优化，当然如果相比，美观性还是占据着主导因素。

采用更为大气的前包围，无论在视觉上还是实用性方面都有一定的提升。保险杠进气口进一步扩大，并将雾灯造型变更为长方形，发动机底部护底板采用金属质感材料并延伸至前部，带有浓重的 Cross 风格，对于车辆通过性的保护也有相应提高，使得车辆前部更显刚毅大气。同时装配与车头统一设计的后包围，起到了前后呼应的作用，另外凹凸感也进一步增强了后部的线条，使其拥有一份新意，此外细节上的改变还带来了精致的美感，性能方面双大口径排气与尾灯均未作出样式上的修整，如图 7-12 所示。

图 7-12　讴歌 MDX 前后包围改装效果

MDX 尊享运动版采用银色金属质感修饰无横梁式镀铬行李架，体现了美观度与实用性，增强了载物灵活性，如图 7-13 所示。相比

MDX普通版所配备的18in五辐轮毂，MDX尊享运动版采用了19in轮毂，除使用更具吸引眼球的镀铬材质外，还采用了十条辐式的设计，具有轻量化的特点，虽然其尺寸有所增大，但负载与油耗方面基本保持不变，如图7-14所示。讴歌MDX尊享版效果图如图7-15所示。

图7-13 讴歌MDX无横梁式镀铬行李架

图7-14 讴歌MDX 19in轮毂

图7-15 讴歌MDX尊享版效果图

7.3.2 丰田锐志改装

TRD 是丰田 100% 独资的改装公司，全称是 Toyota Racing Development，以丰田的产品为中心，通过汽车开发，参加各项顶级赛事，将得到的经验再反馈回汽车的产品开发。保持原厂的品质是 TRD 最大宗旨，图 7-16 所示为 TRD 推出的改装锐志。

图 7-16 TRD 改装锐志

此款锐志 TRD 改装车动力系统未做任何更改，在外观上进行改装的同时，也更换了 TRD 的高性能运动减振套件、防倾杆等。新锐志硕大的 X 中网表明了它的来历与其他丰田车不同，原有的丰田标识只有在车尾处才有所体现。小小的尾翼装饰的作用要比实用性更大。19inTRD 最新轮毂不仅卖相可人，还方便日后车友能塞得下尺寸更大的刹车系统，且轮毂重量更轻，有效减轻了轮下重量，TRD 改装锐志局部效果如图 7-17 所示。

7.3.3 尼桑 370Z 改装

日产旗下的 Z 系跑车诞生至今已有几十个年头，自从日产 Z 车型投放市场以来，便在全世界取得了不错的市场业绩。同时作为 350Z 的继任者 370Z 也在问世不久后被日产的御用改装件提供商 Nismo 看中，推出了日产 370Z Nismo，如图 7-18 所示。

图 7-17　TRD 改装锐志局部效果

图 7-18　Nismo 改装日产 370Z 效果图

日产 370Z Nismo 搭载了重新调校的 3.7L V6 发动机，最高输出功率从 324hp 增至 335hp，转矩也得到了相应的提高。此外，相比其他标准款车型，该款车型转矩转速范围更低，油门反应速度更快。

NISMO 专门为 370Z 设计了空气动力升级套件与性能升级套件。空气动力升级套件，侧重于改善空气动力学性能，使 370Z Nismo 车身呈流线型，下压力与日产 GT-R 相同，宽大的后扩散器以及双集成排气系统十分醒目，同时该车安装了固定尾翼，宽大的侧边裙和全新的前脸设计也是其空气动力学套件的一部分。整套空气动力套件为 370Z Nismo 提供更好的下压力，令车辆的稳定性与操控性得以提升，如图 7-19 所示。

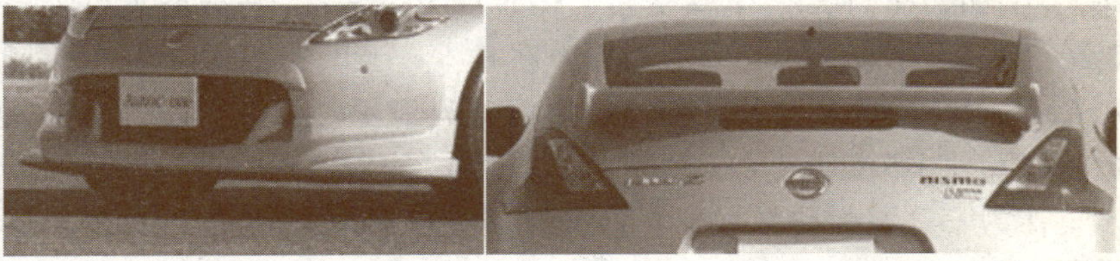

图 7-19　Nismo 改装日产 370Z 空气动力升级套件

性能升级套件（图 7-20），则包含了 Nismo LMZ5 19in 轮毂、优化后的制动系统、经重新调校后的悬架与一组不锈钢材质的排气管。将其加之于身后，370Z 将得到更好的油门响应，在街道上从远处就可以听到它行驶而来发出的隆隆声音。

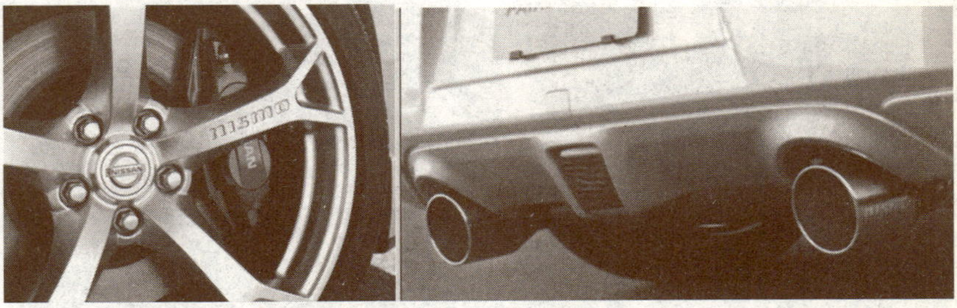

图 7-20　Nismo 改装日产 370Z 性能升级套件

7.3.4 雷克萨斯 LS600 改装

雷克萨斯 LS 是雷克萨斯仅有的 D 级车级别，将舒适性、强劲动力、出色的操控及安全性做到了完美融合。其大气而流畅的外观造型、内部的诸多人性化配备将雷克萨斯先进、优雅、低调的设计理念诠释得淋漓尽致。雷克萨斯 LS 搭载的是排量 4.6～5.0L 的 V8 发动机，与之相匹配的是 8 速自动变速器。除制动防抱死系统（ABS）、牵引力控制系统（TRC）等标准安全配备外，先进的汽车动态集成管理系统（VDIM）也在全新旗舰 LS 尊贵加长版上得以应用，为驾乘者提供了最大程度的安全保障。

WALD 是日本一家著名的改装商，专门改装欧洲豪华“老板车”，例如，捷豹 XJ、宝马 7 系、保时捷 Panamera 与劳斯莱斯古斯特等。最近，WALD 把注意力集中在日本本土，推出了为雷克萨斯 LS600h 设计的改装套件，套件主要以外观为主，风格则以日系喜爱的 VIP，使 LS 变得更加运动和高贵。

作为一款混合动力汽车，Wald 并没有对动力系统进行更改，还采用 5.0L V8 发动机和一个 165kW 的电动机，最大可输出 439hp 的功率和 520N·m 的转矩，百公里加速时间为 5.5s。

在外观上，Wald 为雷克萨斯更换了新的前扰流板、侧面踏板、LED 日间行车灯，并进行了运动排气改造，使得黑色的宽大车身更加动感，并将新的套件命名为“黑色野牛”，效果如图 7-21 所示。

图 7-21　Wald 改装 LS600h 效果

7.4 国产车改装实例分析

7.4.1 国产奥迪 Q5 改装

（1）动力改装

奥迪 Q5 是一款动感而全能的 SUV，它完美融合了运动型轿车的车身设计、高效动力和灵敏操控、SUV 的越野安全。奥迪 Q5 性能以及旅行车的出色舒适性和灵活多变的内部空间，延续了第三代顶级 SUV 奥迪 Q7 的诸多优势特性。强劲的绿色高效发动机、quattro 全时四驱系统以及灵敏的行驶机构，使其无论是公路行驶还是越野前行都游刃有余。此外，7 速双离合 Stronic 变速器和“奥迪驾驶模式选项”等全新技术的应用再次诠释了奥迪“突破科技、启迪未来”的品牌理念。

奥迪 Q5 配备的是一款经过重新设计的 2.0TFSI 发动机。这款四缸发动机结合了三大顶尖科技——涡轮增压、汽油直喷和 AVS 可变气门升程系统。只需到 1500r/min，这款发动机就可实现 350N・m 的转矩峰值，并一直持续到 4200r/min，最大功率达 155kW，可在 7.2s 内完成 0～100km/h 的加速，最高车速可达 222 km/h。

ABT 作为专为德系车型提供改装技术及配件的大厂，经过对 Q5 改装之后，不论在外观的独到性还是动力表现均得到显著提升，将 Q5 潜力发挥得淋漓尽致。

动力方面，ABT 版 Q5 提供了多款动力升级方式，2.0L TFSI 车型在改装后可爆发出 180 kW 的动力，提升了 25 kW，2.0L TDI

引擎车型在改装后可提升动力输出至 140 kW，3.0L TDI 车型动力在 ABT 调校后可达 230 kW。

（2）外观改装

ABT 版奥迪 Q5 改装版在前脸、保险杠、侧裙、后尾翼、扩散器、排气管和后保险杠等处都做了全新的设计改造，将量产版的柔美和华贵彻底颠覆掉了，换上了“金刚”的铠甲。单单是前脸和前保险杠的造型就完全可以用“凶猛”来形容。ABT 保留了奥迪的“大嘴”，大嘴中的线条也增加了刚性，四根粗壮的竖状线条将 Q5 的前脸变成了猛男。保险杠两侧的雾灯外形也由粗壮的外形取代。侧裙的装饰套件是 ABT 的传统产品，对于 Q5 的运动属性增色不少。尾部的改装又是重中之重，略微上翘的后扰流板拉直了 Q5 原有的流线型线条，保险杠下半部分增加了左右对称的双排气管，为动力系统的提升预留了空间。奥迪 Q5 ABT 版改装车效果如图 7-22 所示。

图 7-22　ABT 奥迪 Q5 改装效果

经由 ABT 之手，改装后的 Q5 依旧展现着德国车型的特征，虽然全车包围套件均由 ABT 另行打造，但依旧有奥迪独有的特征。虽然前雾灯周边部分的造型变化明显，但雾灯位置却未被移动，改装技艺拿捏得恰到好处。其他外形变化也一如既往地传承着奥迪风格，如尾部排气管及后杠的变化并未影响后部车身线条，而侧裙边和外抛沙板的设计更令其德国车的特征被发扬。具有运动车型质感的后顶翼及轻量化轮毂，则突显改装车魅力。ABT 还为 Q5 准备了可选择调整悬架高度的空气弹簧悬架，制动盘也换上了 380mm 的超大号刹车盘，轮毂为 20in 的铝合金轮毂，如图 7-23 所示。

图 7-23 ABT 改装奥迪 Q5 用轮毂及刹车盘

与一般 ABT 改装型号有所不同的是，ABT 版奥迪 Q5 提供了很丰富的内装套件，包括 ABT 标识的排挡杆、特质的运动踏板、专用的 ABT 脚垫、行李厢织物分隔垫等小饰件，如图 7-24 所示。

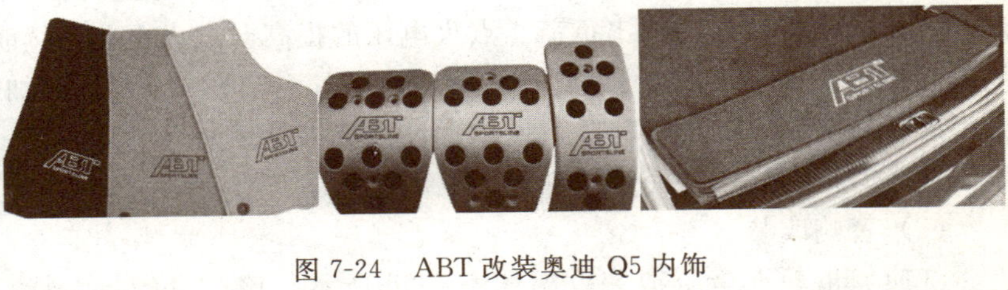

图 7-24 ABT 改装奥迪 Q5 内饰

7.4.2 红旗旗舰改装

红旗轿车是中国汽车行业的一面旗帜，在中国有着特殊的地位，是很多人心目中的爱车，近几年由于合资汽车的发展才逐渐使红旗轿车的光辉开始黯淡。红旗旗舰轿车是在林肯城市原型车基础上进行升级改造的，虽然采用的很多部件是进口车的，但是其名称仍是中国红旗。由于国产奥迪 A6、国产宝马、奔驰、凯迪拉克等逐渐登台，红旗旗舰轿车的需求较少，虽然红旗旗舰已停产，但作为一款成功改装车型还具有一定借鉴意义。

（1）动力改装

提高红旗旗舰动力性能最有效的方式就是发动机系统的改装，首先是电脑的改装。通常所说的改装电脑只是将控制芯片加以更换，借由不同的设定使车辆的性能有所提升。这种改装可将原厂所限定的转速与时速解除，但操作时需要专业人士进行。

除升级车载电脑外，又加大了缸径，并进行汽缸内部抛光、节气门抛光、更换锻造的活塞与连杆等。这要求不仅操作人员技术要达到相当高的水准，在相关仪器与人员经验上也要能配合。

点火系统的改装是为弥补原有点火系统之不足，改装的目标在于缩短充磁所需时间，提高二次电压. 降低跳火电压，延长点火持续时间，减少传输损耗。

红旗旗舰改用硅导线可为后续的点火系统改装铺路。一组优良的高压导线必须产生最少的电流损耗及避免高压电传输过程产生的电磁干扰。点火用的高压电流是由高压线圈产生的，改用线圈材质较佳或一、二次线圈圈数比值比较高的高压线圈，均能产生较高的高压电流，并且能承受较高的输出负荷。点火电压的提高对点火火花持续时间的延长有直接、正面的影响。由于点火能量（电流）的大幅增加，必须配合将火花塞的电极间隙适度加大，让点火能量能（电流）在一次的点火时期正好消耗完，调教后的发动机如图 7-25 所示。

（2）音响改装

红旗旗舰轿车音响改装效果如图 7-26 所示。该产品的最大特点是，轻触式仪表板操作简便、轻松，在一边驾驶一边操作视听器材的情况下，它的操作程序当然是越简单越好。

图 7-25 红旗旗舰调教后的发动机

图 7-26 红旗旗舰音响改装

功率放大器选用美国嘉利堡 CA-4800，输出功率最大为 4×160W。主机 KENW00DKVT-960DVD 安装在原车音响的位置，替换掉原来的主机。对于扬声器，原车门上的扬声器是 4in，而且是安装在一个铁板上，这种安装会漏气，使得中低音效果较差。改装的方法是将 M5 扬声器安装在车辆前门上，将原来的网罩去掉，把孔洞挖大。M1 高音安装在车门上方后视镜里面的三角处。后方扬声器使用美国 KICKER1690，安装在车辆后部原来的安装位置上，先挖孔，然后把 KICKER1690 安装在上面。为增加中低音效果安装功率放大器时，用一块板将功率放大器固定，再安装在行李舱座位后靠背板上面。这套系统既可以聆听美妙的音乐，又可以欣赏美丽的画面，可称得上是一座流动的音乐舞台。这套系统带 TV 功能，可以在车上收看现场转播足球赛和音乐会等。安装 KENW00DKVT-960DVD 后，功能齐全使之成为视听一体系统。这款主机还可以配加健伍 KDS-P901 隐蔽式杜比 5.1 声道数字信号处理器，再安装 KSC-900CTR 一个中置扬声器，那就成为真正的影院了。如果想加强低音效果，还可以加装一只低音箱。

(3) 灯饰改装

红旗旗舰轿车灯饰改装效果如图 7-27 所示。主要包括以下两部分。

图 7-27 红旗旗舰轿车灯饰改装效果

① 加装前照灯增亮器　这是指加装前照灯增光线或增亮线，其实质是在前照灯与蓄电池之间加装增光线，降低线路的电压损耗，使前照灯两端的电压与蓄电池电压基本接近，但增光效果微小。

② 改装氙气前照灯　氙气前照灯，即 HID 气体放电灯，它主要由氙气灯泡和安定器组成。安定器又称高压发生器或气体放电整流器。对于远近光组合在一起的 HID 灯，还有一套用来变换远近光的机械附属装置。与传统卤素灯泡不同的是，HID 灯泡没有灯丝，它

的灯泡两极间的间隙为 4mm，通过正负高压刺激氙气与稀有金属化学反应发光，这就是气体放电。它的发光原理是安定器将车上的 12V 的直流电压瞬间增压为 23000V 的高压，高压击穿灯内的气体介质产生放电电弧并发出灿烂的高色温光芒。在高压使灯启动后，接着安定器再将电压转成相应低电压，稳定持续供应氙气灯泡发光，保持 HID 灯以恒定功率运行。

参 考 文 献

[1] 陈家瑞．汽车构造．第5版．北京：人民交通出版社，2006.

[2] 张恩元，梁超．汽车改装培训教程．北京：化学工业出版社，2008.

[3] 邵恩坡．汽车改装一本通．北京：中国电力出版社，2009.

[4] 施劲．汽车改装ABC. 南京：江苏科学技术出版社，2009.

[5] 付铁军，张铁军．汽车改装技术200问．北京：机械工业出版社．2011.